LAS DISCAPACIDADES

Orientación e Intervención Educativa

DRA. PILAR IBÁÑEZ LÓPEZ
Pedagogía y Psicología
Profesora Titular de Universidad

LAS DISCAPACIDADES

Orientación e Intervención Educativa

Dykinson

Editorial Dykinson, S. L.
Meléndez Valdés, 61 - 28015 Madrid
Tels.: (+34) 915 44 28 46 - (+34) 915 44 28 69
e-mail:info@dykinson.com
http://www.dykinson.com
http://www.dykinson.es

I.S.B.N.: 84-8155-994-6
Depósito Legal: M. 43799-2002

Impresión:
SAFEKAT, S. L.
Belmonte de Tajo, 55 - 3.º A
28019 Madrid

ÍNDICE

Pág.

Pág.

INTRODUCCIÓN

Nuestra sensibilización, formación y profesionalidad en el área de las Discapacidades nos induce a manifestar la *necesidad de Orientación e Intervención Educativa a personas con discapacidad o en situación de riesgo* dada la alta frecuencia de personas que la padecen.

La Profesora Galino (1998: 2O) formula la siguiente cuestión "¿Cómo deben formarse un hombre, una mujer de hoy, para llegar a ser **libres, responsables, solidarios con los problemas del otro como pide el humanismo actual, tolerantes y creativos** en el seno de las sociedades multiculturales, multiétnicas, multiéticas y altamente competitivas, dominadas por la tecnociencia?".

Reconocemos la importancia de todas las preguntas pero desde nuestra perspectiva profesional incidimos en la necesidad de **solidaridad y tolerancia** , valores en alza que la sociedad demanda **para tratar a las personas con discapacidad o en situación de riesgo**, en reconocimiento de sus diferencias personales y grupales enfocadas hacia la **integración**. De estas situaciones se han hecho eco gran número de Organismos y ONGs, desde la Universidad no podíamos sustraernos a ese problema por lo que intentamos proporcionar a nuestros alumnos formación en Orientación e Intervención acerca de la temática que nos ocupa.

Así pues la atención educativa y social respecto a personas con discapacidad o en situación de riesgo se ha incrementado en los últimos tiempos. Ello ha originado una **demanda social de profesionales** preparados para trabajar en ese campo desde perspectivas multidisciplinares, tales como la educación, la psicología, la medicina. Como consecuencia son varios los profesionales que desempeñan su labor en ese campo: orientadores educativos, psicólogos, maestros, monitores, terapeutas ocupacionales, médicos, psiquiatras, trabajadores sociales, y algunos otros más, entre los que se hallan los educadores sociales, nueva titulación que ya se imparte en algunas universidades.

Al hablar de *estimaciones cuantitativas* de discapacidad hay que mencionar una falta de acuerdo en la terminología, tema que será tratado en páginas posteriores pues consideramos que no es el momento de hacer disquisiciones entre discapacitado, minusválido, deficiente, desfavorecido, desaventajado, si bien a todos ellos les une la *dificultad de integración en la sociedad.*

Lo que se presenta con claridad es el *incremento numérico* de esos sujetos y poblaciones, en unos casos propiciados por el avance de la medicina que ha hecho vivir a personas con discapacidades o alteraciones que en otra época morían, y en otros casos por haberse aumentado la drogodependencia pudiéndose producir discapacidad o al menos marginación o desintegración social o lo que es lo mismo "minusvalía social", terminología ya utilizada por diversos autores (Vega,1994) aunque la minuvalía en sí misma lleva incluido el matiz social.

Las estadísticas españolas de 1900 hablan de 200 muertos por 1.000 partos, en esos datos sólo se recogen los neonatos que han pasado las primeras veinticuatro horas. Ahora mueren menos de 10 por 1.000 nacidos. Esta disminución de la mortalidad no conlleva una disminución proporcional de las cifras de minusvalía. Es decir la Ciencia hoy salva más vidas pero no salva en la misma proporción de secuelas (Alfonso e Ibáñez, 1987:27; Ballabriga, 1978: 12). El famoso obstetra Botella Llusiá(1978: 12 y ss.), hace más de veinte años, manifestó que el problema de las minusvalías era uno de los problemas con que tendría que enfrentarse la humanidad en los próximos cincuenta años, debido a que la disminución de la natalidad por un lado y la reducción de la mortalidad por otro, alteran el sistema natural de equilibrio automático, basado en el binomio reproducción - predación, resultando de aquí una situación en la que obviamente según el autor era previsible un aumento de las minusvalías.

El avance de resultados a fecha del año 2001 de la Encuesta sobre Discapacidades, Deficiencias y Estado de Salud promovida por el IMSERSO, INE y Fundación ONCE en 1999, estima que un 9 por ciento de la población española (3.528.221 personas) sufre algún tipo de deficiencia que se traduce en discapacidad para realizar alguna de las tareas de la vida diaria. Las personas con discapacidad para desplazarse fuera del hogar suponen casi la cuarta parte del total del colectivo (24,10%), mientras que la menor incidencia se da en las que tienen discapacidad para comunicarse (5,85%). Más de la mitad de las deficiencias son producidas por causa de enfermedad. Sólo en el caso de las deficiencias mentales es superior la incidencia de causas perinatales. Los accidentes laborales son los que más deficiencias causan dentro del grupo de accidentes, y la enfermedad común produce más deficiencias que ninguna otra causa (Real Patronato sobre Discapacidad 2001b:162-163, Documentos 58/2001; Revista Minusval, núm. 127).

En el ámbito internacional Bowe (1980) estimaba que el 15 por ciento de la población estadounidense presentaba algún tipo de discapacidad, lo que se traduce en una cifra aproximada de 36 millones de personas afectadas en ese país. Le Conseil de l'Europe (1982) también estimaba que el 10 por ciento de la población mostraba un cierto grado de dependencia de otros.

Las **Naciones Unidas en 1982** a través de su Asamblea General por resolución 37/ 52 de 3 de diciembre de 1982 aprobó el **Programa de Acción Mundial para las Personas con Discapacidad,** en él se afirma que:

> *"A causa de deficiencias mentales, físicas o sensoriales hay en el mundo más de 500 millones de personas con discapacidad, a las que se deben reconocer los mismos derechos y brindar iguales oportunidades que a todos los demás seres humanos. Con demasiada frecuencia, estas personas han de vivir en condiciones de desventaja debido a barreras físicas y sociales existentes en la sociedad que se oponen a su plena participación" (Naciones Unidas, 1996: 17).*

La misma Organización continúa diciendo (ibid.:40 y 41) que ha surgido la "victimología" como rama de la criminología por lo que empieza a conocerse mejor la importancia de las lesiones que sufren las víctimas y que causan discapacidades temporales o permanentes. Se alude a 10 millones de refugiados y personas desplazadas, como consecuencia de las calamidades provocadas por el hombre, entre los que hay muchos con discapacidad física y psicológica como consecuencia de los sufrimientos provocados por la persecución, la violencia y los riesgos; por otra parte un refugiado por el hecho de serlo ya está en desventaja y si tiene discapacidad en desventaja doble.

¿Y qué diríamos de las mujeres con discapacidad? las Naciones Unidas también se pronuncian al respecto al hablar de grupos especiales (ibid.: 39), afirmando que las consecuencias de la deficiencia y la discapacidad son especialmente graves para las mujeres al ser numerosos los países en los que están sometidas a desventajas socioculturales por lo que disminuyen las posibilidades de paliar su deficiencia o discapacidad.

Sigue haciéndose alusión al **aumento del número de personas con discapacidad y su marginación social** atribuyéndose su origen además de a los factores citados anteriormente a otros como hambre, pobreza, epidemias y grandes movimientos de población; familias sobrecargadas y empobrecidas; falta de conocimientos precisos sobre la discapacidad, sus causas, prevención y tratamiento, incluyéndose en esto la estigmatización, la discriminación y las ideas erróneas sobre discapacidad; accidentes en la industria, la agricultura y en relación con los transportes; otras muchas causas siguen mencionándose destacamos entre ellas, por la situación en nuestro país, "*El uso imprudente de medicamentos, el empleo indebido de sustancias terapéuticas y el uso ilícito de* ***drogas*** *y estimulantes*" (Naciones Unidas, 1996: 36 y 37 n).

Los organismos especializados del sistema de las Naciones Unidas tienen un extenso historial de labor en relación con la discapacidad: programas de prevención de la deficiencia, nutrición, higiene, educación de niños y adultos con discapacidad, capacitación e inserción profesional. Su experiencia la comparten con organizaciones gubernamentales y no gubernamentales, que se ocupan de asuntos relativos a la discapacidad. Cabe citar: La Organización Internacional del Trabajo (OIT) con sus principios enunciados en la Recomendación núm. 99 de 1955 sobre rehabilitación profesional de personas con discapacidad. Las Naciones Unidas para la Agricultura y la Alimentación (FAO) por la importancia que se concede a la relación entre nutrición y deficiencia. La Organización de las Naciones Unidas para la Educación, la Ciencia y la Cultura (UNESCO), que recomiendan el principio de educación adaptada para personas con discapacidad, viéndose reforzado por principios de la Declaración de Sundberg respecto a que las personas con discapacidad deben recibir de la comunidad servicios adaptados a sus necesidades especiales específicas, mediante una descentralización y sectorización de servicios. Y por último citemos a la Organización Mundial de la Salud.

Que la población con discapacidad parece ir en aumento también lo confirman los datos de la Organización Mundial de la Salud que en fechas finales al anterior milenio hablaba de 580 millones de personas con deficiencia sobre un total de 6.000 millones de personas en todo el mundo. Pero con el programa de esta organización (OMS) *Salud para todos en el año 2.000*, y el enfoque conexo de la atención primaria de salud, los Estados miembros de dicha organización ya se han comprometido a trabajar en pro de la prevención de enfermedades y deficiencias que originen discapacidades.

Es fácil estar de acuerdo con el Programa de Acción Mundial para las Personas con Discapacidad respecto a que con los conocimientos teóricos y prácticos existentes sería posible evitar que se produjesen muchas deficiencias y discapacidades, así como ayudar a las personas con discapacidad a superar o mitigar sus circunstancias y poner a los países en condiciones de derribar las barreras que excluyen a aquellas de la vida cotidiana.

La integración es también un tema de interés para la **Comunidad Europea** habiendo tomado medidas para llevarla a cabo. Con el tratado de la CEE en 1957, se inicia una política social comunitaria; en el Consejo del 2 de abril de 1963 se establecen los principios para una política común sobre formación profesional, igualdad y atención a problemas especiales; si en 1960 se crea el Fondo Social Europeo en 1971 se produce su reforma, una de cuyas finalidades es la integración en el proceso de producción de los desfavorecidos; en 1974 se aprueba el primer programa comunitario de acción social para la rehabilitación e integración profesional de minusválidos. En sucesivas fechas se ponen en marcha diferentes programas "Transición a la vida adulta", "Helios", "Helios II", "Equal" y tras abundantes disposiciones en favor de los discapacitados que hemos recogido, y no exponemos en este momento por su cantidad, finalizamos esta referencia resaltando la firma del Tratado de Amsterdan en 1997, donde se marcan directrices para la política comunitaria de empleo con inclusión de personas con discapacidad.

La atención a personas con discapacidad en España se determina especialmente a través de la **Ley Integración Social de los Minusválidos (L.I.S.M.I)** en 1982, siendo la primera iniciativa legislativa de nuestra historia en relación con las personas minusválidas , creando el marco legal para dar respuesta a las necesidades educativas especiales del alumnado y estableciendo que el sistema educativo dispondrá de los recursos necesarios para que este alumnado pueda alcanzar los objetivos establecidos con carácter general para todos los alumnos.

El cuerpo legislativo y ordenamiento para colectivos especiales referido a educación, formación e inserción laboral y servicios sociales implica al Ministerio de Educación, al Ministerio de Trabajo y Asuntos Sociales, y a organismos tales como el INEM y el IMSERSO.

Los datos y referencias expuestas nos sensibilizan y conciencian sobre la atención que hay que prestar a ese colectivo, en nuestro caso impartiendo formación en la Universidad y desde disciplinas de Orientación e Intervención Educativa en Discapacidad o en situación de riesgo.

PRIMERA PARTE

ORIENTACIÓN E INTERVENCIÓN EDUCATIVA EN LA DISCAPACIDAD

CAPÍTULO I

MODELOS Y TEORÍAS QUE FUNDAMENTAN EL DIAGNÓSTICO PARA LA ORIENTACIÓN E INTERVENCIÓN EDUCATIVA A PERSONAS CON DISCAPACIDAD O EN SITUACIÓN DE RIESGO

(I) 1. EL DIAGNOSTICO Y LA ORIENTACIÓN ANTE LAS DIFERENCIAS INDIVIDUALES: SÍNTESIS HISTÓRICA DE LAS RELACIONES ENTRE AMBAS DISCIPLINAS

El interés por conocer a las personas ha existido siempre con unas u otras finalidades. Retrocediendo en la historia encontramos vestigios de Diagnóstico y Orientación que permiten conocer el desarrollo de estas disciplinas fuertemente vinculadas por una trayectoria compartida lo que nos induce a realizar una presentación conjunta de su evolución y del Diagnóstico para la Orientación a personas con discapacidad o en situación de riesgo.

1.1. SURGIMIENTO DEL INTERÉS POR LAS DIFERENCIAS INDIVIDUALES: PRECURSORES DEL DIAGNÓSTICO

Los primeros datos históricos sobre el Diagnóstico y la Orientación apuntan a un *proceso de selección* realizado sobre las capacidades y habilidades humanas basado en pruebas de observación para la elección por Gedeón de los mejores guerreros (Libro de los Jueces, 7, 3-7). Así mismo en China hace 4.000 años para unos autores (Dubois 1970) y para otros 2.000 años (Bowman, 1989) se producía un diagnóstico, orientación y selección de los mejores hombres para servir a los emperadores.

Seguimos encontrando en función de las diferencias humanas la necesidad de orientación en forma más o menos explícita en varios autores de la cultura grecolatina, Platón (427 - 347 a. C.) en su obra la II República hace referencia a la selección de personas para desempeñar funciones sociales según su talento específico, al no haber dos individuos iguales por nacimiento. La selección, con su carácter eminentemente práctico la seguimos encontrando en autores como Cicerón (106 - 43 a.C.) al considerar en la persona el conjunto de cualidades que hacen a un ser humano apto para el trabajo que debe realizar (Ibáñez, E. 1989).

Partiendo de las diferencias humanas se llega a establecer la clasificación tipológica de individuos lo que da lugar a las **Teorías de los Humores,** también denominada de los **Temperamentos,** su origen es médico y es la clasificación más antigua de la que hay conocimiento, sus principales representantes son Hipócrates y Galeno.

Según Pichot y col.(1977:45) "El temperamento, es en cierto modo, el esqueleto biológico de la personalidad, y está íntimamente ligado a sus aspectos fisiológicos".

Para **Hipócrates** (460- 377 a. C.) el hombre posee cuatro *humores*: sangre, bilis amarilla, bilis negra y flema, el predominio de uno de estos humores en el organismo originará cuatro tipos de temperamentos, dando lugar al tipo sanguíneo, al colérico, al melancólico o al flemático. Para el autor estas diferencias son de carácter estable al deberse a la química corporal. Esta teoría se fundamenta en la consideración del hombre como imagen y semejanza de la naturaleza y sus cuatro elementos: aire, tierra, agua y fuego.

Galeno (199 - 129 a. C.) sistematiza la doctrina hipocrática de los temperamentos, amplía el número de tipos a nueve, realizando combinaciones. Esta doctrina estuvo particularmente en boga a partir del Renacimiento, siendo sobre todo en ese periodo cuando se relacionaron las disposiciones fisiológicas (el predominio de los humores) con los rasgos particulares del carácter, **las aptitudes y la elección profesional** (Pichot y otros, 1977).

La obra *Fisiognómica* atribuida a **Aristóteles** (384 - 322 a. C.), propone un análisis sistemático del carácter así como de los hábitos psicológicos del individuo, lo que permite su diferenciación.

La obra *Caracteres* perteneciente a **Teofrasto**, discípulo de Aristóteles (372 - 287 a.C.), ofrece una descripción precisa sobre treinta caracteres distintos con sus ejemplos conductuales, que originan diferencias individuales en condiciones culturales semejantes. Aparece el concepto de rasgo central como noción vinculada a la estabilidad del comportamiento humano y a la posibilidad de efectuar **predicciones** (Sánchez- Elvira, 1996).

En estas primeras tipologías se puede encontrar un atisbo de algunos conceptos sobre las diferencias individuales que se desarrollarán posteriormente: el rasgo, como unidad de descripción del comportamiento individual. El tipo, o unidad de rango superior de carácter más general, el origen constitucional y genético de estos factores de diferenciación, y una cierta distinción entre genotipo y fenotipo, lo que implica interés por la incidencia de factores ambientales en la determinación de las diferencias individuales (Eysenck, 1960), lo que dará lugar en el *Diagnósti-*

co, al estudio de determinantes biológicos e influencias ambientales para explicar la conducta, y finalmente realizar orientación e intervención si se precisa.

En la Edad Media, el interés por las diferencias individuales quedó en la penumbra, pues la persona pasó a ser considerada exclusivamente en función del grupo social al que pertenecía.

1.2. DESARROLLO DEL DIAGNÓSTICO Y LA ORIENTACIÓN: AUTORES Y TEORÍAS

Hasta 1575 con la aparición de la obra *Examen de los ingenios para las ciencias*, cuyo autor fue el médico navarro **Juan Huarte de San Juan**, no parece retomarse el desarrollo del diagnóstico en orientación. Muy conocidas son sus aportaciones al campo del *diagnóstico para la orientación y la selección profesional*, supo relacionar las artes, letras y oficios con las habilidades que deben tener las personas para desempeñarlos (Pinillos, 1976).

Basa el origen de las diferencias de los individuos en la teoría hipocrática y galénica, realizando una descripción casi exhaustiva de caracteres y aporta una serie de métodos para entrenar y desarrollar los talentos y las capacidades básicas. *Obsérvese la aparición de un carácter prescriptivo en el diagnóstico y la orientación.*

Aunque para Huarte de San Juan la constitución, lo biológico, es el factor más importante reconoce la existencia de una acción recíproca entre el medio ambiente y el hombre, lo que supone un *apuntamiento anticipatorio del principio ecológico de la Orientación.*

En el siglo XVIII, encontramos la *diferenciación como base del diagnóstico* en la **Teoría de las Facultades**, cuyos precursores son San Agustín, Santo Tomás de Aquino y el filósofo alemán Wolff. Esta teoría aboga por la existencia de diferencias individuales en el intelecto, la imaginación, la memoria o la percepción sensorial. Se considera *precursora de las teorías de rasgos y factores.*

En el siglo XIX, el *desarrollo del diagnóstico y la orientación* sigue su curso, y apoyándose en la Teoría de las Facultades, aparece la **Frenología (craneología), fisiognomía y constitucionalismo.** También reciben el nombre de **psicología popular de las facultades.**

El fisiólogo alemán **Gall** (1758-1828) se interesó por la frenología formulando una hipótesis fisiológica por la que se considera al cerebro como una agregación de órganos a cada uno de los cuales corresponde diversa facultad intelectual, instinto o afecto, siendo la energía proporcional al menor o menor desarrollo de la parte cerebral correspondiente. A este autor se le debe un sistema de evaluación de las facultades psíquicas del individuo por medio de su localización en determinadas protuberancias craneales.

El *rechazo científico a estas teorías*, no las despoja de su valor como un paso más en la apreciación de las diferencias individuales, básicas para el diagnóstico, con una metodología observacional y de medida, y también precursoras de los intentos de relacionar los rasgos fisiológicos con los psicológicos.

Como se ha podido apreciar en esta época no sólo interesa el cerebro y el cráneo sino que también hay adeptos al estudio de la fisiognomía estudiándose el aspecto o figura particular del rostro, para Cubí (1801-1873) la fisiognomía era una parte de la frenología porque indica que clase de gesto, expresión o lenguaje natural transmite cada una de las facultades mentales o varias de ellas al rostro e incluso a otras partes del cuerpo; y qué decir del constitucionalismo que toma interés por la estructura o complexión del organismo desde perspectivas relacionales y que produce años más tarde las dos clasificaciones biotipológicas más difundidas. Trataremos de ellas a continuación, sin respetar la cronología que estamos siguiendo en el desarrollo de este apartado, por las connotaciones comunes de lo expuesto en este momento.

A **Kretschmer y Sheldon**, se deben las famosas tipologías constitucionales, que forman parte de muchos programas de estudio. Kretschmer nace en 1888 y Sheldon en 1857, por tanto sus clasificaciones tipológicas corresponden al siglo XX.

Mientras que las descripciones en términos de rasgos sólo consideran aspectos psicológicos de la personalidad, las tipologías son por lo general biopsicológicas y en opinión de Pichot y col. (1977) especialmente morfopsicológicas. Se define la tipología como ciencia que estudia los varios tipos de la morfología del hombre en relación con sus funciones vegetativas y psíquicas.

La tipología de Kretschmer, se basó en la observación de sujetos con patologías y partió del supuesto de que la enfermedad mental es una exageración de una tipología normal, mientras que *la tipología de Sheldon se basó en el examen de sujetos clasificados como normales*. La clasificación de Sheldon (tipos morfológicos: endomorfo, ectomorfo, y mesomorfo, en relación con tres variables psicológicas: viscerotonía, cerebrotonía y somatotonía) ha tenido menor difusión que la de Kretschmer, la cual exponemos a continuación.

Kretschmer, define cuatro tipos puros de los que tres son principales:

a. Tipo pícnico- ciclotímico: morfológicamente se caracteriza por un predominio de medidas transversales y circunferenciales. El carácter ciclotímico hace destacar en adaptación social. Labilidad en los estados de alegría y tristeza. Este tipo puro está predispuesto a la psicosis maníaco-depresiva.

b. Tipo leptosoma-esquizotímico: morfológicamente aparecen dimensiones longitudinales, cuerpo largo, delgado y estrecho (leptosona). Su carácter esquizotímico se caracteriza por un humor frío, distante y poco reactivo a lo que les rodea. Introvertido y poco sociable. Este tipo puro está predispuesto a la esquizofrenia.

c. Tipo atlético - viscoso : morfológicamente con sistema óseo y muscular desarrollado. En su carácter predomina una cierta viscosidad psicológica con adhesividad y reacciones bruscas e intensas a diversas situaciones del mundo exterior. Este tipo puro está predispuesto a la epilepsia.

d. Tipo displásico: este tipo no se considera principal. Morfológicamente presenta múltiples variedades de anomalías, dismorfias, y parece menos individualizable desde el punto de vista del carácter. También está predispuesto, como siempre en opinión del autor de la clasificación, a la epilepsia.

Una vez hecho este paréntesis volvamos a finales del siglo XVIII y siglo XIX en el que hay que destacar los **avances médicos.** En **neurología** contamos con los estudios de Broca sobre la relación entre lesiones cerebrales y lenguaje. En **psiquiatría** tenemos a varios autores que hacen importantes aportaciones para el diagnóstico y la orientación, entre los que se hallan Pinel y Esquirol (de los que se tratará al referirnos a la corriente de salud, cap. II, apartado 2.2.4) pero sin dejar de mencionar ahora su aportación específica sobre la valoración y uso de la anamnesis; y a Guislain sobre la formalización de la entrevista estructurada (Fernández Ballesteros, 1983).

También en los siglos XVIII y XIX contamos con el **asociacionismo psicológico,** que tiene sus fundamentos en el empirismo inglés y en el asociacionismo humeano, cuyos principales representantes son Brown y Mill. Se pretende estudiar la mente desde la experiencia, para lo que se ha de partir de los procesos sensoriales; introduciéndose el método analítico para descomponer los contenidos mentales (Anaya, 1994).

Las diferencias individuales que se manifiestan en las capacidades humanas son objeto de estudio. Darwin con su **Teoría de la Evolución** (1809-1882) mostró interés por las diferencias individuales que se apreciaban en la capacidad de supervivencia de unas especies sobre otras y de unos individuos sobre otros de la misma especie, transmitiendo a sus hijos las características que hacen posible su supervivencia. Respecto a los mecanismos concretos de la herencia sería Mendel quien los legaría a la humanidad.

La importancia concedida a las diferencias según Caparrós (1976) impulsará la Psicología y la Pedagogía Diferencial, considerándose la amplitud de dichas diferencias en variables mensurables y desde una perspectiva geneticista.

Y ese interés por las diferencias individuales también suscitará el deseo por estudiar las características psicológicas que hacen a los humanos diferentes en cuanto a sus aptitudes para adaptarse al medio tanto físico como social. Las demandas del medio y la interacción entre el individuo y el medio, dará lugar a un **diagnóstico y a una orientación basada en el principio ecológico**.

El *estudio cuantitativo* de las diferencias individuales tiene su origen en la astronomía, concretamente por un suceso acaecido en el observatorio de Greenwich en 1795, en el que se puso de manifiesto el aparente error de observación entre un ayudante y su jefe en sucesos estelares. Bessel en 1820, descubrió la inexistencia de tal error, apuntando que la diferencia en los registros del observatorio se debían a las diferencias individuales, de carácter psicofisiológico, en los observadores (Sánchez- Elvira, 1996). Este descubrimiento dio lugar a dos líneas: el estudio de la Psicología para enunciar leyes generales y el estudio de las diferencias individuales.

Al ser de nuestro interés en este momento el estudio de las diferencias individuales, hemos de hacer referencia al británico Sir Francis **Galton** (1822-1911), primo de Darwin, es considerado como el *padre de la Psicología Diferencial*. Sus aportaciones se basan en el estudio de las *diferencias individuales en las capacidades humanas*. Su estudio de la inteligencia se realiza sobre un análisis previo de los *procesos sensoriales y motrices*, que son los que proporcionan a la inteligencia datos sobre los que ejercitarse. Para el estudio de las diferencias humanas contó con unas importantísimas muestras obtenidas en su *laboratorio antropométrico,* inaugurado durante la *International Health Exhibition* de 1884, siendo trasladado posteriormente al *South Kengsington Museun of London*, estando en funcionamiento seis años.

El éxito de este laboratorio viene determinado por la situación social, donde el imperante capitalismo democrático impulsaba el valor de la productividad, naturalmente determinada por la selección de los más aptos, lo que supone la consideración y *arraigo de las teorías evolucionistas*.

Aplica a las diferencias humanas técnicas cuantitativas, para lo que se basa en los procedimientos de Quetelet. En el ámbito del diagnóstico, empleó diversas técnicas para evaluar las capacidades humanas con especial incidencia en los tiempos de reacción, procesos sensoriales y motrices, considerándosele **precursor del test mental** (palabra empleada posteriormente por Catell, J. McK 1890). Para la recogida de datos utilizó *historial familiar, estudios biográficos, encuestas*. No faltaron los estudios comparativos de gemelos para averiguar la posible influencia de los factores hereditarios sobre las manifestaciones de las capacidades humanas. El estudio de esos factores hereditarios también los realizó tomando como muestras a genios, lo que se plasma en su obra *Hereditary Genius*. Así mismo también se interesó por el estudio de las bases hereditarias en diferentes razas.

Cattell estuvo en contacto con Galton, se interesó por las diferencias individuales y su medida objetiva por lo que creó instrumentos para la medición de variables sensoriales, perceptivas y psicomotoras. Se convirtió en el líder del nuevo **movimiento de los tests mentales** en Estados Unidos. Defendió en 1904 que la Psicología debía ser tanto una ciencia como una profesión.

Pronto comenzaron las críticas respecto a la baja correlación entre tests que pretendían medir lo mismo y en relación a la escasa capacidad productiva del rendimiento escolar (Anaya, 1994; Sánchez-Elvira, 1996).

A **Spearman,** 1904, se debe el análisis factorial, lleva su nombre. Introdujo los conceptos de error muestral y error de medida, con los procedimientos estadísticos para su corrección. Con la teoría de los dos factores se intenta explicar la correlación entre distintos tests de inteligencia, postula la existencia de un factor único o inteligencia general **g** y múltiples factores de carácter específico para cada una de las tareas.

Thomson en 1916 se inclinó por un modelo de organización sin factor general, su **Teoría Muestral de la Inteligencia** apunta hacia una inteligencia como conjunto numeroso de elementos independientes, carente de factores; considera que la covariación positiva entre los tests no se debe a la existencia de *g* sino al número de elementos que aleatoriamente hayan resultado comunes a las muestras por los tests utilizados (Yela, 1976), es lo que se ha venido en denominar *factores de grupo*.

En la misma línea **Thorndike**, autor de numerosos estudios sobre aprendizaje y estructura de la inteligencia, replica a Spearman, postulando la existencia de inteligencias distintas e independientes, lo que origina la concepción de concepciones multidimensionales. Entre sus seguidores está **Thurstone**, que partiendo de la utilización de métodos multifactoriales defiende la existencia de una serie de capacidades independientes a las que denomina *aptitudes mentales primarias,* lo que daría lugar al **modelo de habilidades primarias múltiples e independientes,** formado por siete capacidades: comprensión verbal, fluidez verbal, capacidad numérica, visualización espacial, memoria, razonamiento, percepción.

Si **Thorndike** fue el principal difusor del empleo del diagnóstico en las escuelas americanas en las escuelas francesas lo fue **Claparede,** el cual con su importante obra *Cómo diagnosticar las aptitudes escolares* captó la relación entre aptitudes escolares y la orientación vocacional.

Volvamos a principios del siglo XX, **Binet** se interesó por las diferencias individuales pero difería con Galton y Cattell en el concepto de inteligencia, para él la inteligencia residía en los *procesos psíquicos superiores* y se manifestaba a través de la capacidad de juzgar, comprender y razonar correctamente, algo muy distinto a los procesos de *discriminación sensorial simple que estudiaba Galton.* En 1908, **Binet y Simón** introdujeron el término **Edad Mental,** en sus escalas. **Stern**, 1911, relacionó la edad mental del sujeto con su edad cronológica, mediante el cociente EM/EC, buscando una interpretación más ajustada de los datos. En 1916 Therman dio el nombre de **Cociente intelectual** a EM/EC x 100 (Terman y Merrill, 1960).

Binet es considerado como **padre del diagnóstico**, y su escala se considera el **primer test de inteligencia**, además para nosotros su labor tiene una importancia muy especial, por la posibilidad de clasificación a partir de su escala del retraso mental, al establecerse niveles mentales. (Véase en este manual, apartado "Avances psicopedagógicos: evaluación de la inteligencia", cap. II, 2.*2.5).*

Binet había relacionado los resultados de las pruebas con la edad del sujeto, lo que era muy interesante porque la edad mental está en incremento antes de alcanzar la etapa de adultos; el problema surgió en la edad adulta cuando se comprobó que no se ajustaba a la realidad el cociente entre una edad mental estabilizada y la edad cronológica que seguía yendo en aumento, por lo que el C.I. disminuía manifestando un carácter involutivo erróneo.

Una forma de subsanar esta situación, la presenta **Wechsler** en 1939, con su **Escala de inteligencia para adultos,** introduce el llamado **cociente intelectual de desviación,** el C.I. se estima en función del valor promedio al grupo de edad al que el individuo pertenece.

El lector habrá observado que la mera obtención del C.I. conduce el interés más a la obtención de un resultado, un *producto*, que a los procesos que se siguen para obtener un producto. Por lo que desde esta perspectiva la inteligencia se encuadra en una cuestión de medida y clasificación partiendo de puntuaciones recogidas en baterías de tests. Esta **inteligencia psicométrica** irá asociada a la predicción del rendimiento (Eysenck, 1989).

Los trabajos de Galton no quedaron en el olvido, sus ideas resurgieron con los denominados **cognitivistas** al estudiarse el procesamiento de la información en el desarrollo de las capacidades mentales. En lugar del producto serán los *procesos básicos*, tales como codificación perceptual del estímulo, recuperación de la información almacenada en la memoria, toma de decisiones basada en dicha información, respuesta adecuada.., los que deberán ser estudiados en la inteligencia. Sin embargo el C.I. no queda en el olvido y se sigue utilizando como valor de contraste para la estimación científica de los resultados obtenidos (Sánchez-Elvira, 1996).

Entre ambas posturas se hallan los **modelos jerárquicos**. Se presentan distintos niveles con sus correspondientes factores, donde queda recogido lo general y específico.

Burt, 1949, en su modelo presenta el factor general y los procesos cognitivos: a) sensación ,b) percepción (niveles representativos de procesos primarios vinculados a aspectos sensoriales y motores, simples y coordinados),c) asociación, d) relación y e) inteligencia general, factor *g* (niveles de orden superior, vinculados a procesos intelectuales de carácter complejo).

Vernon, 1950 y1961, su modelo se caracteriza por dos amplios factores de grupo, ubicados bajo el factor general. Esos factores de grupo son : habilidades verbales educativas y habilidades especiales- mecánicas. A su vez cada uno se desglosa en factores de grupo de carácter menor, y por último aparecen los factores específicos (Sánchez-Elvira, op.cit.).

La naturaleza múltiple de la inteligencia, sigue estando presente en **Guilford** (1959), al proponer un modelo de inteligencia compuesto por 120 aptitudes distintas, presentando esas aptitudes el mismo rango de generalidad. Combina tres dimensiones:

- Contenidos: tipos de información que las personas procesan (figurativos, simbólicos, semánticos, conductuales)
- Procesamiento de información a través de procesos cognitivos
- Productos: resultado de las operaciones

Cattell, R.B en 1971 aproximó las posturas de Spearman y Thurstone, distinguiendo por debajo del factor general *g,* la **inteligencia fluida (gf)** configurada fundamentalmente por aptitudes primarias con base genética y con correlación neurofisiológica, alcanzando su desarrollo antes que la **inteligencia cristalizada (gc)** constituida por capacidades, estrategias y conocimientos que representa el nivel de desarrollo cognitivo alcanzado por el sujeto.

El enfoque de los componentes cognitivos está relacionado con el estudio de los tests que miden el cociente intelectual con las tareas cognitivas. Esos tests pueden ser descompuestos en conjuntos de procesos o componentes, y utilizarse para el entrenamiento cognitivo de la conducta inteligente.

- **Modelo racional de Carroll** (1976): tiene por objetivo el estudio de tests y factores psicométricos desde la perspectiva cognitiva experimental. Para ello analiza setenta tests diferentes, centrándose en los posibles procesos cognitivos necesarios para la resolución de distintos tipos de tareas.
- **Teoría o modelo componencial de Sternberg** (1977): Se basa en un análisis de componentes en la ejecución de tareas cognitivas. Distingue: Metacomponentes, componentes de ejecución, componentes de adquisición del conocimiento. Los procesos de control de orden superior, permiten reconocer el problema a resolver y las estrategias a utilizar para resolverlo.

La Teoría de Sistemas como base de un Diagnóstico y Orientación actuales

Las teorías de sistemas tienen una base comprensiva, en ellas no es suficiente para el estudio de las capacidades la sola consideración de aspectos estructurales y procesuales, tanto los aspectos biológicos como contextuales han de ser estudiados y contemplados, en un sistema interactivo y dinámico. En representación de estas teorías haremos referencia a la Teoría Multifactorial de Royce y a la Teoría Triádica de Sternberg.

- **Teoría Multifactorial de Royce**: en esta teoría el sistema cognitivo se integra en un suprasistema de orden superior, personalidad del sujeto. Se incorporan tanto los procesos estructurales como procesuales, y la dimensión temporal en la que se deben analizar las variaciones individuales procedentes del desarrollo y los cambios a lo largo de la vida, por influencias biológicas y ambientales (Sánchez-Elvira,op.cit.).
- **Teoría Triádica de Sternberg**: propone la integración de tres subteorías:
  - **a.** Inteligencia y mundo interior del individuo: mecanismos y procesos mentales que intervienen en la conducta inteligente (está englobada la teoría componencial del mismo autor).

b. La inteligencia y la experiencia: la evaluación de la inteligencia requiere no sólo el conocimiento de los componentes de la misma, sino también el nivel de experiencia al que se aplican.

c. La inteligencia y el mundo externo de la persona: implica el uso de mecanismos mentales para un ajuste inteligente al entorno y a las circunstancias.

Consideraciones finales: Como se ha podido apreciar, la persona con sus componentes psicofísicos ha sido y es objeto de estudio. La aparición de teorías y modelos a través de la historia influyen en nuestras perspectivas, en la consideración de las diferencias individuales para el Diagnóstico y la Orientación. Pero para que el diagnóstico y orientación sean lo más competentes posible en este mundo tan cambiante hay que ubicarlos y tomar en consideración la relevancia contextual para el desenvolvimiento de la persona. En esta época de migraciones, hemos de recordar que las concepciones de la inteligencia en las distintas culturas varían, y el devenir histórico y social con frecuencia requieren la puesta en práctica de capacidades o aptitudes del individuo poco ejercitadas hasta ese momento, capacidades que han de ser consideradas en los contextos para la integración de la persona.

(I) 2. MODELOS Y TEORÍAS QUE FUNDAMENTAN EL DIAGNÓSTICO EN EDUCACIÓN

Etimológicamente diagnóstico procede del griego *día,* que significa a través de, y de *gnosis*, conocimiento (Merani, 1983).

Hacia ese conocimiento se puede ir desde diferentes profesiones, por lo que el punto de vista desde el que se estudie al sujeto del diagnóstico será diferente. Es decir, el sujeto paciente es la misma persona a estudiar pero puede haber varios sujetos agentes que estudien al paciente desde su especialización. Esa situación puede originar diferentes tipos de diagnóstico, los más tradicionales son el médico, el psicológico y el pedagógico.

Afortunadamente hoy en día se es consciente de la necesidad interdisciplinar que se plasma en un diagnóstico completo e integrado, de su aceptación dan fe los Equipos Multiprofesionales; y de la influencia que unos diagnósticos ejercen sobre otros. Desde nuestra perspectiva del Diagnóstico a personas con discapacidad o en situación de riesgo compartimos con Marín y Buisan (1994) y Fernández Ballesteros (1994), entre otros autores, que los métodos y técnicas utilizados en el Diagnóstico Pedagógico reciben aportaciones de otros campos tales como el médico, el psicológico y más recientemente del social.

Las mayores interrelaciones las encontramos entre el diagnóstico psicológico y el diagnóstico pedagógico. Si desde el punto de vista psicológico el objetivo fundamental del diagnóstico es el conocimiento científico del comportamiento de una persona, o grupo determinado de personas, con el fin de describir, clasificar, predecir o explicar su conducta (Brown, 1980; Fernández Ballesteros 1994) aunque puede tener también por objetivos la investigación y valoración de tratamientos, el diagnóstico pedagógico es considerado como una actuación técnica profesional dirigida a conocer a los educandos y su ambiente para propiciar una actuación pedagógica eficaz en pro de la excelencia personal; se centra el diagnóstico en la mejora de la persona modificando o potenciando ciertas dimensiones del ser humano (Pérez Juste, 1990).

Los modelos de diagnóstico representan una concepción teórica determinante del método, las técnicas y la evaluación. Los profesionales del diagnóstico desarrollan su ejercicio en función del tipo de información que se busca.

2.1. MODELO MÉDICO

En el diagnóstico se considera pionero el modelo médico, influyendo tanto en los modelos pedagógicos como en los psicológicos.

Desde este modelo se interpreta que la conducta de la persona puede estar alterada por factores de índole biológica o psíquica. Las clasificaciones de discapacidades por causas biológicas / fisiológicas, basadas en las características físicas y/ o funcionales de los organismos parece ser que tienen un campo más acotado resultando más difícil los solapamientos que en las causas psicológicas.

El diagnóstico en el modelo médico puede comenzar desde antes del nacimiento, para detectar el estado en que se encuentra el feto, este tipo de diagnóstico recibe el nombre de *Diagnóstico Fetal*, anteriormente denominado prenatal o antenatal. El *Diagnóstico Intraparto*, tiene por finalidad evitar el sufrimiento fetal y prevenir lesiones. El *Diagnóstico Neonatal* es el realizado en el momento del nacimiento. El *Diagnóstico Postnatal* es de gran importancia para la detección de posibles enfermedades metabólicas y otras patologías o alteraciones que no se hayan detectado anteriormente (Alfonso e Ibáñez, 1987).

Como muy bien recoge Sobrado (1995 : 390) el modelo médico del comportamiento expuesto por Berder y Wechsler se fundamenta en el *modelo clínico*, interpretando desde la perspectiva teórica que la conducta de la persona puede mostrar alteraciones causadas por variables o factores internos del organismo, de índole biológica o psicológica que pueden someterse a tratamiento. Así pues, por decirlo de otra forma, el modelo clínico se centra en el déficit y sus síndromes, es muy común la frase no hay enfermedades sino enfermos.

Como no es posible tratar del modelo médico sin hacer referencia al modelo o metodología clínica vamos a dedicarle unas líneas. Aunque el modelo clínico surgió en las ciencias médicas con gran uso en la psiquiatría y psicología clínica se extendió a gran número de ciencias humanas. La importancia del método clínico reside en conocer muchos datos acerca de pocas personas, estudiadas en forma individual profundizándose en el conocimientos de las mismas.

La metodología clínica representa el enfoque tradicional de la investigación clínica. Históricamente el surgimiento de la corriente se salud, el enfoque interdisciplinar (médicopsicopedagogico) y el principio rehabilitador son nexos que unen la metodología clínica con la Orientación Educativa.

Revisando la literatura al respecto se aprecian dos vertientes en la aplicación del método:

Área de investigación clínica : en sus orígenes está representada por Kraepelin que aplicó la técnica descriptiva a pacientes con patologías mentales, y por Breuer y Freud (1957) con el desarrollo de técnicas psicoterapéuticas. Por supuesto la técnica de la observación era y es fundamental en este método y también de utilidad para la aplicación de otras técnicas.

Área de investigación del desarrollo: aplicado desde perspectivas diferentes tales como son la psicológica, pedagógica, sociológica y antropológica. Preyer (1898) hizo un *diario* del desarrollo de su hijo. Bechterew y Gessell (1925), Buhler (1935) constan como pioneros en la aplicación de la técnica de la *observación registrada* al estudio de caso del niño individual. Son varios los científicos que en aquella época hicieron diarios reflejando la evolución de sus hijos (Stern, Buhler, Piaget...) Algunos de ellos extendieron su trabajo a la adolescencia analizando diarios de adolescentes.

En el ámbito clínico se considera que el diagnóstico debe subordinarse a la práctica médica, se busca una explicación y un pronóstico por supuesto acompañado de una intervención (Sobrado, op. cit. : 391).

Desde la *perspectiva pedagógica* el modelo médico se ha aplicado y se aplica frecuentemente en la educación especial (Marín y Buisan, 1994). Ese hecho lo hemos comprobado durante nuestro trabajo con personas con discapacidad. Conocidos sus diagnósticos médicos, interpretados los informes se procede a actuar en consecuencia. Abogamos por la cooperación y coordinación entre el modelo médico y la aplicación de nuestros modelos. El modelo o actuación interdisciplinar es lo idóneo.

Consideraciones finales:

El modelo médico de diagnóstico en el tema de la discapacidad adquiere una gran importancia tanto en el aspecto preventivo de patologías, con prescripciones y orientaciones entre las que se encuentra el consejo genético a los padres, como en el aspecto terapéutico proporcionando tratamientos médicos, una vez realizado el diagnóstico, para evitar o paliar síndromes patológicos procedentes de deficiencias.

Sin embargo hay que recordar que en diversas discapacidades la medicina debe desempeñar una acción interdisciplinar con la Intervención Educativa para controlar el problema en pro de la integración social de la persona.

Respecto al método clínico aplicado a la persona con discapacidad incidimos en su utilidad desde nuestra práctica profesional, recordando la función terapéutica o correctiva que puede tener la Orientación. Repetto (1984: 88 y 89) manifiesta que "los pedagogos especialistas en Orientación Educativa han empleado el método clínico para el estudio de la infancia y la adolescencia y para los problemas de la edad adulta y las formas de intervención educativa". Son varios los científicos que han empleado esta metodología y aplicada a temática diferente tales como etiología de patologías orgánicas, de psicopatologías, estudios de personalidad, problemas emocionales.

2.2. MODELO PSICOMÉTRICO

Este modelo se conoce también bajo la denominación de *modelo de rasgos y factores*.

El *modelo de rasgos* se basa en el supuesto de que todos los individuos poseen determinados rasgos o factores, aunque difieren entre sí en el grado en que los poseen, lo que permite diferenciarse y ser diferenciado de otras personas, plasmándose esos rasgos o factores en la conducta. Los constructos internos o variables del organismo le dan al comportamiento una consistencia y estabilidad en el tiempo y las diferentes situaciones, de modo que el eje básico de esta estructura es el rasgo que posee carácter genetista e innato, que faculta la concepción estable de la conducta de la persona.

El modelo de rasgos se caracteriza por considerar que las variables personales tienen un valor central en la determinación de la conducta, así como en su predicción (Bermúdez, 1985). *Las unidades básicas de la personalidad comúnmente se denominan rasgos*. Los rasgos no están en toda la actividad de la persona, hay que distinguir una parte variable y una parte propositiva continua y es en ésta donde se encuentra el concepto de rasgo (Eysenck, 1960).

Este modelo se distingue de otros enfoques por su vinculación al estudio de las diferencias individuales, como variables esenciales. Entre los autores más significativos del estudio de rasgos se hallan Allport, 1937; Cattell, 1950; Guilford, 1959 y Eysenck, 1960.

Allport (1970) como uno de los autores más importantes en el estudio del rasgo lo aborda partiendo de dos niveles de análisis:

- Dimensionalmente: relativo al estudio de las diferencias individuales, bajo una concepción nomotética el rasgo se concibe según la posición que los individuos a lo largo de la dimensión ocupan.
- Individualmente: hay una consideración idiográfica en función de las disposiciones personales del individuo independientemente de los demás. Es decir, el interés se dirige hacia sus particularidades.

El denominado *modelo o enfoque psicométrico* está basado en los métodos correlacionales, se apoya en que los test escolares de Binet, Terman y Merrill correlacionaban positivamente con otras medidas de rendimiento escolar. Este modelo, desde sus inicios con Galton, Cattell y Binet entre otros, fue un *modelo muy utilizado en el diagnóstico pedagógico* hasta la década de los sesenta, dió una cierta unidad al concepto de retraso mental aunque sus limitaciones residían en la no referencia a los problemas cognitivos de las personas con discapacidad (Fierro, 1984).

El modelo correlacional permite la medida y el conocimiento de las diferencias, siendo de especial importancia la aplicación del análisis factorial, ello ha originado que a este modelo se le llame de **factores** (Spearman, Thurstone). Recuérdese que en páginas anteriores se hizo referencia a Spearman y a la teoría de los dos factores. En este modelo se fundamenta el método clásico de diagnóstico, a través de tests o pruebas diagnósticas se evalúa la inteligencia general y las aptitudes.

Las primeras escalas de inteligencia, debidas a Binet, y de las que tratamos en el "paradigma asistencial- rehabilitador, propician un modelo psicométrico por el que se puede evaluar la discapacidad psíquica. No desestimamos su valor, especialmente como precursor o más bien como modelo complementario de otros tipos de diagnóstico.

En opinión de *Fernández Ballesteros y Carrobles* (1995) los tests psicométricos de inteligencia se limitan al establecimiento de un inventario de información, de factores cognitivos y perceptivos, con el único criterio del nivel de inteligencia.

Consideraciones finales:

Los profesionales que se dedican a la Orientación de personas con discapacidad han debatido la bondad y limitaciones de la clasificación y del diagnóstico para ubicar en unos puntajes, si antes toda la atención se dirigía hacia la selección de la mejor prueba o batería para clasificar correctamente, ahora interviene la observación de cómo se comportan los alumnos y las necesidades que tienen. Además las clasificaciones aplicadas a personas con discapacidad se ha visto que no son estables, en opinión de Ysseldyke (1989) interviene la política, la economía, valores sociales y educación, en la medida en que cambian los valores y actitudes sociales, se modifican también las clasificaciones. La evidencia vino marcada en 1973 con la revisión de criterios de las clasificaciones por la Asociación Americana de Retraso Mental eliminando la categoría límite en la discapacidad psíquica. Ese cambio se debió a preocupaciones políticas y sociales al clasificarse como retardados mentales a demasiados alumnos pertenecientes a minorías y con desventajas sociales, disminuyendo ese rótulo sus oportunidades en la vida.

Por tanto, esa situación de desventaja o diferencia no debe confundirse con la auténtica discapacidad por la que muchos niños han sido clasificados como deficientes cuando en realidad su deficiencia era una pseudodeficiencia (supuesta, falsa deficiencia) o como actualmente se dice pertenecían a la diversidad. Esa situación de confusión pudimos apreciarla hace varios años al requerírsenos la realización de diagnósticos sobre niños inmigrantes portugueses cuyo principal problema de integración escolar era la falta de dominio del español y no una supuesta discapacidad. Así mismo tuvimos la oportunidad de comprobar la misma situación en Alemania con hijos de emigrantes españoles cuyo conocimiento del idioma del país no era suficiente para su desenvolvimiento en la escuela.

Hoy en día, la sola consideración del cociente intelectual para asignar a una persona el diagnóstico de retrasada mental está en desuso como se muestra en el vigente concepto de retraso mental, promulgado por la Asociación Americana mencionada anteriormente, y que veremos al hacer referencia a la conceptualización de personas con discapacidad.

Por último debemos recordar que en el modelo de rasgos y factores se basa el modelo de orientación profesional de Parsons.

2.3. MODELOS Y TEORÍAS DINÁMICAS

El interés por el factor emocional se ha extendido más allá de la psiquiatría y de la psicología en el momento actual, a ello ha contribuido el concepto de inteligencia emocional impulsado por Goleman, que ha recordado la importancia que tienen los sentimientos y la forma de interactuar con el mundo.

Describe la inteligencia emocional como " (...) una forma de interactuar con el mundo que tiene muy en cuenta los sentimientos, y engloba habilidades tales como el control de los impulsos, la autoconciencia, la motivación, el entusiasmo, la perseverancia, la empatía, la agilidad mental, etc. Ellas configuran rasgos de carácter como la autodisciplina, compasión o el altruismo, que resultan indispensables para una buena *adaptación social*" (El subrayado es nuestro) Goleman (1999: 448).

Algunas de las poblaciones especiales con las que venimos trabajando suelen tener problemas de adaptación por alteraciones en sus construcciones teóricas internas, integradas en la estructura de su personalidad y en un complejo de dinamismos inconscientes, que suele manifestarse en un cierto descontrol de las pulsiones primarias y carencia de adecuados mecanismos de defensa ante las frustraciones (Ibáñez, Senra y del Río, 1998).

Los problemas de adaptación por déficits o alteraciones emocionales producen conflictos entre las personas y el mundo exterior, si el conflicto es prolongado y se utilizan mecanismos de respuesta inadecuados puede llegarse a un comportamiento inadaptado a veces casi irreversible. Entonces se producen alteraciones en la percepción de sí mismo y de la realidad.

Los primeros años son fundamentales para el desarrollo de vínculos afectivos, cuyo déficit puede producir consecuencias de tipo psíquico y somático (Spizt 1979; Ibáñez, 1997). Concretamente, la carencia de cuidados maternos adecuados priva al niño de las estimulaciones necesarias para su correcto desarrollo y falla la comunicación (Bowlby, 1976), alterándose los procesos de adaptación durante dicho desarrollo, lo que repercute en las reacciones ante el ambiente determinadas por sus necesidades, capacidades y experiencias previas.

Desde el psicodiagnóstico y la orientación basándonos en las teorías dinámicas hay que considerar que se pueden producir alteraciones en tres núcleos: el referido al sistema dinámico de la conducta, a la estructura de la personalidad y a las diversas fases del desarrollo.

> *"(...) las conductas de las personas encierran tras de sí causas y explicaciones psicológicas"* (Garanto, 1993:213).

La **orientación e intervención educativa** deben contribuir al desarrollo de la personalidad para que el individuo pueda ejercer control sobre sus instintos y sus manifestaciones conductuales. En función de los supuestos teóricos mencionados, el diagnóstico tendría por objetivo analizar la estructura psíquica de la persona, para conseguir un equilibrio dinámico de la personalidad y la puesta a su servicio de los mecanismos de defensa precisos.

2.3.1. Teorías Psicodinámicas

La psicología dinámica tiene su origen en Freud, permite un análisis estructural de la personalidad, se apoya en el desarrollo de la afectividad y en los conceptos de pulsiones y deseos, de obstáculos y conflictos. Según esta teoría, el desarrollo psicológico es la historia del devenir de las pulsiones primarias.

Las **pulsiones son procesos dinámicos**, consisten en un impulso que orienta al organismo hacia una meta. Sus fundamentos son biológicos. Son fuerzas fisiológicas instintivas que impulsan al individuo a realizar ciertas actividades. Las pulsiones están cargadas de energía que tratan de liberar. Rompen el equilibrio fisiológico y crean un estado de tensión fuente de displacer, el organismo busca el objeto, meta de la pulsión, para descargar la energía acumulada y restablecer el equilibrio.

La evolución de las pulsiones primarias es conflictiva en cuanto que el organismo debe adaptarse al medio ambiente, la realidad a veces es opuesta al principio del placer que gobierna las fuerzas instintivas y pueden producirse frustraciones. La resolución o el control de los sucesivos conflictos contribuye a estructurar la personalidad. Se distingue entre las pulsiones del instinto de vida o **Eros** y las pulsiones del instinto de muerte (destrucción) **Thanatos.**

Freud (1936) para describir los efectos de los conflictos sobre **la estructuración de la personalidad** describió la diferenciación en el psiquismo de ciertas instancias jerarquizadas:

- El inconsciente opuesto al preconsciente-consciente
  El inconsciente constituido por las pulsiones primarias y los deseos reprimidos, está separado del sistema preconsciente-consciente por la censura, la represión. Sobre la represión reposa el psicoanálisis de Freud.
- Ello, yo y superyo
  Estas instancias intrapsíquicas con diferentes niveles de concienciación y de actuación intervienen en una *confrontación dinámica de fuerzas que determina las manifestaciones conductuales.*
  - El sistema del ello es el polo pulsional de la personalidad, reserva de pulsiones innatas y elementos adquiridos que han sido rechazados.

- El sistema del yo, constituye el centro de la personalidad. Funciona según el principio de la realidad, corresponde al pensamiento objetivo, socializado y racional. Ejerce funciones de mediador entre el ello y el mundo exterior y por otra parte entre el ello y el superyo. El yo recibe las estimulaciones del mundo exterior, eliminando las que considera excesivas o peligrosas para la unidad de la persona. Su dominio queda encuadrado en las diversas percepciones y los procesos intelectuales.
- El sistema del superyo, se forma por la interiorización de las exigencias y las prohibiciones parentales.

Las fuerzas represivas que el individuo encuentra durante su desarrollo forman parte del sistema censor y juez de la personalidad. En el sistema del superyo se encuentran la conciencia moral, sistema de valores, autocrítica, prohibiciones (Pichot, Guelfi, Hakin, 1977).

Respecto a las distintas **etapas del desarrollo** los postulados freudianos en cuanto a la *formación del carácter* siguen un proceso evolutivo, los estadios instintivos son: el estadio oral (primer año de vida), el estadio anal (época del control de esfínteres), estadio fálico (entre tres y seis años), periodo de latencia (cinco o seis años hasta la pubertad), fase genital (en la pubertad).

Quedan establecidos canales de comunicación con el exterior, posiciones afectivas (actividad-pasividad, dominación-sumisión) en razón del comportamiento al que se unen valores de aceptación y rechazo, la personalidad se va desarrollando hasta llegar a la adolescencia en que se produce una profunda reestructuración en la personalidad, aparecen nuevas soluciones de compromiso frente a los conflictos, se determina la identidad personal y la elección heterosexual del objeto libidinal.

En psicoanálisis se habla de conflicto cuando se oponen exigencias contrarias en el sujeto. El conflicto puede ser manifiesto o latente.

Para evitar la angustia engendrada por los diferentes conflictos, el yo dispone de *mecanismos de defensa* inconscientes que utiliza en el curso de su desarrollo, entre los principales tenemos: la *proyección*, que consiste en atribuir a otro sentimientos, deseos o intenciones de uno mismo o juzgadas inaceptables en uno mismo. La *sublimación*, es una variedad de desplazamiento, por la que los afectos importantes ligados a una representación, pueden desprenderse de ella para ligarse a otras menos cargadas de libido. Según Freud, la energía ligada a la pulsión sexual puede emplearse para realizar actividades artísticas e intelectuales. La *fantasía*, es otro aspecto de la resolución de conflictos por desplazamiento. Estos y otros mecanismos de defensa existen en todos los individuos (Buss,1976; Mesa, 1986).

2.3.2. Teorías Postfreudianas

Las teorías de Freud han sido ampliamente criticadas, por conceder una importancia especial a los factores afectivo-emocionales y menos importancia a los aspectos cognitivos. Pero lo que es innegable son sus aportaciones para una mejor comprensión de la conducta humana, y también el punto de arranque de otras teorías y planteamientos. La investigación psicodinámica posterior a Freud, se ha desarrollado en varias direcciones. Numerosos trabajos se refieren a las *relaciones tempranas del lactante y a la génesis de la angustia* (R. Spitz, O. Rank, J. Bowlby). Otros autores trataron de *integrar los resultados experimentales de la psicología humana y animal, con los datos de la psicología analítica* (H.F. Harlow, J.H. Masserman, O.H. Mowrer y S.Rado). Algunos conceptos fundamentales del psicoanálisis fueron objeto de *estudios particulares*, como los trabajos de C.G.Jung sobre el inconsciente, los trabajos de H.Hartman, M.Klein y J.Lacan sobre la génesis del yo (Scharfetter, 1979; Tizón, 1978).

Brevemente procedemos a resaltar y recordar lo realizado por los autores que se acaban de mencionar:

— **R.A. Spitz**: explicó como se produce la relación con el otro en el primer año de vida, proponiendo un modelo dinámico de esa relación. Mostró las consecuencias psíquicas y somáticas de las carencias afectivas tempranas, y del abandono pudiendo aparecer la conducta de Hospitalismo. Organizadores del psiquismo: sonrisa del tercer mes; nacimiento de la angustia del octavo mes; uso del no al comienzo del primer año.

— **O.Rank**: el conflicto fundamental de la infancia se plantea entre el deseo de retornar al vientre materno y el miedo a este deseo. El origen de la angustia lo sitúa en el trauma del nacimiento, el nacimiento es la primera separación. El destete reproduce esta primera separación. El conflicto edípico es una tentativa de dominar la angustia.

— **J. Bowlby**: vincula los efectos ansiógenos de la carencia de cuidados maternos con los trabajos de etólogos. En los primeros periodos de desarrollo se deben incluir estimulaciones sensoriales variadas y una presencia afectiva de la madre. La angustia de privación tiene función defensiva, desencadenado un comportamiento para poner fin a la separación. Describe tres reacciones sucesivas: protesta ligada a la angustia de separación, luego fase de desesperación que corresponde al duelo por pérdida o ausencia de la madre, finalmente un periodo de repliegue en sí mismo.

— **H.F. Harlow**: crió pequeños monos Rhesus en aislamiento social más o menos completo. Sus múltiples experiencias mostraron las importancia del afecto y la necesidad de estimulaciones afectivas en cantidad suficiente y en el momento oportuno, pues tanto en el animal como en el niño, las privaciones tempranas tienen consecuencias psicológicas y de comportamiento, cuya gravedad está función de la intensidad de la carencia.

— **J.H. Masserman**: en su teoría biodinámica intenta integrar los conceptos psicoanalíticos con los resultados obtenidos por el estudio de las neurosis experimentales en el animal. Adopta las tesis freudianas del carácter biológico de las pulsiones y desarrolla la noción de procesos de adaptación durante el desarrollo. El organismo reacciona ante el ambiente según sus necesidades, capacidades y experiencias previas.

En la experimentación con animales ha observado mecanismos de defensa del yo, el bloqueo de un comportamiento dirigido a un fin origina intentos de satisfacción mediante sustitución, compensación o desplazamiento. Un conflicto prolongado puede llevar a un comportamiento inadaptado, a veces irreversible.

— **O.H. Mowrer**: basa su teoría de la personalidad en la estructura freudiana del ello, yo y superyo. Establece una relación dinámica entre las tres instancias psíquicas y en el papel asignado al aprendizaje social. La actividad desencadenada por una pulsión es controlada por el yo y el superyo y se refuerza con los procesos de aprendizaje. Esta teoría concede un papel mucho más importante que el psicoanálisis clásico a los determinantes sociales en la adecuación posterior del comportamiento.

— **S. Rado**: la concepción de este autor apela a las adquisiciones de la neurofisiología y el papel biológico de las emociones. La función del miedo es la de movilizar los recursos del organismo para lograr un comportamiento eficaz de huida, desempeñando función protectora ante los peligros.

La adaptación es el concepto fundamental que evalúa los comportamientos humanos en términos de funciones utilitarias y de supervivencia.

— **C.G.Jung**: fue uno de los primeros discípulos de Freud, se separó de él y elaboró su propia *teoría analítica* , su obra está impregnada por su preocupación por el misticismo, ha realizado numerosos estudios sobre religiones orientales en el marco de su *teoría de los arquetipos, elementos del in-*

consciente colectivo de la humanidad. Para él no existe el conflicto intrapsíquico. Los conflictos se plantean entre la persona y el mundo exterior. El inconsciente individual se limita a los contenidos rechazados (reprimidos) de la conciencia por falta de fuerza moral ante las dificultades de la existencia. Los contenidos psíquicos más profundos forman parte de un inconsciente colectivo formado por la acumulación de experiencias de generaciones pasadas y transmitidos hereditariamente.

— **H. Hartmann**: para este autor el *yo* comprende ciertos elementos autónomos que se desarrollan bajo la influencia de la maduración fisiológica y del aprendizaje, ese yo adaptativo mantiene estrechas relaciones con la afectividad, pero da lugar a una psicología autónoma del conocimiento y de la actividad. La práctica psicoanalítica derivada de esta teoría se dirige a reforzar el yo para mejorar la adaptación social. En esta línea se manifiestan **Erickson y Anna Freud**, al considerar que el Yo no es un mediador pasivo sino una fuerza activa con fuente de energía propia.

— **M. Klein**: uno de los elementos fundamentales de la obra de esta autora, que ha sido muy criticado, es la tendencia a atribuir un papel esencial a los primeros momentos de la vida, el *seno materno* tiene un papel central en la concepción de la formación de la personalidad. Sus trabajos intentan reconstituir el universo imaginario y fantástico del lactante, para ella la estructuración de la personalidad no depende tanto de la realidad de las experiencias como de sus consecuencias en el plano de la fantasía (las fantasías son los representantes psíquicos de las pulsiones existiendo desde las primeras semanas). El seno materno es el primer objeto parcial que puede ser fantaseado al tiempo que proporciona alimento, cuando está presente es considerado como objeto bueno porque causa placer, y a la inversa cuando desaparece es considerado como malo porque causa displacer. El conflicto se desarrolla desde las primeras semanas. Los mecanismos de introyección y proyección están en la base de la elaboración del yo.

— **J. Lacan**: la identificación se encuentra en el origen del yo, en una experiencia narcisista el *estadio del espejo*. Este autor considera que el Yo aparece entre los seis y dieciocho meses, cuando el niño anticipa imaginariamente la aprehensión de su unidad corporal por identificación con la imagen del otro. El primer esbozo del yo se origina en la imagen del otro o en la propia del espejo. Lacan muestra la discordancia que puede haber entre el yo imaginario y la realidad propia del sujeto.

El Yo que se desarrolla por asimilaciones al otro, no está centrado en el sistema de percepción-conciencia; no está organizado por el principio de realidad y no es una emanación del ello sino un objeto al que tiende el polo instintivo de la persona.

2.3.3. Teorías Sociales de la Personalidad

Desde la perspectiva de Freud los fenómenos sociales deben comprenderse a partir de las relaciones del individuo con su contexto; ve a la sociedad como una solución que los hombres aportan a los problemas individuales fundamentales. En su obra *El malestar en la civilización*, considera que la sociedad no tiene otra alternativa que reprimir la agresividad en su seno para neutralizar las pulsiones del Ello que pueden desintegrar el grupo social.

Otros autores tienen otra perspectiva, desde la que consideran que el *ambiente social y cultural es un factor predominante de la organización psicológica individual.*

La influencia de la socialización en el desarrollo del comportamiento por todos es conocida. Recordemos los casos de ausencia de socialización en niños abandonados al poco de nacer o privados de ambiente humano (niños salvajes o niños aislados y ocultados en su hogar, sin modelos de comportamiento humano), y la influencia de medios *socioculturales muy desfavorecidos* en los que se aprecia una debilidad mental en frecuencia superior al de la población general, debilidad mental que es adquirida recibiendo anteriormente el nombre de "pseudo- debilidad o deficiencia", cuyo terminología está casi en desuso, ahora se habla de necesidades y de atenciones a la diversidad, a la desventaja sociocultural... Pero reiteramos que también hay autores que hablan de discapacidad o minusvalía social, aunque la palabra minusvalía lleva implícito el aspecto social (Vega, 1994).

Estructuralismo cultural : Etnografía

Recordemos también los diversos ambientes socioculturales que nos han mostrado varios autores con sus estudios etnográficos en sociedades primitivas. **Malinowski**, estudió a los melanesios de Trobiand, oponiéndose a la teoría freudiana de la universalidad del complejo de Edipo descubrió un complejo matrilineal. Este autor admite al igual que Freud el *origen instintivo de las estructuras culturales*, conociéndose con el nombre de *funcionalismo.*

Mead, estudió tres tipos de sociedades en Samoa y Nueva Guinea. En Samoa *no encontró conflictos de pubertad*, debido a la función social precoz del niño favorecedora de la asunción de responsabilidades y una *sexualidad sin culpabili-*

dad. En Nueva Guinea estudió varias tribus entre ellas la los *arapesh*, en la que hombres y mujeres son comprensivos y maternales educando a sus hijos en un clima de afecto y confianza. En cambio el clima social de los *mongodur* está determinado por la hostilidad y antagonismo, la crianza materna es breve, poco afectuosa y se interrumpe bruscamente. Entre otros autores que también han estudiado a pueblos primitivos se hallan **Benedict, Linton y Kardiner**.

El culturalismo

Se denomina culturalismo a la influencia de los factores sociales y culturales en el desarrollo de la personalidad. Según esta teoría la génesis de los rasgos de personalidad se hallan en la presión de la variable cultural.

Esta teoría se opone a la formulada por Freud sobre las pulsiones primarias. Los principales representantes son Sullivan, Horney y Fromm. En la misma línea se halla Adler, aunque no se le considera culturalista.

Según esta teoría, la angustia no proviene de un conflicto pulsional; las frustraciones surgidas de las presiones sociales, generan agresividad, es decir, *la agresión es una consecuencia de frustraciones de origen social. Las frustraciones producen un resentimiento y una hostilidad que se deben reprimir y que, por esa razón, generan angustia.*

— **H.S. Sullivan**: para este autor la angustia resulta de las relaciones interpersonales no satisfactorias. El niño ante la desaprobación por parte del ambiente siente angustia y para evitarla buscará apoyo y comprensión. Reprimirá todas las tendencias en conflicto con las normas culturales. Esta angustia básica puede adquirirla el niño tempranamente por empatía con sus padres.
— **K. Horney**: considera la angustia como una reacción secundaria a las frustraciones. La angustia desencadena una necesidad excesiva de amor exclusivo, rápidamente seguida por sentimientos de rechazo, originando una agresividad que el niño debe reprimir para evitar perder el amor del otro.
— **E.Fromm**: la angustia se produce por el conflicto infantil entre la necesidad de independencia y las constricciones sociales. Los ideales de libertad, verdad, justicia representan tendencias innatas y no sublimaciones. El hombre crea la sociedad, pero ésta también crea al hombre que es un ser social.
— **A. Adler**: es el fundador de una psicología individual que se apoya en la voluntad de poder. Da más importancia a los impulsos agresivos que a los de carácter sexual. Considera que los problemas de la personalidad pro-

vienen de circunstancias desfavorables que pueden acentuar el sentimiento de inferioridad, por lo que puede desarrollarse progresivamente un deseo compensatorio de dominación y superioridad.

2.3.4. Teorías Fenomenológicas

La fenomenología es un movimiento cultural que se basa en el análisis de la experiencia subjetiva del individuo y del significado que éste atribuye a los hechos reales. Esa forma, holística, de percibirse a sí mismo y a la realidad será el determinante de su conducta.

Entre las influencias notables en la fenomenología se pueden citar las filosofías existencialistas de Heidegger, Husserl, Jaspers, Kierkegard, Sartre, Camus y la teoría de la Gestalt, al concebir al hombre como ser holístico. Estos existencialistas rechazaron las perspectivas conductuales porque según ellos no servían para definir y tratar la totalidad y actualidad de los problemas humanos. Lo que requiere el descubrimiento de la propia identidad con la autenticidad del yo personal y su evolución a través del contacto con el mundo y con las demás personas, en absoluta libertad de actuación y formación (Garanto 1993).

En el ámbito del diagnóstico pedagógico interesa especialmente el **enfoque rogeriano, enfoque centrado en el cliente,** es el propio orientando quien debe cambiar su estructura para mejorar.

Rogers distingue entre un *yo real*, tal y como se es, y un *yo ideal*, como se desearía ser. El autoconcepto en este sentido depende de las experiencias de aprendizaje y del feed-back que se recibe de los otros (Sobrado, 1995). La orientación es no directiva, dando lugar a la aparición de un **autodiagnóstico**, por la supuesta capacidad de la persona para la exploración y el autoconocimiento. La técnica fundamental en este modelo es la entrevista.

Consideraciones finales: El ámbito de *aplicación* de los modelos y teorías dinámicas es sobre todo clínico, a partir de observaciones clínicas, por inducción se infieren aspectos estructurales y dinámicos del comportamiento (Fernández Ballesteros, 1983). Además de la anamnesis y la entrevista comunes a todo diagnóstico, se suelen utilizar *técnicas proyectivas*. La discapacidad desde este modelo es considerada como una alteración en la estructura de la personalidad, en el sistema dinámico de la conducta y en las diversas fases del desarrollo.

En cuanto al psicoanálisis, la técnica de regresión por la que el individuo vuelve a etapas o situaciones pasadas para comprender comportamientos presentes, según experiencias de profesionales y literatura al respecto ha sido positiva en el tratamiento de algunos casos con discapacidad.

Con el empleo de las técnicas mencionadas se puede llegar al conocimiento del ambiente familiar, factor incidente en la organización psicológica del individuo, en la formación de su personalidad, de su carácter y emociones. Por otra parte, interesa conocer el tipo de cuidados maternos/paternos que el sujeto recibe o ha recibido por las implicaciones en el desarrollo afectivo y emocional y las consecuencias en las estimulaciones sensoriocognitivas. Ello es de sumo interés tanto en la discapacidad como para prevenir situaciones de riesgo.

2.4. MODELOS Y TEORÍAS DE ENFOQUE CONDUCTUAL

El orientador desde el enfoque conductual considera que toda conducta es aprendida y que no existe aprendizaje significativo sin acción. Es fácil estar de acuerdo con Gordillo (1999: 54) en que se trata de un conjunto de técnicas vinculadas en su procedencia a los **principios del aprendizaje**. Se basan en diversos modelos tales como el condicionamiento operante y el aprendizaje social, incluso admiten los procesos cognitivos dando lugar al enfoque cognitivo conductual.

Para Pichot, Guelfi y Hakin (1977) el aprendizaje es toda modificación estable del comportamiento o de la actividad psicológica atribuida a la experiencia del sujeto, interviniendo el condicionamiento.

Actualmente y desde hace casi dos décadas se habla de este modelo con el nombre de *evaluación conductual,* encontrándose en nuestro país esa denominación por vez primera en Fernández Ballesteros y Carrobles,1995.

Este modelo viene a considerar la conducta humana en forma diferente a modelos anteriores, ya no es el constructo de rasgos intrapsíquicos, sino una respuesta a los estímulos ambientales que la persona capta.

El conductismo nunca ha estado unificado, por lo que no se puede hablar de escuela única, ni teoría unitaria (Yela 1980; Pozo, 1994). El diagnóstico conductual se basa en el análisis experimental del comportamiento aplicándose las teorías conductistas, que han evolucionado a lo largo de la historia como veremos a continuación.

Orígenes y evolución del conductismo: El *estructuralismo de Wundt* (autor considerado el padre de la psicología científica), con su método subjetivista de introspección de los componentes de la conciencia humana, suscitó diversidad de opiniones en contra lo que preparó el terreno para la aparición del conductismo portador de un cambio metodológico.

A **Watson**, 1913, se debe el *conductismo* siendo considerado una tendencia de la psicología que trata de evitar toda subjetividad en el estudio de la persona. Para él las referencias a la conciencia y a la introspección son procedimientos subjetivos que deben ser eliminados para que la psicología se convierta en una rama científica de las ciencias naturales. Considera que los fenómenos psicológicos deben describirse exclusivamente en términos de estímulo y respuesta; de tal forma que el estudio psicológico debe proporcionar datos y leyes tales que dado un estímulo se pueda predecir la respuesta, o viceversa, que dada la respuesta se pueda conocer cual ha sido el estímulo.

Este autor se convierte en el principal representante del conductismo con el cambio metodológico de corte positivista dirigido a estudiar la conducta observable.

Se introduce el *condicionamiento clásico* descubierto por Pavlov en 1897 al estudiar la digestión del perro. Apoyándose en estímulos estudió los reflejos absolutos y condicionados a través de las manifestaciones de salivación del perro en respuesta a los estímulos. Ambos autores consideran que se pueden provocar desorganizaciones conductuales, mediante aprendizajes sucesivos o asociaciones simples entre estímulos y respuestas, como muestran con sus experimentos. También puede producirse un descondicionamento (Mahoney, 1983; Yela, 1980).

Neoconductismo, surge a consecuencia de diversas teorías "era de las teorías" (Yela,op.cit.), su principal representante es **Skinner**, además de Tolman, Guthrie y Hull. El núcleo de esta teoría es el *condicionamiento operante*, tiene sus antecedentes en la ley del efecto de Thorndike, recordemos que fue quien se ocupó de las consecuencias del comportamiento, es decir, una conducta seguida por consecuencias satisfactorias para el individuo se repetirá, pero la conducta seguida por consecuencias desagradables desaparecerá. O dicho de otro modo se reintroduce la noción de motivación como determinante interno del comportamiento humano, estableciéndose un vínculo entre estímulo y respuesta, cuando se produce reducción de una necesidad aparece un refuerzo, siendo las conexiones estímulo-respuesta favorecidas por la satisfacción y contrariadas por el dolor o aburrimiento (Pichot y otros, 1977).

A diferencia del condicionamiento clásico pavloviano el comportamiento operante queda bajo el control del sujeto, como se aprecia en el caso de las experiencias de Skinner con las ratas. Se trata de un verdadero programa de aprendizaje en el que la conducta se organiza en el curso de los sucesivos ensayos en función de la meta a alcanzar. Se obtiene un carácter acumulativo de las adquisiciones en el curso de los ensayos.

Hull rechaza la introspección lo mismo que Watson, pero llega a admitir que entre el estímulo y la respuesta, hay un organismo que representa un conjunto de variables intermedias (E-O-R), aunque esas variables intermedias no son inmediatamente accesibles a la observación, sí es posible afirmar que actúan como elementos de conexión explicativa entre E- R (Garanto 1993:228).

Las diferencias individuales considerables se explican por los factores que influyen sobre el rendimiento, tales como la edad, la inteligencia, la motivación y la existencia o no de una experiencia preliminar. Las condiciones mismas del aprendizaje también influyen en los resultados. Además hay un tipo de aprendizaje, descrito por Köler, que puede darse en el hombre y en ciertos animales superiores, el éxito se produce en un momento sin ensayos y errores sucesivos, se trata del aprendizaje por "intuición" o "insight".

Entre las características de los modelos de diagnóstico conductual, se hallan las siguientes (Sobrado 1995: 408):

- Empleo de técnicas objetivas para captar los datos empíricos de modo fiable, y su incompatibilidad con técnicas subjetivas
- Se considera que las variables estímulo-respuesta son las únicas adecuadas para expresar los resultados
- Aceptación de los principios del condicionamiento o de conexión entre E-R, como fundamento de las leyes del aprendizaje
- El acento en los aspectos externos de la conducta y en la adscripción al situacionismo

Metodológicamente se emplea la observación y experimentación. Por medio de la observación se recogen datos sobre el comportamiento problema o inadecuado y su relación con variables ambientales. A través de la experimentación se aprecian los efectos que producen en el comportamiento la manipulación de variables, se introduce un estímulo para modificar la respuesta. Hay una estrecha relación entre evaluación e intervención.

En la actualidad no se puede afirmar que todos los conductistas son seguidores a ultranza de Watson o de Skinner, pocos de los conductistas actuales niegan la mente y los procesos mentales, ya no interesan sólo los síntomas sino también las causas subyacentes.

Hacia la década de los cincuenta se apreció una crisis en el conductismo que dio lugar a la introducción de variables cognitivas, actualmente algunas de las teorías conductistas del aprendizaje siguen vigentes, otras se han aproximado a los modelos cognitivos, dando lugar a los **modelos mediacionales** o de aprendizaje mediado (pensamientos, ideas, percepciones..) necesarios para explicar la conducta. Entre esos modelos surgió el *modelo mediacional del condicionamiento encubierto,* al considerarse como reforzantes estímulos encubiertos, respuestas encubiertas, consecuencias encubiertas, en los que intervienen imágenes, recuerdos, sensaciones, pensamientos. Otros autores conductistas se han interesado por el modelo mediacional de *procesamiento de la información*, este modelo considera que las respuestas del organismo están en función del procesamiento de la información recibida, procesamiento en el que hay que valorar la atención, la codificación, el almacenamiento y la recuperación. (Mahoney, 1983). Ese conjunto de procesos es lo que constituye la **cognición.**

El modelo conductista mediacional se ocupa de los elementos existentes entre estímulo y respuesta, considera que la conducta manifestada no siempre se debe completamente a una situación específica presente sino que pueden intervenir otras variables denominadas intervinientes y que se pueden observar en las manifestaciones conductuales.

El interés por los procesos cognitivos se extiende hasta el modelo conductual. Según Fernández Ballesteros es donde el diagnóstico conductual se consolida con entidad propia. Mayor y Labrador (1984) encuentran interacciones entre lo cognitivo y conductual, entre las que destacamos:

- La actividad cognitiva de la persona incide en la manifestación de comportamientos adaptativos
- El diagnóstico detecta los procesos cognitivos desadaptados y en la intervención se incluyen experiencias de aprendizaje para modificar las cogniciones y los modelos de comportamiento consecuentes.

Consideraciones finales: *El modelo del condicionamiento operante centra su atención en las conductas fruto de las consecuencias, de los reforzamientos y no tanto de los antecedentes o estímulos como parece hacer el modelo del condicionamiento clásico* o de la llamada por Skinner conducta respondiente que es producida por estímulos específicos que generan respuestas automáticamente (Garantos,op.cit.:229). El proseguir los ensayos más allá del umbral máximo no mejora el rendimiento; pero este *sobreaprendizaje* ofrecerá una mayor resistencia a la extinción y a diversos factores de perturbación, lo que resulta de gran utilidad en algunos alumnos con problemas de aprendizaje. La **ley de Jost** muestra la importancia de las pausas en el curso del aprendizaje, el aprendizaje fraccionado, que conlleva ensayos espaciados, o una lentificación del ritmo de las estimulaciones, es más eficaz que el aprendizaje concentrado en la dimensión temporal. Además de los refuerzos positivos a los que ya se hizo referencia, un estímulo neutro unido a una recompensa puede adquirir un valor de refuerzo. Estos refuerzos secundarios también desempeñan un papel importante en el aprendizaje del comportamiento social.

Los contenidos expuestos nos hacen valorar la importancia de los modelos de enfoque conductual e incidir en la evaluación conductual e intervención en personas con discapacidad, especialmente de tipo psíquico, ya que es fundamental porque suelen presentar modelos y repertorios conductuales deficitarios o desajustados lo que dificulta su integración al medio en que desarrollan su vida. Sin embargo es preciso considerar que los modelos y repertorios no son los mismos en unas y otras sociedades, lo hemos comprobado durante nuestras estancias en el "tercer mundo", por lo que tanto el diagnóstico como la intervención han de realizarse en concordancia con los contextos en que la persona desarrolla su vida.

2.5. MODELOS Y TEORÍAS DE ENFOQUE COGNITIVO

Los estilos cognitivos con sus importantes implicaciones pedagógicas, abren grandes posibilidades al Diagnóstico. Refiriéndonos a la evolución de este campo destacamos su inicio en la psicología aplicada con la finalidad de conocer las diferencias individuales, posteriormente su objetivo se dirigió a la búsqueda de principios generales del funcionamiento cognitivo y el estudio de ese funcionamiento en situaciones concretas, así como la posibilidad de **modificabilidad cognitiva**, tan necesaria en muchas personas con necesidades especiales.

Se concede una gran importancia a las variables cognitivas en la determinación del comportamiento humano. En la actualidad se agrupan en este modelo teorías diversas con sus conceptualizaciones y metodologías, su nexo común reside en los procesos cognitivos para el procesamiento de información.

El vínculo entre procesos cognitivos y diferencias individuales ha dado lugar al concepto de estilo cognitivo.

Las *aportaciones de los estilos cognitivos al diagnóstico* se basan en las diferencias individuales existentes entre los individuos en las formas de percibir la información, modo de organizarla, almacenarla en la memoria, recuperarla, aplicarla a la solución de problemas...Es decir, *se ocupan más de la forma de aprender que de su contenido, o lo que es lo mismo se destacan los procesos frente a los resultados*.

2.5.1. Funciones cognitivas

El concepto de funciones cognitivas según Feuerstein (1980) podría ser sinónimo de habilidades básicas o capacidades pues en su opinión las funciones cognitivas son las responsables de que el acto mental se produzca correcta o incorrectamente, que según Arraiz (1992 : 158 y ss) " es como decir que el individuo sea capaz de servirse de la experiencia para adaptarse a nuevas situaciones, o bien de seleccionar las estrategias adecuadas para la resolución de un determinado problema".

Prieto (cf. Arraiz, op, cit. 159 - 164) presenta una **síntesis de las funciones cognitivas normales y deficientes** que corresponden a cada una de las tres fases del acto mental propuesto por Feuerstein: fase de input, fase de elaboración, fase de output.

A) **Fase de input**

Funciones cognitivas	*Func. cognitivas deficientes*
1) Percepción clara	Percepción borrosa
2) Exploración sistemática de una situación de aprendizaje	Impulsividad ante una situación de aprendizaje
3) Comprensión precisa y exacta de palabras y conceptos	Imprecisión e inexactitud para manejar palabras y conceptos
4) Orientación Espacial	Desorientación espacial
5) Orientación Temporal	Desorientación Temporal
6) Utilización de diversas fuentes de información	Déficits en la utilización de la información
7) Conservación, constancia y permanencia del objeto	Percepción episódica de la realidad
8) Precisión y exactitud	Imprecisión e inexactitud

B) Fase de elaboración

Funciones cognitivas	*Func. cognitivas deficientes*
9) Definición del problema	Déficit en la percepción de un problema
10) Memoria a largo plazo	Déficit en la memoria a largo plazo
11) Conducta comparativa	Percepción episódica de la realidad
12) Flexibilidad	Estrechez del campo mental
13) Conducta sumativa	Déficit en la conducta sumativa
14) Pensamiento lógico	Déficit en el pensamiento lógico
15) Planificación de la Conducta	Déficit en la planificación de la conducta

C) Fase de output

Funciones cognitivas	*Func. cognitivas deficientes*
16) Comunicación explícita	Comunicación egocéntrica
17) Elaboración de las respuestas	Bloqueo en la comunicación de la respuesta
18) Precisión y exactitud en el uso de palabras y conceptos	Imprecisión e inexactitud en el uso de palabras y conceptos
19) Respuesta y exactitud en el uso de palabras y conceptos	Déficit en la conducta por ensayo-error
20) Transporte visual	Déficit en el transporte visual

La percepción como base de los procesos cognitivos

A través de los receptores sensoriales o sentidos se obtiene información del mundo que nos rodea. El cómo se percibe la información del medio circundante ha dado lugar a diversas posturas.

- *Postura de la percepción directa u objetiva:* La información sobre el medio ambiente se percibe sin necesidad de interpretación. Defienden esta postura los psicólogos de la Gestalt al afirmar que lo que percibimos son totalidades internamente organizadas y externamente deslindadas de su campo ambiental. Esas totalidades se producen directamente sin necesidad de procesos mediadores. Su representante es Gibson para quien el ambiente está estructurado y organizado y los sentidos obtienen información de ese mundo exterior sin recurrir a ninguna construcción intelectual (Fernández Trespalacios, 1986).

- *Postura de la percepción indirecta o estructuralista:* Defienden esta postura los psicólogos estructuralistas, para los que los receptores sensoriales proporcionan al cerebro impresiones sensoriales aisladas que éste ha de reconstruirlas asociativamente.
- *Postura cognitivista:* Defiende también la posición indirecta. Para los psicólogos cognitivos la experiencia perceptual es una construcción que hace el individuo que percibe interpretando, a través de procesos mediadores, la información que proviene de los sentidos con la información que ya tiene almacenada en el cerebro (Sampascual, 1988).

Estrategias cognitivas

Siguiendo a Repetto (1997: 322) que recoge la opinión de Rigney, " la estrategia cognitiva se define en términos de los procedimientos y las operaciones que los sujetos pueden usar para adquirir, retener y recordar diferentes tipos de conocimiento y realizaciones".

El término *estrategia metacognitiva* designa el conocimiento que tiene el alumno respecto a sus procesos cognitivos y al control de los mismos, adecuando su aplicación a los requerimientos de la tarea, de tal modo que autodirija su aprendizaje (Brainer, 1983; Eusenk, 1984; Forrest Pressley, 1985; Lewis, 1981; cf. Repetto, op, cit.).

Entre esas estrategias destacan las referidas al lenguaje, la atención, la comprensión o la solución de problemas.

2.5.2. Modelo Piagetiano: El constructivismo de Piaget. Epistemología Genética

Piaget asocia el desarrollo a un proceso de construcción de estructuras cognitivas a través de sucesivos estadios. El aprendizaje, la maduración biológica y el contexto social, son factores del desarrollo que intervienen conjuntamente y condicionan la actividad de la persona para adaptarse al medio.

A Piaget le motivó el estudio del desarrollo cognitivo, pero sobre todo fue un epistemólogo que intentaba determinar cómo se produce un *progreso en el conocimiento humano*, es decir, trata de descubrir las raices de los distintos tipos de conocimiento desde sus formas más elementales y seguir su desarrollo en los niveles ulteriores, incluso hasta el pensamiento científico. Desde su perspectiva las personas vamos elaborando, construyendo y adquiriendo nuevas capacidades de conocimiento que nos permiten adaptarnos cada vez mejor a nuestro medio ambiente. Su modelo se centra en la adquisición de *competencias o capacidades* y no en los contenidos sobre los que las capacidades se ejercen.

Se distinguen dos tipos de aprendizaje:

a) Aprendizaje en sentido estricto: consiste en la adquisición de conocimientos nuevos partiendo de la experiencia (contenidos).

b) Aprendizaje en sentido amplio: consiste en la adquisición de instrumentos de conocimiento (desarrollo de las estructuras de conocimiento; competencia cognitiva). Este tipo de aprendizaje es por el que muestra mayor interés el modelo piagetiano.

Inhelder, Sinclair y Bovet (1974), discípulas de Piaget, se ocupan de la génesis de los instrumentos de conocimiento variando la perspectiva temporal. Los procesos que se producen en el desarrollo a un nivel macrogenético pueden estudiarse en relación con los procesos de aprendizaje a nivel microgenético, identifica estadios consecutivos en el desarrollo de la inteligencia humana. El desarrollo se puede acelerar por medio del aprendizaje pero a su vez el desarrollo marca unos límites a los procesos de aprendizaje.

2.5.3. Vigotsky: el desarrollo potencial y la zona de desarrollo próximo

La construcción social del desarrollo cognitivo: La influencia social en el desarrollo cognitivo introduce junto a la maduración biogenética el aprendizaje producido por interacción social. La psicología soviética se ocupó de este pensamiento a partir de 1917 y son varios los autores soviéticos que lo han seguido pero los más representativos son Vigotsky y Luria.

El contexto ocupa un lugar central estando el desarrollo condicionado por la interacción social. Mediante los procesos de aprendizaje el niño adquiere en interacción con otras personas y según su nivel de desarrollo instrumentos de tipo intelectual que facilitarán su adaptación a un determinado medio físico y sociocultural.

La zona de desarrollo próximo y los mediadores sociales: Vigotsky consideró que el aprendizaje que tiene lugar siempre en determinados contextos socioculturales es el motor esencial del desarrollo. Según Lacasa y García Madruga (1998) esa idea lleva a plantearse si puede aceptarse la existencia de leyes ontogénicas que rigen el desarrollo, junto a la existencia de procesos de aprendizaje que parecen acelerarlo.

Para hacer compatibles esas leyes con el papel que se otorga al aprendizaje, el autor alude a los conceptos de *área de desarrollo potencial y zona del desarrollo próximo*. La zona del desarrollo próximo es la distancia entre el nivel real de desarrollo (determinado por la capacidad de resolver independientemente un problema) y el nivel de desarrollo potencial (determinado a través de la resolución de un problema con la guía de un adulto o en colaboración con un compañero más capaz) (Vigotsky, 1981 : 133).

El primer nivel de desarrollo corresponde al plano intrapsicológico, mientras que el segundo (potencial) corresponde al plano interpsicológico, aquel en el que interviene la *instrucción a través de un mediador.*

En la zona del desarrollo próximo adquieren relevancia los factores cognitivos, imprescindibles para poder asimilar lo que se transmite, especial importancia adquiere la capacidad de imitación , el autor señala que en la infancia sólo es posible imitar las conductas que tienen cabida en la zona del desarrollo potencial. El aprendizaje alcanza así un claro significado. Vigotsky (op.cit.) afirma que el rasgo esencial del aprendizaje es que engendra el área de desarrollo potencial; es decir, que estimula y activa en el niño un grupo de procesos internos de desarrollo en el marco de interrelaciones con otros, que a continuación son absorbidos por el curso interno de desarrollo y se convierten en adquisiciones internas del niño.

Vigotsky concede gran importancia a la instrucción como base del desarrollo cognitivo. Lo que un niño es capaz de hacer hoy con ayuda mañana podrá hacerlo solo. Las funciones psicointelectuales superiores aparecen dos veces en el proceso de desarrollo del niño: en las actividades colectivas, sociales, como funciones interpsíquicas; y en las actividades individuales, como propiedades internas del pensamiento, en tanto que funciones intrapsicológicas mediatizadas por el lenguaje externo e interno. Cada etapa del desarrollo intrapsicológico parece condicionar el plano interpsicológico, pues sólo se puede imitar lo que está presente en el nivel evolutivo.

Muchos autores se pronuncian sobre el aprendizaje escolar que ha de ser concordante con el nivel de desarrollo del niño, para Vygotsky el maestro debe ser capaz de determinar la zona del desarrollo próximo en la que se encuentra el niño y formular los objetivos a lograr en la enseñanza - aprendizaje. Eso se contempla en la " evaluación basada en el curriculum o evaluación curricular", modelo cuya finalidad es detectar las necesidades del alumno para su adaptación al aula y al modelo educativo, interviniéndose en los problemas dentro del mismo aula. Este tipo de evaluación se refiere a la evaluación de la enseñanza-aprendizaje y de la conducta además del contexto educativo. Si ese tipo de evaluación es realizada por el maestro que es el que está en contacto día a día con el alumno, los equipos psicopedagógicos deben prestar su colaboración asesorando.

Brown y French (1979) inciden en la necesidad de utilizar la zona de desarrollo potencial como un indicador del potencial de aprendizaje, pues, según dichos autores, *la diferencia entre los niños con simples dificultades de aprendizaje y los niños realmente retrasados se encuentra en la anchura de la zona del desarrollo próximo.*

Por tanto, ha de considerarse la interactuación del aprendizaje y desarrollo. El análisis en el proceso de enseñanza aprendizaje de lo que el niño consigue por sí solo y lo que consigue actuando en colaboración con los más capaces, la determinación de la zona de desarrollo próximo.

2.5.4. Luria: las interrelaciones cerebrales

Luria (1974) asegura que todos los tipos de actividad del hombre, incluso su actividad consciente, son sistemas funcionales complejos, históricos por su formación, mediatizados socialmente por su estructura y autorregulables por sus particularidades funcionales.

Este autor toma como base, entre otros, los trabajos de Vigotsky, Leontiev, Galperin, Elkonin. Afirma que todos los procesos mentales , tales como percepción y memorización, gnosis y praxis, pensamiento y lenguaje, escritura, lectura y aritmética, no pueden ser considerados como facultades aisladas ni tampoco indivisibles a las que se puede suponer estar localizadas en áreas particulares del cerebro. Se opone a la concepción del cerebro entendido como un conjunto de partes que funcionan de manera autónoma, demostró que el cerebro es un sistema y no se puede comprender su funcionamiento si no es analizando las interrelaciones de todos sus componentes (Das, 1995).

El que se formasen a través de un desarrollo histórico, muestra que son sociales en su origen y complejos y jerárquicos en su estructura.

Los estudios de Luria sobre pacientes que sufrían lesiones cerebrales, le hizo distinguir tres unidades funcionales del cerebro cuya participación es precisa para todo tipo de actividad mental. Son descritos como una unidad para regular el tono o vigilia; una unidad para obtener, procesar y almacenar la información que llega del mundo exterior y una unidad para programar, regular y verificar la actividad mental.

2.5.5. Bruner: la teoría del aprendizaje por descubrimiento

La hipótesis central de este autor es que se puede enseñar cualquier materia a cualquier niño en cualquier edad si se hace de forma honesta. Propone el aprendizaje por descubrimiento, opuesto al aprendizaje pasivo y memorístico, como un elemento motivador para una actividad cognitiva. El diseño curricular en espiral, resultado de una concepción cíclica y evolutiva del aprendizaje que va desde estructuras globales simples del conocimiento a la construcción de estructuras globales cada vez más complejas, es el eje de esta teoría (Vélaz de Medrano, 1998:75). Este tipo de aprendizaje ha recibido críticas, especialmente de Ausubel, Novak y Gowin, puesto que el niño aprende sólo algunos conceptos básicos por descubrimiento mientas que para otros conceptos necesita ayuda de mediadores.

2.5.6. Ausubel: el aprendizaje significativo

Su teoría se basa en la asimilación cognoscitiva, introdujo el término de *aprendizaje significativo*, el proceso de aprendizaje se entiende como un proceso de enlace significativo de las ideas nuevas que adquiere el alumno con las que ya posee. Para que se produzca el aprendizaje, los contenidos han de ser significativos respondiendo a las necesidades, intereses y experiencia previa del alumno y contando con su predisposición positiva para aprender. En el aprendizaje significativo prevalece la comprensión sobre la memorización mecánica y lo aprendido puede ser aplicado a nuevas situaciones. En este aprendizaje también tiene gran importancia la función mediadora de profesores, tutores e iguales.

Si para Ausubel (1973) la principal fuente de conocimiento es el aprendizaje verbal significativo, para facilitar este tipo de aprendizaje recomienda la utilización de los "organizadores previos", que son materiales introductorios que requieren un cierto nivel de abstracción y generalidad.

2.5.7. Bandura: Teoría del Aprendizaje Social

Se encuadra en los modelos socioculturales. Se aúnan en esta teoría el enfoque neoconductista y el cognitivo.

El modelo del aprendizaje social difiere del condicionamiento clásico y del operante en que por la sola noción de refuerzo no pueden explicarse la aparición de conductas nuevas y originales y la adquisición de conductas complejas. Más bien en la adquisición de esas conductas interviene el aprendizaje por *observación, modelamiento o imitación*.

El contexto puede provocar en el sujeto determinadas conductas, o si se prefiere respuestas. Por lo que hay que contemplar al individuo no de forma aislada sino en relación con su contexto familiar, escolar o laboral y social.

Tres son los sistemas de funcionamiento que según Bandura pueden explicar la conducta, e incluso integrarse: el que enfatiza los estímulos externos como medio de control de la conducta (condicionamiento clásico). El que enfatiza el control por medio de los refuerzos externos o de las consecuencias ambientales (condicionamiento operante). Y el que enfatiza los mecanismos de regulación o influencia del contexto en la adquisición, mantenimiento y modificación del comportamiento determinado a partir de la experiencia previa (variables cognitivas o de control, mediante los procesos modeladores de la conducta) (Wilson y O´Leary, 1980 cf. Garanto, op.cit: 237).

No podemos dejar de hablar de esta teoría sin dedicarle unas líneas al **modelado** (aprendizaje por imitación), por su importancia en el diseño y aplicación de programas de intervención especialmente los concernientes al desarrollo de habilidades sociales y socio - laborales. Todos sabemos que la selección de modelos de comportamiento adecuados facilita el aprendizaje, la adaptación y pueden desarrollar un carácter preventivo en la inadaptación social.

El modelado, es decir aprender por imitación, requiere una dosis de motivación para prestar atención hacia las conductas a aprender más motivadoras o atractivas para el observador. Una vez captada la conducta a imitar ha de ser almacenada en la memoria, y llegado el momento para reproducirla sin modelo se ha de disponer de las habilidades necesarias, si se reproduce correctamente han de aplicarse refuerzos positivos para su fijación.

En resumen, Bandura presenta sendos modelos referidos a la autoevaluación (basado en el concepto de autoeficacia) y a la autorregulación.

En el primero, el niño juzga sus posibilidades para realizar algo concreto. Ese conocimiento de sus posibilidades lo adquiere en las interacciones con personas de su entorno y la experiencia adquirida por él derivada de los procesos de aprendizaje.

La autorregulación tiene su punto de arranque en la regulación externa que al principio de la vida del niño establecen los demás sobre su conducta, posteriormente por sus experiencias aprende a autocontrolar su comportamiento, siendo capaz de autoobservarse aprobándolo o desaprobándolo. Poco a poco va regulándolo para anticiparse y adaptarse a las normas cuyo cumplimiento se le demanda, esas normas las interioriza determinando su comportamiento.

2.5.8. Das: el *Modelo de procesamiento de la información (PASS)*

Con raices neuropsicológicas apoyadas en las investigaciones de Luria. Presenta su modelo de procesamiento de la información refiriéndose a cuatro modelos cognitivos básicos (planificación, atención, codificación simultánea y sucesiva), íntimamente relacionados con la base de conocimientos que posee la persona, con la motivación y con la estimulación procedente del medio ambiente. Es decir, de acuerdo con Vigotsky y Luria postula que esos procesos cognitivos son biológicos en su origen, pero socio-culturales en su configuración y desarrollo (Das 1995).

2.5.9. Sternberg: el *Modelo de procesamiento de la información triádico componencial*

Considera que la inteligencia es el autogobierno mental, siendo una de sus características la flexibilidad. Menciona la utilidad de la cognición y metacognición. Señala la existencia de diferencias individuales en las formas de autogobierno mental, algunas personas parecen estar dirigidas en su funcionamiento mental por un número menor de aptitudes que otras, aunque las posean. Así mismo personas con idénticas aptitudes resuelven problemas de formas diferentes debido a diferentes "estilos de pensamiento". Afirma que al no haber un criterio único para evaluar la calidad de la inteligencia hay que utilizar diversos criterios, tales como los siguientes, en función de su teoría triádica componencial: la velocidad de ejecución del componente, la exactitud de la ejecución del componente y la aptitud para aplicar los componentes de la inteligencia a situaciones prácticas (Sternberg 1995).

2.5.10. Feuerstein: el *Modelo de modificabilidad estructural cognitiva*

Este modelo parte del supuesto de que pueden producirse modificaciones estructurales en el modo de procesar la información, si los sujetos son entrenados en la resolución de tareas específicas que movilizan, desarrollan y potencian las *funciones cognitivas*. Pero, se acepta que las tareas por sí mismas no son suficientes para producir dichos efectos, siendo necesario que se produzca una mediación activa por parte del adulto, lo que da lugar a la "*teoría del aprendizaje mediado*" (Feuerstein 1995).

Las aplicaciones prácticas del modelo han mostrado su utilidad para todo tipo de niños entre los que se hallan los deprivados socioculturalmente, los procedentes de culturas diferentes que fracasan en la escuela, y los discapacitados psíquicos.

Con relación a las personas con discapacidad, ámbito de gran interés para nosotros, el instrumento de evaluación LPAD (Learning Potential Assessment Device) se basa en un modelo de cognición denominado por su autor "mapa cognitivo", que le permite analizar categorizar y ordenar los procesos mentales, con ello lo que pretende medir especialmente son las posibilidades de cambio en el desarrollo intelectual del individuo.

Manifestamos nuestro acuerdo con Dueñas (1994: 104) en las diferencias apreciadas en la comparación de este modelo con el psicométrico, y que son las siguientes:

- Estructura de test: aparece test-entrenamiento-retest, se mide el entrenamiento y capacidad de generalizar a tareas similares y nuevas situaciones
- Exploración: hay interacciones entre evaluador y evaluado, aparece mediación, intervención y retroalimentación
- Interpretación de resultados: se evalúa el potencial de aprendizaje
- Se enfatiza el proceso por el que se llega a la solución del problema. Al igual que en todos los modelos cognitivos interesa más el proceso que los resultados.

2.5.11. Modelos Sistémicos

Tienen su origen en la Teoría General de Sistemas. Interesa conocer los efectos de la conducta en los componentes del sistema, bien sea familiar, escolar, sociocomunitario, por lo que interesa también el conocer la organización del sistema, su regulación, sus elementos y cual es la red de relaciones existentes porque esas relaciones son las que constituyen el sistema. Esos sistemas son los que inciden en la conducta de las personas, por lo que hay que examinar los contextos en función de las conductas que se manifiestan.

La interdependencia sistémica suele evidenciarse en la evaluación, y la intervención en uno de los sistemas, en opinión de Garanto (1993) a la que nos unimos, puede modificar aunque sea indirectamente al resto de los sistemas. Se pretende que esos sistemas posibiliten un desarrollo equilibrado porque toda persona en ellos ha de integrarse o desadaptarse. En suma, para la modificación de algunas conductas han de modificarse algunos sistemas. Interesa conocer el modelo de comunicación intrasistémico dominante, las comunicaciones transaccionales con sus relaciones manifiestas o no manifiestas.

2.5.12. Modelos Computacionales o Teoría del Procesamiento de Información

Una base de conocimiento es necesaria tanto para las operaciones de una persona o de un computador. Aunque la base de conocimiento humano no es la misma que la de una computadora, la difusión del término se debe a Hunt (1980) que lo deriva de ellas.

Desde esta perspectiva se considera al individuo como un *procesador de información*. El aprendizaje desempeña un importante papel en la explicación de las diferencias entre niños, también entre niños y adultos, según estas teorías sus diferencias se limitan a las que existen entre "expertos" y "novatos".

Se llegan prácticamente a identificar los procesos de desarrollo y los de aprendizaje.

"El sujeto se concibe como un sistema capaz de procesar símbolos, que construye representaciones del mundo y aplica reglas para transformarlas". En este contexto el aprendizaje se entiende en función de procesos cognitivos que permiten almacenar , representar y utilizar la información de la forma más eficaz posible (Glaser, 1984 cf. Lacasa y García Madruga, 1998). En relación con las características del que aprende, suele considerarse que los más jóvenes alcanzan logros menores porque sus conocimientos son más limitados; luego se considera que los conocimientos anteriores condicionan los procesos de aprendizaje, y las diferencias se explican en función de los conocimientos adquiridos y no de las estructuras cognitivas.

Aunque se pone especial atención en los conocimientos, hay que considerar su organización y estructuración, la actividad y el control que el propio sujeto puede ejercer sobre dicho proceso de estructuración y también sobre sus propios procesos de aprendizaje, lo que representa una ausencia de pasividad por parte del sujeto.

Consideraciones finales: Ante el panorama expuesto quisiéramos presentar un modelo integrador que facilitase el diagnóstico, para ello recurrimos a la *concepción constructivista* que más que una teoría es un marco explicativo que partiendo del potencial educativo del contexto escolar integra aportaciones de diversos autores, tales como Piaget, Vygotski, Ausubel, Bruner, Bandura, cuyo denominador común está basado en los principios constructivistas.

Podría decirse que para el constructivismo la persona no es mero producto del ambiente ni un simple resultado de disposiciones internas, sino una *construcción propia* que se va produciendo como resultado de la interacción entre esos dos factores (Carretero 1993: 21).

En las investigaciones de Brown y colaboradores (1985) se aprecia la influencia tanto de las teorías del procesamiento de información como de las teorías de

Piaget y Vigotsky. Se analizan los componentes implícitos en toda tarea intelectual señalándose como factores relevantes la capacidad de comprensión, la invención, la autodirección y la autocrítica. Se reconoce la capacidad del sistema cognitivo para controlar sus propios procesos. Se acepta que en relación con cualquiera de estas actividades es posible realizar un entrenamiento en un contexto social y educativo. Desde estas situaciones lo importante no es sólo que los alumnos aprendan sino sobre todo que "*aprendan a aprender*" (Lacasa y García Madruga, op. cit.).

La Reforma del Sistema Educativo español sitúa los Programas de enseñar a pensar en el núcleo del *aprender a aprender* junto con los contenidos curriculares y las técnicas de estudio (MEC, 1992).

Tradicionalmente se admitía que los alumnos adquirían indirectamente las estrategias cognitivas como un resultado de los contenidos del curriculo de estudio, posteriormente se intentaron enseñar esas estrategias cognitivas y metacognitivas distinguiéndose entre los objetivos de los productos de aprendizaje y los objetivos de los procesos de aprendizaje.

El proceso suele llevar a la obtención de un producto por ello es importante la adquisición por los alumnos de estrategias cognitivas (v.g. enumeración acumulativa, organización significativa, empleo de palabras clave, atención a la tarea ...) que faciliten sus modos de seleccionar, adquirir, organizar o integrar nuevos conocimientos, pudiéndose transferir tales estrategias a otras tareas escolares y contribuir a un aprendizaje constructivista.

La concepción constructivista del aprendizaje tiene las siguientes ideas fundamentales (Coll, 1990):

- El alumno es el protagonista de su propio proceso de aprendizaje y nadie puede hacerlo por él.
- La actividad mental constructivista del alumno se aplica sobre una serie de saberes y formas culturales ya construidas y elaboradas por la sociedad.
- Puesto que el alumno construye su conocimiento sobre saberes ya elaborados requiere que el profesor sea un orientador que guíe el aprendizaje del alumno en su actividad constructiva del conocimiento.

Así pues, en el constructivismo el alumno aprende estableciendo relaciones significativas con la información que le llega y el profesor asume la función de guía del proceso.

Para finalizar incidimos en que los modelos y teorías de enfoque cognitivo han generado grandes posibilidades al diagnóstico, orientación e intervención en las personas con necesidades especiales, en contraposición a los métodos cuantitativos de evaluación de la inteligencia; reiteramos el interés de estos modelos por el proceso, por las posibilidades que presenta la "modificabilidad estructural cognitiva" para diagnosticar los desajustes causantes de déficits intelectuales o bajo rendimiento y analizar el " potencial de aprendizaje del individuo" determinándose sus necesidades .

2.6. MODELO Y TEORÍA EVOLUTIVA

Este modelo se basa en los procesos de desarrollo a través del tiempo, o lo que lo mismo en el desarrollo de la persona a lo largo del ciclo vital. Tiene por fundamento varias teorías, próximas o comunes que aparecen con diversa terminología, entre ellas la teoría genetista y la teoría diferencial.

La *teoría evolutiva*, al aplicarse a las personas con discapacidad (especialmente de tipo psíquico) recibe el nombre de *teoría interconductual de retardo en el desarrollo*. En esta teoría en vez de incidirse en la deficiencia mental se incide en un retraso o retardo mental. El desarrollo puede considerarse desde varias perspectivas lo que origina los enfoques madurativo, constructivista y conductual (Consúltense modelos conceptuales y explicativos de la discapacidad, cap. II, apartado 3.2.3. y el principio de desarrollo, cap. II, apartado 4.2.2.).

Entre las técnicas utilizadas en el modelo evolutivo para el diagnóstico o evaluación destacan las escalas de desarrollo, Piaget dió un gran impulso a este modelo con la elaboración de los estadios del desarrollo. Son muy demandadas para la evaluación de niños de poca edad, con ellas se suelen explorar las áreas motora, perceptivo-cognitiva, de lenguaje y social, aunque los contenidos correspondientes a esas áreas pueden agruparse bajo otras denominaciones. Los resultados generales o de cada área se recogen en el/los denominado/s "cociente de desarrollo".

Gran importancia adquiere el diagnóstico temprano (precoz) o evolutivo en las primeras edades del niño para descubrir si existen anomalías en su desarrollo e intervenir lo más pronto posible. Lo habitual, lo normal es que la evolución o desarrollo se produzca paralelamente en los campos o áreas que recogen las escalas; si existen notables discrepancias probablemente se detecte o sea debido a la existencia de un problema, lo mismo que si las discrepancias se aprecian entre la edad cronológica y la edad de desarrollo.

Hemos encontrado que algunas escalas, tal como la de Kirk y Karnes que se aplicaba hace bastantes años a personas con discapacidad, aportan como complemento unas tablas para estimar el grado de retraso en función de los resultados obtenidos y la edad cronológica de la persona indicando si es "instruible o educable o retrasado total". Afortunadamente esos tipos de clasificación son obsoletos y están en desuso, pues más que etiquetar hay que potenciar y desarrollar las posibilidades de cada sujeto considerando las patologías que sufren, el grado de estimulación que se les ha procurado y el contexto familiar tan decisivo en la evolución del niño.

Reiteramos que desde el enfoque del desarrollo las personas no son vistas como deficientes sino como retrasadas, Zigler (1969) se adhirió a esta *posición evolutiva* afirmando que las diferencias entre retrasados y no retrasados se deben a ritmos diferentes de desarrollo, más que a déficits en las estructuras del sistema cognitivo. Mientras que desde la *posición estructural,* entre cuyos representantes se encuentran Ellis (1970) y Spitz (1976), se considera que las diferencias se deben a déficits innatos. Ambas posturas tienen por nexo común el tratar de averiguar por qué los retrasados mentales presentan dificultades en atención, en aprendizaje, en memoria y cómo se puede intervenir ante esas dificultades. Si bien el problema de intervención está más o menos resuelto, las investigaciones realizadas hasta ahora sobre el por qué de las dificultades no han dado solución concluyente a este problema, no pueden explicar los cambios evolutivos que suceden durante la trayectoria vital de los retrasados, es decir no se sabe cómo surgen los procesos y cómo se transforman según se desarrollan las personas con discapacidad psíquica.

Los datos que aportan investigaciones sobre las personas con ese tipo de discapacidad, ponen de manifiesto menos eficacia en control ejecutivo de la atención, en uso de estrategias de memorización a corto plazo y en recuperación de información almacenada en la memoria a largo plazo. Es decir, tienen menos estrategias para el aprendizaje o para resolver problemas. Según Verdugo y Canal (1995) la mayoría de los déficits en las personas con retraso mental tienen relación con la eficiencia de su sistema cognitivo, aunque hay algunas diferencias relacionadas con aspectos estructurales, especialmente en personas que sufren graves retrasos en el desarrollo, debido posiblemente a alteraciones biológicas.

Consideraciones finales: El diagnóstico y la orientación, consecuentemente, deben incluir información sobre las características evolutivas de la persona en las que se incluya su nivel de desarrollo cognitivo, y sobre sus posibles déficits estructurales que provengan de patologías que afecten al campo psíquico incidiendo en los procesos mentales, en el dominio de estrategias para actuar adecuadamente, en la modalidad o canal sensorial predominante y en los tiempos de respuesta, con el objetivo de que la enseñanza-aprendizaje concuerde con el ritmo de aprendizaje según las características evolutivas y déficits que sufra la persona, sin olvidar la importancia de los contextos en el proceso de aprendizaje.

2.7. MODELO PSICOEDUCATIVO O PRESCRIPTIVO

El diagnóstico tradicional centrándose exclusivamente en el sujeto pretendía conocer el déficit y las causas que dificultaban su aprendizaje, sus alteraciones en personalidad y/o sus problemas conductuales; siendo una de las mayores preocupaciones la medida de la inteligencia. El cociente intelectual ha sido durante mucho tiempo el criterio fundamental para el diagnóstico de retraso mental.

En los años setenta se producen alternativas a este tipo de diagnóstico. Aparece un *tipo de diagnóstico que no se centra exclusivamente en el individuo sino en su interacción con el contexto*. Los alumnos ya no se categorizan por sus alteraciones sino por sus necesidades educativas especiales. Se pretende ofrecer un diagnóstico que sirva para orientar en la enseñanza. *La evaluación se considera estrechamente unida a la intervención si se aprecian necesidades educativas especiales*, lo que da lugar *al modelo psicoeducativo o prescriptivo*.

Ese diagnóstico o evaluación surge del concepto de necesidades educativas especiales debido al Informe Warnock, se recomienda la supresión de la clasificación o etiquetaje de los alumnos con discapacidad, sustituyéndola por una *descripción detallada de la necesidad especial*, base para la toma de decisiones sobre la prestación educativa que se ha de proporcionar. Para Engelmann et al. (1979) deberíamos comenzar los esfuerzos de evaluación con el "diagnóstico de instrucción", o lo que es lo mismo las necesidades que tiene el sujeto.

Compartimos la opinión de García Nieto (1988), en que no son las deficiencias en sí las que llevan a la consideración de un alumno como de necesidades educativas especiales, sino el *grado* de esas dificultades ya que ese grado puede hacer que requiera recursos extraordinarios.

El diagnóstico **Psicoeducativo,** hace referencia a un proceso de valoración y educación de tipo personalizada. También viene a denominarse ***diagnóstico prescriptivo o enseñanza prescriptiva***. El término prescriptivo procede de la medicina, se receta se prescribe qué se debe hacer en función de los síntomas manifestados.

Ese tipo de **diagnóstico psicopedagógico** considera los objetivos conseguidos y los que se deberían conseguir en razón del nivel del explorado. Ysseldyke y Salvia (1974) identificaron dos enfoques para la enseñanza prescriptiva sobre la base del diagnóstico: entrenamiento en habilidades y análisis de tareas. Su diferencia reside en las hipótesis acerca de las personas que van a aprender y cómo deben ser utilizados los datos de la evaluación para planificar intervenciones.

Desde el *entrenamiento en habilidades* se presupone que el rendimiento académico inadecuado es causado en forma primaria por déficits internos, trastornos, disfunciones o discapacidades de los alumnos. Desde este enfoque los déficits deben ser identificados y tratados antes de que los alumnos comiencen con la instrucción. Los seguidores de este enfoque han desarrollado programas de prescripción basándose en el diagnóstico para entrenar, entre otros, en procesos visuales, integración sensorial, ritmo y equilibrio corporal.

Desde el enfoque de *análisis de tareas*, según los autores anteriormente mencionados, se considera que los problemas académicos son causados frecuentemente por factores ambientales e incluso por la instrucción previa inadecuada para abordar el aprendizaje. Junto a la evaluación de la discapacidad, el énfasis se pone, en la necesidad de desarrollo de destrezas generales y específicas por medio de análisis de tareas para acceder al aprendizaje e interactuar con el medio positivamente.

Algunos *modelos de prescripción* basados en el diagnóstico se han denominado de diferentes maneras, tomamos como representativos los de los siguientes autores:

Stephens: Enseñanza por mandato / Carnine y Silbert: Instrucción directa/ Becker y Engelmann: DISTAR/ Deno y Mirkin: Modificación de programas basada en datos/ Peter: Instrucción individual.

Todos los modelos son similares, apoyan la instrucción sistemática, secuencial, intensiva, individualizada o en pequeños grupos de destrezas directamente relacionadas con los requerimientos académicos y sociales del diseño educativo (Ysseldyke y Mirkin, 1982).

Para finalizar recordemos que los psicopedagogos para realizar un diagnóstico deben conocer las características del medio escolar, el curriculo que se desarrolla, los profesores que lo imparten, los medios de que se dispone...También es fundamental en la nueva concepción del diagnóstico la implicación de padres y profesores como corresponsables en la toma de decisiones, no sólo desarrollando funciones de informantes como hacían anteriormente. El profesor tiene un papel preponderante como responsable del desarrollo escolar del alumno. Las relaciones con el equipo multiprofesional se intensifican con el objetivo de encontrar soluciones prácticas a los problemas, se desarrollan materiales de evaluación y de aprendizaje (García Pastor, 1993: 115 y ss) Se trabajan habilidades exigidas por el curriculo escolar. Son varios los programas con que se cuenta: Análisis de destrezas de aprendizaje precoz, de Ainscow y Tweddle (1979); Programas de Acción para Necesidades Especiales, de Muncey y Ainscow (1983), Ítems Progresivos de Educación Especial (Sistema IPE-E) de Ibáñez, P. (1987,b.).

Consideraciones finales: Sea cualesquiera el tipo de enfoque que demos al diagnóstico o enseñanza prescriptiva debemos recordar que: " Se entiende la *evaluación psicopedagógica* como un proceso de recogida, análisis y valoración de la información relevante sobre los distintos elementos que intervienen en el proceso de enseñanza - aprendizaje, para identificar las necesidades educativas de determinados alumnos que presentan o pueden presentar desajustes en su desarrollo personal y/ o académico, y para fundamentar y concretar las decisiones respecto a la propuesta curricular y al tipo de ayudas que aquellos pueden precisar para progresar en el desarrollo de las distintas capacidades" (Orden Ministerial, 14 de febrero 1996, cap. I, segundo, 1).

Además, " La evaluación psicopedagógica habrá de reunir la información del alumno y su contexto familiar y escolar que resulte relevante para ajustar la respuesta educativa a sus necesidades" (ibid. cap. I, segundo, 2).

Si bien consideramos de gran importancia la información que sobre el alumno nos aporte la familia y el medio educativo debemos evitar ser influenciados y actuar con una gran profesionalidad para evitar sesgos en el diagnóstico o evaluación psicopedagógica.

CAPÍTULO II

APROXIMACIONES CONCEPTUALES, PARADIGMAS Y PRINCIPIOS EN LA ORIENTACIÓN E INTERVENCIÓN EDUCATIVA A PERSONAS CON DISCAPACIDAD O EN SITUACIÓN DE RIESGO

(II) 1. LA DISCAPACIDAD EN EL MARCO DE LA ORIENTACIÓN EDUCATIVA

La evolución de la Orientación junto a los diferentes enfoques del reconocimiento de la discapacidad han permitido en algunas personas detectar diferencias que contribuyen a dificultar su adaptación al medio. Trabajar desde diferentes perspectivas para ayudarles es enriquecedor. Si no se hubiesen establecidos criterios diferenciadores no hubiese habido reconocimiento del problema primer paso de toda actuación a nivel de prevención, de intervención correctiva y asistencial teniendo además de sus objetivos específicos el objetivo general de facilitar la integración y la normalización.

1.1. EVOLUCIÓN DE LA ORIENTACIÓN

Al tratar del surgimiento y evolución del Diagnóstico se ha podido apreciar cómo se hacía presente la Orientación y las relaciones entre ambas disciplinas.

En el desarrollo de la Orientación fue determinante el progreso científico, el progreso sociopolítico y sociocultural, la industrialización y maquinismo, el uso de nuevas fuentes de energía que impulsaron la concentración de los hombres en las ciudades apareciendo la necesidad de cualificación profesional, lo que puso de manifiesto la urgencia de profesiones de ayuda al individuo para su adaptación a esa nueva sociedad y al trabajo, abriéndose un amplio campo para la Orientación.

Rodríguez Moreno (1995: 13), sintetiza los movimientos determinantes del desarrollo de la Orientación haciendo referencia a Parsons como creador de la Orientación Vocacional, a las teorías dinámicas con sus principales representantes, Freud, Adler, Jung, Rank, Horney, y el teórico-práctico no directivo Rogers (de los que hemos tratado al referirnos al diagnóstico), la psicología clínica, los movimientos de higiene mental, el modelo de rasgos y factores y toda una serie de factores sociales y económicos imperantes en la época.

Otros autores, entre ellos Repetto (1995: 21-25), hacen referencia a grandes corrientes o acontecimientos históricos como precursores de la Orientación, positivismo de Comte, sociologismo de Durkhein, pragmatismo de James, y Dewey, así como al desarrollo en el siglo XIX de las técnicas estadísticas y psicométricas. Es decir, los movimientos decisivos en el surgimiento de la Orientación formal se pueden agrupar en tres: a) reformas sociales, b) modelo de rasgos y factores, movimiento psicométrico, c) movimiento del *counseling americano* (Repetto, op.cit.; Rodríguez Espinar y col.1993/ Paterson, Roig Ibáñez, cf. Vélaz de Medrano, 1998).

No debemos olvidar a los precursores más notables de los movimientos de renovación pedagógica, Rousseau (1712 - 1778), Pestalozzi (1746-1827) y Froebel (1782-1852), a quienes se les considera también precursores de la Orientación y de la Educación Especial en opinión de Bisquerra (1996), la cual compartimos al tratar de ellos en el paradigma asistencial-rehabilitador.

Tratar de la Orientación en el siglo XX requiere hacer referencia a Parsons, sin él el enfoque sería parcial. **Parsons** es llamado *padre de la Orientación Vocacional*, es un ingeniero que se sensibiliza ante los problemas sociales y su incidencia en el mundo laboral. Rechaza las teorías darwinistas en boga y se preocupa por los desfavorecidos que abandonan el rígido sistema escolar de la época, deseando incorporarles al mundo laboral. Con el fin de proporcionarles orientación profesional funda en 1905 *Vocation Bureau* en Boston. En 1909, se publica su obra póstuma *Choosing a Vocation.* Es una obra considerada clásica, que ha marcado el trabajo de muchos orientadores con una sistematización que ha llegado hasta nosotros, en la que se aprecia: a) estudio de las aptitudes, personalidad e intereses del sujeto; b) información sobre diversas ocupaciones laborales; c) orientación basada en la concordancia entre los dos apartados anteriores.

Es tanta la importancia que adquiere el diagnóstico y la orientación vocacional que en 1911 se implantan estudios para la formación de orientadores vocacionales en la Universidad de Harvard y en 1913 surge la *National Vocational Guidance Association (NVGA),* que tiene por objetivo promover la orientación vocacional en Estados Unidos (Repetto, 1995; Anaya, 1994; Vélaz de Medrano, 1998).

En Europa también toma un gran impulso la Orientación Profesional, encontramos en Berlín (1902) la Oficina de Orientación Profesional; en Bruselas (1912) el primer Servicio de Orientación Profesional, en Suiza (1922) Oficinas de Orientación Profesional; también se extienden esos servicios por otros países europeos como Italia, Francia y España. Concretamente, en nuestro país tenemos en Barcelona el Instituto de Orientación Profesional (1912) y en Madrid el Instituto Nacional de Orientación y Selección Profesional (1924), apareciendo en varios puntos de España Oficinas-laboratorio de Orientación y Selección Profesional (Vélaz de Medrano, op. cit.).

Mas la Orientación no se va limitar al campo vocacional, sino que se va a producir una expansión introduciéndose en otros campos, en los que surgirá la orientación escolar, familiar, comunitaria, empresarial (organizaciones) y por supuesto la orientación personal, teniéndose en cuenta que en esos contextos se ha de considerar la orientación a personas con necesidades especiales.

La Orientación dejará de ser una Intervención aislada, se integrará en los diferentes contextos y actuará sobre las personas y los campos contextuales convirtiéndose en un proceso de ayuda para el desarrollo personal, profesional y social en los diferentes ámbitos en que se desarrolla la vida.

1.2. ORIENTACIÓN EDUCATIVA: CONCEPTOS, FUNCIONES Y MODELOS

Hasta 1931 sólo se utilizaba el vocablo ***guidance*** para hacer referencia a la Orientación (Repetto, 1995). La raíz de la palabra *guidance* guarda relación con guía, gestión, gobierno. Por tanto, "Orientar sería, en esencia, guiar, conducir, indicar de manera procesal para *ayudar* a las personas a conocerse a sí mismas y al mundo que les rodea; es auxiliar a un individuo a clarificar la esencia de su vida, a comprender que él es una unidad con significado capaz de y con derecho a usar de su libertad, de su dignidad personal, dentro de un clima de igualdad de oportunidades y actuando en calidad de ciudadano responsable, tanto en su actividad laboral como en su tiempo libre (Rodríguez, 1995:11).

En 1931 se introduce el término ***counseling*** por Proctor, Benefield y Wrenn, en su obra *Wordbook in Vocations*, tomando counseling el sentido de *consejo*, pasando a ser considerado una técnica o un proceso adjunto a la orientación, según Repetto. El modelo de *counseling* conlleva una *acción pedagógica de intervención directa individualizada*, la intervención es siempre *diádica y directa entre el orientador y el cliente*. Hay predominancia en el seguimiento del proceso del modelo clínico (diagnóstico, consejo y seguimiento) con función correctiva o terapéutica.

A **Rogers** debemos la ampliación de las perspectivas profesionales de los orientadores, con la publicación de su obra *Counseling and Psychotherapy,* 1942, enfocada hacia un *counseling* y una psicoterapia no- médica y no-psicoanalítica, aunque sí clínica. Así lo muestran las afirmaciones de la Asociación Americana de Psicología, 1952, al indicar que el *counseling* puede ocuparse de todas las personas que deben adaptarse, desde quienes funcionalmente están en niveles tolerables de ajuste hasta los que padecen disturbios psicológicos severos. Una delimitación es aportada por Bell, 1949, al distinguir como campo propio del *counseling* la atención a problemas situacionales y como campo propio de la psiquiatría la desorganización y el deterioro de la personalidad (Repetto, op,cit.:38).

El modelo de *counseling* tuvo una gran aceptación, sus orígenes estaban en la orientación vocacional, pero como hemos expuesto se incorporaron otras aportaciones creciendo el interés por el modelo clínico, siendo desplazado el énfasis puesto en lo vocacional por la psicoterapia y el psicodiagnóstico.

El modelo clínico utiliza tests psicológicos y técnicas clínicas para conocer los problemas internos de la persona y elabora diagnósticos específicos.

*Este modelo está basado en las teorías psicodinámicas de la personalidad y de la salud mental. Sus funciones tienen carácter terapéutico o remedial***.** Por tanto es un modelo de *atención personalizada*, no tiene carácter ni aplicación general, apenas tiene cabida en la Orientación Institucional Educativa, la cual para llegar a todos se basa en los principios de prevención, desarrollo e intervención sociocomunitaria. Sin embargo no conviene prescindir del *counseling,* pues tiene un campo de intervención propio en el que es insustituible.

Creemos que ha llegado el momento de reproducir la **conceptualización de Orientación** realizada por algunos expertos en ese campo científico. Procedemos a hacerlo por orden alfabético.

Repetto (1995: 87): *Orientación educativa es la ciencia de la acción que estudia, desde la perspectiva educativa y, por tanto, diagnóstica, preventiva, evolutiva y ecológica, la fundamentación científica del diseño, la aplicación y la evaluación de las intervenciones dirigidas al desarrollo y al cambio optimizante del cliente y de su contexto.*

Como puede apreciarse, la autora relaciona la orientación con las extensiones o dimensiones de la educación. Al situarse la Orientación junto a la Educación hay implicación sobre los procesos y niveles educativos, basándose la acción orientadora en el diagnóstico del individuo y la evaluación del contexto en el que se desarrolla la persona.

Por otra parte, si la educación pretende la formación total de la persona precisa de la Orientación educativa que además del enfoque evolutivo se ocupa del preventivo y si se requiere del correctivo o curativo.

La amplitud procesual de la educación, durante toda la vida del individuo que es como se la considera actualmente, hace que adquiera gran importancia la dimensión evolutiva de la Orientación.

Y por último, al no limitarse la educación a las instituciones escolares y considerarse que las influencias educativas se ejercen más allá de las fronteras escolares, la Orientación educativa tiene aplicación en otros contextos, por lo que adquiere una dimensión ecológica.

Rodríguez Espinar y otros (1993: 30 y 31), abordan la conceptualización de la Orientación desde las perspectivas educativa, de servicio y práctica profesional.

— Perspectiva educativa: *La Orientación se entiende como la suma total de experiencias planificadas ofrecidas a los alumnos, y dirigidas al logro de su máximo desarrollo. Lo personal, escolar y profesional se funden interactivamente en una concepción holística de la personalidad.*
— Perspectiva de servicio: *La Orientación comprende el conjunto de prestaciones ofrecidas tanto a los alumnos como a los agentes educativos implicados o relacionados con el proyecto vital de los mismos.*
— Perspectiva de práctica profesional: *La Orientación es la tarea ejercida por los profesionales cuya competencia científica ha sido sancionada por la comunidad social a través de las normas y leyes establecidas.*

Rodríguez Moreno (1995:11): Su concepto de Orientación se ha expuesto anteriormente, al hacerse referencia al término *guidance.* La autora también enfoca la orientación desde varias perspectivas:

— Como un *servicio integral*: que comprende sistemas organizados y procedimientos útiles para ayudar al escolar a conocerse a sí mismo.
— Como un *proceso*: lo que implica cambio, no siendo las intervenciones orientadoras hechos aislados, sino un continuo progresivo hacia la consecución de objetivos.

— Como *ayuda*: con el objetivo de prevenir, o solucionar problemas

Revisadas otras conceptualizaciones sobre Orientación, y considerando las mencionadas, lógicamente encontramos en los autores y sus exposiciones *factores comunes que permiten definir y delimitar la Orientación. Generalmente se aprecia:*

- Una incardinación de la Orientación en la educación. Con la finalidad común de desarrollo personal, social y profesional del individuo en sus contextos.
- Un proceso de ayuda a la persona con dimensión evolutiva, a lo largo de su vida. Aplicado sin limitación temporal.
- Un proceso de ayuda con dimensiones multicontextuales, familia, escuela, comunidad... Aplicado sin limitación contextual para que los contextos puedan respondan adecuadamente a las necesidades de los individuos facilitando su desarrollo.
- Un reconocimiento de la importancia en la Orientación de los principios de prevención, desarrollo e intervención social.

Desde nuestra conceptualización, a la Orientación Educativa hoy en día se le asigna un marco de intervención de mayor amplitud que el que tenía hasta no hace mucho tiempo, ya no se limita al ámbito escolar ni a la familia sino que abarca todos los contextos en los que se desenvuelve la persona, y concretamente en aplicación del principio de integración y de la igualdad de oportunidades ha de intervenir en los contextos para adecuarlos al acogimiento y participación en ellos de la persona con discapacidad.

Apoyándonos en la literatura al respecto (Bisquerra, 1992) distinguimos cuatro tipos de contextos: familiar, escolar, laboral y sociocomunitario. Las interrelaciones más o menos fuertes que a veces existen entre ellos, como puede ser la colaboración familiar con el profesorado del medio escolar o la intervención de la comunidad en la formación de padres en estimulación temprana, no impide que la clasificación de contextos se realice tomando como núcleo la persona y el medio o medios en que participa o debería participar.

La Orientación en el *contexto escolar* es la más tradicional desde donde se interviene en la educación para el desarrollo personal y social del individuo. El punto de vista actual toma la dirección de proporcionar una atención a todos los alumnos y no sólo a los que tengan necesidades especiales, lo que origina una necesidad de transformación de los servicios tradicionales incorporando los principios de prevención y desarrollo. Por tanto se actúa específicamente desde los principios de prevención y desarrollo y se realiza desde el nivel de aula, centro y sector.

Con la aparición de los Equipos de Orientación sectoriales los servicios se conectan con la escuela. El *modelo de servicios en Orientación*, en principio estuvo desconectado de la escuela y sus funciones eran predominantemente correctivas o terapéuticas. Posteriormente la conexión escolar y/o sociocomunitaria se produce debido a disposiciones administrativas, especialmente con la *Ley de Integración Social de los Minusválidos (*13/1982, de 7 de abril), se dispone la creación de equipos multiprofesionales que, actuando en un ámbito sectorial, aseguren una atención interdisciplinaria a cada persona que lo precise, para garantizar su integración en su entorno sociocomunitario (LISMI, art. diez).

Este modelo se considera vinculado a las instituciones públicas, oferta diversos servicios o prestaciones existentes en la mayoría de los campos profesionales, para atender a las disfunciones, carencias y necesidades que presenta y demanda la población (Alvarez Rojo, 1994, cf. Vélaz de Medrano, 1998).

En el mismo artículo (diez, apartado dos) se establecen las *funciones de los equipos multiprofesionales de valoración:*

a) Emitir un informe diagnóstico normalizado sobre los distintos aspectos de la personalidad y las disminuciones del presunto minusválido y de su entorno sociofamiliar.
b) La orientación terapéutica, determinando las necesidades, aptitudes y posibilidades de recuperación, así como el seguimiento y revisión.
c) La valoración y calificación de la presunta minusvalía, determinando el tipo y grado de disminución (...)

Los profesionales que actúen según el enfoque de servicios tienden a proporcionar todos los servicios que precisen alumnos, padres, profesores o la misma administración. Desempeñan actividades profesionales tradicionales.

A diferencia del modelo de servicios el *modelo de programas* toma más amplitud en su aplicación, al prestar atención a mayor número de individuos. Se reconoce el derecho de todos a la orientación, no sólo a los que tienen *necesidades educativas especiales*, por tanto además de *los principios de prevención, desarrollo e intervención social* se consideran las características del *centro y los contextos*.

Según Álvarez Rojo (1994), el modelo de programas requiere a diferencia del de servicios, una reconceptualización del estatus de la Orientación a nivel institucional y disciplinar.

Veamos la *orientación educativa desarrollada desde la perspectiva de programas*, siguiendo a Sanz Oro (1990:25):

- Formaría parte integral del sistema educativo
- Organizaría, basándose en un modelo conceptual, servicios interrelacionados e interdependientes
- Consideraría las necesidades del desarrollo para la carrera de los alumnos
- Se dirigiría más hacia los resultados de los estudiantes que hacia las actividades del orientador
- Contemplaría un sistema de autosupervisión o autocontrol para mejorar sistemáticamente el programa

Dadas las notas positivas de ambos modelos lo adecuado es su integración, lo que origina el *modelo de servicios actuando por programas*. Interactúan los servicios y los programas, su carácter proactivo hace ir más allá de una reacción exclusiva ante los problemas que van surgiendo, lo que requiere una planificación y la puesta en práctica de intervención por programas desde los servicios de orientación.

Este modelo toma como punto de partida el análisis de necesidades del centro, institución o comunidad, dando lugar al diseño de un programa que ha de ser aplicado.

Es el modelo que ha impulsado la LOGSE, supone un cambio organizativo en el centro, al estructurar la orientación como un proceso organizado a tres niveles: *tutoría, departamento de orientación y equipos de orientación y apoyo a la escuela*, siendo el departamento de orientación el encargado de coordinar y supervisar la intervención orientadora. Como bien señalan Rodríguez Espinar y otros (1993) para actuar por programas se ha de crear un servicio interno al centro (el Departamento de Orientación) como soporte técnico y para *asesorar* a los tutores, además de disponer de un servicio externo de apoyo como son los equipos psicopedagógicos de sector.

El orientador en este modelo desempeña el rol de asesor de los procesos de intervención educativa, a diferencia del rol desempeñado en el modelo de servicios, donde desempeñaba el rol de técnico externo. Como coordinador de un Departamento de Orientación en la Institución ha de apoyar la labor tutorial de los profesores y con la colaboración del Equipo Sectorial de apoyo (externo) el rol del orientador está en la línea del modelo de consulta, convirtiéndose en *consultor-formador de profesores y tutores*, desde una relación colaborativa de asesoramiento formativo para promover la intervención tutorial y orientadora por programas, como dice Repetto (1995:93) " (...) la relación de consulta se hace entre profesionales que se reconocen y aceptan cada uno en su estatus, su autonomía y responsabilidad." Por tanto, se puede afirmar que *el modelo de consulta en orientación se basa en una relación triádica de apoyo entre el asesor, el asesorado y el cliente.*

La Orientación en el *contexto sociocomunitario* es posterior a la orientación en el medio educativo. El Estado de Bienestar hacia el que se dirigen los proyectos de buen número de Naciones conlleva una acción comunitaria en pro de la calidad de vida de los ciudadanos. Las personas con discapacidad y sus familiares precisan apoyos para afrontar su situación.

Las Naciones Unidas en su Programa de Acción Mundial para las Personas con Discapacidad (1996) reconocen la importancia de la acción comunitaria, encargando a los Estados Miembros que concedan alta prioridad a la participación activa de organismos de gobierno locales, entidades y organizaciones comunitarias, tales como grupos de ciudadanos, sindicatos, clubes de apoyo, entidades religiosas, partidos políticos, asociaciones de padres.... para que se cumplan los objetivos del Programa siendo el objetivo general la integración de personas con discapacidad.

La acción se plasma en una multiplicidad de servicios generalmente dependientes de la Administración Pública (a nivel de Gobierno Central, Comunidades Autónomas, Ayuntamientos), entre los que se encuentran los referidos a educación, formación y empleo, salud, bienestar social, cultura, ocio y tiempo libre. Concretando, para personas con discapacidad existen servicios de intervención temprana, centros educativos dependientes de Comunidades y Ayuntamientos, centros y escuelas de formación profesional, programas de inserción laboral, servicios sociales.....A estos servicios a nivel oficial para personas con discapacidad se unen los servicios prestados por la Iglesia Católica a través de Cáritas, Asociaciones de personas con discapacidad, obras sociales de Cajas de Ahorro, Organizaciones No Gubernamentales (ONGs).

Esas acciones comunitarias han abierto un amplio campo profesional al Orientador, que ya actuaba en el contexto familiar y laboral, como se verá posteriormente.

1.3. CRITERIOS PLURIDISCIPLINARES DELIMITADORES DE LA DISCAPACIDAD

Recordemos que dentro de la experiencia de salud, una discapacidad es toda restricción o ausencia (debida a una deficiencia) de la capacidad de realizar una actividad en la forma o dentro del margen que se considera normal para un ser humano.

Normal dícese de lo que sirve de norma o regla, según el diccionario de la Real Academia de la Lengua Española. El criterio normativo puede aplicarse a las dimensiones biológica, psicológica y social del ser humano y además ser utilizado desde perspectivas multidisciplinares o multiprofesionales.

Es preciso señalar que los criterios para delimitar la discapacidad o alteraciones conllevan una postura referencial a un diagnóstico implícito o explícito más o menos completo o formalizado, por lo que los modelos de diagnóstico y las teorías en que se fundamentan han servido de guía para detectar la discapacidad o las situaciones de riesgo.

Las discapacidades son reconocidas desde diferentes perspectivas lo que ha dado lugar a un establecimiento de criterios, se hace referencia a los más comunes:

1.3.1. Criterio Psicométrico

Desde el criterio psicométrico la persona puede presentar discapacidad en razón de su cociente intelectual o cociente de desarrollo.

Recuérdese que a este criterio se ha hecho referencia en los modelos y teorías que fundamentan el diagnóstico y también se hará referencia a él en el paradigma asistencial-rehabilitador al tratar de la evaluación de la inteligencia (Capítulo II, apartado 2.2.5.).

El criterio psicométrico tiene su origen en la aparición de la *primera escala de desarrollo* en 1904 debida a *Binet con la colaboración del Dr. Simón*, fue la *referencia utilizada para discriminar el retraso mental*. Desde esta perspectiva es retrasado mental el sujeto que presenta un desarrollo psíquico desviado del valor medio de la población de referencia en el continuo que representa la campana de Gauss, teniéndose en cuenta que dos o más desviaciones típicas por debajo de la media hacen que la persona sea considerada con discapacidad en estos momentos, anteriormente con una era suficiente (consúltese evolución terminológica y conceptual en la interpretación de la Discapacidad, capítulo II, apartado 3.1.2.2.).

Goddard en Estados Unidos, 1908, adaptó la escala de Binet – Simón, y comenzaron las distribuciones de alumnos en escuelas especiales y ordinarias en función de su cociente intelectual. *Terman* en 1916 elaboró un nuevo sistema de clasificación por el C.I. y en 1937 con su colega *Merril* revisaron el test de Stanford - Binet. En su sistema de clasificación por el C.I. de 90 para abajo y en forma decreciente aparece " inteligencia torpe (80 - 90), moronismo (50 - 70), imbecilidad (20 ó 25 - 50), idiocia (menos de 20 ó 25). Esta terminología aplicada a clasificar, afortunadamente obsoleta, se ha sustituido por considerarse peyorativa.

Actualmente, como se verá en páginas posteriores, se habla de persona con discapacidad ligera, media o moderada, severa y profunda; no sólo ha cambiado la denominación sino la asignación de intervalos.

Doll marca limitaciones en el criterio psicométrico, recogidas por Gisbert, Mardomingo y otros (1980 : 59):

> "• *No existencia de acuerdo acerca de la edad en que cesa el desarrollo de la inteligencia general*
>
> • *No existencia de acuerdo sobre cual es la inteligencia media en la población adulta*
>
> • *No están suficientemente aclaradas las influencias de la nacionalidad y raza en la inteligencia*
>
> • *No hay acuerdo general en los métodos de calcular e interpretar la inteligencia*
>
> • *No hay coincidencia en los métodos estadísticos empleados en la estandarización de los tests mentales"*

En razón de lo expuesto se consideraría más adecuado diagnosticar las habilidades específicas de un sujeto que establecer los niveles o cocientes intelectuales.

1.3. 2. Criterio Clínico

Desde este criterio se puede detectar la deficiencia que se conceptualiza de la siguiente forma: Dentro de la experiencia de salud, una deficiencia es toda pérdida o anormalidad de una estructura o función psicológica, fisiológica o anatómica (Véanse terminologías y conceptualizaciones vigentes, cap. II, apartado 3.1.2.).

Debido a los descubrimientos realizados en el siglo XIX y XX las discapacidades quedan clasificadas desde el criterio clínico en función de su etiología, pudiendo deberse a factores ambientales, genéticos o desconocidos (Lewis, 1993; Alfonso e Ibáñez, 1987). Las patologías pueden afectar a una o varias dimensiones, lo que implica ausencia de salud en oposición a salud que es la normalidad.

La *clasificación etiológica* propuesta es clara y sencilla pero con un amplio contenido muy estructurado, que sintetizamos a continuación mencionando sólo los grandes apartados.

a) Grupo ambiental, discapacidad debida: a infección; a agentes tóxicos; a traumatismos; a enfermedades de la madre.
b) Grupo genético, discapacidad debida: a desórdenes metabólicos; a trastornos endocrinos; a trastornos de la oxidación-reducccción; a trastornos anión-catión; a trastornos en el metabolismo purina-piridina; a trastornos del metabolismo del calcio; a trastornos del metabolismo del cobre; a trastornos en el metabolismo de las vitaminas; a alteraciones cromosómicas; a neoformaciones de tumor.
c) Grupo desconocido, discapacidad debida : a influencias prenatales desconocidas; a causas desconocidas con signos neurológicos.

Según la Clasificación Internacional de Deficiencias, Discapacidades y Minusvalías (CIDDM) (véase cap. II, apartado 3.1.2.) las deficiencias pueden ser de las siguientes clases: intelectuales, psicológicas, del lenguaje, de la audición, de la visión, viscerales, musculoesqueléticas, desfiguradoras, generalizadas, sensitiva y otras.

1.3.3. Criterio Educativo

Desde el criterio educativo la discapacidad se hace presente cuando el alumno no puede seguir enseñanza de régimen ordinario por su problemática psíquica, física o sensorial, precisando de adaptaciones curriculares y/o servicios especiales de una forma permanente o transitoria (Véase contexto escolar y discapacidad, capítulo II, apartado 3.3.).

En todo caso, la necesidad de la educación especial vendrá determinada, para cada persona, por la valoración global de los resultados del estudio diagnóstico previo de contenido pluridimensional (LISMI, art. 24). Abogamos por la necesidad de revisiones evaluativas pues la educación debe posibilitar modificaciones a lo largo de la vida, de hecho los diagnósticos que hemos realizado durante nuestra trayectoria profesional, contenían en el informe la advertencia de que los datos correspondían al presente y no predeterminaban con respecto al futuro. Es preciso recordar que además del contexto educativo la familia tiene un papel decisivo en la evolución de los hijos.

1.3.4. Criterio Jurídico y/o Legislativo

Desde el criterio jurídico se considera como discapacidad la *incapacitación* de las personas por enfermedades o deficiencias persistentes de carácter físico o psíquico que impidan a la persona gobernarse por sí misma.

Desde el criterio legislativo la condición de discapacidad es ampliamente reconocida a través de la promulgación de decretos, órdenes ministeriales e incluso leyes.

Entre las leyes es de obligatoriedad mencionar la Ley de Integración Social de los Minusválidos, 13/ 1982 (LISMI) ya que supuso un gran avance en nuestro país en el problema de las minusvalías. Esta ley consciente de las dificultades de orden procedimental, constitutivo y funcional que presentaba el sistema español de *incapacitaciones y tutelas* cuando se aplicaba a personas con discapacidad, emplazó en su disposición final primera al Gobierno para que sometiera a las Cortes un proyecto de ley que modificara los títulos IX y X del libro I del vigente Código Civil en relación con la incapacidad y sistema tutelar de las persona deficientes.

Según la redación del artículo 200 del Código Civil por la Ley 13/1983, de 24 de octubre, se considera que : "son causas de incapacitación las enfermedades o deficiencias persistentes de carácter físico o psíquico que impidan a la persona gobernarse por sí misma". Y ateniéndonos a lo dispuesto en el artículo 210 " La sentencia que declare la incapacitación determinará la extensión y los límites de ésta, así como el régimen de tutela o guarda a que haya de quedar sometido el incapacitado". El grado de discapacidad determina que se puedan suplir las limitaciones de la discapacidad con la "tutela" consistente en una completa representación legal y la "curatela" que supone una simple asistencia legal.

En la tutela, existe la tutela de familia y la tutela de autoridad, esta última supone asignar la tutela a organismos administrativos o judiciales en cuanto que el Estado asume el cuidado de menores o personas con discapacidad.

Respecto al acogimiento familiar De Benito (1997: 333) comenta que debería hacerse extensivo a adultos con discapacidad porque una familia reportaría beneficios personales y sociales que no puede proporcionar una institución.

Con relación a la Ley de Enjuiciamiento Criminal, se habla de eximente en el artículo 8 del Código Penal al incluirse bajo el concepto de enajenación mental todos aquellos supuestos de disminución de las facultades intelectivas.

1.3.5. Criterio Sociológico

Desde el criterio sociológico se considera discapacidad la inadaptación o no integración en el medio social ordinario. Esa situación requeriría una adecuación del medio para contribuir a facilitar la integración.

El problema de la discapacidad tradicionalmente ha estado más relacionado con la psicología que con la sociología. A la sociología debemos el abordaje ecológico y el interaccionismo simbólico, los seres son sociales y el significado se desarrolla por medio de la interacción con otros. Las personas que están en contacto con otras son influidas por los demás en la forma en que llegan a definir la situación y verla de una manera similar.

La contribución de la sociología al problema de la discapacidad ha sido sustancial. En la perspectiva sociológica encontramos dos posturas, la primera se sitúa en las presunciones de los profesionales que trabajan en este campo, reconociendo que la discapacidad es un estado que presentan los individuos, que la diferenciación de la discapacidad es útil y objetiva y que el progreso en este campo proviene del avance en el diagnóstico, la intervención y la tecnología.

La segunda postura considera la discapacidad como construcciones sociales y es desde esta perspectiva desde donde las personas construyen su propia definición, viéndose a sí mismas en parte como las ven los demás, de ahí la importancia que tienen los contextos (Bogdan, 1989).

Según Castillo (1968 : 108) Comte sitúa a la *familia* con sus relaciones filiales, paternas y conyugales en el *origen del proceso de socialización*. Nosotros así lo creemos e incluso en la *familia* situamos el *punto de partida de la integración de las personas con discapacidades* ya que la aceptación de un miembro familiar facilitará el proceso de aceptación social.

La familia es tan importante que algunos niños son considerados *retrasados mentales* por su bajo rendimiento en los tests, según Gisbert, Mardomingo y otros (1980: 60), debido a *causas familiares*, bien sean de *carácter* genético o *ambiental*, estando no obstante inmersos en el ámbito cultural y social de la población general.

Hace varios años cuando la inmigración no abundaba encontramos casos de niños que por desconocimiendo de la lengua del país no podían seguir la enseñanza ordinaria al faltarles la comprensión lingüística siendo estigmatizados con el nombre de "deficientes" hecho incierto y comprobado a través del diagnóstico.

Además debido a ambientes problemáticos, ciertas separaciones familiares, niveles culturales desfavorecidos con la repercusión que ello conlleva en la infancia, surge la idea de que algunas personas son deficientes mentales por su escaso rendimiento escolar. Afortunadamente se están tomando medidas para evitarlo. Esos y otros casos, anteriores a la publicación de la LISMI (Ley de Integración Social del Minusválido), eran diagnosticados como *"Pseudodeficiencias"* (Zavalloni, 1970:123 y ss.; Alfonso e Ibáñez, 1987:267 y ss) actualmente se habla de diversidad o de necesidades asociadas a desventajas socioculturales.

Consideraciones finales respecto a los criterios delimitadores de la discapacidad: Si el criterio psicométrico permitió establecer diferencias y marcar el inicio de una atención educativa a las personas con discapacidad, el criterio clínico suscitó el interés por conocer la etiología de las posibles causas de discapacidad potenciándose la investigación sobre patologías con fines preventivos y terapéuticos, mientras que con el criterio educativo se procuró facilitar la integración por medio de las adaptaciones curriculares, metodología apropiada y profesorado especializado, además de la implementación de servicios. Con el criterio jurídico se contempló la necesidad de procurar protección a las personas con discapacidad que lo requieren por medio de la tutela o curatela y el criterio sociológico permitió considerar la aceptación de las personas con discapacidad desde una perspectiva social induciendo a reflexiones sobre su situación tales como la que se menciona a continuación.

Hay que considerar que el significado de la discapacidad va más allá de las diferencias en lo físico, psíquico, sensorial y las manifestaciones conductuales, los problemas de la discapacidad también tienen un aspecto predominantemente social. Bogdan (1989) considera que la discapacidad tiene un significado simbólico que es interpretado en términos de qué es lo que la mayor parte de la sociedad ensalza, sabemos que la sociedad resalta la belleza (véanse las revistas de moda, pasarelas, presentadores de televisión...), la inteligencia y el triunfo.

(II) 2. DEL PARADIGMA TRADICIONAL AL PARADIGMA DE LA AUTONOMÍA SOCIOPERSONAL EN LA DISCAPACIDAD

Es notable la evolución de las actitudes hacia las personas con necesidades educativas especiales, lo "especial" desde la perspectiva educativa ha ido alcanzando una relevancia teórica y práctica dada la amplitud y diversidad de problemas ante los que se ha concienciado la sociedad actual y ante los que se ha de intervenir.

Para la configuración de una disciplina es preciso remontarse a su historia, contemplar el proceso evolutivo en el marco contextual, establecer su conceptualización, sus principios y funciones hasta mostrar cual es su situación actual.

Si bien este proceso tiene sus dificultades en toda materia, la *Orientación e Intervención Educativa a personas con discapacidad o en situación de riesgo* tiene la dificultad añadida de la complejidad y heterogeneidad del campo que hay que articular. Por un lado está la pluridimensionalidad de su objeto, aunque el objeto es unitario puede ser analizado desde diferentes dimensiones. Para Mayor (1988: 15) el objeto unitario consiste en una " intervención para lograr un cambio, una mejora de las condiciones de excepcionalidad que conllevan efectos negativos..." Para nosotros el objeto unitario consiste en una Orientación e Intervención para la integración en todos los contextos de personas con discapacidad o en situacion de riesgo. Por otra parte está la interdisciplinariedad por el campo de intervención donde se sitúan disciplinas que realizan aportaciones al campo de la discapacidad, especialmente a las dimensiones biológicas, psicológicas y sociales además de las que se hacen en el campo educativo.

No somos los primeros en ocuparnos de las personas con discapacidades, aunque en estos momentos tratemos ese problema desde perspectivas en algunas facetas diferentes a como se ha hecho anteriormente. Los datos históricos nos permiten conocer como fueron tratadas y comprender mejor el momento actual, consecuencia de la evolución en este campo de especialización, a fin de actuar en concordancia con lo que se requiere en estos momentos. Referirnos a las personas y poblaciones especiales nos lleva a tomar la opinión de Mosterín (1987: 135) de que en toda ciencia o disciplina científica hay un componente histórico.

La forma en que se ha actuado ante las personas con necesidades especiales a través de la historia vamos a sintetizarla y agruparla en paradigmas, elencos de los movimientos que aparecen. Si bien surgen en determinados momentos, con sus correspondientes periodos de gestación, es dificil determinar con exactitud cuando termina uno y cuando comienza otro. Por otra parte los paradigmas pueden extrapolarse e incluso simultanear su existencia, como se aprecia en algunas partes del mundo actual.

2.1. PARADIGMA TRADICIONAL

Dentro de un contexto tradicional los conceptos y actitudes hacia las personas con discapacidad adoptan en su mayoría un sistema pendular de *rechazo o sacralización.* Esto no sólo podía apreciarse en la edad antigua y media sino que desafortunadamente hoy sigue vigente en algunos lugares (Puig de la Bellacasa, 1993).

Entre todas las discapacidades mención especial merece la deficiencia mental, mientras que para algunos en diferentes épocas de la historia y durante largos periodos era un hecho sobrenatural y se creía que estaban poseídos por los demonios; para otros los deficientes profundos eran puros de corazón como hijos de Dios, condenados por el mal del mundo, dándoseles por ese motivo una especial veneración. No faltan tampoco épocas ni lugares en que han sido considerados como víctimas de las artes de brujería (Tyler, L. 1978). A continuación exponemos los primeros datos históricos.

Antigüedad : No son muchas las noticias que nos han llegado pero sí suficientes para conocer la existencia de identificación de deficiencias y en algunos casos de las actitudes hacia las minusvalías en aquella época.

En *Esparta,* estando en vigencia la ley de Licurgo (s. X - IX a. de C.), era habitual el infanticidio si se apreciaban anormalidades en los niños siendo despeñados desde el monte Taijeto o abandonados en la cueva Apotete próxima al monte (Scheerenberger, 1985; Ortiz, 1995; Bisquerra 1996). En *Roma* eran arrojados al Tiber o despeñados por la roca Tarpeia. El pesimismo y negativismo marcaban esas posturas.

En culturas más alejadas de la nuestra encontramos una posición opuesta a la espartana y romana, como se aprecia en los hallazgos de algunas *momias egip-*

cias que presentan signos de patologías relacionadas con la deficiencia mental, lo que ha dado lugar a la creencia de veneración o al menos de aceptación. También nos consta que en China *Confucio* (551 - 478 a. de C.) hizo referencia a la responsabilidad del hombre hacia los débiles mentales (Palomares, 1990 : 75).

Desde la *filosofía, medicina literatura o leyenda* se intenta establecer causa y diferenciación entre distintas deficiencias (Heuyer,1962). Esa diferenciación se aprecia en el Talmud al decirse que no se incluya al sordo y al mudo en la categoría de los deficientes psíquicos o en la de aquellos individuos de irresponsabilidad moral, porque pueden ser instruidos y hechos inteligentes (Perelló, 1978:51). El médico griego *Hipócrates* (407- 357 a. de C.) describió diversas formas de deficiencia mental en relación con anormalidades craneales.

En la ***Edad Media*** los considerados anormales eran olvidados, rechazados e incluso temidos. Se configura el concepto de "anormalidad" y el defecto conduce al rechazo social, al temor y persecución, se les confunde con locos, herejes, embrujados, delincuentes, vagos, maleantes, seres prostituidos (Scheerenberger, 1985). En suma la variedad de colectivos mencionados *lo que tenían en común era la pobreza*. Y la pobreza llevaba con más incidencia a la enfermedad en aquellos tiempos en que abundaban las infecciones, la pestilencia y cuando no la consideración de delincuentes potenciales, así que a las personas con discapacidad cuando una situación desahogada no les protegía eran ubicados en la categoría de los pobres. A algunos " (...) se les protegía y veneraba como a Cristo, si sus menoscabos eran auténticos y ellos morigerados. En este caso los pobres, y los minusválidos entre ellos, eran objeto de la caridad y tenían su propio papel en la sociedad" (Puig de la Bellacasa, 1993: 19).

Mollat (1978) en su obra corrobora la *compasión* o el horror que suscitaba el pobre en aquella época, recoge y añade el *temor* que se tenía hacia ellos no sólo por las *enfermedades* que portaban sino por miedo a su *potencial de rebelión contra la sociedad*. Para este autor el "*pauper"* en el latín medieval se refiere a quien sufre de carencias y desventajas, puede ser el que carece de lo básico para cubrir sus necesidades (*indigens, insuficiens, mendicus, miser)*, a esa situación se puede llegar por diferentes causas, de esas causas forman parte las deficiencias quedando englobadas en el mundo del *pauper*, ello dificulta la integración laboral. Se puede ser ciego (caecus), cojo (claudus), deficiente mental (idiotus, imbecillis, simplex), débil por salud o por vejez (aegrotans, debilis, senex), discapacitado en general (infirmus), lesionado (vulneratus), leproso (leprosus), deformado por el reumatismo (contractus).

Textos de la época sobre los marginales parisinos de los siglos XIV y XV son citados por Geremek (1976) apreciándose actitudes de rechazo y desconfianza que se reflejan en las piezas teatrales del París medieval, en poemas y en ordenanzas reales prohibiendo dar limosnas a los falsos inválidos.

Esta desconfianza se anula si la familia de la persona con discapacidad vive permanentemente en el mismo medio, encontrándose especialmente hacia la persona con discapacidad física o sensorial una mayor acogida o tolerancia en las zonas rurales, por el apoyo mutuo de las comunidades tradicionales y por la mayor facilidad de desempeñar tareas en ningún modo competitivas al ser artesanales o agrícolas (Puig de la Bellaca, 1993 ; Ibáñez y Alfonso, 1980).

A **finales de la Edad Media** encontramos una cierta atención institucional a los pobres, de Mecheleer (1991) indica las instituciones existentes en los Países Bajos, que Vives conoció e intentó reformar posteriormente, entre ellas se encontraban: *Las mesas del Espíritu Santo,* adscritas a las Parroquias, cuya finalidad era distribuir alimentos y vestido en fiestas religiosas señaladas, los *Hospitales*, generalmente bajo control eclesiástico que acogían sin distinción enfermos, pobres, discapacitados, parturientas, huérfanos, transeuntes, peregrinos y gente sin casa; los cuidados médicos serían posteriores, en estos momentos el carácter es sólo de acogida. Infecciosos y leprosos quedaban excluidos, Vives posteriormente intentará que se les destinen salas exclusivas para ellos.

A pesar de las buenas intenciones aún quedaba mucho por hacer, era dispar el tipo de población que se acogía por lo que la atención era muy general, o sencillamente meramente asistencial en las necesidades vitales.

Otras instituciones de caridad eran los Hospicios, las Casas de Transeúntes, las Casas para escolares pobres y las Bolsas de Estudiantes (Instituciones que fomentaban la igualdad de oportunidades). Hay también Limosnerías abaciales e Instituciones para ex - prostitutas (maisons de Filles - de -Dieu).

2.2. PARADIGMA ASISTENCIAL-REHABILITADOR

Con el Renacimiento surge un trato más humanitario hacia el colectivo de marginados en general. Las órdenes religiosas se adelantan al considerar que algunos tipos de deficiencias se pueden mejorar o tratar, especialmente las sensoriales. Recordemos a **Fray Pedro Ponce de León** (152O - 158l) con su doctrina para los sordomudos y al **Abad Charles Michel de L ´Epee**, 1755, con la creación de una escuela para sordomudos.

Ese trato más humanitario será la semilla que se desarrollará posteriormente. El racionalismo y el cientifismo moderno supondrán un gran avance al considerar la enfermedad y sus consecuencias como objeto de estudio, de experimentación e innovación tanto en los aspectos rehabilitador como educativo. Indicios de estos paradigmas se aprecian en el siglo XVI conviviendo con los esquemas tradicionales de rechazo.

No podemos dejar de mencionar a nuestro humanista **Luis Vives** (s. XVI) a quien tanto preocupó la *discapacidad y rehabilitación*, como se aprecia a través de sus obras especialmente en la denominada *Subventione pauperum* (traducida *Del socorro de los pobres)* . Formó parte del *Humanismo del Norte,* Países Bajos. Según Matheeusen (1993) , los humanistas consideraban motivo de interés y de reforma todas las facetas de la sociedad del siglo XVI, entre las que se encontraban *la pobreza y la marginación*. La obra de Vives debe contemplarse en ese contexto para una mejor comprensión.

Manifestamos un cierto asombro al contemplar que en su obra aparecen orientaciones para una intervención encaminada a la integración de personas, cuyo fundamento reside en propuestas de *prevención, curación, política de empleo, política asistencial (subsidio o beneficencia)*, e incluso no falta la alusión a la necesidad de valoración de capacidades ocupacionales. Su intensa preocupación social y conocimiento acerca de la situación se vieron reforzados sin duda por el encargo de elaborar para las autoridades de Brujas un programa para combatir el problema de la pobreza en la ciudad, anteriormente ya había mostrado una gran sensibilidad por esa problemática.

En la pobreza distingue umbrales y variaciones de acuerdo con la época y el tipo de sociedad, cultura y desarrollo económico del contexto en el que vive el pobre. Identifica umbrales biológicos, económicos y sociológicos (Puig de la Bellacasa, 1993).

2.2.1. Respuesta Institucional para Enfermos Psíquicos y Deficientes Mentales

La primera institución consagrada a la asistencia de enfermos psíquicos y deficientes mentales fue el *Hóspital d'Innocents Fols y Orats* creado por Fray Gilabert Jofre en Valencia a modo de asilo u orfanato, s.XV y bajo la advocación de Donna Sancta María de los Innocents.

Supuso un avance no sólo por ser separados de otros colectivos heterogéneos con los que convivieron largo tiempo, sino porque la *observación* comienza a adquirir importancia como medio o técnica para establecer una cierta *diferenciación*.

Respecto a la mente parece no haberse establecido todavía diferenciación entre enfermos psíquicos y deficientes mentales pero sí se ha captado la diferenciación entre esas discapacidades y las *discapacidades de tipo sensorial*. El sentir de aquella época muestra mayor interés por las discapacidades sensoriales por lo que *la educación de los discapacitados mentales será posterior a la de los discapacitados sensoriales.*

2.2.2. Primeros Métodos Educativos para las Personas con Discapacidades Sensoriales

Recordemos que desde la filosofía, la medicina, la literatura e incluso la leyenda se intenta establecer causa y diferenciación entre distintas deficiencias (Heuyer, 1962), pero la respuesta socioeducativa es en principio solo para ciegos y mudos (así se llamaba a los que no hablaban aunque fuese a causa de sordera).

- **Sordomudos**

El benedictino **fray Pedro Ponce de León,** siglo XVI estableció la relación causal entre sordera y mutismo e inició los primeros ensayos para la educación de sordomudos en el monasterio de Oña (Burgos), en su obra *Doctrina para los sordomudos* expone el método oral que creó para ser aplicado individualmente en la desmutización de sus alumnos (Puigdellvol y Aguade, 1986).

En el siglo XVII continuó la tarea **Juan Pablo Bonet** que difundió el método oral a través de su libro *Reducción de las letras y arte para enseñar a hablar a los mudos*, pero al no poder ser impartido en grupos careció en principio de la proyección social deseada. Los intentos de implantar el método llegan a Holanda con **Walis,** a Inglaterra con **Amman** y a Portugal con **Pereira**, posteriormente Pereira se traslada a París donde ejerció una gran influencia (Fernández - Sarramona, 1977).

En siglo XVIII Jacobo Rodrigo **Pereira** se erige en Francia *promotor de la educación sensorial*, crea la dactilología, alfabeto de signos para comunicarse con una alumna sorda. Inicia realmente la educación sensorial al reemplazar la palabra por la vista y el tacto. Los sordomudos aprendieron a hablar utilizando el tacto. Influirá en Itard y Seguin, incluso en la obra de Rousseau *El Emilio* impregnado de sus ideas (Heuyer,1962).

En este mismo siglo el **abad de l'Epée** transforma la dactilología de Pereira y la hace suya, utilizando también un método global para la enseñanza de la lectoescritura. Sistematiza un lenguaje mímico manual, crea la primera escuela pública en Francia para la educación de sordomudos, lo que en 1784 llegaría a ser el Instituto Nacional de Sordomudos en París. L´Epée hizo que se creyese en la posibilidad de educar a los sordomudos. Le sucede **Sicard** y sus enseñanzas llegan a **Thornton** que enseña a hablar a los sordomudos en EE.UU.

Heiniche fundó en Alemania la primera escuela de sordomudos, defensor del método oral en contraposición al mímico de l´ Epée en Francia.

En España **Lorenzo Hervás y Panduro** escribe en el mismo siglo *Escuela Española de Sordomudos o arte de enseñar a hablar y escribir el idioma español*. Primero se utilizó la palabra mudos, después sordomudos. La enseñanza aparece desvinculada de la general, con métodos globales para la enseñanza de la lectoescritura.

Los descubrimientos de esos profesionales han permitido que hoy en día contemos con los métodos mímico (sistema de comunicación a través de la mímica, a nivel elemental), dactilológico (desde comunicación a través de las posiciones de los dedos de las manos), oral (desde la desmutización se desarrolla el lenguaje oral), labiolectura (para sordos o como sistema complementario en audición disminuida) (Alfonso e Ibáñez, 1987).

- **Ciegos**

En el siglo XVIII el francés **Valentín Haüy** reunió a deficientes visuales a fin de instruirles y prepararles para el *ejercicio de una profesión*, evitando que viviesen de la mendicidad. Adoptó la escritura en relieve y proclamó que los ciegos eran educables. *Sustituye la vista por el tacto* (educación sensorial). Se crea en París también en 1784 el primer Instituto Nacional de Jóvenes Ciegos para que recibieran una educación específica; utilizaban letras moldeadas en madera (Toledo 1984) .

Debido a su ceguera a esa escuela acudió **Luis Braille**, cuando aún asistía a la escuela a sus dieciséis años finalizó la primera versión de su *Procedimiento para escribir las palabras, la música y el canto llano mediante puntos para el uso de los ciegos, y preparado para ellos,* así creaba el sistema de lectoescritura sobre base de puntos en relieve que lleva su nombre.

Para la creación de su método el propio Braille reconocía en 1829 haberse inspirado en una sonografía basada en puntos en relieve que había inventado el capitán Barbier de la Serre. Barbier por su parte escribe : " Ha sido Monsieur Louis Braille el primero que ha tenido la feliz idea de reducir la escritura de puntos al uso de una pauta de tres líneas estriadas. Los caracteres ocupan menos espacio y son mucho más fáciles de leer" (Ciccone, 1991: 24). Realmente la sonografía de Barbier está formada de signos que expresan sonidos y no letras, por lo que la adquisición de una correcta ortografía no se ve favorecida, mientras que el sistema Braille parte del alfabeto.

Pier Henri, profesor del Instituto Nacional de Jóvenes Ciegos opina que es preciso ser ciego para construir combinaciones de puntos que respondiesen exactamente a las exigencias del tacto.

Atribuyendo un doble, incluso un triple valor a cada signo, Braille creó una notación musical, símbolos y matemáticas elementales.

El método Braille no fue reconocido oficialmente en Francia hasta 1854. Entre 186O y 1880 se implanta en varios países de Europa y a partir de 1890 en Asia. Se emplea actualmente en todo el mundo.

Los deseos de educar a los ciegos se extendieron por diversos países algunos tan lejanos como Australia, allí en l810 **Willhelen Klein** inició una campaña para promover su educación en escuelas ordinarias, siendo uno de los primeros intentos de *Integración*. Fue secundado en l842 por el gobierno de la Baja *Austria* al emitir un decreto para que los niños ciegos se educasen en la escuela de la comunidad o si no era posible por sus necesidades que la educación la recibiesen en su hogar.

En EE.UU. **Howe**, médico general educó a los niños ciegos en su propia casa, lo que sería el *origen del famoso Instituto Perkins.* Se interesó por la frenología como tratamiento que podía ser útil para ciegos, sordomudos y retrasados mentales. Actualmente el Instituto Perkins, Massachussetts, es un modelo de proyectos, para personas con discapacidades visuales, que se extienden a varias zonas del país: prestan servicios directos a padres (instrucción a domicilio, distribución de material informativo, reuniones...), atención a niños en domicilio o régimen de guardería; asesoramiento a organismos y a profesionales que trabajan con esos colectivos; imparten formación de personal en deficiencias visuales y disponen de servicios de evaluación y apoyo para personas con ese tipo de discapacidad (Alfonso e Ibáñez, 1987 : 312).

2.2.3. Precursores más notables de los Movimientos de Renovación Pedagógica: su influencia en la Educación de Personas con Discapacidad

En el siglo XVIII se produce una serie de cambios que afectan a la educación, lo que supone el *inicio de la pedagogía contemporánea*, en estos cambios influyen de manera especial *Rousseau, Pestalozzi y Froebel, los cuales son citados como precursores de los movimientos de renovación pedagógica, de la orientación y de la educación especial.*

Rousseau (1712 - 1778) *aporta ideas a la educación de retrasados* que influyen en Pestalozzi y Fröebel (Scheerenberger, 1985). Sus aportaciones se consideran claves en el desarrollo de la psicopedagogía.

También hace referencia a las distintas ocupaciones desde una perspectiva de la orientación en su obra *El Emilio* (Bisquerra, 1996 : 21).

Pestalozzi (1746 - 1827) crea en Suiza el *Instituto de Iverdun para niños desfavorecidos* con una enseñanza basada en la observación, dibujo y ejercicios de lenguaje, que constituyó el fundamento de la educación intuitiva. Este pedagogo concibió la educación como un proceso de desarrollo, contribuye a sentar las bases que llevarán a centrar la atención en el niño como característica de la pedagogía del siglo XX. Las cartas que dirigía a los padres de los alumnos pueden considerarse como precursoras de informes psicopedagógicos.

Sobre las mismas premisas **Froebel** (1782 - 1852) crea el *Instituto General Alemán de Educación* y funda el *primer Jardín de Infancia* donde introduce los dones Froebel, el juego, canciones, paseos, los centros de interés que habían inspirado a todos los países los programas de enseñanza sensorial y motora aplicados a todos los niños, incluidos los deficientes. Los dones froebelianos son juguetes sistemáticamente concebidos para estimular el desarrollo intelectual: pelota, bola, cilindro, cubo, cubo dividido en cubos iguales y también dividido en tablitas.

2.2.4. Surgimiento de la Corriente de Salud: Tratamientos Medicopsicopedagógicos

Algunos autores, entre ellos Mayor (1988 : 9), consideran que la historia de la Educación Especial comienza a finales del siglo XVIII, el mismo autor indica que es cuando se inicia el periodo de la institucionalización especializada de los sujetos excepcionales. En nuestra opinión, los avances a partir de esa fecha fueron notables especialmente por el *enfoque interdisciplinar debido a médicos, pedagogos y psicólogos en el estudio de las discapacidades.*

Es a partir de este momento cuando surge un especial interés por el estudio de las alteraciones psíquicas, anteriormente a este tipo de personas sólo se les había prestado atención asistencial.

La primera gran revolución en la corriente de salud mental se debe al psiquiatra **Pinel** a finales del siglo XVIII a quien se debe la liberación de las cadenas de los pacientes ingresados en las instituciones de Bicêtre y la Salpêtrière. "Es Pinel quien considera al *idiotismo como una categoría dentro de las enfermedades mentales* con características peculiares" según Garanto ((1993: 26). Aunque dudaba sobre la posibilidad de ser educado el idiota o demente (Ortiz, 1995).

Esquirol (1772 - 1840) trata de separar a los deficientes mentales de los enfermos mentales, de *diferenciar amencia de demencia* e incluso de distinguir dos niveles de deficiencia mental: *imbecilidad e idiocia* con niveles intermedios. Colabora en esta tarea el médico del Instituto de Sordomudos Itard.

Para Esquirol la idiocia no es una enfermedad sino un estado en el que las facultades intelectuales no se han manifestado jamás, no se han podido desarrollar bastante, no habiéndose podido adquirir, por tanto, los conocimientos que corresponderían a la edad del sujeto. La idiocia no puede ser confundida con la demencia en tanto que en ésta las facultades disminuyen mientras que en la primera no se desarrollaron nunca. Esquirol (1834 : 285) las diferencia gráficamente diciendo que "el hombre con demencia está privado de los bienes que disfrutaba; es un rico arruinado, el idiota ha estado siempre en el infortunio y la miseria " (reproducido por Garantos, 1993).

A pesar de identificarse a los deficientes como tales, avanzándose en la comprensión de la deficiencia mental, sus condiciones de vida generalmente no habían cambiado, y la situación de las instituciones era alarmante incluido el *asilo de anormales fundado por el médico Guggenbul en Suiza. Pinel y Esquirol intentan cambiar las condiciones de vida de la institución.*

Hacemos nuestra la opinión de Garantos (op.cit.: 28) respecto a que Itard y Seguín son considerados en general como padres de la Educación Especial, sin dejar de reconocer la importancia de las aportaciones efectuadas por los pedagogos Froebel y Pestalozzi, y la médica - pedagoga María Montesori.

Itard (1774 - 1836) su legado pedagógico está en la obra *El niño salvaje*, producto de la observación y tratamiento del niño salvaje de Aveyron.

Esquirol pensaba que era un caso de abandono, para Pinel se trataba de un idiota. Itard siendo director del Instituto Nacional de Sordomudos de París, dedicó personalmente cinco años a su educación. El niño salvaje fue llamado Víctor, en él se apreciaron serias alteraciones sensoriales, conductas antisociales, carencia de atención y de lenguaje articulado. *Diseñó actividades para el desarrollo de las funciones sensoriales, intelectuales y afectivas, lo que dió lugar a un método que recogió las bases de los procedimientos psicopedagógicos de intervención. Sus investigaciones educativas influyeron en trabajos médico- pedagógicos en el transcurso del siglo XIX.*

Sus compañeros médicos de la época polemizaron al considerar un fracaso la recuperación de Víctor, negando cualquier utilidad a la atención educativa de los "idiotas", defensores de esta postura eran Esquirol y su alumno Cameil. Opinaban que lo importante para ellos era una mera atención asistencial.

Sin embargo los progresos conseguidos por Víctor dado el estado en que se encontraba hacen que su obra induzca a la acción y a la esperanza. Nos mostró que a pesar de que un individuo padezca déficits severos siempre se pueden desarrollar algunas capacidades aunque sea en un mínimo grado. Así supo verlo su discípulo Seguín continuador de su obra.

Los que hemos estudiado a deficientes severos sabemos que es cierto, hay progreso aunque sea pequeño, pero es preciso una gran motivación por parte de las personas que les atienden. La aplicación de estimulación temprana y los métodos que afianzan los nexos afectivos entre madre (padre) e hijo han hecho mucho en su favor pero no sólo con personas con discapacidad sino también con otros colectivos especiales tales como madres en prisión con sus bebés, sobre las que hemos investigado (Ibáñez y Senra: 1999 a).

Itard inspiró los ensayos de Belhômme sobre el idiota (Essai sur l´idiotie, Paris 1824), la organización de una escuela de anormales en Bicêtre y otra en la Salpêtrière, así como el Instituto Ortofrénico de Voisin (Ortiz, 1995).

Seguin (1812 - 1880) Fue el auténtico reformador de las instituciones para retrasados mentales. Era pedagogo y estudió medicina, recibió clases de Itard y *estableció con el psiquiatra Esquirol la primera colaboración medicopedagógica*.

Ante las opiniones controvertidas sobre la labor desarrollada por su maestro, al escribir el libro *Hygiene et education des Idiots*, 1843, hace una defensa de la educación y se manifiesta de la siguiente forma:

> *"Pero alguno dirá : la idiocia es un mal incurable; Esquirol lo ha dicho y aquellos que parecen dudar de ello no han aportado nunca una prueba que respalde sus dudas. Yo participo de esta opinión y sé que los médicos que se precian no se vanaglorian de curarlos. ¿Quien habla pues de terapéutica de la idiocia?*
>
> *Ahora bien, es regla general que, cuando un problema es insoluble visto desde un único punto de vista, hace falta resolverlo en el sentido inverso. Por ejemplo: si alguien se hubiese obstinado exclusivamente en curar a los sordomudos y a los ciegos de nacimiento todavía no tendríamos las dos escuelas que hoy honran a nuestro país. Esperando que la medicina les devuelva la vista y el oído, hemos sustituido aquellos dos sentidos con la enseñanza.*
>
> *Esperando pues que la medicina cure a los idiotas, me he propuesto hacerlos participar de los beneficios de la educación"* (reproducida por Pelicier y Thuillier, 1980: 54).

Para Seguín el estado psicológico de la idiocia no proviene de la debilidad de la inteligencia sino del desarrollo fisiológico, de ahí que en la medida en que se lleve a cabo una educación fisiológica, el estado psicológico de los idiotas mejorará. En 1866 fue publicado su libro *La idiocia y su tratamiento fisiológico*, aportando un *método fisiológico para débiles mentales* que se aplicó en las escuelas. Manifestó la relación entre actividad sensorial y nivel de pensamiento, presenta programas para el aprendizaje de la percepción, imitación, coordinación, memoria y generalización. Elaboró métodos de diagnóstico y tratamiento sobre la base de la observación del niño, insistiendo en el valor del juego y la interacción del medio.

Realiza una clasificación sobre los deficientes psíquicos: idiocia (gravemente afectado); imbecilidad (gravemente retrasado); debilidad mental (retardo en el desarrollo) ; simple retraso (desarrollo intelectual lento). Terminología que fue muy utilizada a partir de ese momento y durante largo tiempo.

Su obra no carece de originalidad aunque en ella se aprecian, como es lógico, influencias de sus antecesores y coetáneos tales como Pinel, Esquirol, Itard, Pestalozzi, Froebel, filósofos como Descartes, economistas y políticos como Quesnady y Saint - Simon (Pelicier y Thuillier ibid.: 40) .

Se trasladó a EE.UU. donde es considerado pionero en la psiquiatría infantil americana. Su metodología se difundió tanto por Europa como por América, empezándose a educar a los deficientes mentales; lo que supuso una gran mejora en las condiciones de vida de ellos.

En algunos países comenzaron a trabajar conjuntamente psiquiatras y pedagogos, dando importancia a la educación sensorial y motora y propiciando la adaptación a la vida normal. Los programas que se desarrollaban eran una alternativa a los que se impartían en régimen ordinario.

Sin embargo, de estos progresos tardarían muchos años en beneficiarse todas las personas con discapacidad. Aún así fue tan importante y decisiva la colaboración médico - psicopedagógica que perduró y la encontramos en algunas instituciones incluso en los años sesenta y setenta, es decir antes de la promulgación de la LISMI (ley de integración social de los minusválidos).

Retomando el tema, la colaboración interdisciplinar siguió produciéndose a finales del siglo XIX y el siglo XX , el medicopedagogo **Bourneville** *hizo de Bicêtre el primer instituto médico- pedagógico*, conservó los hallazgos de Seguin e inventó y adaptó otros procedimientos y materiales para educación especial (Pérez Marina, 1983).

Bourneville destaca preferentemente por ser un *compilador de la tradición medicopedagógica francesa.* Su metodología considera las realizaciones de autores anteriores a él, educación sensorial y motora, e incide en la educación higiénica (limpieza, vestimenta). *Hoy en día la educación higiénica está recogida en diversos programas bajo el nombre de autovalimiento, o desarrollo de independencia, o atención a necesidades vitales*; programas básicos en la educación de toda persona con discapacidad.

En el siglo XX sobresalen **Decroly** y **Montesori** por sus aportaciones a la E*ducación Especial.*

También empieza a dejarse notar la influencia de **Piaget** desde Suiza en la educación especial (Furt y Wachs,1978). Pero se puede decir que la verdadera influencia europea llega con **Decroly** que reconoce la importancia de la educación al contactar con deficientes mentales en el hospital, afirmando que el tratamiento no se puede llevar a cabo solo con la medicina. Crea en 1901 en Bruselas una escuela especial para retrasados y anormales, cuya metodología extrapola posteriormente a los normales.

Según este autor, en el tratamiento de los niños anormales hay que considerar lo que es propio del médico como lo referente al medio físico (que comprende la alimentación, la medicación, el reposo, los masajes, la gimnasia), y lo que es propio del educador como el tratamiento mental y social.

En su método encontramos como aportación novedosa una de las fases dedicada a *la preparación y orientación profesional* (se considera que se deben adquirir las técnicas instrumentales básicas < lectura, escritura, cálculo > que permitan acceder a la formación profesional). "Esta orientación y educación constituye el coronamiento de todos los esfuerzos intentados para preparar al niño retrasado a entrar en la vida" (Decroly 1934:11). Este último objetivo podría compararse con los que marcan actualmente los programas de formación para la transición a la vida adulta.

Tanto **Decroly** como **Descoeudres** (Decroly y Monchamp, 1983), psicólogos y pedagogos influenciados por Rousseau y Seguin, defienden la educación en el medio ambiente natural : familia, escuela, comunidad. Basan su educación en los principios de estimulación corporal, el adiestramiento sensorial, el aprendizaje globalizado, la individualización de la enseñanza, y el uso del juego libre en el ejercicio. Decroly estudió especialmente a los retrasados escolares y estableció una clasificación de los niños anormales, *creó su método pedagógico de enseñanza globalizada, fue uno de los más modernos educadores de niños con deficiencia mental.*

En Italia, **María Montesori** tradujo los trabajos de Itard y Seguin y fue a Francia a visitar Bicêtre. Fue médica de la clínica psiquiátrica de la Universidad de Roma y contactó con el problema de la deficiencia por visitas a instituciones, asilos y psiquiátricos; percibió que *la deficiencia mental no era exclusivamente problema médico sino también pedagógico* y organizó la escuela ortofrénica para su tratamiento.

> *"La unión de la pedagogía a la medicina en la terapéutica era seguramente una de las conquistas más bellas realizadas en nuestro tiempo, por lo tanto a diferencia de mis colegas tuve la intuición de que la cuestión de los " insuficientes" era mucho más pedagógica que médica" (Montesori 197O : 29).*

Encuentra en Seguín la idea de continuidad entre la educación del normal y del anormal y la incorpora a su concepción del déficit intelectual como una sucesión y no como una separación entre el hombre completo e incompleto que Esquirol concebía (Garanto, 1993 : 36).

Aboga por la espontaneidad que deja libertad para el juego autoeducativo basado esencialmente en la educación de las *sensaciones táctiles, cinestésicas y el dibujo libre*, como expuso en sus publicaciones.

Otra de sus aportaciones son los principios de libertad, primero de movimientos y luego de libertad de acción, la independencia. En suma *autonomía e integración principios básicos que darán lugar al tercer paradigma.*

2.2.5. Avances Psicopedagógicos: Evaluación de la Inteligencia

Un hecho relevante a comienzos del siglo XX es la preocupación por conocer las posibilidades de rendimiento escolar que a un sujeto se le puede atribuir, ello supone el punto de partida del movimiento de psicología escolar, según Repetto y otros (1995: 24) se trata de conseguir una apreciación lo más objetiva posible de las disposiciones significativas entre varios individuos o entre distintas etapas o aspectos del mismo sujeto.

El nacimiento de la psicología escolar fue para ofrecer respuesta a la necesidad que tiene el sistema educativo de identificar y clasificar a los alumnos que requieren programas educativos especiales o alternativos; los trabajos pioneros realizados a principios de este siglo son ejemplo del desarrollo de esta función diagnóstica, su más alto valor se cifra en que fueron impulsores e indicaron las trayectorias a seguir.

Como anteriormente se ha mencionado es a **Binet** con la colaboración de Simón a quien debemos la aparición de la *Escala métrica del desarrollo de la inteligencia de los niños* en 1904. Es el primer test de inteligencia general en la historia de la psicometría siendo varias sus ediciones. Ya se podía evaluar la inteligencia, establecer los niveles mentales y lo que también era muy importante había posibilidad de clasificar el retraso mental en idiocia, imbecilidad, y debilidad mental, terminología empleada en la época. Se encargó de construir un test que debía diferenciar entre los niños que podrían beneficiarse de una educación y los que no podrían, en opinión de muchos autores de aquel tiempo.

Binet desde 1898 comenzó a observar a los niños desde el punto de vista psicológico y pedagógico. Al igual que sus contemporáneos también intentó utilizar medidas fisiológicas, emprendiendo *trabajos de cefalometría* o craneometría (véase referencia en cap.I, apartado 1.2.) para estudiar la posible relación entre el volumen craneal y la inteligencia pero no se logró establecer relación. Actualmente los avances científicos nos han permitido saber que los niños pobremente estimulados y pobremente nutridos crecen más lentamente, se afecta el desarrollo del sistema nervioso por lo que la corteza cerebral es más ligera (no se debe confundir el espesor de la corteza cerebral con el perímetro cefálico ya que generalmente no guardan relación) hay una disminución de células cerebrales y se retarda la mielinización, es decir sufre su desarrollo lo mismo que los tejidos de interconexión (cf. Ibáñez, 1997 : 15-16). Para el médico Florez- Lozano (1980) obviamente se produce un acortamiento del desarrollo intelectual.

En cambio los tests le permitieron a Binet establecer una escala métrica de 3 a 15 años base de todas las investigaciones sobre el desarrollo intelectual del niño. **Stanford** estudió esos tests e hizo interesantes revisiones sucesivas para recoger con precisión el desarrollo del niño de modo objetivo y científico, dándose a la psicología y psiquiatría un principio de medida donde muchos sitúan el progreso de la pedagogía moderna.

Decroly se interesó por el nuevo instrumento de medida, debiéndose a él las *primeras observaciones sobre la influencia del medio social en los resultados de los test.*

El medio social en que el niño se desenvuelve suministra experiencias, motivaciones y estímulos sensocognitivos contribuyendo a su evolución. La influencia del medio social se manifiesta muy especialmente en el desarrollo del lenguaje, las clases desfavorecidas suelen poseer un lenguaje más reducido a nivel de vocabulario, en cuanto a estructura suele ser más entrecortado, se refiere a cosas y acciones concretas, la conceptualización es escasa y utilizan frecuentemente su argot (Alfonso e Ibáñez, 1987 : 501). En consecuencia, hay que considerar la influencia del factor verbal en la selección de pruebas de diagnóstico pues pueden distorsionarse los resultados de la obtención del cociente intelectual de niños desfavorecidos o con discapacidades.

2.3. PARADIGMA DE LA AUTONOMÍA SOCIO-PERSONAL

El paradigma de la autonomía sociopersonal es la consideración de la persona con discapacidad como persona con derechos que consume unos servicios y debe intervenir en la planificación y desarrollo de los mismos, buscando independizarse y manejarse como cualquier adulto en la sociedad (Puig de la Bellacasa, 1993).

El elemento fundamental es la autodeterminación de las personas para decidir su propio proceso de rehabilitación, como meta prioritaria está la supresión de barreras fisicas y sociales pues se considera que el núcleo del problema está en el entorno más que en el individuo debiéndose atender las dimensiones sociales de la discapacidad.

Basándose en los derechos humanos y de pertenencia a una sociedad, se pretende que la *sociedad elimine de su ámbito las segregaciones a todos los niveles*, cumpliendo el *principio de igualdad de oportunidades para todos.*

Para lograr los objetivos de "igualdad" y "plena participación" no son suficientes las medidas de rehabilitación orientadas hacia la persona con discapacidad, pues la experiencia ha demostrado que en gran parte el medio es el que determina el efecto de una discapacidad sobre la vida diaria de la persona. "Una persona se ve abocada a la minusvalía cuando se le niegan las oportunidades de que dispone en general la comunidad y que son necesarias para los aspectos fundamentales de la vida: vida familiar, educación, empleo, vivienda, seguridad económica y personal (...) libertad de movimientos y el estilo general de la vida diaria" (Naciones Unidas, 1996, art.21).

Ser autónomo equivale a ser independiente. Se lucha contra la discriminación para alcanzar esa independencia, es el entorno el que debe cambiar y para ello presionan las asociaciones pro personas con discapacidad, que se han constituido con el fin de defender sus derechos. Surgen las *reivindicaciones legales* y las medidas legislativas apoyándose en las **disposiciones internacionales en favor de las personas con discapacidad** o desfavorecidas. Se lucha por la *integración* y por el acceso a la misma.

2.3.1. Bases Legales Internacionales Impulsoras del Paradigma de la Autonomía Sociopersonal

Este paradigma nace con la defensa de los derechos civiles de las personas con discapacidad.

Históricamente la persona con discapacidad suele haber sido marginada por la comunidad, y desafortunadamente en algunas comunidades aún sigue vigente esa actitud sin embargo la sensibilización se ha incrementado mayoritariamente y el panorama actual ha cambiado.

Uno de los momentos de mayor sensibilización en Europa se registra a raiz de la Segunda Guerra Mundial, posiblemente por las víctimas de la guerra a las que debía prestárseles cuidados y procurar su integración, sin olvidar las disposiciones legislativas internacionales precursoras de este movimiento de autonomía sociopersonal.

2.3.1.1. Declaración de los derechos del niño

La primera vez que se hizo una referencia oficial y pública sobre los derechos del niño con discapacidad fue en la Declaración de los Derechos del Niño conocida también por Declaración de Ginebra, aprobada por la Sociedad de Naciones el 26 de septiembre de 1924, aunque la mención sólo se refiere a que el niño "retrasado" debe ser alentado. La protección especial al niño también fue reconocida por la Declaración Universal de los Derechos Humanos de 1948.

Es el 20 de noviembre de 1959 cuando la Asamblea General de las Naciones Unidas aprobó por unanimidad la *Declaración de los Derechos del Niño*. Muchos de los derechos y libertades enunciados en la Declaración recogen párrafos de la Declaración Universal de Derechos Humanos de 1948. En los principios 1,2, y 4 se hace referencia al reconocimiento a todos los niños de los derechos enunciados, a oportunidades y servicios, a cuidados especiales incluso atención prenatal y postnatal.

En el principio 5 se concreta acerca de la discapacidad: "El niño física o mentalmente impedido o que sufra algún impedimento social debe recibir el tratamiento, la educación y el cuidado especiales que requiere su caso particular".

En el principio 10 se menciona que el niño deber ser protegido contra las prácticas que puedan fomentar la discriminación de cualquier índole.

2.3.1.2. Declaración de los derechos generales y especiales del deficiente mental

El 24 de octubre de 1966, en Jerusalén, durante el IV Congreso de la Liga Internacional de Asociaciones Protectoras de Deficientes Mentales, se proclamaron los derechos generales y especiales de los deficientes mentales, plasmándose en la Declaración.

A través de siete artículos se hace referencia a la persona con discapacidad y sus *derechos* comenzando por la defensa de la igualdad en los derechos fundamentales, siguiendo con el derecho a la atención médica y rehabilitación, a la formación y *orientación* para el desarrollo de aptitudes y posibilidades, a seguridad económica y a realizar un trabajo productivo, a vivir con su familia, a participar en la vida social. Si debe estar en una institución las condiciones de vida deberán ser lo más parecidas a la vida normal. También tiene derecho a un tutor cualificado para proteger sus intereses, a ser protegido contra la explotación y malos tratos. Termina la Declaración afirmándose que por encima de todo el "deficiente mental" tiene derecho a ser respetado.

Una vez más, son los que están cerca del problema quienes mejor lo saben tratar. Las Asociaciones Protectoras van a mostrar su fuerza y su buen juicio al hacer esas promulgaciones.

2.3.1.3. Declaración de los derechos del retrasado mental

La Asamblea General de las Naciones Unidas en 1971 proclama la Declaración de Derechos del Retrasado Mental y pide que se adopten medidas en el plano nacional e internacional para que sirvan de base y de referencia común para la protección de sus derechos.

Comienza dedicando un recuerdo a la Declaración Universal de Derechos Humanos, a la Declaración de los Derechos del Niño, a las normas de progreso social enunciadas en las constituciones, las convenciones, las recomendaciones y las resoluciones de la Organización de las Naciones Unidas para la Educación, la Ciencia y la Cultura, la Organización Mundial de la Salud, el Fondo de las Naciones Unidas para la Infancia y otras organizaciones; continúa enunciando los derechos que son los mismos que se proclamaron en la Declaración de los derechos generales y especiales del deficiente mental, aunque se redacta en forma diferente.

Dada la similitud hay que suponer que confiaron en la Liga Internacional de Asociaciones Protectoras de Deficientes Mentales como conocedores del problema de la discapacidad. En realidad las Naciones Unidas aquí se pronuncian para refrendar lo que había proclamado la Liga mencionada.

2.3.1.4. Declaración de los derechos del minusválido

Una vez más, las Naciones Unidas promulgan el 9 de diciembre de 1975 en favor de la discapacidad la Declaración de los derechos del minusválido. En esta declaración se recogen principios fundamentales promulgados anteriormente, como novedad aparece la prevención al referirse a la necesidad de evitar minusvalías físicas y mentales, se incluye el ayudar a las personas disminuidas a desarrollar su potencial en las más variadas ramas de la actividad humana y de promocionar su integración en la sociedad tanto como sea posible. Aparece la primera conceptualización de la palabra minusválido. También por primera vez se hace referencia a las medidas judiciales que deberán tener en cuenta la condición física y mental del minusválido.

2.3.1.5. Año Internacional de Niño

El 21 de diciembre de 1976 en la 106 sesión plenaria de la Asamblea General de las Naciones Unidas se aprobó la resolución en la que se proclamó el año 1979 como el Año Internacional del Niño, con la finalidad de que los países revisasen sus programas de promoción y de bienestar de los niños.

Entre los puntos concretos sobre los que basar los trabajos de investigación y planificación para facilitar el pragmatismo de ese año internacional se hallaba el punto 4 referido al niño disminuido.

2.3.1.6. Año Internacional de los Disminuidos. Declaración Sundberg.

En 1981 la UNESCO con la cooperación del gobierno español celebró en Torremolinos (Málaga) la Conferencia Mundial sobre las Acciones y Estrategias para la Educación, Prevención e Integración, dentro de las actividades internacionales con motivo del año internacional de los disminuidos.

Se elaboró una Declaración que recibió el nombre de Sundberg en honor del jefe de Educación Especial de la UNESCO fallecido durante la celebración de esa conferencia mundial. El objetivo de la Declaración era orientar la política de actuación de países y organismos internacionales hacia el progreso en la prevención, educación e integración. Las Naciones Unidas decidieron incorporar esta Declaración como documento oficial y por tanto distribuirla a los diferentes países.

Entre las novedades encontradas con respecto a declaraciones y promulgaciones anteriores hemos de señalar el mandato de prestar apoyo a la creación y funcionamiento de las asociaciones en que puedan agruparse las personas con discapacidad o sus familiares. Se indica que esas asociaciones deberán participar en la planificación y las decisiones en las esferas que interesen a las personas discapacitadas (art.2).

También se hace referencia al potencial creativo, artístico e intelectual de los discapacitados que deberá utilizarse tanto en beneficio propio como para enriquecimiento de la comunidad (art. 3). Así mismo en sucesivos artículos destacamos la referencia al proceso global de educación permanente; a la disposición de programas educativos, culturales y de información adaptados a las necesidades específicas de las personas que padezcan dificultades de comunicación; a comenzar la integración lo más tempranamente posible accediendo a una educación adecuada; a proceder a una detección precoz y a un tratamiento idóneo; a la información y orientación de los padres; a la participación de la familia en la educación, la formación, la rehabilitación y el desarrollo de todas las personas con discapacidad.

Es tan abundante en contenidos la Declaración que por primera vez se hace referencia a la necesidad de cualificación de los profesionales que se ocupen de las situaciones y necesidades específicas de las personas con discapacidad. También incluye los medios de comunicación por su influencia en las actitudes del público con el fin de lograr una mayor conciencia y solidaridad social aconsejando cierta formación de los profesionales de los medios en el campo de la discapacidad.

No olvida el deber de proporcionar instalaciones y equipo necesarios para la educación y formación de las personas con discapacidad; ni los proyectos de urbanismo, medio ambiente y asentamientos urbanos para facilitar la integración y la participación de esas personas en todas las actividades de la comunidad, particularmente en educación y cultura.

El fomento de la investigación respecto a la adaptación de la tecnología en función de las necesidades especificas de dichas personas es un objetivo para favorecer la educación, el desarrollo cultural y el empleo de ellas.

Se alude al fomento de programas de empleo que incluyan la elaboración de planes especiales de orientación, contratación, formación y promoción profesional para incrementar las oportunidades.

En su penúltimo artículo hace referencia a la necesidad de cooperación internacional entre organizaciones gubernamentales y no gubernamentales regionales e interregionales, y en el último señala que la aplicación de la presente Declaración incumbirá a los Estados y será de su responsabilidad. A este respecto deberán elaborar todas las medidas legislativas, técnicas y fiscales posibles y asegurarse de que las personas discapacitadas, sus asociaciones y las organizaciones no gubernamentales especializadas participen en su elaboración.

2.3.2. Carta para los años ochenta

Fue proclamada por Rehabilitación Internacional, organización mundial sobre discapacidades físicas ampliándose posteriormente a todo tipo de discapacidad, creada en 1922. La Carta se redactó en junio de 1980 en el XIV Congreso Mundial de Rehabilitación Internacional, celebrado en Winnipeg (Canadá), supuso una contribución al Año Internacional de los Disminuidos, condensa su propuesta de prioridades para el decenio 1980-1990.

Esta carta, como se ha indicado, formula propuestas para alcanzar metas en un decenio a nivel comunitario, nacional e internacional.

A nivel de comunidad las metas están en proporcionar la rehabilitación en la comunidad, adopción de medidas para favorecer la integración en la comunidad, impulsar la detección temprana, la difusión de información, la facilitación de servicios sociales, la capacitación de profesionales.

A nivel nacional las metas están en la prevención de discapacidad, la reducción de malnutrición y desnutrición, el desarrollo de programas para formación de profesionales y personas con discapacidad, impulsar la tecnología, el empleo, la eliminación de barreras arquitectónicas y la sensibilización de los ciudadanos sobre la discapacidad.

A nivel mundial las metas se sitúan en la prevención a través de campañas a todos los niveles, en el intercambio de información, en el desarrollo de aparatos y ayudas técnicas, y por supuesto en la difusión de la carta.

2.3.3. Programa de Acción Mundial para las personas con discapacidad

La extensión que vamos a dedicar al Programa de Acción Mundial para las personas con discapacidad se debe a que se ha convertido en documento de consulta permanente. Las organizaciones de personas con discapacidad encuentran en sus páginas lo que han sido sus reivindicaciones y anhelos de una vida dificultada por las barreras, la discriminación y la segregación (Naciones Unidas, 1996: 103).

Es aprobado por la Asamblea General de las **Naciones Unidas** el 3 de diciembre de 1982. Tiene por objetivo "*promover medidas eficaces para la prevención de la discapacidad y para la rehabilitación y la realización de los objetivos de <igualdad > y de < plena participación > de las personas con discapacidad en la vida social y el desarrollo*". (ibid.: 17).

La misma Asamblea y en la misma sesión proclama la Década de las personas con discapacidad, el decenio abarca desde el año 1983 a 1992, y está concebido como medio para la ejecución del Programa de Acción Mundial.

Es uno de los programas más completos que se han promulgado, posiblemente por *la intervención de personas con discapacidad en su redacción* que han complementado las perspectivas de los no discapacitados. Y decimos programa de los más completos, porque además de los temas que contiene el programa considera las discapacidades en los países en desarrollo con especial referencia a *grupos especiales* que han surgido fundamentalmente por el contexto en que su vida se desarrolla (mujeres con desventajas socioculturales, niños minusválidos rechazados, ancianos discapacitados por involución, víctimas por discapacidades físicas y psíquicas: drogodependencias, accidentes, violencia, guerras, refugiados, emigrantes). Sugiere medidas para la prevención, rehabilitación, equiparación de oportunidades (prevención de discapacidades, educación, empleo, vida familiar y sociocomunitaria).

El *Capítulo III* se ocupa de las propuestas para la ejecución del programa de acción mundial para las personas con discapacidad. Proporciona directrices a los Estados Miembros para la participación de las personas con discapacidad en la adopción de decisiones con la finalidad de que puedan ejercer influencia sobre las políticas gubernamentales en lo que les concierna. Dado su interés reproducimos los siguientes artículos (op.cit. : 6O).

> *"Los Estados Miembros deben incrementar su asistencia a las Organizaciones de personas con discapacidad y ayudarlas a organizar y coordinar la representación de sus intereses e inquietudes" (art. 91)*
>
> *"Los Estados Miembros deben procurar y estimular activamente, y por todos los medios posibles, el desarrollo de organizaciones de personas con discapacidad o que representen a éstas. En muchos países existen tales organizaciones, en cuya composición y órganos directivos ejercen influencia decisiva las propias personas con discapacidad o, en algunos casos, sus familias. Muchas de estas Organizaciones no tienen medios de ejercer influencia y luchar por sus derechos" (art. 92)*
>
> *"Los Estados Miembros deben establecer contactos directos con tales organizaciones y proporcionarles cauces, para que puedan ejercer influencia sobre las políticas y decisiones gubernamentales en todas las esferas que les conciernan. Los Estados Miembros deben prestar el apoyo financiero que a ese efecto sea necesario a las organizaciones de personas con discapacidad" (art. 93)*
>
> *"Las organizaciones y otras entidades a todos los niveles deben asegurar que las personas con discapacidad puedan participar en sus actividades en la medida más amplia posible" (art. 94)*

Colaboradores en el programa a nivel internacional y nacional. Evaluación del programa

- **A nivel internacional**

Dentro de la Secretaría de las Naciones Unidas, diversas oficinas desarrollan actividades relacionadas con el Programa de Acción Mundial. Entre ellas figuran: la División de Derechos Humanos, el Departamento de Asuntos Económicos y Sociales Internacionales, el Departamento de Cooperación Técnica para el Desarrollo, el Departamento de Información Pública, la División de Estupefacientes y la Comisión de las Naciones Unidas sobre Comercio y Desarrollo. Incumbe también desempeñar un papel importante a las comisiones regionales: la Comisión Económica para África, en Addis Abeba (Etiopía); la Comisión Económica para Europa, en Ginebra (Suiza); la Comisión Económica para América Latina, en Santiago de Chile; la Comisión Económica y Social para Asia y el Pacífico, en Bangkok (Tailandia) y la Comisión Económica para Asia Occidental, en Bagdad (Irak).

Otras organizaciones y programas de las Naciones Unidas han adoptado enfoques, relacionados con el desarrollo, que son importantes para la aplicación del Programa de Acción Mundial para las Personas con Discapacidad. Entre estos enfoques se encuentran (art. 35):

a) El mandato contenido en la Resolución 3405 de la Asamblea General sobre "Nuevas Dimensiones de la Cooperación Técnica", en la cual, entre otras cosas, encarga al Programa de las Naciones Unidas para el Desarrollo que tenga en cuenta la importancia de llegar a los sectores más pobres y más vulnerables de la sociedad al responder a las solicitudes de ayuda de los gobiernos para satisfacer las necesidades más urgentes y críticas de tales sectores; dicha Resolución abarca los principios de la cooperación técnica entre países en desarrollo.
b) El principio del Fondo de las Naciones Unidas para la Infancia (UNICEF) sobre servicios básicos para todos los niños y la estrategia, adoptada por el Fondo en 1980, para destacar el fortalecimiento de los recursos de la familia y la comunidad para ayudar a los niños con discapacidad en sus ambientes naturales.
c) El programa de la Oficina del Alto Comisionado de las Naciones Unidas para los Refugiados (ACNUR); se presta atención a cualquier refugiado incluidos los que padezcan discapacidad.
d) El Organismo de Obras Públicas y Socorro de las Naciones Unidas para los Refugiados de Palestina en el Cercano Oriente (OOPS), que se preocupa, entre otras cosas, de la prevención de las deficiencias entre los refugiados de Palestina y la reducción de las barreras sociales y físicas a que hacen frente los miembros con discapacidad de la población de refugiados.
e) Los principios preconizados por la Oficina del Coordinador de las Naciones Unidas para el Socorro en Casos de Desastre, relativos a medidas con-

cretas de previsión para tales situaciones y de prevención para las personas con discapacidad previa, así como para evitar deficiencias permanentes derivadas de lesiones o tratamiento recibido en el momento del desastre.

f) El Centro de las Naciones Unidas para los Asentamientos Humanos, que se ocupa de las barreras físicas y el acceso general al medio ambiente físico.
g) La Organización de las Naciones Unidas para el Desarrollo Industrial (ONUDI), cuyas actividades abarcan la producción de medicamentos esenciales para la prevención de la deficiencia, así como también de accesorios técnicos para las personas con discapacidad.

Los organismos especializados del sistema de las Naciones Unidas que se ocupan de promover, apoyar y desarrollar actividades sobre el terreno tienen un largo historial de labor en relación con la discapacidad. Los programas de prevención de la deficiencia, nutrición, higiene, educación de niños y adultos con discapacidad, capacitación profesional, colocación en puestos de trabajo, etc., representan un acervo de experiencia y de pericia que brinda oportunidades para futuros logros y, al mismo tiempo, hacen posible compartir esa experiencia con organizaciones gubernamentales y no gubernamentales que se ocupan de asuntos relativos a la discapacidad. Cabe citar (ibid. art. 36):

a) La estrategia sobre necesidades básicas de la Organización Internacional del Trabajo (OIT) y los principios enunciados en la Recomendación núm. 99, de 1955, de dicha Organización, sobre rehabilitación profesional de las personas con discapacidad.
b) La importancia que atribuye la Organización de las Naciones Unidas para la Agricultura y la Alimentación (FAO) a la relación entre nutrición y deficiencia.
c) El principio de educación adaptada, recomendado por un grupo de expertos de la Organización de las Naciones Unidas para la Educación, la Ciencia y la Cultura (UNESCO), sobre educación de personas con discapacidad se ha visto reforzado por dos principios rectores de la Declaración Sundberg:
    - Las personas con discapacidad deben recibir de la comunidad servicios adaptados a sus necesidades personales específicas.
    - Mediante una descentralización y sectorización de servicios, las necesidades de las personas con discapacidad deben ser tenidas en cuenta y satisfechas dentro del marco de la comunidad a que pertenecen.

d) El programa de la Organización Mundial de la Salud "Salud para todos en el año 2000" y el enfoque conexo de la atención primaria de salud, a través de los cuales los Estados miembros de la Organización Mundial de la Salud ya se han comprometido a trabajar en pro de la prevención de enfermedades y deficiencias que originen discapacidades. Asimismo, el concepto de atención sanitaria primaria, tal como fue elaborado por la Conferencia Internacional sobre Atención Primaria de Salud, celebrada en Alma-Ala en 1978, cuya aplicación a los aspectos sanitarios de la discapacidad se describe en la norma política correspondiente de la Organización Mundial de la Salud, aprobada por la Asamblea Mundial de la Salud en 1978.
e) la Organización de Aviación Civil Internacional (OACI) ha aprobado recomendaciones a los Estados contratantes respecto a facilidades de desplazamiento y suministro de servicios a los pasajeros con discapacidad.
f) El Comité Ejecutivo de la Unión Postal Universal (UPU) ha aprobado una recomendación por la que invita a las administraciones postales de todos los países a mejorar la accesibilidad a sus instalaciones para las personas con discapacidad.

- **A nivel nacional**: *El Real Patronato de Prevención y de Atención a Personas con Minusvalía* (actualmente denominado Real Patronato sobre Discapacidad) además de promover la aplicación de las propuestas de las Naciones Unidas, publicó una traducción del Programa para los países de habla hispana y lo completó con las normas uniformes (NORUN) respecto a terminología basada en la clasificación internacional propuesta por la OMS. Terminología utilizada y defendida por el Real Patronato: *deficiencia, discapacidad y minusvalía.*

Evaluación

La Secretaría General de las Naciones Unidas decidió evaluar los resultados de la aplicación del programa en la mitad del decenio, para lo que se reunieron expertos en agosto de 1987 en Estocolmo, con asistencia de personas con discapacidad. Transcribimos algunas de sus conclusiones (op. cit. 104).

> *"La reunión Mundial de Expertos está segura de que el Programa de Acción Mundial para los Impedidos adopta un nuevo y estimulante enfoque que ha abierto el camino a un futuro en que los discapacitados podrán participar plenamente en la sociedad. Este nuevo enfoque debe ser integrado inmediatamente en todos los planes y medidas relacionadas con el Decenio."*

> *"La Reunión Mundial de Expertos está convencida de que no se han aprovechado plenamente las oportunidades que ofrecía el Decenio para los Impedidos para estimular la ejecución global del Programa de Acción Mundial."*
>
> *"La Reunión Mundial de Expertos considera que se han hecho pocos progresos en todo el mundo, especialmente en los países menos adelantados, donde los discapacitados se encuentran doblemente desfavorecidos por las condiciones económicas y sociales, y estima que la situación de muchos discapacitados puede haberse incluso deteriorado durante los últimos cinco años".*

Sobre este último punto dieron testimonio las personas con discapacidad de América Latina que trabajaban en organizaciones de autoayuda.

El programa sigue en vigencia y sirve de fundamento a otros programas específicos de la Comunidad Europea para poblaciones desfavorecidas, algunas de las personas que forman esos grupo encontrarán en y por los programas no sólo su identidad sino su proyecto de vida.

2.3.4. Normas Internacionales del Trabajo sobre la readaptación profesional. Directrices para su aplicación

En 1983 la Organización Internacional del Trabajo en su 69ª reunión adopta el convenio 159 y la Recomendación 168 sobre la Readaptación Profesional y el Empleo de Personas con Discapacidad. Recoge los principios que deben regir la política de readaptación profesional y de empleo dirigida a ese colectivo, por los que cada Estado Miembro se compromete a formular directrices políticas para la readaptación profesional y a promover oportunidades de empleo en el medio ordinario basándose en el principio de igualdad de oportunidades. Entre esas medidas se halla la participación de organizaciones de empresarios, de trabajadores y asociaciones de personas con discapacidad. Finaliza el convenio con la referencia a la necesidad de incorporar medidas para garantizar la coordinación de las políticas y programas de readaptación profesional con las políticas y programas de desarrollo social y económico.

2.4. CONSIDERACIONES FINALES SOBRE LAS APORTACIONES DE LOS PARADIGMAS

EL **paradigma tradicional** en términos globales se caracteriza por el rechazo o marginación, con algunas excepciones de sacralización, hacia las personas con deficiencias; pero a finales de la Edad Media aparece una cierta sensibilización por parte de Parroquias, Hospitales y otras instituciones de caridad hacia las personas desfavorecidas, entre las que se incluyen las personas con discapacidades de todo tipo, que si no son atendidas por sus familias pasan a engrosar el grupo de los mendigos. Las acciones de ayuda suponen el comienzo de una atención aunque de momento sólo vaya dirigida a la mera subsistencia, pero posteriormente ello dará origen al "paradigma asistencial-rehabilitador".

El **paradigma asistencial-rehabilitador**, tiene su comienzo en el renacimiento, aumenta la humanidad esbozada en el paradigma anterior pasándose de un asistencialismo al surgimiento y desarrollo de intervenciones con carácter terapéutico, dirigidas en un principio a los discapacitados sensoriales por creerse que eran los que se podían rehabilitar. Con el surgimiento de la corriente de salud a finales del siglo XVIII y a partir de ese siglo, la intervención educativa se extiende a las personas con discapacidad psíquica, los avances en el campo de la deficiencia son notables. Se pasa de negarles el derecho a la vida o en todo caso a una vida digna, a intentar aproximarles a la normalización a través de la rehabilitación. El camino está abierto.

Se originan esfuerzos en los países más desarrollados para atenderles, aparecen las primeras instituciones para minusválidos, incluso en el ya siglo XIX se producen numerosas identificaciones de formas clínicas asociadas al trastorno, entre ellas el síndrome de Down. Así mismo se desarrollan los instrumentos médico terapéuticos, las técnicas y los procesos multidisciplinares que intervienen en la rehabilitación.

Adquiere importancia el proceso *recuperacionista*, que trata de rehabilitar al individuo, sus capacidades y funciones, bajo un sentido *proteccionista*. El progreso es considerable pero está basado exclusivamente en criterios de control del profesional, en opinión de Puig de la Bellacasa (1993). Es el sujeto el que tiene que modificarse, cambiar, recuperarse de sus diferencias para responder a un entorno exigente que no admite excepciones. Por tanto, la educación especial considera que el problema está en el individuo debido a sus deficiencias y dificultades, por lo que hay que rehabilitarle y para conseguirlo se tienden a concentrar recursos en las instituciones. El alumno con discapacidad pasa a desempeñar el rol de paciente en una situación de dependencia, no decide por sí mismo, a esa situación de dependencia se opondrá el movimiento denominado *independent living,* traducido como vida independiente o autonomía personal (op. cit.) que dará lugar al surgimiento del **paradigma de la autonomía sociopersonal.**

Este paradigma al igual que los hechos, las ideas, los fenómenos sociales no surgió de forma instantánea ni aislada. La rehabilitación y la educación recibida por las personas con discapacidad les hizo estar más preparadas y ser más dinámicas lo que les motivó e impulsó a luchar por conseguir unas mejores condiciones de vida con autonomía personal.

Además la situación social como consecuencia de la segunda guerra mundial vino en apoyo de sus deseos. Hay que rehabilitar e integrar a personas que han sufrido el efecto de la guerra pues a pesar de su discapacidad algunas pueden desempeñar ciertos trabajos ayudando a paliar la mala situación económica en que quedaron muchos países; si se trabaja no es preciso que el Estado se haga cargo de pensiones por minusvalía o en todo caso serán complementarias, si el país no concede prestaciones el trabajo ayudará a salir de la miseria. Muchas de esas personas se agruparon para defensa de los derechos de los discapacitados lo que derivó en constitución de asociaciones que con el paso de los años fueron adquiriendo importancia.

Se empieza a gestar un nuevo concepto de discapacidad, en él se refleja la estrecha relación existente entre las limitaciones que experimentan esas personas con el diseño y la estructura de su entorno y la actitud de la población en general, lo que requiere un cambio que redunde en una integración a más niveles (Puig de la Bellacasa, 1993: 144). Ese nuevo concepto es esgrimido por el movimiento " Independent living", aparecido en California hacia finales de los 60 y principios de los 70 del que ha surgido una abundante literatura siendo pioneras las obras *Independent Living* (Pflueger, 1977) y *The movement for Independent Living. Origins, ideology and implications for disability research* (De Jong, 1979). Dicho movimiento tiene por objetivos: **prevención de la dependencia, rehabilitación para la independencia y mantenimiento de la independencia**.

(II) 3. DELIMITACIONES Y APROXIMACIONES CONCEPTUALES EN LA INTERPRETACIÓN DE LA DISCAPACIDAD

3.1. EVOLUCIÓN TERMINOLÓGICA Y CONCEPTUAL

3.1.1. Heterogeneidad Terminológica y Conceptual

Las terminologías suelen ser reflejo del conocimiento científico o de las actitudes profesionales y sociales, es decir de los modos de enfocar el problema.

Los cambios de denominaciones referidos a personas con discapacidad son introducidos por organismos, por asociaciones con amplio reconocimiento o por autoridades en la temática. Su aceptación comienza en el mundo académico y en el contexto familiar y por supuesto en las asociaciones pro personas con discapacidad. Su divulgación es favorecida por el uso terminológico que hagan los medios de comunicación.

Coincidimos con Mayor (1988) en que el *campo de la discapacidad* se ha caracterizado por la mudanza terminológica en la asignación de nombres, etiquetas, y denominaciones referidas tanto a las personas como al proceso de atención a las mismas. *Es un campo complejo por la heterogeneidad de términos, conceptos, sujetos implicados, objetivos, criterios utilizados y estrategias de intervención.*

Confirmando lo expuesto presentamos denominaciones empleadas en diferentes épocas muchas de ellas *afortunadamente en desuso*. Recuérdese que algunos términos considerados hoy en día peyorativos comenzaron a aplicarse en el siglo XVIII y XIX para designar a las personas con discapacidad psíquica.

a) Referido a personas con limitaciones psíquicas : La primeras denominaciones han sido expuestas al hacer referencia al criterio psicométrico (cap. II, apartado 1.3.1.) y en el surgimiento de la corriente de salud (cap.II, apartado

2.2.4.). También han sido de uso frecuente entre otras las de: oligofrénico, débil mental, disminuido, retardado en el desarrollo, deficiente intelectual, subnormal, deficiente mental, retrasado mental, discapacitado y minusválido. Algunos de esos términos todavía están en vigencia. *Actualmente la denominación más adecuada es personas con discapacidad psíquica.*

b) Referido a personas con limitaciones físicas y/ o sensoriales: lisiados, tullidos, impedidos, paralíticos, inválidos, desvalidos, mutilados, disminuidos, incapacitados, discapacitados, minusválidos, deficientes, ciegos, sordos y otras. *Actualmente la denominación más adecuada es personas con discapacidad añadiéndose la especificación que proceda: física o sensorial.* A su vez, ésta última puede ser visual o auditiva.

c) Referido al proceso de atención: prevención, reeducación, readaptación, rehabilitación, habilitación, terapéutica, correctiva, remedial, recuperación, reinserción, orientación, intervención educativa o psicopedagógica. Sintetizando, el proceso comprende tres objetivos generales de acción: prevención, rehabilitación/o intervención e integración.

Además del uso de los vocablos mencionados, muchos de ellos obsoletos, cada ámbito profesional que se ocupa de las personas con discapacidad (educación, sanidad, servicios sociocomunitarios) ha generado sus propias concepciones, lenguajes y terminologías, ello genera *dificultades de entendimiento* que han de ser subsanadas en la intervención interdisciplinar que los casos requieren.

Ante esta situación y con el fin de unificar, en 1954 la **Organización Mundial de la Salud** propuso que se utilizara el término **subnormalidad mental** a nivel general y a nivel específico **deficiencia mental** para los casos de subnormalidad mental biológicamente determinados **y retraso mental** para los socialmente discriminados, a pesar de esta distinción los términos se han utilizado de manera indistinta (Fernández 1993: 55). De estos términos el de subnormalidad/subnormales fue el más utilizado a todos los niveles hasta que el Real Decreto 348/1986, de 10 de febrero, *sustituye los términos subnormalidad y subnormal por los de minusvalías y minusválidos.*

3.1.2. Terminologías y Conceptualizaciones Vigentes

3.1.2.1. Organización Mundial de la Salud y Naciones Unidas

La O.M.S. en 1980, adecuándose a los tiempos y en el contexto de la experiencia en materia de salud publica *International Classification of Impairments,*

Disabilities and Handicaps. A manual of clasification relating to the consequences of disease. En 1983 en España el INSERSO (hoy IMSERSO) edita la versión castellana de la obra, *Clasificación Internacional de Deficiencias, Discapacidades y Minusvalías. Manual de Clasificación de las consecuencias de la enfermedad* (CIDDM). La CIDDM hace una gran aportación estableciendo distinciones entre **deficiencia, discapacidad y minusvalía.**

En 1983 Las Naciones Unidas publicaron **el *Programa de Acción Mundial para las Personas con Discapacidad*** (aprobado por la Asamblea General el 3 de diciembre de 1982), *World Programme of Action Concerning Disabled Persons* (del cual se ha tratado en páginas anteriores), como la Organización Mundial de la Salud ya había publicado el manual *International Classification of Impairments, Disabilities, and Handicaps*, el entonces denominado Real Patronato de Prevención y de Atención a Personas con Minusvalía (hoy Real Patronato sobre Discapacidad) tuvo la excelente idea de proponer la conveniencia de armonizar el texto castellano de las Naciones Unidas con el anterior de la OMS. La propuesta era lógica pues el programa de Acción Mundial, tomó como antecedente el de la OMS, lo que se refleja correctamente en la versión inglesa de aquél, pero en la versión castellana del Programa de Acción Mundial no se tuvo en cuenta el texto en lengua castellana del manual de la OMS, lo que originó que en versiones sucesivas hubiera de corregirse. A modo de ejemplo en el Programa de Acción Mundial la versión inglesa de “Impairment - Disability - Handicap“ fue traducida por “Deficiencia - Incapacidad - Minusvalidez“, mientras que en la versión castellana de la clasificación internacional de la OMS fue “ Deficiencia - Discapacidad - Minusvalía”, esta última terminología es la que perduró en ambas traducciones (Naciones Unidas, 1996 : 13).

La aportación más importante de la CIDDM es su abstracción de tres niveles o dimensiones de las consecuencia de la enfermedad: deficiencia, discapacidad y minusvalía. Consideramos que proporciona una información más detallada aportar junto a los tres niveles o dimensiones de qué clase puede ser la alteración, reproducimos el contenido que nos muestra Casado, (2001:5-6 tomado de las secciones, 2, 3 y 4 de la mencionada obra de la OMS).

DEFICIENCIA

> *“Dentro de la experiencia de salud, una deficiencia es toda pérdida o anormalidad de una estructura o función psicológica, fisiológica o anatómica”.*

Las deficiencias pueden ser de las siguientes clases : intelectuales, psicológicas, del lenguaje, de la audición, de la visión, viscerales, musculoesqueléticas, desfiguradoras, generalizadas, sensitivas y otras.

La pérdida o anomalía puede ser temporal o permanente

DISCAPACIDAD

> *"Dentro de la experiencia de la salud, una discapacidad es toda restricción o ausencia (debida a una deficiencia) de la capacidad de realizar una actividad en la forma o dentro del margen que se considera normal para un ser humano".*

Las discapacidades pueden ser de la conducta, de la comunicación, del cuidado personal, de la locomoción, de la disposición del cuerpo, de la destreza, de la situación, de una determinada aptitud y otras. Se trata de disminuciones en la funcionalidad operativa de los individuos.

MINUSVALÍA

> *"Dentro de la experiencia de la salud, una minusvalía es una situación desventajosa para un individuo determinado, consecuencia de una deficiencia o de una discapacidad, que limita o impide el desempeño de un rol que es normal en su caso (en función de su edad, sexo y factores sociales y culturales)".*

Puede manifiestarse en relación con la integración social, el trabajo, la independencia física, la autosufiencia económica u otros factores.

En 1987 se establece un Comité de Expertos para la aplicación de la CIDDM por parte del Consejo de Europa. Son varios los países en los que se realizan estudios, análisis y evaluaciones e incluso propuestas para la revisión de la CIDDM por la OMS.

En mayo de 2001 la OMS presentó a la 54ª Asamblea Mundial de la Salud la *International Classification of Functioning, Disability and Health (CIF)*, siendo publicada en español con el título de *Clasificación Internacional del Funcionamiento, de la Discapacidad y de la Salud,* se interpreta como una revisión de la CIDDM a pesar de las diferencias existentes entre ambas.

La CIDDM tenía por objeto las consecuencias de enfermedades y funcionaba como auxiliar de la CIE-10 (Clasificación Internacional de Enfermedades, Décima revisión, OMS) mientras que la CIF es una clasificación de componentes de salud.

En opinión de Casado (op. cit: 7-8) las novedades de la CIF respecto a la CIDDM consisten en ocuparse del funcionamiento y la discapacidad asociados con las condiciones de salud. *En los determinantes de salud o factores de riesgo, la CIF incluye los factores contextuales en los que vive el individuo.*

La palabra *funcionamiento* incluida en el título es la referencia de la nueva clasificación y viene a constituir el lado positivo de los aspectos conceptuales que adopta, abarca la integridad funcional y estructural del cuerpo, incluyendo la psique, así como la actividad y la participación; mientras que el lado negativo también aparece en el título bajo la denominación de discapacidad.

Si en la CIDDM el término discapacidad se consideraba como una de las dimensiones de las consecuencias de la enfermedad, en la CIF al mismo término de *discapacidad* se le asigna una mayor amplitud al ser representativo de otros tales como *deficiencia, limitaciones en la actividad y restricciones en la participación.*

Las nociones de discapacidad de la CIDDM y de limitaciones en la actividad de la CIF se refieren a dificultades para el desenvolmiento de la persona, vinculándose las dificultades en la CIDDM a deficiencias, mientras que en la CIF no se vinculan a deficiencia.

Recordemos que en la CIDDM se conceptualiza la deficiencia como "toda pérdida o anormalidad de una estrutura o función psicológica, fisiológica o anatómica", mientras que en la CIF las deficiencias "son problemas en las *funciones o estructuras corporales*, tales como una desviación significativa o una pérdida" (op. cit.: 9).

Se incluyen unas conceptualizaciones referente a la terminología empleada en la CIF

- Funciones corporales: son las funciones fisiológicas de los sistemas corporales (incluyendo las funciones psicológicas)
- Estructuras corporales: son las partes anatómicas del cuerpo, tales como los órganos, las extremidades y sus componentes
- Actividad: es la realización de una tarea o acción por parte de un individuo
- Participación: es el acto de involucrarse en una situación vital

La noción de minusvalía de la CIDDM, quiso recoger el lado social de las consecuencias de la enfermedad pero sólo representó el factor consecuencias de la enfermedad y no la interacción con los factores contextuales a los que tanta importancia se les concede actualmente y que son mencionados en la CIF.

3.1.2.2. Asociación Americana sobre Retraso Mental (AAMR)

Desde hace bastantes años la constante introducción de *nuevos términos* para denominar a las personas con déficits, tiene por finalidad *eliminar las connotaciones negativas* en los usados anteriormente, sin embargo todavía se sigue debatiendo y buscando la terminología idónea para referirse a esos colectivos; el problema reside a veces más que en el vocablo en el uso que de él se hace sobre todo al referirse a poblaciones con disfunciones, especialmente a las que sufren de déficit intelectual o psíquico. Las actitudes son distintas en función del tipo de discapacidad y también de los contextos, en el social por ejemplo suelen ser más facilmente aceptadas las personas con ceguera que con discapacidad psíquica (Ibáñez, 1987 a: 217).

A continuación se van a exponer las conceptualizaciones ofrecidas por la AAMR, por haber obtenido una gran aprobación y aceptación a nivel internacional. Pero antes, brevemente, vamos a dedicar unas líneas a esa Asociación.

La Asociación Americana sobre Retraso Mental (AAMR), denominada hasta hace pocos años Asociación Americana sobre Deficiencia Mental (AAMD) es la organización más antigua, 1876, formada por profesionales y por otras personas preocupadas por el retraso mental y por otras discapacidades relacionadas. De ella procede el ***nuevo concepto de retraso mental*** y por supuesto algunos cambios de denominación realizados en el tiempo, como muestra la evolución del nombre de la Asociación que ya no incluye *el vocablo deficiencia* sino que *es sustituido por retraso*. Los cambios de denominación se producen como evolución de las concepciones, como anteriormente se ha indicado. Los conceptos evolucionan desde la predominancia de los criterios psicométricos hasta la incorporación de la adaptación social. Se aprecia una perspectiva integradora y ha recibido aceptación por la comunidad científica internacional.

El objetivo de la Asociación es " avanzar en el conocimiento y habilidades de los profesionales en el campo del retraso mental mediante el intercambio de información e ideas y dirige sus esfuerzos, entre otras cosas, a mejorar las oportunidades en la vida de personas con retraso mental y sus familias, y a proponer apoyos y servicios de alta calidad que hagan posible la plena participación e inclusión en la comunidad" (Confederación Española de Federaciones y Asociaciones Pro - Personas Deficientes Mentales, 1998 : 7).

A comienzos de los años sesenta esa Asociación publicó el *Manual sobre terminología y clasificación del retraso mental* (Herber, 1961), en él se incluye la alusión , por primera vez, al **comportamiento adaptativo.**

> *"El retraso mental está relacionado con un funcionamiento intelectual por debajo de la media, que se origina en el periodo de desarrollo, y se asocia con deficiencias en el comportamiento adaptativo" (cf. Verdugo 1995: 52O).*

Por tanto tres son los criterios para caracterizar el retraso mental.

- Funcionamiento intelectual significativamente inferior a la media: Se distinguen cinco niveles de retraso en función del número de desviaciones típicas (una o más) por debajo de la media, al realizar un test de inteligencia. Los C.I. quedaron distribuidos en los siguientes niveles : límite (83 - 67), ligero (66 - 50), moderado (49- 33), severo (32 - 16) y profundo (menos de 16).
- Manifestación durante el período de desarrollo: en este período se incluye la adolescencia y juventud, con el fin de ofrecer más servicios a esas personas bien por sus deficiencias ya diagnosticadas y para incluir a todos aquellos sujetos que puedan presentar retraso mental como consecuencia de **accidentes** y **abuso de sustancias tóxicas.** Se desecha la noción de permanencia a lo largo de toda la vida, como parte del concepto. (Landesman y Ramey, 1989; Fernández, 1993)
- Deficiencias en el comportamiento adaptativo: en este concepto se profundizará en posteriores revisiones del manual.

En 1973 se elimina la categoría límite, estableciéndose la deficiencia en dos o más desviaciones típicas por debajo de la media (no una o más como se había indicado en los años sesenta). El cociente intelectual queda registrado de la siguiente forma: ligero (67 - 52), medio (51 - 36), severo (35 - 20), profundo (por debajo de 20). Con esta nueva clasificación muchas personas ya no serán consideradas deficientes sino con inteligencia baja si sólo nos atenemos al cociente intelectual sin considerar su conducta adaptativa y el periodo de desarrollo en el caso de haberse producido la alteración durante el mismo.

La Asociación en sucesivas revisiones de su manual mantuvo la misma definición y los cuatro niveles de retraso en la clasificación, pero es en 1983 cuando adquiere mayor importancia la conducta adaptativa.

El déficit en la conducta adaptativa como criterio para identificar el retraso mental, se refiere a la calidad del funcionamiento diario afrontando las demandas ambientales , según Grossman (1983 : 42). Es definido por el mismo autor (ibíd.: 11) como "limitaciones significativas en la eficacia individual en satisfacer los patrones de maduración, aprendizaje, independencia personal y responsabilidad social esperados para su edad y grupo cultural, tal como se determinan por evaluación clínica y, frecuentemente, por escalas estandarizadas".

Este criterio es muy bien acogido, de tal forma que se llevará a cabo una extensión del concepto. Mientras que este criterio se amplía la importancia del cociente intelectual decrece. Este último es un criterio que tomado en exclusividad no predice la actuación de la persona en la edad adulta, porque el retraso mental puede no ser permanente ni estable con las intervenciones personales y contextuales, como lo han mostrado estudios longitudinales y etnográficos. En consecuencia, surge una corriente de profesionales que aconsejan la desaparición del retraso mental como categoría diagnóstica clínica, se intenta sustituir el modelo exclusivo del déficit por un modelo de competencias o capacitación plasmado en perfiles de desarrollo donde se recojan sus dificultades funcionales, en conexión con el contexto en que se desenvuelve (Landesman y Ramey, 1989).

La **Asociación Americana sobre Retraso Mental,** una vez más se pronuncia en 1992 por medio del manual *Retraso Mental. Definición, clasificación y sistemas de apoyo*, esta vez el cambio en la conceptualización de retraso mental ha sido notable, comprobémoslo:

> *"Retraso mental hace referencia a limitaciones substanciales en el funcionamiento actual. Se caracteriza por un funcionamiento intelectual significativamente inferior a la media, que generalmente coexiste junto a limitaciones en dos o más de las siguientes áreas de habilidades de adaptación: comunicación, autocuidado, vida en el hogar, habilidades sociales, utilización de la comunidad, autodirección, salud y seguridad, habilidades académicas funcionales, tiempo libre y trabajo. El retraso mental se ha de manifestar antes de los dieciocho años de edad" (Luckasson et al., 1992: 1, FEAPS, 1998:13).*

Esta definición contiene un enfoque multidimensional comprensivo y global, por lo que la conceptualización anterior del retraso mental se expansiona en esta nueva definición. Al mencionarse las limitaciones se marcan unas directrices que determinarán las necesidades de las personas y consecuentemente los apoyos que deben prestárseles. El retraso mental deja de ser un rasgo absoluto del individuo, se considera la interacción entre la persona con limitación intelectual y el entorno, así pues tenemos el individuo y los contextos en los que se desarrolla la vida. Toma importancia la consideración de que el retraso no está en la persona ni en el entorno, sino en el funcionamiento resultante de las capacidades de la persona en el entorno en que desarrolla su existencia.

Para la aplicación de la definición es esencial tener en cuenta los siguientes supuestos:

> *"• Una evaluación válida ha de considerar la diversidad cultural y lingüística así como las diferencias en aspectos comunicativos y conductuales.*
>
> *• La existencia de limitaciones en habilidades de adaptación ha de tener lugar en el contexto de los ambientes comunitarios característicos y propios del grupo de igual edad que la persona y se tiene en cuenta para las necesidades de apoyo individualizado.*
>
> *• Las limitaciones específicas a menudo coexisten con puntos fuertes en otras habilidades adaptativas u otras capacidades personales.*
>
> *• Con los apoyos apropiados durante un periodo de tiempo continuado, el funcionamiento vital de la persona con retraso mental generalmente mejorará" (FEAPS 1998 : 13 y 14).*

Se propone la supresión en su utilización de los términos de retrasado mental ligero, medio, severo y profundo, simplemente se debe establecer un C.I. que será aproximadamente de 70 - 75 o inferior.

Decir retraso mental profundo desde la nueva concepción, no tiene sentido. Informaría de la profunda limitación o incompetencia del entorno para proporcionar a una persona con un funcionamiento muy limitado los apoyos adecuados de modo que mejore su nivel de ajuste al contexto social, físico y cultural en que vive y progresa." (ibíd.: 9). El individuo es persona, no retrasado, el retraso mental, una vez más, decimos que se refiere a una limitación importante en el funcionamiento de la persona. El comportamiento adaptativo es sustituido por habilidades sociales que facilitará el diagnóstico y la intervención, máxime al especificarse en la conceptualización.

Las diez áreas de habilidades de adaptación, determinan la dirección de los apoyos, que según la FEAPS es el núcleo central del nuevo concepto de retraso mental, para tratar las potencialidades de las personas, existen grados diferenciadores del tipo de apoyo que se presta. Tomamos de Verdugo (1995 : 535) las indicaciones que presenta acerca de los apoyos.

Apoyo Intermitente

Apoyo "cuando sea necesario". Se caracteriza por su naturaleza episódica. Así, la persona no siempre necesita el (los) apoyo(s), o requiere apoyo de corta duración durante momentos de transición en el ciclo vital (ej. pérdida de trabajo o agudización de un síndrome). Los apoyos intermitentes pueden ser de alta o de baja intensidad.

Apoyo Limitado

Apoyos intensivos caracterizados por su consistencia temporal, por tiempo limitado pero no intermitente. Pueden requerir un menor número de profesionales y menos costes que otros niveles de apoyo más intensivos (p. ej., entrenamiento laboral por tiempo limitado o apoyos transitorios durante el período de transición de la escuela a la vida adulta).

Apoyo Extenso

Apoyos caracterizados por una implicación regular (ej., diaria) en algunos entornos (tales como el hogar o el trabajo) y sin limitación temporal (ej., apoyo a largo plazo en el hogar).

Apoyo Generalizado

Apoyos caracterizados por su constancia, elevada intensidad, proporcionada en distintos entornos, con posibilidad de mantenerlo durante toda la vida. Estos apoyos generalizados suelen requerir más personal y duración temporal que los tipos de apoyo indicados anteriormente.

3.1.2.3. Ámbito educativo español : El concepto de Necesidades Educativas Especiales y otras aportaciones

Si la *Ley 13/ 1982 de 7 de abril concedió especial importancia al término minusvalía al denominarse esta ley de Integración Social de los Minusválidos* ***(LISMI)***, término adecuadamente seleccionado en relación con la integración social como se pudo apreciar anteriormente al exponer la conceptualización de la OMS, es a la *Ley Orgánica 1/ 1990, de 3 de octubre, de Ordenación General del Sistema Educativo* ***(LOGSE)*** a la que se debe la introducción en el ordenamiento jurídico del **concepto de necesidades educativas especiales** como **alternativa**, en el ámbito educativo, a otras terminologías, asociándose el nuevo concepto a la política de integración en la enseñanza ordinaria.

Partiendo de la premisa de que todo el alumnado precisa a lo largo de su escolaridad de diversas ayudas pedagógicas para asegurar el logro de los fines de la educación, *se consideran necesidades educativas especiales las de los alumnos que, además y de forma complementaria, precisan otro tipo de ayudas menos usuales, bien sea temporal o permanentemente.*

La LOGSE contempla como objetivos de la educación para alumnos con necesidades educativas especiales los mismos que para el resto del alumnado. Establece el principio de *adecuación o adaptación de las enseñanzas a las necesidades de los alumnos. No son los alumnos los que deben adaptarse a unas enseñanzas planificadas para la mayoría...*, sino que es la enseñanza la que debe adecuarse de modo y manera que permita a cada alumno particular progresar en función de sus capacidades y con arreglo a sus necesidades, sean o no sean especiales.

Junto a la incorporación del concepto de necesidades educativas especiales procedente del Informe Warnock, se recoge el principio de Normalización debido a Bank - Mikkelsen (Dinamarca), la Teoría del Desarrollo propuesta por Bijou, que dio lugar a la conceptualización de "Retardo en el Desarrollo", y el Modelo de Competencia Social propuesto por Albee.

3.2. MODELOS CONCEPTUALES SOBRE DISCAPACIDAD

Refiriéndonos al marco de la Orientación Educativa podemos encontrar el *concepto de modelo* en Rodríguez Espinar, Bisquerra y Alvarez, además de en otros autores. No es nuestro objetivo exponer una abundante conceptualización referida a " modelos", sólo queremos trazar unas breves líneas que nos ayuden a clarificar la temática que vamos a exponer. Apoyándonos en Vélaz de Medrano (1998: 110) reproducimos los párrafos que ha tomado de los citados autores.

— Para *Bisquerra* (1992: 177), los modelos son "*estrategias fundamentadas que sirven de guía en el desarrollo del proceso de Orientación en su conjunto (planificación, puesta en práctica y evaluación) o en alguna de sus fases* ...".
— Para Rodríguez Espinar y otros (1993), un modelo es "*la representación de la realidad sobre la que hay que intervenir, y que va a influir en los propósitos, los métodos y los agentes de dicha intervención*".
— Para Alvarez y Bisquerra (1997: 23) los modelos de Orientación son "*una representación que refleja el diseño, la estructura y los componentes esenciales de un proceso de intervención*".

En cada momento histórico cada sociedad basándose en las estructuras sociales que rigen su modo de vida determina quienes son personas con discapacidad y quienes tienen dificultades para la integración.

El modo de enfocar los problemas incluso en una misma sociedad puede tener enfoque multidisciplinar, lo que puede conducir a diferentes conceptualizaciones que originarán objetivos, diagnósticos e intervenciones de diversa índole. De todo ese compendio surgen varios modelos, de los que se tratará a continuación.

3.2.1. Modelos conceptuales y explicativos con ubicación temporal sobre personas con discapacidad psíquica

En función de lo expuesto se considera que las conceptualizaciones y los modelos surgidos acerca de la discapacidad psíquica son un reflejo de la realidad de la época que requiere intervención, por ello aparecen en fechas distintas; aunque son de utilización más frecuente en unos u otros tiempos el empleo de algunos de ellos se puede producir a la par, sirvan de ejemplo los modelos conductuales y cognitivos. A continuación exponemos los *modelos predominantes desde la antigüedad.*

- *Modelo demonológico*
- *Modelo médico biológico*
- *Modelo intrapsíquico*
- *Modelo de conducta anormal*
- *Modelo cognitivo*
- *Modelo basado en la calidad de vida*

Acerca de estos modelos tratan Mayor y Labrador, Poplin, Guy (cf. De la Parte 1995 : 838 - 839). Consideramos interesante los datos contenidos en el cuadro expuesto por De la Parte y que se reproduce a continuación.

	Concepción de la persona con grave discapacidad psíquica	*Objetivos*	*Tratamiento. Técnicas de intervención*
Modelo demonológico (Antigüedad. Edad Media)	La persona estaba poseída por demonios o espíritus malignos	Expulsar los demonios	Exorcismo, conjuros, plegarias, castigos, lociones amargas, trepanación.
Modelo médico biológico (época de los griegos y los romanos. Y a partir del s. XVI hasta los años 50-60	La persona es un enfermo (el trastorno está centrado en el cerebro y las vías neurológicas)	Su curación, evitando conductas inadaptadas	Hidroterapias, dietas especiales, curas de sueño, masajes, ejercicios diversos, medicación (sedantes, anticonvulsivos, neurolépticos ...) psicocirugía.
Modelo intrapsíquico (a partir de finales del siglo XIX)	La persona es un enfermo (el trastorno tiene base psíquica). Modelo escasamente aplicado a personas con discapacidad psíquica.	Reestructurar la personalidad y no tratar los síntomas de los trastornos psicológicos.	Asociación libre, interpretación de los sueños y fenómenos de transferencia, análisis de los conflictos, favorecimiento de los procesos de *insight* ...
Modelo de conducta anormal (a partir de principios del siglo XX).	La persona tiene conductas desadaptadas aprendidas y déficits de conductas adaptativas.	Tratamiento de los síntomas y de los déficits. Entrenamiento en conductas adaptadas.	Instrucción directa según el análisis funcional de la conducta, y la utilización de técnicas (como reforzamiento positivo, castigo, extinción, modelado).
Modelo cognitivo (años ochenta)	Las personas carecen de estrategias cognitivas necesarias para aprender y de conductas adaptadas	Enseñar estrategias necesarias para realizar diversas tareas, facilitando la generalización y mantenimiento de aptitudes aprendidas.	Utilización de técnicas como: reforzamiento encubierto, inoculación del estrés, sensibilización encubierta...
Modelo basado en la calidad de vida (años ochenta-noventa)	Ciudadano o persona en desarrollo	– Igualdad de derechos, desarrollo comunitario, oportunidad de elección. – Lograr el desarrollo y bienestar físico, cognitivo, material y social de la persona con grave discapacidad psíquica.	Intervención en la comunidad para que atienda las necesidades individuales y familiares. – Técnicas desarrolladas en los modelos médico, cognitivo y de conducta anormal.

Fuente: Tomado de De la Parte (1995:839)

3.2.2. Modelos conceptuales y explicativos de la discapacidad desde la multidisciplinariedad

Reiteramos que las discapacidades pueden contemplarse desde varios enfoques y técnicas disciplinares, lo que conlleva diferentes conceptualizaciones, diversas atribuciones causales y tipos de intervenciones plurales, hecho que aleja del modelo único apareciendo en consecuencia distintos modelos para explicar la discapacidad (Bus, 1976; Davison y Neale, 1980; Tizón, 1978; Mesa, 1986; García García, 1988; Fernández, 1993).

En el bloque dedicado al Diagnóstico y en los criterios pluridisciplinares delimitadores de la discapacidad se ha hecho referencia a estos modelos desde diferentes enfoques por lo que no se insiste en ello.

3.2.3. Modelos conceptuales y explicativos de la discapacidad desde las teorías del déficit y no déficit

A las clasificaciones anteriores se viene a sumar otra clasificación de la que no se puede prescindir pues en ella se recoge la tradición representada por los modelos del déficit y el cambio conceptual representado por los modelos no deficitarios.

3.2.3.1. Modelos basados en el déficit

Estos modelos se caracterizan por fijar la atención en los déficits o alteraciones que sufren las personas, pudiendo ser de tipo biomédico, psicológico o sociocultural, considerándose la conducta como una manifestación de la alteración que padece la persona.

Desde esas perspectivas, la discapacidad es un síntoma de una deficiencia que puede ser orgánica (modelo biomédico), intelectiva (modelo psicométrico), de dificultad en el aprendizaje (modelos de aprendizaje), o por situaciones socioambientales (modelos sociales). En estos momentos nadie duda de la interdisciplinariedad necesaria para enfocar el problema de la discapacidad e intervenir desde diversos modelos por la **intercausalidad biopsicosocial de la persona.**

Obsérvese que los modelos a los que se ha hecho referencia desde la perspectiva de ubicación temporal casi todos están basados en el déficit.

Modelo de campo

Este modelo se ubica en el campo de la salud, fue propuesto por el interconductismo (Kantor, 1978; Ribes y López, 1985) tiene presente la interacción entre variables biológicas y variables contextuales o medioambientales, estudiándose los factores que estaban influyendo en las principales causas de enfermedad, encontrándose como variables fundamentales las variables comportamentales y los estilos de vida, apareciendo la medicina comportamental o la salud conductual (Weis, 1985).

Modelo del retraso en el desarrollo

Este modelo tiene por fundamento varias teorías, próximas o comunes pero que aparecen con diversa terminología en varios autores.

No debe sorprender al lector encontrar este modelo unas veces entre las teorías del déficit y otras entre las del no déficit. Su ubicación está en función de la perspectiva desde la que el autor lo enfoque. Como variables se introduce el hecho de que el retardo en el desarrollo puede ser meramente cuantitativo o cuantitativo-cualitativo y el desarrollo se puede considerar desde el enfoque madurativo, constructivista y conductual.

Tomando el significado de desarrollo como los cambios progresivos en las **interacciones entre el funcionamiento biopsicológico de la persona y su ambiente**, se establece una intercausalidad biopsicosocial en cualquier tipo de comportamiento. El considerar la mayor incidencia de unas u otras variables, llevará a actuaciones diferentes. Así si se consideran las variables biológicas como la causa de una conducta alterada, se incidirá sobre esas variables para su control, cambio o extinción. Si por el contrario se consideran las variables ambientales como causantes de esa situación se actuará sobre ellas. Sin embargo, ambas posturas, según Luciano, (1989) representan un enfoque parcial porque hay interacciones específicas e individuales que son determinantes de la conducta normal adaptada o desadaptada, conformándose un repertorio conductual único.

Esas interacciones entre organismo y ambiente, que conforman el desarrollo del individuo, se producen a diferentes velocidades dependiendo de los factores psicobiológicos y socioculturales.

La *teoría Evolutiva o teoría del Desarrollo,* enfocada a personas con discapacidad recibe el nombre de **teoría interconductual de retardo en el desarrollo**. El retraso en el desarrollo se mide por comparación entre sujetos con y sin deficiencia, tomándose generalmente como criterio la edad mental.

Asociada a esta teoría aparecen las denominadas **teoría genetista y teoría diferencial,** la primera entiende el retraso mental como un fenómeno asociado a la variación en el desarrollo cognitivo de los sujetos determinada por variaciones poligénicas; la teoría diferencial de Spitz también reconoce las diferencias en el desarrollo aunque los factores ambientales fuesen idénticos para toda la población (Gisbert , Mardomingo y otros, 1980; Fernández, 1993).

Para Bijou y Baer (1982), Galindo y otros (1981), Ribes (1974) una persona con **retardo en el desarrollo** presenta repertorios conductuales por debajo de los que corresponden a su edad, debido bien a patologías biomédicas, a condicionantes socioculturales desventajosos o a ambos, pero no por sí mismas sino por el tipo de interacciones que se producen.

Si la persona presenta déficit en todos sus **repertorios conductuales** se considera el *retardo generalizado o armónico* mientras que si el déficit sólo es parcial se considera el *retardo específico* en función de las áreas que resulten afectadas. El retardo generalizado fundamenta la postura de la **cuantitatividad**, basada en el postulado de la diferencia exclusivamente cuantitativa entre retrasados y no retrasados, por lo que el aprendizaje se produce más lentamente pero siguiéndose las mismas secuencias, debido a un desarrollo cognitivo, motriz y social más lento (Hollingworth y Meyers, cf. Mardomingo, 1980: 111). Según indica Mardomingo, de acuerdo con este enfoque no serían necesarios los métodos de educación especial sino que el niño aprendería según su capacidad con los métodos ordinarios. Este tipo de retraso se considera armónico o equilibrado y es menos frecuente que el específico.

En nuestra opinión basada en el ejercicio práctico, diagnosticamos algunos niños con retraso cuantitativo general "retraso armónico" por ser equitativo el desarrollo en todas las áreas exploradas. Aceleramos su maduración con métodos educativos especiales resultando su evolución superior o más rápida que la de otros alumnos con discapacidad discordante en las áreas. Estas personas pueden pertener a las teorías del no deficit.

El "retardo específico" implica **cuantitatividad y cualitatividad**, fundamenta la postura de una educación especial o si se prefiere específica. En este caso el modelo pertenece más a las teorías del déficit, mientras que si el retardo sólo es cuantitativo se encuadra en las teorías no deficitarias.

Los repertorios conductuales o comportamentales no adaptados son el origen del modelo conductista de tratamiento **comportamental o conductual** muy utilizado con personas con discapacidad.

3.2.3.2. Modelos no deficitarios o basados en la evaluación de necesidades

Estos modelos se caracterizan por no *centrar la atención en* los déficits de las personas sino en sus ***necesidades especiales*** por lo que **la discapacidad sólo se**

explica por las necesidades que tiene la persona con discapacidad, con el fin de determinar sus necesidades y proporcionar el apoyo preciso para su mejor desenvolvimiento como persona y su integración se concede gran atención a la *provisión de servicios*. O lo que es lo mismo, evaluar sus necesidades e implementar los recursos correspondientes, no centrándose solamente en la persona de forma individual, sino también en los contextos e interacciones entre ambos. La orientación se dirige hacia lo que pueden hacer, en contraposición al modelo del déficit que considera lo que no pueden hacer.

Apoyándose en el **principio de normalización** promueven programas para facilitar la integración familiar, escolar, sociocomunitaria y laboral. Las estrategias se dirigen a una valoración contextual, provisión de recursos, optimización de servicios y actuaciones preventivas.

Modelo de competencia social

Es un **modelo organizacional de actuación.** Desde la perspectiva de necesidades trata de promover la competencia individual y el desarrollo de comunidades y organizaciones competentes.

Según Albee (1980), Costa y López (1986) aparece como reacción al modelo clínico tradicional centrado en el déficit y sus síndromes. Surge en el ámbito de la psicología *comunitaria,* su aplicación se extiende al área de *salud*, al área de *servicios sociales* y también al área educativa.

La competencia individual, grupal o comunitaria, consiste en tener una preparación para saber resolver los problemas por sí mismos, es decir ser competentes (Costa, 1987). El objetivo de "hacer competentes" requiere el proporcionar los medios necesarios para ello, ayudar pero no hacer las cosas por otros. El modelo de competencia social está asociado al **modelo ecológico - conductual,** por el que se determina que actividades y habilidades relevantes ha de aprender un sujeto para integrarse en un determinado ambiente.

Este modelo concede importancia primordial a la prevención primaria, uno de los ámbitos de la intervención que en su nueva concepción se centra en la provisión de recursos y servicios pasando de ser un modelo asistencial a preventivo, produciéndose un cambio en la concepción de los sistemas de apoyo y roles profesionales , incrementándose las competencias individuales, grupales y / o comunitarias, aumentándose la calidad de vida de los ciudadanos y la mejora del bienestar social (Montero, 1980; Delgado, 1988).

(II) 4. CONCEPTOS Y PRINCIPIOS QUE FUNDAMENTAN LA ORIENTACIÓN E INTERVENCIÓN EDUCATIVA A PERSONAS CON DISCAPACIDAD

La Orientación e Intervención Educativa a personas con discapacidad o en situación de riesgo por su carácter intradisciplinar con la Orientación Educativa comparte sus principios aplicados al campo especial y además posee como propios unos principios específicos que determinan su actual desarrollo.

4.1. LA ORIENTACIÓN DESDE EL ENFOQUE SOCIAL. UN NUEVO CONCEPTO DE ORIENTACIÓN

En la década de los setenta surge una nueva concepción de la orientación a raíz de la necesidad de una orientación que pueda llegar a todos, se amplían los campos de la orientación individual y terapéutica, al principio de intervención se unen con gran fuerza los principios de prevención y desarrollo, siendo considerados claves en la nueva orientación.

El detonante para la nueva concepción de la orientación, en opinión de Gordillo (1999: 122), se debe a un artículo de Guerney en 1970, que se caracteriza por un mayor compromiso social. La orientación va a seguir llegando a las personas con discapacidades potenciándose su integración, pero también llegará a cualquier persona con otras necesidades. Se apunta como novedad el que la orientación se introducirá en los centros educativos, se contará con servicios externos de apoyo, se incardinará en la comunidad, y atenderá a todos los alumnos. El modelo de intervención más adecuado será el de servicios interviniendo por programas.

Es fácil estar de acuerdo con la manifestación de Rodríguez Espinar al respecto (1993 : 35) “ Es necesaria una nueva imagen de la orientación en el contexto educativo. Una imagen proactiva, que tome en consideración el contexto, que atienda a la prevención y al desarrollo del alumno y su acción transcienda al propio recinto escolar. Esta concepción debe apoyarse en tres principios básicos: prevención, desarrollo e intervención social".

Estos principios se consideran principios generales de la Orientación y de ellos se tratará a continuación.

4.2. PRINCIPIOS GENERALES DE LA ORIENTACIÓN

4.2.1. Principio de Prevención de Deficiencias

Hay acuerdo muy generalizado (Repetto, Rus y Puig, 1995, Rodríguez Espinar, 1998; Bisquerra, 1992; Vélaz de Medrano, 1998) en que prevención procede del campo de la salud, campo próximo a la educación como se puede apreciar actualmente con la incorporación de materias de salud a planes de estudio de Educación con la denominación de " educación para la salud", así pues de ese ámbito de salud mental la Orientación toma el concepto de prevención.

El enfoque comunitario de salud mental es impulsado por Caplan (Rodríguez Espinar, 1998:10; Repetto, 1995:58), según Repetto introdujo el término "psiquiatría preventiva", lo que significaría una intervención para prevenir patologías de tipo psiquiátrico, en ese caso se hablaría de *prevención primaria* pues supone una anticipación al problema, mientras que la prevención secundaria y terciaria tienen carácter terapéutico o remedial porque el problema ha aparecido.

Prevención secundaria es el tipo de intervención que se aplica ante el surgimiento del problema, uno de cuyos puntos fundamentales radica en gran medida en una detección pronta o temprana seguida de una intervención para reducir la intensidad del problema.

Prevención terciaria es la que se realiza si el problema ha aparecido en toda su extensión, pretende la solución o paliamiento del problema para la integración de cada persona en su contexto. Supone la culminación del carácter remedial de la orientación.

El término prevención puede aplicarse en diferentes ámbitos o contextos y desde un enfoque multidisciplinar.

El valor de la prevención primaria, como se ha indicado, radica en la ausencia del problema hecho realidad, no hay necesidad de aplicación de intervenciones terapéuticas o remediales, no aparece el caso concreto afecto, y la intervención preventiva se puede extender a toda la población o a amplios grupos o colectivos, se llega a más individuos con una reducción de costes y esfuerzos. Considerando que hay patologías que se pueden mejorar pero no curar, pudiendo haber pérdidas funcionales y sociales de la persona, hay que evitar su aparición. Por ello hay que incidir en la prevención primaria que tiene por características el ser proactiva, dirigirse a la población y a los contextos e intervenir antes de que se produzca el problema.

La prevención de deficiencias o alteraciones requiere una actuación diversificada como es la prevención de tipo médico y la prevención de tipo ambiental, reguladas por normativas, planes y organismos surgidos del campo sanitario, educativo y social, a raíz de que muchas actuaciones sanitarias, educativas y sociales son de carácter preventivo.

Hacemos nuestras las palabras de Alonso (1997: 49) sobre prevención de deficiencias " Una política de prevención de deficiencias tiene que asentarse, para ser eficaz, sobre una adecuada instrumentación normativa que defina las obligaciones de los poderes públicos, el ámbito de los derechos subjetivos de cada individuo y, lo que es más importante, el establecimiento de una organización de servicios de prevención. Esa legislación existe en nuestro país aunque bastante diseminada (el ámbito material de la prevención es amplísimo), y constituye por lo general más una enunciación de principios que un listado de derechos inmediatamente exigibles".

El análisis de la legislación referida a Prevención, es ilustrativo de los cambios producidos en la consideración de la salud de la población y a la situación a que se quiere llegar respecto a las discapacidades, lo que ha supuesto nuevas conceptualizaciones y un gran incremento en la provisión de servicios.

4.2.1.1. Orígenes de la prevención de minusvalías en España

Hasta 1970 encontramos la **prevención en el ámbito sanitario** casi con exclusividad, por lo que, como anteriormente se ha expuesto, se cita el campo de la medicina como pionero en el concepto y actuación preventiva.

Por la *ley de Bases para la organización sanitaria, de 25 de noviembre de 1944* (BOE 26 de noviembre) se trata de luchar contra las enfermedades, y en ella se habla de *prevención* (especialmente vacunas) y tratamiento preventivo. Dicha ley fue desarrollada por diversos decretos y órdenes ministeriales, entre los que destacan:

- Decreto 26 de julio 1945 (BOE 5 de agosto), se aprueba el reglamento para la lucha contra enfermedades infecciosas
- Orden de 4 de agosto de 1947 (BOE 14 de agosto), se crean centros de lucha contra la poliomielitis
- Orden de 23 de abril de 1951 (BOE 25 de abril), se crea el servicio contra la parálisis infantil
- Decreto de 6 de junio de 1949 (BOE de 20 de julio), se establece la lucha sanitaria contra la invalidez
- Orden de 26 de enero de 1963 (BOE de 30 de enero), se hace referencia a la vacunación antipoliomielítica

Prevención en el ámbito laboral : enfoque sociocomunitario

La sanidad se extiende al ámbito del trabajo, a la Empresa, prefiere prevenir a rehabilitar para ello se dictan disposiciones con el fin de que las Empresas introduzcan factores de seguridad o lo que es lo mismo de prevención de accidentes.

- Ley de Contrato de Trabajo de 1944, por la que se establece que los Reglamentos de régimen interior de las Empresas debían establecer " medidas de seguridad, higiene y sanidad" (art. 22).
- Decreto 242/ 1959 de 6 de febrero, se crea el **Instituto Nacional de Medicina y Seguridad en el Trabajo,** con funciones de **prevención de riesgos laborales** para evitar, entre otras consecuencias, la aparición de minusvalías físicas, sin descartar las psíquicas.
- Orden de 21 de noviembre de 1959, se crean los *Servicios Médicos de Empresa*, con funciones, entre otras, de *prevención* de riesgos laborales.
- Orden de 7 de abril de 1970, se aprueba el *Plan Nacional de Seguridad e Higiene en el Trabajo.*
- Orden de 2 de marzo de 1991, por la que se aprueba la Ordenanza General de Higiene y Seguridad en el Trabajo, en ella sigue recogiéndose el carácter eminentemente preventivo.

Seguridad Social

- Ley General de la Seguridad Social de 1974. Se contempla la prevención de riesgos profesionales así como la creación de órganos específicos con funciones preventivas.
- Real Decreto Ley 36 / 1978 de 16 de noviembre, sobre gestión institucional de la Seguridad Social, la salud y el empleo, por el que los *servicios de prevención* se encomiendan a la Administración Institucional de Sanidad Nacional.

— Se establecen como prestaciones de **Servicios Sociales**:
   a) **El Servicio de Medicina Preventiva**, con la finalidad de realizar campañas de medicina preventiva, coordinadas con Sanidad Nacional (Ley General de la Seguridad Social de 1974, artículo 28).
   b) **El Servicio de Higiene y Seguridad en el Trabajo**, con la finalidad de eliminar o reducir los riesgos de los centros o puestos de trabajo y desarrollar en las personas una actitud hacia la prevención de accidentes y enfermedades que puedan derivarse de su actividad profesional (artículo 26).

- Real Decreto 1621/ 1978 de 12 de mayo (BOE 8 de julio) por el que se desarrolla el *Servicio de Medicina Preventiva*, atribuyéndole los siguientes *fines* (art. 2. 1.):
  a) apoyar las medidas y programas establecidos para la defensa de la salud colectiva;
  b) colaborar en la realización de campañas de medicina preventiva y protección de la salud individual;
  c) colaborar en la realización de programas y actividades de promoción de la salud, orientación personal y familiar y educación sanitaria de la población protegida;
  d) cuantas otras actividades se dirijan a prevenir las enfermedades o los accidentes o a fomentar y promover la salud de la población protegida"

Este servicio social de Medicina Preventiva fue adscrito al Instituto Nacional de la Salud por el Real Decreto 1855/ 1979, 30 de julio.

4.2.1.2. Prevención y rehabilitación de minusválidos físicos y psíquicos

Desde la Seguridad Social

En su ámbito se crean dos Servicios por sendos decretos :

a) Decreto 2421/ 1968 de 20 de septiembre (BOE 7 de octubre) el *Servicio Social de Asistencia a los Menores Subnormales.*
b) Decreto 2531/1970 de 22 de agosto (BOE 15 de septiembre) el *Servicio Social de Recuperación y Rehabilitación de Minusválidos.*

Ambos Servicios se fusionaron a raíz de la celebración en 1974 del Congreso Minusval 74, realizándose dicha fusión por Decreto 731/ 1974, de 21 de febrero

(BOE 20 de marzo) con la denominación de **Servicio de Recuperación y Rehabilitación de Minusválidos Físicos y Psíquicos (SEREM)**, adscrito al Instituto Nacional de Previsión.

También se creó el 8 de febrero de 1974 la *Comisión Interministerial para la Integración Social de los Minusválidos,* estableciéndose dentro de ella una *Subcomisión para la* ***Prevención de la Subnormalidad.*** Entre cuyas actuaciones referiremos que en 1975 se produjo la firma de convenios para el estudio de factores genéticos que originan "subnormalidad", terminología muy empleada en aquellos tiempos.

El SEREM también suscribió convenios con instituciones científicas entre las que se hallaban: el Instituto de Genética del Centro de Investigaciones Biológicas del CSIC, el Departamento de Bioquímica y Biología Molecular de la Universidad Autónoma de Madrid, la Casa de Salud Santa Cristina (Madrid) y la Cátedra de Pediatría de la Facultad de Medicina de la Universidad de Santiago de Compostela.

Desde el Real Patronato de Educación Especial

El *Real Patronato de Educación Especial* fue creado por Real Decreto 1023/ 1976 de 9 de abril, cambiándose su denominación por diversos decretos. Por Real Decreto de 21 de septiembre 1978 se reforma la institución y se convierte en *Real Patronato de Educación y Atención a Deficientes*; por Real Decreto 1475/ 1986 de 11 de julio toma el nombre de *Real Patronato de Prevención y Atención a Personas con Minusvalía* y por la ley 14/2000, de 29 de diciembre tenemos el *Real Patronato sobre Discapacidad* con la naturaleza de organismo autónomo de la Administración General del Estado.

Desde el Real Patronato surge el **Plan Nacional de Prevención de la Subnormalidad**, en cuya elaboración intervinieron especialistas diversos según el grupo de trabajo (Metabólico - genético, Perinatológico y Pediátrico - nutricional), se aprobó en mayo de 1977, siendo sus contenidos recogidos en el Real Decreto 2176/ 1978, de 25 de agosto, encomendándose a la Dirección General de Salud Pública y Sanidad la dirección y coordinación de **acciones preventivas**, haciéndose cargo de la financiación el Fondo Nacional de Asistencia Social, creado en 1960.

Otras Fuentes

- Creación de *servicios de orientación y planificación familiar*: Por ley 45 / 1978 de 7 de octubre (BOE 11 de octubre) disposición adicional, se encomienda al Gobierno la creación de servicios de orientación y planificación familiar. Estableciéndose dichos servicios por Real Decreto 2275 de 1 de septiembre (BOE 25 de septiembre), con carácter sociosanitario, entre cuyos objetivos se halla la prevención de la subnormalidad al fomentar el reconocimiento médico prenupcial y el consejo genético. Si al Ministerio de Sanidad se le facultó para el establecimiento de esos Servicios, al Ministerio de Cultura se le encomendó la realización de campañas de divulgación haciéndose famoso el eslogan" para que todo embarazo responda a una decisión responsable".

- Instrucciones sanitarias para la *prevención de la subnormalidad*, recogidas en la Orden 30 de abril de 1980 (BOE 5 de mayo). Las medidas preventivas que se establecen son: vacunación gratuita anti-rubeola a niñas mayores de 11 años, derecho de toda mujer embarazada a la cartilla sanitaria, prueba analítica de obligada aplicación a todo recién nacido, establecimiento del documento de salud infantil. Algunas de estas medidas no se llevaron a la práctica en su totalidad.
- Constitución Española

  En el artículo 49 de la Constitución puede apreciarse el carácter preventivo: "Los poderes públicos realizarán una política de previsión, tratamiento, rehabilitación e integración de los disminuidos físicos, sensoriales y psíquicos, a los que prestarán la atención especializada que requieran y los ampararán especialmente para el disfrute de los derechos que este Título otorga a todos los ciudadanos" (Constitución Española, 1978, art. 49, aprobada por las Cortes el 31 de octubre de 1978).

4.2.1.3. La prevención de Deficiencias en la Ley 13/1982, de 7 de abril, de Integración Social de los Minusválidos (L.I.S.M.I.)

Esta ley fue publicada en el BOE de 30 de abril de 1982, parece ser que su preparación duró cuatro años trabajándose en ella desde el Congreso de los Diputados donde se constituyó una *Comisión Especial para el Estudio de los Problemas de las Personas con Discapacidad.*

La LISMI es la primera iniciativa legislativa de nuestra historia para las personas con discapacidad y supone el primer paquete de medidas que pretendían dar respuesta de una forma global a las necesidades de estas personas. Es una ley progresista y avanzada. Establece la prevención como obligación del Estado (art. 3. 1.) y dedica el Título III a la "Prevención de las Minusvalías", recogiéndose las disposiciones en los artículos 8 y 9 que reproducimos a continuación:

"La prevención de las minusvalías constituye un derecho y un deber de todo ciudadano y de la sociedad en su conjunto y formará parte de las obligaciones prioritarias del Estado en el campo de la salud pública y de los servicios sociales" (art. 8).

"(...) el Gobierno elaborará cuatrienialmente (...) un Plan Nacional de Prevención de las Minusvalías que se presentará a las Cortes Generales para su conocimiento y de cuyo desarrollo informará anualmente a las mismas" (art. 9.2.)

Por el artículo ocho la *prevención* se encarga a la sociedad y al Estado que delegará en la salud pública y los servicios sociales. La mención a los *servicios sociales* era básica en una ley que hace referencia a la " integración social de los minusválidos".

Sin embargo no faltan las críticas a la LISMI respecto a la ubicación de la prevención bien en el campo de la salud o en el de los servicios sociales, pues no establece los principios y normas básicas de coordinación en materia de prevención de las minusvalías, tampoco determina cuales han de ser los programas específicos de prevención cuya obligatoriedad ha de ser exigida por los poderes públicos. Pero nadie puede privarla del mérito de elevar a norma legal lo que hasta entonces eran iniciativas profesionales e intentos administrativos de aproximación al problema (Alonso, J.M., 1997; Aznar, M., Azúa, P., Niño, E., 1982).

La Ley General de Sanidad 14/ 1986, de 25 de abril desarrolla implícitamente la Prevención de Minusvalías, prevista por la LISMI en su artículo 9. 3., Título Tercero, donde se hace referencia a la importancia de los servicios de orientación y planificación familiar, consejo genético, atención prenatal y perinatal, detección y diagnóstico precoz de minusvalías..., al poner en funcionamiento los servicios necesarios así mismo se ocupa de los planes cuatrienales de Prevención, los cuales se incardinan en los distintos Planes de Salud Nacionales y Autonómicos.

Manifestamos nuestro acuerdo con Alonso, Aznar, Azúa y Niño respecto a que en términos comparativos tienen muchos puntos en común la Ley General de Sanidad y la LISMI, si bien en ésta la "prevención" abarca exclusivamente la prevención de minusvalías y en la primera se toma en un sentido más amplio al referirse la prevención a todo tipo de enfermedad, es decir a toda ausencia de salud.

La prevención desde la Orientación Educativa

Desde la escuela se puede realizar una orientación preventiva tanto con alumnos como con padres. El conocimiento de los alumnos, sus familias y el contexto sociocomunitario, son factores determinantes para poner en marcha los programas preventivos idóneos tanto primarios como secundarios y si fuese preciso terciarios.

Además de la ayuda directa o indirecta a los alumnos durante sus etapas educativas, hay momentos cruciales en que precisan más ayuda para facilitar su adaptación, evitando las situaciones de riesgo que propicien la aparición de dificultades.

Especial importancia cobra la orientación para la prevención de diversos problemas que referidos a nuestro campo de la discapacidad podríamos situarlos en relación con la integración a todos los niveles y también la prevención ante factores de riesgo de adquisición de las patologías de más alta prevalencia (número detectado de casos en un momento determinado) en la sociedad española actual, tales como alcoholismo y otras drogodependencias. Los programas preventivos hoy en día son imprescindibles se dirigen hacia un cambio de actitud con relación al problema, manifestamos nuestro acuerdo con Rodríguez Espinar (1999: 11) en que "La puesta en marcha de cualquier tipo de programa preventivo en el marco escolar ha de considerarse como el inicio de un proceso de cambio e innovación".

4.2.2. Principio del Desarrollo

Aunque ya hemos hecho referencia a este principio en el **modelo y teoría evolutiva**, al tratar el diagnóstico, y también en las teorías del déficit y no déficit, por ser un principio disciplinar de la Orientación vamos a ocuparnos nuevamente de él.

Este principio se basa en la idea de que la persona durante su vida pasa por una serie de estadios o fases de desarrollo que le permiten incorporar conocimientos y experiencias. Siguiendo a Rodríguez (1995:15) el principio del desarrollo suele ser continuo y progresivo, con estadios críticos y momentos clave en los que la Orientación ha de ayudar o asesorar preocupándose sistemáticamente del desarrollo de la persona e intentando hacer realidad al máximo las potencialidades del individuo.

Principio evolutivo o de desarrollo en sujetos con necesidades especiales: a lo largo de la vida de la persona aunque sufra alteraciones y tenga necesidades especiales hay evolución o debe haberla, aunque sea escasa, si se aplica la orientación e intervención correspondiente. El devenir de la vida implica transformaciones, no hay estancamiento, nada permanece hay por tanto evolución o involución.

El desarrollo puede ser considerado desde varias perspectivas lo que da lugar a diversos enfoques:

El desarrollo desde el enfoque madurativo: considera que el proceso de desarrollo de la persona pasa por una serie de etapas como consecuencia de la maduración del sistema nervioso central lo que se manifiesta en el comportamiento, en personas sin discapacidad se encuentra la maduración en relación con la edad cronológica y a medida que se produce la madurez aparecen mayores niveles de competencia en las diversas áreas de desarrollo.

El carácter biológico de este enfoque hizo cuestionarse la secuenciación de los comportamientos evolutivos de los niños con necesidades especiales en cada estadio, pues es frecuente que no progresen en el mismo orden que los niños sin problemas. Son varias las investigaciones realizadas al respecto, como muestra citamos a Denhoff que realizó un estudio mostrando patrones anormales de evolución en paralíticos cerebrales (cf. Quirós y Schrager, 1978 : 178). Feldman (1978: 110) también hace referencia a patrones patológicos de evolución, refiriéndose a un niño sordo y otro oyente, ambos sin ningún otro problema neurológico.

El desarrollo desde el enfoque constructivista o centrado en el proceso: se considera al desarrollo como consecuencia de la interacción del individuo con su entorno, el aspecto dinámico se puede comparar con una construcción que permite un progreso organizado.

Por tanto, el alumno es el protagonista de su propio proceso de aprendizaje. La actividad mental constructiva del alumno se aplica a contenidos ya elaborados, producto de una construcción social. El profesor debe ser un orientador que guíe el aprendizaje del alumno en su actividad constructiva del conocimiento (Coll, 1990).

Esta corriente no se centra en lo adquirido, sino en la forma en la que se adquiere, almacena y utiliza la información. El desarrollo es medido según el tipo de operaciones intelectuales utilizadas para resolver problemas o adaptarse a demandas complejas del medio, por lo que adquieren gran importancia las estrategias de aprendizaje "aprender a aprender". Este enfoque se basa en una perspectiva piagetiana del desarrollo.

El desarrollo desde el enfoque conductual: el desarrollo desde esta perspectiva se entiende como un proceso de conductas aprendidas bajo la influencia de consecuencias ambientales. La evolución en el desarrollo se mide por el número de habilidades aprendidas en un periodo de tiempo. El sujeto es comparado consigo mismo en periodos anteriores. Aunque se considera el desarrollo evolutivo se incide sobremanera en la secuenciación de aprendizajes.

4.2.3. Principio de Intervención Social

Este principio tan en auge actualmente no es nuevo, se ha retomado de los planteamientos extraescolares que surgieron con Parsons en 1909, al intervenir fuera del contexto escolar. Pero es en los años setenta cuando aparece una orientación de carácter sociológico con la que se pretende favorecer el desarrollo del individuo interviniendo en los contextos próximos para erradicar las privaciones sociales, y proporcionar más igualdad de oportunidades. Impulsora de este movimiento fue la *Activist Guidance,* siendo los trabajos de Menacker (1974) y discípulos fundamentales en la adopción de una postura de intervención sobre el contexto del alumno.

El principio de intervención social tiene por fundamento el **enfoque sistémico-ecológico** de las Ciencias Humanas. El enfoque *interaccionista del individuo y sus contextos* pone de manifiesto *la necesidad de una Orientación que se introduzca en los marcos sociales donde se inserta el individuo*. Esa necesidad guarda relación con el *principio de desarrollo* que acompaña la vida del individuo extendiéndose más allá del ámbito escolar; si al comienzo de su vida su ámbito se reduce a la familia y después se amplía al marco escolar, el mundo laboral y el sociocomunitario están o deben estar abiertos para acoger a toda persona aunque tenga discapacidad.

El enfoque *sistémico-ecológico* nos aporta la idea de que la realidad educativa sólo se puede comprender desde una visión global en el que los diferentes sistemas (familiar, educativo, social...) son interdependientes, es decir lo que afecte a uno repercutirá en los otros sistemas en mayor o menor grado, en función de los elementos compartidos y de los canales de comunicación.

Se enfatizan las *interacciones* entre el sujeto y los estímulos externos tales como los procedentes de sus padres y sus iguales, de los contextos familiar, escolar y social. Desde esta corriente el cambio de conducta no se explica únicamente por la maduración biológica o el aprendizaje, sino por las interacciones entre el sujeto y los contextos, y no sólo sus contextos próximos sino todos aquellos con los que se relacionan sus padres que de alguna manera inciden en el desarrollo del niño, como pueden ser los apoyos sociales que tanta importancia están teniendo en la problemática de personas con discapacidad y personas desfavorecidas.

El principio de intervención social es un principio fundamental en la sociedad y las instituciones, referido a las personas con discapacidad toma por núcleo la integración y normalización previo reconocimiento de los derechos de esos colectivos plasmándose en la integración a todos los niveles: familiar, escolar, formación e inserción laboral y social; debe contribuir a la facilitación del incremento del número de asociaciones, al disfrute del ocio a través de actividades culturales y deportivas llegándose si fuera oportuno a facilitar la participación en competiciones parolímpicas.

El enfoque interaccionista del individuo y sus contextos cobra tal importancia que para Bogdan (1989: 283):

> *"La forma en que un individuo se define a sí mismo con respecto a una discapacidad aseverada es una función de la interacción y se construye a través de la interacción. Las personas llegan a verse a sí mismas como ciegas, retardadas mentales u otros epítetos, o rechazan tales conceptos. La medida en que están avergonzadas u orgullosas de su estado o se sienten neutrales es mediada por los otros significativos - padres, maestros, pares, acompañantes- quienes entran en sus vidas en la interacción social. Las personas interpretan los gestos y las acciones de los otros en un intento por verse a sí mismas como los demás las ven y, de esta forma elaboran un autoconcepto".*

Por tanto, no se debe actuar sólo sobre la persona, sino sobre los contextos para hacerlos favorables. Dadas las dificultades con que el orientador se encontrará se precisa un "fortalecimiento del poder personal", eso es fundamental en el rol y funciones de los orientadores actuales en una sociedad que margina, al estar patente el racismo, sexismo, clasismo... (Mac Wirther, 1997, cit. por Rodríguez Espinar, op.cit:17), corroboramos la necesidad de ese fortalecimiento al permanecer todavía en parte de la sociedad una actitud tradicional de discriminación hacia personas con discapacidad.

Ese fortalecimiento del poder personal se halla recogido en el concepto de *"empowerment",* del que Rodríguez Espinar (1999: 15), nos dice que va más allá de ayudar a la gente a sentirse mejor o adaptarse y nos comenta que la difusión del término en relación con la orientación alcanzó una gran divulgación en 1998, debido al congreso anual de la American Counseling Association, con el título *Empowerment through social action.*

Este principio de intervención social puede relacionarse con el *principio de prevención*, al ser el marco sociocomunitario un contexto idóneo donde realizar intervención social con el fin de divulgar o impartir información preventiva acerca de factores de riesgo que pueden incidir en carencias de salud.

4.3. PRINCIPIOS ESPECÍFICOS DE LA ORIENTACIÓN A PERSONAS CON DISCAPACIDAD O EN SITUACIÓN DE RIESGO

4.3.1. Principio de Integración

Podemos situar en Europa el principio de integración hacia finales de los años sesenta y principios de los setenta. Se enmarca en un crecimiento del sector económico acompañado de ideas optimistas. En la mayoría de los países se incide en la democracia, y se observa un compromiso con las políticas públicas que se refleja en diversos sectores. Aparecen las demandas de cambio social, de mayor igualdad y de mejora de derechos civiles. Durante estos años aumenta el "estado de bienestar".

En el sistema educativo adquirió importancia además del sistema escolar obligatorio el acceso a la educación secundaria y superior con el fin de satisfacer las demanda de igualdad de oportunidades.

Durante esta época se luchó por el reconocimiento de las necesidades y derechos de las personas con discapacidad, lo que se plasmó en muchas sociedades en una política pública para esas personas. El objetivo de la nueva política fue el de la integración, que abarca varios ámbitos y no sólo el de educación.

La "integración" vino a expresar un deseo de alejarse de la práctica histórica y reparar las injusticias cometidas con los discapacitados. Ello originó un cambio conceptual y paradigmático, se pasó de una comprensión de la discapacidad fundamentada sólo en las ciencias naturales a otra fundamentada también en las ciencias sociales.

La cultura de la integración parte de un valor social inequívoco : el derecho a ser diferente. Este derecho referido a educación va más allá de fundamentos aceptados anteriormente "igualdad de derechos de todos los niños ante la educación " e "igualdad de oportunidades ante la educación" (García Pastor, 1993:21).

La educación es la clave del progreso y también de una mayor igualdad social, por lo que las políticas deben procurar igualdad de oportunidades para acceder a la educación. Esta igualdad de oportunidades significa que la escuela debe compensar las diferencias desfavorecedoras lo que requiere servicios de apoyo para las personas que las padecen.

A pesar de que los inicios de la integración se producen en los países nórdicos en los años sesenta el interés por la integración se impulsó en 1978 cuando la Organización para la Cooperación y el Desarrollo Económico, a través de su Centro para la Investigación y la Innovación Educativa (OCDE /CERI) propuso el proyecto "La educación del adolescente discapacitado", entonces la integración se convirtió en un tema político dominante en relación con la organización de la escolarización de los niños discapacitados en la mayoría de los países miembros pero no se desarrolló homogeneamente (OCDE, 1995).

Sin embargo, la integración de las personas con discapacidad es un objetivo primordial en la época actual. En nuestro país viene a confirmarlo la Ley 13/ 1982, de 7 de abril de **Integración Social de los Minusválidos** (LISMI).

Es la LISMI una ley marco, que atribuye a cada Administración particular (Educativa, Social, Trabajo...) la competencia y la responsabilidad de desarrollar en su ámbito específico, los mandatos que en ella se fijan. Establece para la educación una serie de directrices acordes con las tendencias actuales en la materia y que vienen a plasmar los **cuatro principios** que han de regir en la educación de dichas personas: **integración escolar, normalización de los servicios, sectorización de la atención educativa e individualización de la enseñanza** (Real Decreto 334/1985, de 6 de marzo, de ordenación de la Educación Especial).

La integración puede realizarse en el contexto familiar, escolar, laboral y sociocomunitario. Nirje distingue varios niveles de integración: integración física, funcional, social, personal y participativa en la sociedad (Sanz del Río, 1996).

4.3.2. Principio de Normalización

Según el **principio de normalización**, las personas disminuidas no deben utilizar ni recibir servicios excepcionales más que en los casos estrictamente imprescindibles. Consecuentemente con ello ha de tenderse a que dichas personas se beneficien , hasta donde sea posible, del sistema ordinario de prestaciones generales de la comunidad, integrándose en ella.

Este principio se introdujo en la ley danesa en 1959 por el tesón de Neils E.Bank Mikkelsen, director de los Servicios para Deficientes Mentales en Dinamarca, pretendía que el deficiente mental desarrollase una vida de tipo tan normal como fuese posible. El principio se fundamenta en la realización de las actividades de la vida diaria.

Difundiéndose por los países nórdicos fue bien acogido y en 1969 Bengt Nirje director de la Asociación Sueca Pro Niños Deficientes matizó y sistematizó más el principio. El vivir unas condiciones de vida normales no implica convertir a la persona con deficiencia en no deficiente, no se refiere el principio a la normalización de la persona sino a la normalización de sus condiciones de vida.

También a finales de los años sesenta Noruega tomó la normalización como el principio general de las políticas a seguir con las personas con discapacidad.

Canadá se incorporó a este movimiento y en 1972 se publicó la primera obra sobre el principio de normalización cuyo autor es Wolfensberger. Este autor hace extensivo este principio a las personas con cualquier tipo de discapacidad.

La aplicación del principio de normalización, en el aspecto educativo, se denomina **integración escolar** (Real Decreto 334/ 1985). Y en el aspecto social **integración social**, así mismo en el aspecto laboral **integración laboral,** y en el familiar **integración familiar.**

Y es que normalización e integración son conceptos muy relacionados, aunque hay autores que la relación la entienden de diversas formas. Para Mikkelsen, la normalización es el objetivo a conseguir y la integración el método para lograrlo. Mientras que para Wolfensberger la integración social es el resultado de la normalización (Sanz del Río, 1985; Wolfensberger, 1986, cf. Mayor 1988 : 71).

(Para más conocimientos sobre este principio puede consultarse el apartado movimientos de integración ubicado en el Contexto Escolar).

4.3.3. Principio de Sectorización de Servicios

Implica acercar y acomodar la prestación de los servicios al medio en el que el discapacitado e inadaptado desarrolla su vida; lo que supone ordenar esos servicios por sectores geográficos, de población y de necesidades. Es decir, las personas con necesidades educativas especiales deben recibir la atención que requieran dentro de su medio natural, para coordinar estas funciones se crean los equipos multiprofesionales.

La necesidad de una sectorización de servicios se determina por razones naturales con el fin de estar próximos a las personas que los precisan.

Ya no sólo se prestan servicios en el ámbito escolar, la demanda de servicios se ha ampliado, tomándose en consideración el principio de desarrollo, y se solicitan servicios desde las primeras edades (estimulación temprana) hasta en la tercera edad.

Por otra parte, la necesidad de un equipo multiprofesional viene determinada por la multiplicidad de funciones a desarrollar lo que implica una multiprofesionalidad. La sectorización de servicios también forma parte del marco sociocomunitario como se podrá apreciar en páginas posteriores.

4.3.4. Principio de Individualización de la Enseñanza

Cada persona debe recibir la atención necesaria para el máximo desarrollo de sus capacidades y su realización personal (Real Patronato de Prevención y Atención a Personas con Minusvalía, 1997). La educación especial se iniciará tan precozmente como lo requiera cada caso y será obligatoria y gratuita.

La individualización de la enseñanza significa una atención al proceso personal de desarrollo del individuo, siendo el aprendizaje un proceso individualizado que se realiza de un modo propio en cada escolar (García Hoz, 1968).

El adaptar la enseñanza a las diferencias individuales adquiere gran importancia en el alumno con necesidades educativas especiales por convertirle en protagonista de su propio aprendizaje.

A pesar de las necesidades de individualización de la enseñanza que tienen muchos alumnos con discapacidad no hay que olvidar al grupo de clase por las influencias interactivas que pueden producirse y que inciden en la integración. Al profesor corresponde propiciar el cambio de actitudes y comportamientos desde la consideración solidaria del esfuerzo y la cooperación en contraposición a la valoración de los resultados como única referencia de la validez del trabajo escolar (García Pastor, 1993). Desde la individualización hacia la integración requiere contemplar la enseñanza prescriptiva para la adquisición de destrezas básicas y la cooperación social. La interrelación de aspectos académicos y sociales se ha considerado como elemento fundamental para el desarrollo de la integración. El aprendizaje cooperativo ha venido a ser uno de los modelos de construcción más interactivos.

4.4. CONCEPTO DE ORIENTACIÓN A PERSONAS CON DISCAPACIDAD O EN SITUACIÓN DE RIESGO

Para nosotros la **Orientación a personas con discapacidad o en situación de riesgo** *es un proceso de intervención educativa que debe incardinarse en los contextos familiar, educativo, laboral y sociocomunitario para potenciar la integración de la persona en función de sus necesidades especiales durante su desarrollo a lo largo del ciclo vital.*

CAPÍTULO III

DISCAPACIDAD Y CONTEXTOS DE INTERVENCIÓN

(III) 1. CONTEXTO SOCIOCOMUNITARIO Y DISCAPACIDAD

"(...) la orientación como disciplina científica estudia las intervenciones psicopedagógicas que pretenden la mejora del cliente y de sus **contextos**, esta mejora cabe estructurarla en diversas vertientes, distinguiéndose tradicionalmente aspectos académicos, profesionales y personales, si bien manteniendo siempre la *unidad* del proceso y de la persona a la que se orienta" (Repetto, 1999 : 3) (el subrayado es nuestro). Sucesivamente nos iremos refiriendo a los diversos contextos, el primero será el comunitario.

Las comunidades han existido desde la antigüedad siendo su objetivo lograr el bien común por el esfuerzo comunitario.

El llamado Desarrollo Comunitario comenzó después de la Segunda Guerra Mundial, cuando la UNESCO se planteó la ayuda a los países en desarrollo para lo que formó agentes de desarrollo, casi al mismo tiempo los países desarrollados tomaron conciencia de la existencia en su país de zonas y barrios deprimidos o marginales surgiendo la idea de desarrollo local, con la aplicación de los programas pertinentes. Y es a partir de los años setenta cuando se asigna a la sociedad el rol de agente educativo (Nogueiras, 1996).

El concepto de comunidad hace referencia a una totalidad orgánica en continuo crecimiento en la que cada individuo desempeña una función específica para el funcionamiento de la misma. El objetivo común a todos los individuos es el bienestar comunitario, el progreso y el mejoramiento (Ware, 1986).

Los procesos educativos se encuentran estrechamente vinculados a los procesos sociales, esa afirmación supone concebir la educación en sentido abierto, global y permanente; como una acción no sólo de desarrollo personal sino también de transformación social y cultural de un contexto humano determinado, ese contexto es el comunitario.

1.1. LA ACCIÓN COMUNITARIA

En las propuestas para la ejecución del Programa de Acción Mundial para las Personas con Discapacidad, se incide en la acción comunitaria " Los Estados Miembros deben conceder alta prioridad al suministro de información, capacitación y asistencia financiera a las comunidades locales para el desarrollo de programas que lleven a cabo los objetivos del Programa de Acción Mundial" (Naciones Unidas, 1996, cap. III, B.5. , 138 : 75). Así mismo se puntualiza, en el apartado 139, " Deben adoptarse disposiciones para fomentar y facilitar la colaboración entre comunidades locales y el intercambio de información y experiencia. Un gobierno que reciba asistencia técnica o cooperación técnica internacional en asuntos relacionados con la discapacidad, debe procurar que los beneficios y resultados de esa asistencia lleguen a las comunidades que más lo necesiten".

El mismo programa quiere concretar la acción y la participación de quienes forman la comunidad, y lo expresa así : "*Es importante suscitar la participación activa de organismos de gobierno local, entidades y organizaciones comunitarias, tales como : grupos de ciudadanos, sindicatos, organizaciones femeninas, organizaciones de consumidores, clubes de apoyo, entidades religiosas, partidos políticos y asociaciones de padres de familia. Cada comunidad podría designar un órgano apropiado, en el que las organizaciones de personas con discapacidad pudiesen tener influencia, para que sirviera de punto focal de la comunicación y coordinación a fin de movilizar recursos y emprender la acción" (op.cit. 139 : 75).*

1.2. CALIDAD DE VIDA E INSTRUMENTOS PARA SU MEDICIÓN

Las personas con discapacidad y sus familiares, e incluso las personas con desventaja sociocultural precisan de apoyos para afrontar su situación. La red social de apoyo puede ser amplia, desde familiares, amigos, vecinos, grupos de autoayuda, asociaciones y servicios sociales comunitarios, por lo que esa red social de apoyo adquiere una importancia fundamental (Caplan, 1974; Cohen y Syme, 1985).

Muchos de los proyectos comunitarios tienen por objetivo el que la población alcance calidad de vida.

El concepto de calidad de vida lo encontramos por primera vez en el contexto de servicios sanitarios al afirmar en 1948 la Organización Mundial de la Salud (OMS) que la salud es un estado completo de bienestar físico, mental y social, y no simplemente la ausencia de enfermedad.

La calidad de vida ha tenido diversas interpretaciones, en un principio se asoció a longevidad, posteriormente a salud objetiva. Hoy en día el concepto de calidad de vida ha sobrepasado el aspecto sanitario al que se une el aspecto emocional, el cognitivo y el social, jugando un importante papel el entorno de las personas.

Para Weber (1997: 108 y ss), son cuatro las dimensiones principales por las que se mide el bienestar tanto a nivel objetivo como subjetivo:

- bienestar físico
- bienestar psicológico
- bienestar material
- bienestar social

Nosotros creemos que a esas dimensiones debe unirse una quinta dimensión la dimensión emocional o afectiva, que si bien puede incluirse en el bienestar psicológico o psíquico sería preciso distinguir dos vertientes, los aspectos cognitivos y los emocionales.

El bienestar físico se determina por los factores de salud, buen estado físico y por tanto carencia de discapacidades. Queda representado por la funcionalidad independiente del cuerpo de la manera más efectiva posible.

El bienestar psicológico o psíquico, como se ha indicado, debe comprender los aspectos cognitivos y los aspectos emocionales. Estos últimos con frecuencia se alteran en la vejez, independientemente de que haya o no discapacidad.

El bienestar material se mide en relación a la situación de la sociedad en que se vive. Para evaluar este tipo de bienestar hay varios criterios. Se podría sintetizar al decir que el estado de bienestar ha de permitir cubrir las necesidades básicas con holgura.

El bienestar social lo entendemos como la capacidad de una persona para vivir en integración social. Lo que requiere, respecto a personas con discapacidad y personas con situaciones desfavorecidas, ***actitudes sociales de aceptación y sistemas de apoyo social.***

Compartimos la opinión de Azúa (1995: 1118) afirmando que el bienestar de los ciudadanos no depende sólo del Estado y sus organismos sino también de las instituciones sociales específicamente dedicadas a un campo concreto de actuación.

Instrumentos para medir la calidad de vida.

- Índice de actividades de la vida diaria (ADL), de Katz y colaboradores
- Perfil de impacto de la enfermedad (SIP), de Bernet y colaboradores
- Cuestionario sobre índice de salud , de MacMaster
- Escala de calidad de bienestar , de Kaplan y Bush

En opinión de Weber (op. cit.: 108), hay limitaciones en la interpretación de los resultados de las escalas para medir la calidad de vida debido a que no hay amplio consenso sobre las dimensiones de la calidad de vida que deben ser evaluadas en investigaciones; por otra parte también se producen evaluaciones subjetivas sobre estados observables relacionados con la salud. En resumen, no resulta sencillo porque la calidad de vida supone un proceso flexible que debe reflejar la situación de la persona en forma integral.

1.3. NECESIDAD DEL CAMBIO DE ACTITUDES SOCIALES ESTEREOTIPADAS HACIA PERSONAS CON DISCAPACIDAD

Las actitudes se infieren observando una conducta, puesto que por sí mismas no son directamente observables ni medibles. Con frecuencia son definidas como constructos psicosociales inferidos o latentes o como procesos que residen dentro del individuo. Estos constructos o procesos están bajo la influencia de estímulos específicos u objetos de referencia (v.g. individuos, grupos sociales). Estos referentes, por su valor social percibido, son capaces de promover una respuesta actitudinal por parte del sujeto (Verdugo, Jenaro, Arias, 1995: 83).

Otros autores conciben la actitud como un conjunto de componentes, por lo que la actitud sería " una idea cargada de emoción que predispone a una clase de acciones ante un determinado tipo de situaciones sociales" Triandis (1971, cf. Verdugo, Jenaro, Arias, 1995: 83-86), según esos autores hay un componente cognitivo, un componente afectivo y un componente conductual.

a. Componente cognitivo : se refiere al concepto que se tiene sobre un sujeto u objeto sobre el que se plasman ideas, creencias, opiniones o percepciones, en nuestro caso sobre las personas con discapacidad, con influencia frecuente de las opiniones que circulan en el contexto en que nos desenvolvemos. Se pueden llegar a construir estereotipos, si las personas no saben distinguir entre unos y otros tipos de discapacidades y los diversos niveles de desarrollo.

b. Componente afectivo: el componente afectivo va unido al componente cognitivo y la emoción se asocia a esos componentes con diversos grados de fuerza, en ello influye el tipo de experiencia positiva o negativa.

c. Componente conductual : supone una predisposición a la acción. Si el objeto o sujeto se considera interesante o bueno se produce acercamiento si es al contrario actúa el rechazo. Aunque en el comportamiento social hay una serie de dimensiones, puede ser encubierto o abierto, formal o íntimo, superior o subordinado y asociado con gusto o disgusto hacia la otra persona.

Se sabe que en el cambio de actitud hacia las personas con discapacidad pueden influir diferentes medios entre los que han adquirido una gran importancia los audiovisuales, no obstante consideramos que el conocimiento más fiable y ajustado a la realidad es el procedente de la comunicación o interacción entre las personas con y sin discapacidad. Nosotros a principios de la década de los setenta promovimos el conocimiento directo con resultados altamente positivos. Pusimos en marcha varios proyectos, desde nuestro trabajo de dirección del desaparecido Patronato María Soriano de Educación Especial, entre los que se encontraban: Asistencia de los alumnos a colonias de vacaciones o campamentos con otros niños sin discapacidades. Participación, junto a niños sin problemas, en certámenes de dibujo y pintura convocados por entidades del lugar. Apertura del campo de deportes de los colegios de educación especial a los alumnos de régimen ordinario con programa de actividades deportivas. Conectamos los talleres del Patronato con empresas de la ciudad y funcionaron como talleres auxiliares de su producción. Además estudiamos la posible aceptación por las empresas de operarios con discapacidad (Ibáñez, op. cit.: 185 y ss).

Nuestro objetivo fue facilitar la integración a través de un cambio de actitudes en la sociedad. Ese cambio de actitudes cuando se conoce a las personas con discapacidad ha sido observado también por otros autores (Dengra, Durán y Verdugo, 1991; Donaldson, 1980). Para Donaldson la modificación de actitudes se impulsa con el establecimiento de un estatus de relaciones entre iguales (personas con y sin discapacidad).

Por supuesto que aún queda mucho por hacer para que se produzca un cambio general de actitudes, a modo de síntesis deben desaparecer los prejuicios procedentes de entornos negativos hacia las personas con discapacidad y recordar que gran parte de las diferencias entre unas y otras se deben especialmente al tipo y grado de discapacidad más las interacciones contextuales.

1.4. SERVICIOS SOCIOCOMUNITARIOS EN APOYO DE LA FAMILIA

Los *servicios sociales comunitarios* son considerados como un tipo de prestaciones que se ofrecen a aquellas personas que se encuentran en situación de riesgo social, algunos están comprendidos en la Ley General de Seguridad Social como complementarios a las prestaciones económicas (Rodríguez Rodríguez, 1997). Los servicios sociales no se reducen a su faceta de producción y distribución de prestaciones, sino que son también instrumentos de intervención (Casado, 1994, cf. Rodríguez Rodríguez, op. cit. : 75).

Se puede decir que los servicios sociales comunitarios tienen por objetivo general mantener o procurar la integración social de las personas en la comunidad.

La Ley 13 / 1982, de 7 de abril, de Integración Social de los Minusválidos, en su Título Octavo trata de los servicios sociales.

> *"Los servicios sociales para los minusválidos tienen como objeto garantizar a éstos el logro de adecuados niveles de desarrollo personal y de integración en la comunidad (...)" (Art. 49)*
>
> *"Sin perjuicio de lo dispuesto en otros artículos de esta ley, los minusválidos tendrán derecho a los servicios sociales de orientación familiar, de información y orientación, de atención domiciliaria, de residencias y hogares comunitarios, de actividades culturales, deportivas, ocupación del ocio y del tiempo libre" (art. 51. 1)*
>
> *"La orientación familiar tendrá como objetivo la información a las familias, su capacitación y entrenamiento para atender a la estimulación y maduración de los hijos minusválidos y la adecuación del entorno familiar a las necesidades rehabilitadoras de aquellos" (art. 52. 1)*
>
> *"Los servicios de orientación e información deben facilitar al minusválido el conocimiento de las prestaciones y servicios a su alcance, así como las condiciones de acceso a los mismos" (art. 52.2.)*

1.4.1. Las Asociaciones de Padres como precursoras de las prestaciones de servicios sociocomunitarios

Las Asociaciones de Padres con hijos con discapacidad psíquica, comenzaron a crearse en nuestro país en los años sesenta y desempeñaron un importante papel impulsando el área educativa, científica y social. Se denominaron genéricamente durante algunos años "Asociaciones de subnormales o de padres de niños subnormales" , utilizaron el término “subnormal” como menos peyorativo que los anteriormente usados. A su vez estas asociaciones tomaron nombres diferentes en función del lugar de surgimiento, por ejemplo, ATADES, AFANIAS, ASPRONA, APROSE.

Actuaban en régimen de mutualidad de padres sin fines lucrativos, tendieron a fomentar la creación de centros de carácter educativo, científico y asistencial para la educación, rehabilitación y tutela de cuantos padeciesen deficiencias de carácter mental, coexistiendo o no con alteraciones físicas que les imposibiliten para su instrucción e integración social al ritmo y capacidad de una persona sin discapacidad (Ibáñez, P. 1987: 27 - 28). Intentaron cubrir el hueco existente en la atención a esos colectivos especiales y no olvidaron impulsar los talleres de trabajo para ellos.

También surgieron asociaciones de padres en función del tipo de discapacidad que padecían sus hijos: PACYS (Paralíticos cerebrales), APNA (Padres de niños autistas en España), entre otras.

Hoy en día se han incrementado las asociaciones, fundaciones, pero quizás lo más importante sea el agrupamiento entre ellas constituyendo Confederaciones y Federación de Asociaciones que facilita el que sus opiniones y propuestas alcancen mayor difusión y sean consideradas.

Actualmente podemos contar con diversos servicios sociocomunitarios que cada vez adquieren mayor importancia en las Comunidades Autónomas debido al proceso de descentralización llevado a cabo en nuestro país. Entre esos servicios para personas con discapacidad y para sus familias se pueden distinguir: modalidades de servicios de apoyo social a la persona con discapacidad y a la familia, modalidades de servicios de salud y/o terapéuticos, modalidades de servicios educativos y laborales y modalidades económicas. Muchas de esas modalidades funcionan simultaneamente e interactúan.

1.4.2. Servicios de apoyo a la familia: cuidados sustitutivos

El apoyo social es un factor fundamental en la salud física y psíquica de las personas, siendo la red social de apoyo, como anteriormente se ha indicado, de suma importancia en la atención de la discapacidad. Las personas con un buen apoyo social pueden tolerar situaciones de estrés sin enfermar, mientras que si no hay apoyo se pueden presentar alteraciones somáticas y psíquicas (Caplan, 1974; Cohen y Syme, 1985).

La atención sustitutiva tiene por fundamento la necesidad de descanso de los padres fuera del hogar o quizás en el hogar pero sin la presencia del miembro familiar con discapacidad.

La comunidad debería tener por prioritario el cubrir las necesidades de forma conveniente y constante, proporcionando cuidados sustitutivos a las familias cuyos miembros por sus discapacidades pueden tener alto riesgo de ser internados.

a. **Servicios en el hogar**
   - **Cuidador- compañero:** según este modelo una persona competente queda a cargo de la persona con discapacidad en el hogar durante la ausencia de los padres.
     Las dificultades para su realización consisten en encontrar personas que sepan tratar al discapacitado y estén dispuestas a prestar esos servicios. Así se recoge en estudios realizados sobre el tema, frecuentemente los padres afirmaban que muchos de los trabajadores que habían conocido no estaban suficientemente preparados para ese trabajo, que eran reacios a volver o se negaban a ello, que sólo sabían prestarles servicios asistenciales pero no sabían hacerles participar en actividades y no querían salir de casa por temor a no poder controlar situaciones (Cohen y Warren, 1985).
     El no salir de casa con el cuidador-compañero origina falta de aprovechamiento de situaciones de relación para ir a lugares de reunión y fijación de la dependencia paterna para salir de casa si siempre se sale con los padres.
   - **Auxiliares sanitarios a domicilio:** Los cuidados que proporcionan están en relación con su trabajo. La situación puede complicarse si han de tratar a personas con problemas conductuales al no ser frecuente que hayan adquirido preparación en ese campo.

b. **Servicios fuera del hogar**
   - **Campamentos o colonias de verano:** puede ser un medio adecuado para permanencia transitoria de la persona con discapacidad ofreciéndole experiencias y habilidades.
     Los problemas pueden provenir del desconocimiento sobre cómo tratar a discapacitados por parte de quienes están a cargo del campamento. La situación se agudiza si el problema que porta el niño es de alteración conductual siendo rechazado en muchos campamentos y dando por finalizada su estancia prematuramente (Coyne, 1997 : 318). Una solución al problema fue la tomada a principios de los años setenta por

el desaparecido Patronato María Soriano de Educación Especial enviando a campamentos ordinarios a grupos de sus alumnos, pero siempre acompañados por profesores o/ y monitores especializados para proporcionar la atención precisa y facilitar su integración.

- **Instituciones:** Si bien en tiempos pasados las instituciones se consideraban ideales para el internamiento de personas con discapacidad tanto por los tratamientos como por el desconocimiento de muchas familias sobre cómo actuar, las políticas actuales dirigidas hacia la integración impulsan la vida sociofamiliar recomendándose que los cuidados se produzcan en el hogar.
  - Sustituciones transitorias: Algunas familias en situación extrema se han visto forzadas a utilizar instituciones para sustituciones transitorias en la atención del miembro familiar con discapacidad (ibid.: 319).
  - Sustituciones permanentes: de ello se ocupan las residencias en las que están acogidas personas mayores con o sin familia.
- **Residencias y hogares comunitarios:** "Los servicios de residencias y hogares comunitarios tienen como objetivo atender a las necesidades básicas de aquellos minusválidos carentes de hogar y familia o con graves problemas de integración familiar". "Estas residencias y hogares comunitarios podrán ser promovidos por las Administraciones Públicas, por los propios minusválidos y por sus familias" (LISMI, art. 52.4.).
- **Familias de acogida:** estancias breves y estancias largas

  La acogida de personas con discapacidad por familias en las modalidades de estancias breves o estancias largas se ha impulsado fundamentalmente fuera de nuestro país. Esas familias suelen tener una alta consideración en la comunidad por haber incorporado voluntariamente al seno familiar a una persona con problemas, y frecuentemente desarrollan relaciones sociales con otras familias de acogida por estar en situaciones similares.
  - *Estancias breves*: son los llamados programas de "respiro" o de "atención para aliviar" a las familias con personas con discapacidad. Las primeras experiencias aparecen en los años setenta en Estados Unidos y Gran Bretaña. Las familias reciben preparación para la acogida, apoyo profesional y estipendio económico por organismos sociocomunitarios (departamentos de Servicios Sociales), asociaciones o entidades privadas.

Los padres que solicitan esta ayuda suelen tener hijos con discapacidad psíquica y/o con problemas conductuales, o con un alto grado de dependencia familiar (Hanvey, 1981).

La familia de acogida con su actuación suele beneficiar a la persona con problemas y también influye en la biológica al establecerse relaciones entre ambas.

— *Estancias largas:* pretenden evitar la institucionalización de la persona con discapacidad o con graves problemas de integración familiar.

Para la captación de familias es frecuente la utilización de medios de comunicación locales y lugares de reunión de miembros de la comunidad, iglesias, clubes ... donde se cuentan a grandes rasgos historias de menores que necesitan familias de acogida y lo que ellos pueden aportar a la familia. Entre esos menores también se encuentran niños maltratados, hijos de drogodependientes a cuyos padres se retiró la custodia y otras situaciones procedentes de desventajas sociales.

En Estados Unidos las familias que siguen programas completos de preparación acogiendo posteriormente a disminuidos son consideradas "padres sustitutos profesionales". A veces, según el programa, pasan a formar parte del personal de la entidad siendo su asignación superior a la de una acogida no especializada (Freeman, 1978, cf. Ripoll - Millet y Rubiol, 1997: 358).

Siguiendo a Ripoll - Millet y Rubiol (ibid. : 356) merecen destacarse los programas puestos en práctica en varias ciudades o estados con la finalidad de encontrar familias para niños difíciles de ser acogidos (entre ellos discapacitados físicos y mentales) muchos residentes en instituciones:

— Spalding for children (Michigan)
— Experiencia ENCOR (Nebraska)
— Fundación Dr. Barnardo, (acogida para niños deficientes mentales) (Liverpool)
— SESEP (para atender a niños con secuelas de poliomielitis, por no poder hacerlo la familia) (París)
— Programas de acogimiento familiar (Canadá:Quebec/ Reino Unido/España)

- Familias funcionales. España

Refiriéndonos a nuestro país contamos con organizaciones que se ocupan de niños abandonados, o procedentes de familias con fuerte desectructuración acogiéndolos en pisos bajo el cuidado directo de dos adultos que realizan funciones paternales, constituyéndose así una familia funcional en función de los roles de padres e hijos que se desempeñen, entre esos niños puede haber algunos con discapacidades. Asisten a colegios estatales al igual que los hijos de otras familias. Entre las organizaciones más conocidas a nivel nacional se hallan "Nuevo Futuro" y "Aldeas Infantiles".

1.5. SERVICIOS SOCIOCOMUNITARIOS EN APOYO DE ADULTOS CON DISCAPACIDAD

Esos adultos pueden presentar una discapacidad desde su nacimiento a haberla adquirido en cualquier momento de su vida incluso recientemente, si ha habido pérdida de funciones sea cualesquiera la causa en este caso se habla de involución.

> *LISMI: "Los servicios de atención domiciliaria tendrán como cometido la prestación de atenciones de carácter personal y doméstico, así como la prestación rehabilitadora tal y como ya dispone el artículo diecinueve de la presente ley, todo ello sólo para aquellos minusválidos cuyas situaciones lo requieran" (art. 52.3.).*

1.5.1. Servicio de ayuda a domicilio (SAD)

El SAD es un servicio público, polivalente y social, forma parte de los servicios sociales generales. La ayuda polivalente a domicilio es la prestación de una serie de servicios en el propio domicilio con el fin de cubrir los déficits de la persona proporcionándole la atención adecuada.

El objetivo es atender a las personas en su propio medio, fomentando su autonomía personal y evitando el desarraigo de su entorno y el ingreso en una institución.

Son beneficiarias las personas que debido a sus carencias físicas, psíquicas o sociales, precisan la ayuda de otra persona y no pueden afrontar tal necesidad con medios personales o familiares (Estrada, 1997).

Tipo de prestaciones:

- Cuidados personales: ayuda para la independencia en actividades básicas, higiene, vestirse, alimentación
- Ayuda en trabajos domésticos
- Ayuda para la relación con el entorno: hacer compras, actividades de ocio

1.5.2. Servicios externos de acción social

No hay acuerdo internacional sobre si clasificarlos dentro del SAD o simplemente considerarlos servicios externos de acción social.

— Servicios de comidas: si no se elabora en casa puede tomarse en hogares, clubes, o restaurantes contratados. También existe el reparto de comidas a domicilio para personas que no pueden desplazarse.
— Servicios para actividades culturales y recreativas: se pueden realizar en la comunidad o en el propio hogar. Previenen el aislamiento y la marginación lo que contribuye a mantener las facultades mentales al ejercitarse.

En algunos lugares hay servicios bibliotecarios de préstamo a domicilio.

1.6. SERVICIOS SOCIOCOMUNITARIOS COMPLEMENTARIOS

1.6.1. Varios

— *Centros sociales u hogares para tercera edad*: pueden ser específicos para ancianos o estar abiertos a toda la población incluyendo a las personas con discapacidad. Son un lugar de encuentro que posibilita modalidades de apoyo social. Algunos ofrecen servicios profesionales tales como restaurante, peluquería o lavandería.
— *Centros de día*: tienen carácter especializado y pueden ofrecer una amplia gama de prestaciones. Existen para ancianos, menores, discapacitados y drogodependientes. Proporcionan asistencia integral, tratamiento especializado, promoción de salud, terapia ocupacional, actividades culturales y recreativas, actividades de convivencia, apoyo psicosocial, orientación familiar, servicios médicos.
— *Residencias temporales*: se crearon para cumplir dos funciones. En algunos países realizan la función de casas de invierno para personas que viven aisladas y precisan de ciertos cuidados. Como se ha indicado en páginas anteriores, también tienen por función el permitir el descanso ocasional o periódico a familias que cuidan a discapacitados y a ancianos.

Adaptaciones de vivienda: Este servicio tiene por objetivo dotar a la vivienda ocupada por una persona mayor con problemas de desplazamiento de las condiciones necesarias para su habitabilidad, favoreciendo su autonomía aún cuando padezca situaciones de dependencia. Se conceden subvenciones a fondo perdido, pero el servicio todavía no se ha extendido a algunos lugares.

Cuidados médicos complementarios del SAD: Además de cuidados de salud primaria a domicilio, existe la hospitalización a domicilio, los hospitales de día y los hospitales de noche. Estos cuidados evitan larga hospitalización y desarraigo contextual. Sin embargo estos servicios no existen o no están plenamente en funcionamiento en todos los lugares.

Telealarmas o teleasistencia :se emplean para estar conectado con la persona que vive en su hogar y asistirla en caso de necesidad. Existen sistemas de teleasistencia muy perfeccionados tecnológicamente. Consisten en un dispositivo que la persona lleva sobre ella y que puede emitir una señal de alarma a una central de escucha, la cual se pone inmediatamente en contacto con la persona desde la que se ha emitido, y si el caso lo requiere se envía urgentemente ayuda al domicilio desde donde proviene la señal.

1.6.2. Prestaciones sociales y económicas:

a. Antes de la Ley de Integración Social de los Minusválidos (LISMI) (Hasta 1982)

— *Pensiones asistenciales para ancianos y enfermos o inválidos incapacitados para el trabajo* (Decreto 1315/62) cuyo origen está en los Fondos Nacionales para la aplicación social el impuesto y el ahorro (Ley 45/ 60).

— *Aportación económica por subnormalidad* (Decreto 2421/ 68), perteneciente a prestaciones de la Seguridad Social, además de la indicada en el punto anterior.

Tiene por finalidad complementar las rentas familiares contribuyendo a los gastos de educación, se consideran tipo y grado de discapacidad (visual, auditiva, mental, motriz, pérdida de extremidades), incrementándose por diversos supuestos familiares.

Complemento familiar especial (Decreto 2741/72) establecido para los hijos minusválidos de funcionarios civiles y militares, extendiéndose posteriormente a los hijos minusválidos de funcionarios de la Administración local (O.M. 23.10.73) .

— *Prestaciones derivadas del régimen unificado de ayudas públicas a disminuidos* (Real Decreto 620/ 81). Se pueden otorgar si se cumplen ciertos requisitos, siendo variables el tipo de servicios y la cuantía. Las hay para educación, rehabilitación, asistencia especializada (personal, domiciliaria, institucionalizada) y complementarias para posibilitar la recepción de servicios a los que se destinan las anteriores ayudas (García Viso, 1997: 427 y ss).

b. Desde la Ley de Integración Social del Minusválido (LISMI) (Desde 1982)

Al *sistema de prestaciones sociales y económicas* hace referencia la LISMI en el Título Quinto a través de varios artículos, desde el doce al diecisiete. También en la Constitución Española se encuentran artículos sobre el mismo tema.

> *"En tanto no se desarrollen las previsiones contenidas en el artículo cuarenta y uno de la Constitución, el Gobierno en el plazo de un año a partir de la entrada en vigor de la presente Ley, establecerá y regulará por Decreto un sistema especial de prestaciones sociales y económicas para los minusválidos que, por no desarrollar una actividad laboral, no estén incluidos en el campo de la aplicación del sistema de la Seguridad Social. En dicho Decreto se especificarán las condiciones económicas que deberán reunir los beneficiarios de las distintas prestaciones. (LISMI, art. 12.1)*

El *artículo 41* de la **Constitución** se refiere a los poderes públicos que mantendrán un régimen público de Seguridad Social que garantice la *asistencia y prestaciones sociales* suficientes ante situaciones de necesidad. También en el *artículo 50* se hace referencia a los poderes públicos que garantizarán la suficiencia económica durante la tercera edad, promoverán su bienestar mediante un sistema de servicios sociales que atenderán sus problemas específicos de salud, vivienda, cultura y ocio.

(LISMI art. 12. 2). **La acción protectora comprenderá al menos**:

a) Asistencia sanitaria y prestación farmacéutica
b) Subsidio de garantía de ingresos mínimos
c) Subsidio por ayuda de tercera persona
d) Subsidio de movilidad y compensación para gastos de transporte
e) Recuperación profesional
f) Rehabilitación médico - funcional

Subsidio de garantía de ingresos mínimos

La LISMI en su artículo 14 defiende el derecho del minusválido que por su grado de minusvalía se vea imposibilitado de obtener un empleo adecuado a recibir un subsidio de ingresos mínimos. Y en el artículo 15 se dice así:

"Los minusválidos acogidos en centros públicos o privados financiados en todo o en parte con fondos públicos, y en tanto permanezcan en ellos, tendrán derecho a la parte del subsidio de garantía de ingresos mínimos que reglamentariamente se determine".

Plan Integral de apoyo a la familia 2001-2004

Este Plan Integral tiene por objetivos aumentar la calidad de vida de las familias españolas fomentar la solidaridad entre generaciones, y estimular las iniciativas a favor de las familias en situación de riesgo. Entre la pluralidad de líneas estratégicas de este plan encontramos referencias para los colectivos con discapacidad, entre las medidas a tomar se hallan: ayuda fiscal a familias con hijos con discapacidad, ayudas para el cuidado de personas dependientes, incremento de los servicios de atención a personas con discapacidad que dependan del cuidado de los demás, ampliar la oferta de viviendas de protección oficial y adecuarlas a los condicionantes de personas con discapacidad, promover la inserción social facilitando el acceso al mercado laboral (Minusval, noviembre-diciembre 2001).

1.6.3. Servicios Educativos complementarios

La Comunidad en el área educativa y laboral presta servicios de diversos tipos a los ciudadanos según sus necesidades, con especial atención a la discapacidad. Podemos agruparlos de la siguiente forma:

- *Servicios educativos para la familia de la persona con discapacidad*: Formación de padres y Estimulación Temprana. Estos temas son tratados en el Contexto Familiar.
- *Servicios para la persona con discapacidad:* Colegios de Integración, Colegios de Educación Especial, Talleres de Formación Profesional, Talleres de Empleo, Centros Ocupacionales, Centros Especiales de Empleo. Estos temas son tratados en el Contexto Escolar y en el Contexto Laboral.

1.7. ACCESIBILIDAD, MOVILIDAD Y PERMANENCIA

Es fácil estar de acuerdo con la Unión Europea respecto a que las barreras en el entorno obstaculizan la participación social más que las limitaciones funcionales. Esa preocupación se halla recogida en un conjunto de medidas adoptadas por la Comisión Europea el 26 de noviembre de 1999 contra la discriminación entre las que se incluye el mejoramiento de las condiciones de accesibilidad para las personas con discapacidad (COM, 2000).

Aparece el concepto europeo de accesibilidad que recoge los principios de diseño universal aplicables a edificios, infraestructuras y productos de la construcción y del equipamiento. Se parte de la premisa de que la accesibilidad es un derecho básico y que todas las personas tienen el mismo derecho a participar en actividades dentro del entorno construido. Los principios rechazan la división de la aplicación para personas con y sin discapacidad, sin embargo introducen disposiciones suplementarias en casuísticas precisas.

Así pues, los profesionales del entorno deben considerar las posibles limitaciones de los individuos proyectando una solución útil para todos, es decir integrando las distintas necesidades de las personas en instalaciones que pueda utilizar todo el mundo, incluso considerando los recursos que empleen las personas con discapacidad para compensar sus limitaciones, tales como audífonos, gafas, bastones de nubilidad o perros-guía y muletas o sillas de ruedas. La movilidad personal depende parcialmente de los medios que las personas tengan a su disposición.

En el interesante manual denominado Concepto Europeo de Accesibilidad elaborado por la Comisión Central de Coordinación para la Promoción de Accesibilidad, supervisado por expertos de distintos países europeos y financiado por la Comisión Europea (CEAPAT, 2000) se recogen los criterios y recomendaciones para la organización del espacio respecto al movimiento horizontal, al movimiento vertical y al uso de instalaciones en el edificio, con el fin de que la persona a pesar de sus alteraciones pueda hacer uso del espacio lo más independientemente posible es decir sin ayuda ajena.

En el movimiento horizontal se consideran diversos apartados para permitir el desplazamiento a personas con dificultades motoras o con déficits visuales: anchura de las vías peatonales, espacios de giro, superficies horizontales libres de irregularidades que provoquen tropiezos o accidentes, medios de orientación y avisos. Se consideran las dificultades que tienen las personas ciegas o con problemas de visión para orientarse por lo que en el exterior precisan elementos tactiles como bordes de aceras o aceras rebajadas en pasos peatonales.

En el movimiento vertical se pretende solventar el problema a personas con dificultades motoras o con déficits visuales de pasar de un nivel a otro: rampas, ascensores, escalones y escaleras.

Las instalaciones en el edificio deberían seguir también las recomendaciones recogidas en el manual atendiendo a la viabilidad de uso por todos: dimensiones de las puertas para el desplazamiento de sillas de ruedas; accionamiento, alcance y sujeción de tiradores de las puertas; interruptores de luz, altura de teléfonos públicos, de cajeros, de botonera del asensor, de perchas, de estantes de libros, de baños ... Se deben evitar superficies brillantes, suelos monocromos y cristales del suelo al techo porque pueden inducir a confusión a quienes tienen problemas de orientación. Ante problemas auditivos se requiere evaluar las condiciones acústicas del espacio y los factores de absorción del mismo.

La Unión Europea también reconoce el problema del transporte para las personas con discapacidad. Se han incrementado e impulsado varios programas comunitarios para investigar el tema apoyándose en la tecnología punta y el intercambio de conocimientos técnicos. Las líneas de interés abarcan desde el transporte en autobuses y autocares hasta el transporte ferroviario, aéreo y marítimo. Incluso la Comisión ha creado el Servicio Europeo de Información sobre Transportes Locales (ELTIS) utilizándose una base de datos informatizada (Comisión de las Comunidades Europeas, 2000).

1.8. OCIO Y TIEMPO LIBRE

1.8.1. Actividades generales

Se denomina tiempo libre al tiempo de que disponemos sin tener que realizar actividades obligatorias. Ocio es el conjunto de actividades que se realizan en el tiempo libre.

> *"Las actividades deportivas, culturales, de ocio y tiempo libre se desarrollarán siempre que sea posible, en las instalaciones y con los medios ordinarios de la comunidad. Sólo de forma subsidiaria o complementaria podrán establecerse servicios y actividades específicas para aquellos casos en que, por la gravedad de la minusvalía, resultara imposible la integración" (LISMI, art. 52.5.)*

No pretendemos hacer una clasificación sino indicar algunas de las actividades bien acogidas por personas con discapacidad:

a. Actividades artísticas: pintura, teatro, música... (participante / espectador)
b. Actividades manuales : artesanía, construcción de objetos...
c. Actividades deportivas (previo examen médico) participante / espectador
d. Actividades sociales: reuniones, visitas, coloquios, discotecas....

e. Otras actividades: lectura, colecciones (filatelia, numismática, cromos...)

1.8.2. Deporte

Por los efectos terapéuticos y sociales que produce la práctica de deportes en personas con discapacidad vamos a dedicarle unas líneas.

En 1944 el doctor L. Guttmann introduce por primera vez el deporte en la reeducación de los minusválidos físicos. En 1960, en Roma , se celebran por primera vez unos Juegos Olímpicos para minusválidos, a continuación de la celebración de los Juegos Olímpicos habituales. Desde esa fecha se vienen organizando esas competiciones que han tomado el nombre de Juegos Parolímpicos.

Actualmente son numerosas las personas con discapacidades que practican deporte y para ellas se han redactado reglas especiales de competición que se aplican en diversas especialidades deportivas, en función de los tipos de discapacidad.

Las asociaciones deportivas para personas con discapacidad han tomado auge, entre las más conocidas y más antiguas se halla la Asociación Española de Deportes, Ocio y Tiempo Libre para Minusválidos (ANDE).

La práctica del deporte tanto desde la perspectiva física como psicológica y social aporta beneficios generales que pueden sintetizarse de la siguiente forma:

- Desde el punto de vista físico: contribuye al desarrollo muscular, al mejoramiento del tono vital, coordinación y habilidad.
- Desde el punto de vista psicológico: actúa como factor de motivación y se combate la ansiedad, se incrementa la confianza en uno mismo desapareciendo sentimientos de inferioridad.
- Desde el punto de vista social : se abre una vía de integración social o se refuerza la existente.

Además de los beneficios generales derivados de la práctica de un deporte están los beneficios específicos de cada deporte por lo que es conveniente que se estudie el caso de cada persona con discapacidad para orientarla acerca de los más idóneos para ella.

1.9. VOLUNTARIADO

La labor del voluntariado es tan necesaria e importante que ha merecido un gran reconocimiento designándose el día 5 de diciembre para la celebración del Día Internacional del Voluntariado.

La Ley de Integración Social del Minusválido ya aludió a la actividad del voluntariado en el artículo 64.1

> *"El Estado fomentará la colaboración del voluntariado en la atención de los disminuidos promoviendo la constitución y funcionamiento de instituciones sin fin de lucro que agrupen a personas interesadas en esta actividad, a fin de que puedan colaborar con los profesionales en la realización de actuaciones de carácter vocacional en favor de aquellos"*

La potenciación del movimiento creciente del Voluntariado hizo considerar a la Asamblea General de las Naciones Unidas que el año 2001 se proclamase Año Internacional del Voluntariado.

El 20 de febrero del mismo año se constituyó el Comité Español de Coordinación para el Año Internacional del Voluntariado debido al desbordante crecimiento que el movimiento voluntario ha experimentado en los últimos años en nuestro país como muestran las cifras recogidas en el Directorio de Acción Social de más de 11.000 entidades, siendo el setenta y ocho por ciento de las personas que colaboran en las ONG´s de acción social voluntarios; el número de voluntarios actualmente se estima en 1.073.000. A tenor de ese aumento era precisa la aprobación del II Plan Estatal del Voluntariado aprobado por Consejo de Ministros el 22 de junio de 2001, haciéndose hincapié en el apoyo a ONG´s, la sensibilización de la sociedad hacia el voluntariado, la coordinación de todas las estancias implicadas y la promoción de este movimiento social en nuestro país. Este plan se estructura en tres grandes áreas u objetivos: sensibilización, apoyo y coordinación.

Se pretende que en el voluntariado se contemple tanto la perspectiva cuantitativa como cualitativa, es decir no sólo el incremento del número de voluntarios sino también el impulso de la calidad del movimiento voluntario con el fin de conseguir el compromiso de nuevos colectivos y el desarrollo de la acción voluntaria en nuevos sectores. Destacamos en este plan la alusión tanto a la implicación pasiva como activa de las personas con discapacidad por lo que deben comprometerse como sujetos activos del voluntariado en vez de quedar reducidos exclusivamente a recibir cuidados y atenciones ya que pueden hacer importantes aportaciones tanto en ayuda directa como en formación e información, por ser los mejores conocedores de la situación del colectivo al que pertenecen. (Minusval 2001b: 3- 12).

(III) 2. CONTEXTO FAMILIAR Y DISCAPACIDAD

La Educación se produce tanto en los contextos institucionales como en los no institucionales, de lo que se deduce que no se puede tratar, atender, educar plenamente a la infancia sin abordar simultáneamente la situación familiar y condiciones ambientales en que está inmersa. La labor del orientador y educador social suele desarrollarse en los contextos en que se inserta la vida de la persona: la familia, el sistema educativo, el entorno sociocomunitario y las empresas. Si toda persona precisa al menos alguna vez en su vida de orientación, las personas con necesidades especiales la requieren con más asiduidad en mayor o menor grado y así mismo los contextos para adecuar su respuesta a las diferentes necesidades de las personas.

2.1. IMPORTANCIA DE LA FAMILIA EN LA INTEGRACIÓN DE LA PERSONA CON DISCAPACIDAD

La familia, especialmente la que tiene algún miembro con discapacidad, está influenciada por los recursos y medios ambientales que precisa o que recibe y es insustituible por cualquier servicio técnico por excelente que sea.

Remontándonos a datos históricos la familia era la educadora natural responsable de los hijos, posteriormente esa responsabilidad fue compartida con los maestros. Ciertas discapacidades, en particular las de tipo psíquico, no fueron aceptadas por muchos núcleos familiares lo que impulsó al aislamiento del miembro con discapacidad en su medio familiar, discapacidad que se acentuaba al no ser estimulado. Los centros de educación especial abrieron un nuevo horizonte para las personas con discapacidad, se les dió tratamiento y educación, se facilitó su integración entre sus iguales, en su medio familiar y a veces social.

La familia comenzó a ver la discapacidad desde otra perspectiva, en muchos casos tenían esperanza en el progreso del discapacitado con la ayuda familiar para su posible integración mientras que en otros casos lo que se pretendía era su internamiento, alejamiento de su entorno, por su mejora o con frecuencia por delegar su problema en los internados; aunque en honor a la verdad los centros de educación especial eran tan pocos en sus comienzos que si se vivía alejado de ellos la única solución era el internado, para paliar el problema algunos internados obligaban a los padres a recoger a los hijos para pasar juntos el fin de semana. Por tanto, hemos de resaltar el gran papel que desempeñaron los colegios especiales de régimen externo que supusieron una forma continua de compartir responsabilidades educativas entre padres y profesores.

La importancia de la familia en la integración del miembro con discapacidad ha sido reconocida tanto a nivel internacional como nacional, por lo que además de disposiciones hay acciones sociales para ayudar en su atención y evitar su internamiento, lo que origina una intervención en el medio abierto, como en páginas anteriores se ha expuesto. El objetivo hacia el que se camina es la consecución de la calidad en el medio familiar para una integración plena.

Las *Naciones Unidas* (1996, art. 9: 176) en su Programa de Acción Mundial para las Personas con Discapacidad se pronuncian así: "Los Estados deben promover la *plena participación de las personas con discapacidad en la vida en familia*. Deben promover su derecho a la integridad personal y velar porque la legislación no establezca discriminaciones contra las personas con discapacidad (...)".

Y continúan manifestando: "Las personas con discapacidad deben estar en condiciones de vivir con sus familias. Los Estados deben estimular la inclusión en la *orientación familiar* de módulos apropiados relativos a la discapacidad y a sus efectos para la vida en familia. A las familias en que haya una persona con discapacidad se les deben *facilitar servicios de cuidados temporales o de atención a domicilio...*" (art. 9.1.) (Los subrayados son nuestros).

2.1.1. Educación familiar: conceptos generales

La educación familiar en términos generales se puede entender como un conjunto de acciones educativas de carácter socializador aplicadas por los padres en el grupo familiar y dirigidas a los hijos.

La educación familiar sustitutoria, supone un tipo de formación impartido por agentes de intervención sobre niños o jóvenes en ausencia de sus padres. Esta situación se produce en niños internos, o en niños en hogares de acogida donde los padres acogedores pueden ser agentes de intervención.

Otra forma de interpretar la educación familiar proviene de la formación de padres por los agentes de intervención socioeducativa, donde los Orientadores y Educadores Sociales desempeñan un rol importantísimo. Constituye la formación de padres toda acción educativa de sensibilización, de aprendizaje, de adiestramiento, de clarificación de los valores que inciden en las actitudes y las prácticas de los padres en la educación (Boutin y Durning, 1997).

En la Ley de Integración Social del Minusválido también se presta atención a la familia con hijos discapacitados: "la *orientación familiar* tendrá como objetivo la información a las familias, su capacitación y entrenamiento para atender a la estimulación y maduración de los hijos minusválidos y la adecuación del entorno familiar a las necesidades rehabilitadoras de aquellos" (art. 52, 1) (El subrayado es nuestro).

La promulgación de este artículo es encomiable, pero la realidad nos indica que no siempre se lleva o se puede llevar a la práctica en su totalidad por razones diversas. En una muestra de 1972 alumnos de integración en la Comunidad Autónoma de Madrid hemos encontrado que el 60 por ciento de los padres no había recibido formación acerca de la discapacidad de su hijo para tratarle adecuadamente; analizando la formación de los padres y el tipo de alteración de su hijo se aprecia que los más formados son los que tienen hijos con discapacidades de tipo sensorial y entre los menos formados están los que tienen hijos con dificultades de aprendizaje e hijos con retraso mental leve (Ibáñez y Senra, 1999).

Desde muy antiguo se ha intentado educar o más bien influir en la familia transmitiendo su experiencia los mayores, los vecinos, los amigos sobre cómo atender a los hijos, especialmente en las primeras edades, es decir dando consejos. Hoy en día es una costumbre no desterrada pero sí disminuida al ser ese campo tratado por profesionales que imparten orientación.

A partir de los años sesenta es cuando se puede hablar propiamente de orientación familiar o formación de padres. La educación sanitaria fue de las primeras en proporcionarse, tanto en el aspecto curativo como preventivo, con las creaciones de servicios de orientación y planificación familiar.

Al tratar a niños con discapacidades o en situación de riesgo, se hizo necesaria la intervención no sólo de profesionales sanitarios que fueron los que comenzaron a paliar dificultades en el curso del desarrollo, sino de los orientadores y educadores sociales para actuar con las familias desde sus respectivos campos profesionales. Las intervenciones socioeducativas, más las ayudas de tipo económico y social que perciben diversos colectivos familiares, una vez más recordamos que son con el fin de que se mantenga al niño en su medio natural. Dicha atención ha originado el surgimiento de diversos programas para padres, que deben ser los educadores naturales de sus hijos.

Esta postura se ha reflejado en las nuevas directrices para impartición de estimulación temprana, si en sus inicios la realizaban los profesionales a veces con la colaboración de padres actualmente se pretende que la realicen los padres dirigidos por profesionales. La situación se ha modificado al prestarse una gran atención a los padres para que alcancen un buen desarrollo emocional ante el problema y puedan ayudar mejor a sus hijos. Recuérdese que las situaciones emocionales de los padres se suelen transmitir a sus bebés especialmente cuando se produce el contacto entre ambos (Ibáñez, 1997).

Movimientos precursores de la formación de padres

Las primeras referencias respecto a la formación de padres se sitúan en Estados Unidos, allí encontramos el *Movimiento de Formación de Padres*, concretamente en el Congreso Nacional de Madres, surgido el 17 de febrero de 1897. Este movimiento estaba formado por mujeres que habían luchado por la obtención del sufragio, abolición del trabajo infantil y la prohibición del consumo de alcohol, y ahora pretendían el *bienestar de los niños*. Dicho movimiento más tarde fue conocido como la **Asociación de Padres y Maestros (PTA)**. Sus *objetivos* eran la cooperación entre familia y escuela y reconocimiento por parte de los padres de que *la paternidad y maternidad eran una profesión en la que necesitaban formarse*. En esos grupos había *padres de hijos con discapacidad* que conocieron la influencia de los grupos sobre los líderes gubernamentales, mientras que en forma individual no podían ejercer ningún tipo de presión, por ello, además de agruparse en asociaciones de padres con hijos con discapacidad, se convirtieron en padres bien formados e informados adquiriendo un considerable peso para promover la promulgación de medidas para niños con discapacidad (Fine, 1996 : 195 y ss).

Los grupos de ayuda a los padres se extendieron por todo el país. Entre los pioneros se encuentran Gesell e Ilg (1939), Addams (1942) y posteriormente el famosísimo Spock (1957) cuyos libros tanto influyeron en la crianza de los niños. En Europa Zulliger (1969) hizo ver la necesidad de una intervención familiar. A nuestro país también llegó este movimiento formativo, conscientes de la necesidad de formación de padres y en especial cuando tienen hijos con discapacidad constituimos a principios de los años setenta la Escuela de Padres del Patronato María Soriano de Educación Especial (Ibáñez, 1974) Para ellos fundamentalmente escribimos el libro *Integración del Subnormal*, término entonces de uso común incluso entre las Asociaciones de Padres para denominar a las personas con discapacidad (Ibáñez y Alfonso, 1980 y 1987), posteriormente y a tenor de los tiempos se denominaría Integración del Deficiente Mental. Mantenemos nuestro interés por el tema y hemos seguido ocupándonos de la formación de padres con hijos con discapacidad o en situación de riesgo (Ibáñez, 1997; Ibáñez y Senra, 1999a).

2.1.2. Campos de intervención e investigación sobre educación familiar

Siguiendo a Boutin y Durnig (op. cit.: 25): se pueden distinguir varios campos de intervención y de investigación en educación familiar, entre ellos:

- Estudio de los procesos educativos aplicados por los padres o por quienes los sustituyen en beneficio de niños y adolescentes a quienes educan. De este campo se ha ocupado Pourtois (1991) entre otros autores.
- Relaciones entre familia y centros educativos en los que sus hijos están escolarizados : guarderías, escuelas, centros de educación especial. De este campo se han ocupado Charlot (1994), y Boutin (1988) entre otros autores.
- Formación de padres e intervenciones realizadas en beneficio de las familias para ayudarlas en el ejercicio de sus funciones educativas. De este campo se han ocupado Ibáñez (1974 y 1997); Ibáñez y Alfonso (1987 y 1980) entre otros autores.
- Formación de agentes de intervención para cooperar con las familias (Bouchard, 1988), ayudarlas e incluso suplirlas en internados o servicios familiares de acogida (David, 1989; Durning, 1986; Colton y Hellinck, 1993, cf. Boutin y Durning, 1997).

2.1.3. Las Asociaciones pro Personas con Discapacidad como servicio de apoyo a la familia

Las Asociaciones de Personas con Discapacidad apoyan directamente a cada familia que tiene un miembro con discapacidad, e indirectamente apoyan a la familia en general impulsando una política global de ayuda a las personas con discapacidad haciendo llegar propuestas e interveniendo en los dictámenes de las políticas comunitarias y nacionales con el fin de facilitar la integración de las personas con discapacidad en la diversidad contextual.

Las asociaciones o movimiento asociativo suelen tener entre sus objetivos generales el orientar en las áreas de: *Familia*, Educación, Trabajo, Asistencia Especializada, Vida Social, Vivienda, Prestaciones Económicas.

La Orientación que realizan puede comenzar, si se solicita, desde el primer momento en que se detecta la discapacidad o la situación de riesgo, es de su interés el informe de especialistas, valoración y certificado de la discapacidad si existiese, atención temprana, integración en Grupos de Ayuda Mutua y Grupos de Formación que generalmente funcionan dentro de las Asociaciones o Centros de Atención siendo muy aconsejable participar en esos grupos cuyos miembros pasan o han pasado por la misma situación. En cada etapa de la vida los padres van recibiendo orientación y compartiendo experiencias con otros padres.

Con el incremento de asociaciones o entidades hubo de surgir una nueva estructura lo que dio lugar a las **Federaciones de Entidades**, la más próxima a nosotros geográficamente es la *Federación de Asociaciones pro Personas con Retraso Mental de Madrid (FADEM),* con más de cuarenta entidades federadas. A su vez FADEM es miembro de la Confederación Española de Federaciones y Asociaciones Pro - Personas Deficientes Mentales (FEAPS). FEAPS, reúne a 17 Federaciones, una por cada Comunidad Autónoma.

Si las personas con discapacidad psíquica cada más están más representadas en diversos sectores lo mismo sucede a personas con otros tipos de discapacidad, prueba de ello es la unión de Federaciones y Confederaciones presente en CERMI (Consejo Español de Representantes de Minusválidos), constituido por seis grandes organizaciones de discapacitados de nuestro país, las cuales son:

- Confederación Española de Federaciones y Asociaciones Pro - Personas Deficientes Mentales (FEAPS);
- Organización Nacional de Ciegos Españoles (ONCE);
- Confederación Coordinadora Estatal de Minusválidos Físicos de España (COCEMFE);
- Federación Española de Asociaciones de Padres y Amigos de los Sordos (FIAPAS);
- Confederación Nacional de Sordos de España (CNSE);
- Federación de Asociaciones de Ayuda a la Parálisis Cerebral (ASPACE).

La Confederación Española de Federaciones y Asociaciones Pro - Personas Deficientes Mentales (FEAPS), manifiesta que en los últimos treinta años se han creado más de 500 entidades asociativas en España de diversa naturaleza: la mayoría son asociaciones, pero también hay fundaciones, cooperativas. Muchas surgen con delimitación territorial para resolver las necesidades de las personas con discapacidad en una provincia o zona; otras sólo se ocupan de colectivos con una patología específica tales como autismo, parálisis cerebral ...; y un tercer grupo se especializa en servicios, por ejemplo de trabajo, de ocio, de deporte, de atención temprana, de educación... (FEAPS, 1988).

Según FEAPS (1998: 26) en tres décadas se han obtenido importantes logros, entre ellos:

> • *"Que haya leyes favorables que reconozcan los derechos de las personas con deficiencia mental*
>
> • *Mejoras presupuestarias muy importantes para este sector y creación de infraestructuras de servicios en todo el país*
>
> • *Cambios en la mentalidad de las familias, de las administraciones y de la sociedad fundamentales para avanzar en el proceso de integración"*

La misma Federación manifiesta la necesidad de participación solidaria en las asociaciones, pues si se trata de resolver entre todos los problemas de todos es más fácil poder resolver el problema propio.

2.2. EL CONTEXTO FAMILIAR COMO DETERMINANTE EN LA ACEPTACIÓN DE LA PERSONA CON DISCAPACIDAD

El Programa de Acción Mundial para las Personas con Discapacidad en el Art. 9. 3. señala la importancia de las actitudes "Los Estados deben promover medidas encaminadas a *modificar las actitudes negativas ante* (...) *las personas con discapacidad* (...)".

La aparición de la Ley 13/82 de 7 de abril sobre la Integración Social del Minusválido supuso un cambio de actitud en el enfoque del tema de las discapacidades. Sin embargo todavía se aprecian actitudes negativas hacia esos grupos como se ha expuesto en el contexto sociocomunitario. Para paliar esa situación debe comenzarse por examinar las actitudes que manifiesta la familia hacia el miembro con discapacidad y en su caso reforzar las actitudes que faciliten la integración, pues para que una persona con discapacidad sea aceptada socialmente es conveniente que anteriormente sea aceptada por la familia.

Los sucesos o acciones e incluso las palabras son asimiladas por los padres con determinadas categorías y de este modo se van desarrollando las actitudes. La manera en que el niño es socializado, el grupo social de referencia y las pautas de socialización son determinantes en las actitudes.

Actitudes generales de los padres ante el nacimiento de un hijo con discapacidad: han sido recogidas en la revisión realizada por Toledo (1988) y Zulueta (1991). Distinguen unas fases comunes por las que suelen pasar los padres, la primera es un choque emocional e incredulidad, no acaban de creerlo por lo que comienza una peregrinación por diversos especialistas, a la par pueden aparecer actitudes de inculpación o autoinculpación que con frecuencia no corresponden a la realidad y sentimientos ambivalentes hacia el bebé. En general se ha detectado una tendencia a la depresión que frecuentemente se supera pasando por varias fases hasta llegar a la aceptación de la situación, en el mejor de los casos. En relación con épocas anteriores se ha observado una aceptación más rápida de la situación por una parte debida a una mayor atención por el incremento de servicios y profesionales y por otra parte por contarse con la gran ayuda que ofrecen las Asociaciones pro Personas con Discapacidad.

Padres con Discapacidad: Las Naciones Unidas (1996) en su Programa de Acción Mundial para las personas con discapacidad dicen: "Los Estados deben promover medidas encaminadas a *modificar las actitudes negativas ante el matrimonio, la sexualidad y la paternidad o maternidad de las personas con discapacidad*, en especial de las jóvenes y las mujeres con discapacidad, que aún siguen prevaleciendo en la sociedad. Se debe exhortar a los medios de información a que desempeñen un papel importante en la eliminación de las mencionadas actitudes negativas" (artículo 9.3.) (El subrayado es nuestro).

Junto a sus derechos de paternidad o maternidad es conveniente considerar el tipo y grado de discapacidad para ejercer los roles paternos. Hay discapacidades que no imposibilitan o no presentan alto grado de dificultad para atender las necesidades de los hijos durante su desarrollo, como suelen ser las de tipo físico y/o sensorial.

En cambio otros padres tienen gran necesidad de apoyo social para desempeñar sus roles. Los mayores problemas parecen presentarse ante las discapacidades psíquicas de grado severo por la dificultad en cubrir las necesidades psicofísicas de sus hijos sin ayuda del esposo/ a u otros familiares o personal de ayuda. Pero no sólo es un factor importante cierto grado de desarrollo intelectual sino también el tipo de personalidad que proporcionará un mayor o menor equilibrio para formar un hogar.

Apenas existen estudios sobre cómo desempeñan sus roles paternales/maternales los discapacitados psíquicos, y los que hay creemos que no son extrapolables a nuestro país ni al momento actual. Sin embargo haremos referencia al estudio realizado por Seagull y Scheurer y descrito por Verdugo y Gutierrez (op. cit.: 888): 19 familias en las que uno o los dos padres tenían un funcionamiento intelectual bajo, con un total de 63 hijos, 50 de los 63 niños hubieron de ser tomados bajo la jurisdicción de un tribunal, porque sus padres mostraron incapacidad para criarlos y protegerlos, los niños manifestaban depresión y falta de afecto, que en el sistema escolar se reflejó en un progresivo deterioro en el funcionamiento intelectual y social.

Indudablemente que hay una gran diferencia en el funcionamiento de un hogar si la discapacidad psíquica la tiene sólo uno de los padres o los dos, lo mismo que si se carece o se cuenta con personas que presten su colaboración. Remitiéndonos a nuestra experiencia hemos conocido algunas mujeres con discapacidad psíquica de grado leve que atendían a sus hijos correctamente en sus primeras edades, estaban casadas con personas sin défits detectados con nivel cultural bajo o bajo-medio. Las jóvenes a que nos referimos fueron preparadas en centros de educación especial siguiendo programas de aprendizaje para cuidar de sí mismas, de un hogar, y de sus hijos en las primeras edades. Aunque no hemos podido hacer estudios longitudinales sobre el tema estimamos que algunas personas aún con cierto grado de discapacidad psíquica pero con personalidad estable pueden atender a sus hijos.

2.3. MODELOS Y PROGRAMAS DE INTERVENCIÓN EN FAMILIAS CON MIEMBROS CON DISCAPACIDAD

2.3.1. Modelos de participación de padres

La *implicación de los padres* puede contemplarse desde tres enfoques o modelos diferentes según Marfo y Kysela (1985).

- Modelo educativo: su objetivo es el entrenamiento de padres como educadores para que intervengan en el desarrollo del niño.

- Modelo terapéutico: su objetivo es prestar apoyo, orientación y consejo a los padres que tienen un hijo con discapacidad.
- Modelo interactivo padres-hijos: su objetivo es fomentar la relación padres-hijos interviniendo sobre ambos.

Pocas veces en la realidad se da un modelo puro lo más usual es la interacción mayor o menor entre componentes de los mismos partiendo de uno de los modelos.

Para la formación de padres nos decantamos por un modelo basado en competencias. Siguiendo a Boyatzis (1982) entendemos por competencia una característica subyacente en una persona que está casualmente relacionada con una actuación exitosa, en nuestro caso diríamos que en el desempeño de su rol paterno.

La preferencia por este modelo de formación la basamos en la perspectiva integradora de conocimientos, actitudes y habilidades que se requieren para ser competentes en las actividades que se realicen como padres. Las competencias incluyen:

- Conocimientos: resultados de procesos perceptuales y conceptuales
- Actitudes: producto de respuestas emocionales hacia algo específico
- Habilidades o destrezas: respuestas que permiten ejecutar una acción o producto que puede ser observado y evaluado.

Identificación de necesidades:

Es el primer paso que rige el proceso para la selección de los modelos más adecuados a las necesidades existentes. Consciente de ello ha sido la Administración española que se pronuncia de esta forma:

> *"El Ministerio de Educación y Ciencia procurará la colaboración de los padres, tanto en el proceso de identificación de las necesidades como en las actuaciones de carácter preventivo o compensador, potenciando el valor educativo y, en su caso, rehabilitador, de las rutinas diarias a desarrollar, en el ámbito familiar" (Real Decreto 696/ 1995, de 28 de abril, de Ordenación de la educación de los alumnos con necesidades educativas especiales, art. 9. 4.).*

> *"La evaluación psicopedagógica habrá de reunir la información del alumno y su contexto familiar y escolar que resulte relevante para ajustar la respuesta educativa a sus necesidades: a) Del alumno: Condiciones personales de discapacidad (...), historia educativa y escolar, competencia curricular y estilo de aprendizaje. b) Del contexto escolar: Análisis de las características de la intervención edu-*

cativa, de las características y relaciones que se establecen en el grupo clase, así como de la organización de la respuesta educativa. c) Del contexto familiar: características de la familia y de su entorno, expectativas de los padres y posibilidades de cooperación en el desarrollo del programa de atención educativa en el seno familiar" (art.3º, 2 c . Orden de 14 de febrero de 1996 por la que se regula el procedimiento para la realización de la evaluación psicopedagógica y el dictamen de escolarización y se establecen los criterios para la escolarización de los alumnos con necesidades educativas especiales).

Por tanto, la identificación de necesidades determinará los objetivos a conseguir y los modelos y programas que deberán utilizarse para la consecución de los objetivos marcados.

Entre las *primeras necesidades que puede tener un bebé con discapacidad* está el ser estimulado, nace al igual que otros niños con una dotación de neuronas pero algunas de ellas no se desarrollarán si no hay actividad o uso; suele recibir una estimulación espontánea menor porque los estímulos que la madre le envía tarda en captarlos y muchas veces no sabe responder a sus sonrisas, ni palabras, ni gestos, suele demorarse en tender los brazos para que le cojan, permanece (si no es hiperactivo) más quieto que otros bebés, demanda menos atenciones y pierde oportunidades estimulantes. En consecuencia, es conveniente que los padres aprendan a estimularle tempranamente.

2.3.2. Estimulación Temprana

Los primeros programas o estrategias de estimulación que se aplican a los niños reciben el nombre de "Estimulación Precoz o Temprana". Cuando hay un conjunto de circunstancias que condicionan o pueden condicionar el desarrollo del niño como son las discapacidades psíquicas, físicas o sensoriales e incluso privaciones afectivas se precisa intervención.

Ante una situación de discapacidad en edad temprana la intervención suele comenzar por centrarse en el niño casi con exclusividad, tomando como bases teóricas la neurología infantil, la psicología evolutiva y las teorías del aprendizaje. Se considera fundamental el conocimiento de la edad cronológica pues lo que es normal a una edad puede no serlo a otra. La primera exploración que suelen realizar los especialistas a los neonatos se dirige hacia el sistema nervioso que influye en el desarrollo de la inteligencia, la afectividad y la conducta. Se les examina el tono y la motilidad espontánea y reactiva. El área sensorial en cuanto órgano visual se examina inmediatamente pero en cuanto a capacidad de visión si es en recién nacidos se suele observar posteriormente. Urge averiguar si hay algún tipo de discapacidad porque dificulta el desarrollo normalizado y el éxito de la intervención está condicionado en mayor o menor medida por la detección temprana.

Posteriormente se considera el rol de los padres buscando la interacción entre padres e hijos, se les asigna un importante papel en la estimulación o educación de sus hijos preparándoles para la aplicación del programa más adecuado. De esa forma los padres pasan a desempeñar roles de terapeutas o mediadores cuya misión es facilitar el desarrollo de los hijos.

Brofenbrenner (1975) al realizar una importante revisión de programas de intervención encontró que los progresos y su continuidad en el tiempo de lo adquirido dependía de la participación activa de los padres en los programas, es decir de su implicación. Otras investigaciones sobre evaluación de programas han venido a confirmar esos hallazgos, resaltándose el éxito en la aplicación de programas realizados en el hogar donde el rol de los padres es más importante.

Lo fundamental para que un programa aplicado por padres tenga éxito reside en su flexibilidad, es decir que permita adaptarse a las circunstancias y necesidades familiares. Eso evitará las angustias de los padres si no pueden cumplirlo diariamente y los abandonos si requieren excesivo tiempo.

Nosotros proponemos modelos de estimulación a través de cuidados habituales al niño en nuestras obras *Integración del Deficiente Mental* y *Aumente la Inteligencia de su Hijo*. Esta última contiene el Método Estitsológico Multisensorial con el que estamos obteniendo resultados muy positivos, son flexibles tanto la aplicación como la duración temporal y a la par que se estimula se aumentan considerablemente los vínculos entre padres e hijos (Ibáñez, 1997; Ibáñez y Senra 1999).

Algunas pruebas de evaluación y programas- guía del desarrollo:

- Denver Developmental Screening test
- Escala de evaluación de conducta neonatal
- Escala de madurez social de Vineland
- Escalas de desarrollo (Brunet-Lezine, Bayley, Gessell)
- Portage Guide to Early Education

- Portage Classroom Curriculum
- Carolina Developmental Profile
- EP 1 (Moya y Zulueta)

2.3.3. Programas de Intervención para Padres e Hijos

Si la intervención familiar es importante en familias con hijos sin problemas, en las familias con hijos con discapacidad o con cualquier tipo de problema es fundamental.

Recordando que los programas se basan en teorías que los fundamentan, la elección del programa debe hacerse según los objetivos que se pretendan en función del análisis de necesidades realizado con anterioridad.

2.3.3.1. Programas de enfoque sociocomunitario

También reciben el nombre de ecosistémicos. Su enfoque se basa en la ecología del desarrollo humano, cuyo principal representante es Brofenbrenner (1975), y en el enfoque sistémico que basándose en la teoría general de sistemas considera a la familia como un sistema funcional donde hay modalidades de interacción múltiples. Se reconoce la influencia de los entornos en el comportamiento de los padres con sus hijos.

La ecología del desarrollo humano puede definirse de la siguiente forma:

> *"Es el estudio científico de la acomodación progresiva y científica del individuo a su ambiente inmediato en función de los cambios constantes de ese entorno, sensible a otros ambientes, los cuales están a su vez incluidos en contextos más amplios e igualmente influyentes" Brofenbrenner (op.cit.: 21)*

El enfoque ecosistémico está formado por subsistemas:

a) Microsistema, referido al ambiente inmediato: historial del individuo, clima familiar, entorno físico y social.
b) Mesosistema, referido a los lugares que frecuentan los miembros familiares: escuela, servicios sociales, trabajo de los padres.
c) Macrosistema, referido a actitudes, creencias, valores de una sociedad y políticas oficiales.

En consecuencia, en el proceso de intervención en un niño con discapacidad deben considerarse esas interacciones multidireccionales que influyen en la dinámica familiar; en función de la teoría general de sistemas se reconoce la importancia de desempeñar un trabajo interprofesional entre orientadores, psicólogos, médicos, sociólogos, educadores sociales y trabajadores sociales para comprender el problema de cada niño, de cada situación familiar y de cada situación social.

Los programas de enfoque sociocomunitario también se conocen como programas de "redes de ayuda mutua", o programas de "redes sociales de apoyo" o "programas de ayuda comunitaria". Lo que les distingue de otros programas es su objetivo de integrar la familia en la comunidad favoreciendo la competencia de los padres por medio de la cultura, las relaciones sociales y el conocimiento de servicios que puede prestarles la comunidad.

El nombre de redes parece ser que tiene su procedencia en la red social de apoyo mencionada en páginas anteriores por Caplan (1974). Se establecen vínculos entre los grupos de apoyo y las familias a quienes se desea integrar o reincorporar a la comunidad. Junto a esas familias de apoyo intervienen profesionales de varias especialidades. Antiguamente algunos padres se retraían de participaciones sociocomunitarias cuando tenían un hijo con discapacidad, afortunadamente eso ya no suele suceder, en parte debido a las Asociaciones de Padres y a los servicios sociocomunitarios de los que se dispone en nuestra sociedad. A esa situación hay que añadir otro tipo de padres con conducta social desintegrada cuyos hijos tienen riesgo de inadaptación o discapacidad.

De nuestra competencia es la Orientación y formación de los padres tanto si tienen hijos con discapacidad como si están en situación de riesgo por algún factor sociofamiliar. La actuación de los profesionales de la educación social y del trabajo social son fundamentales en favor de esos grupos. Brofenbrenner reconoce las limitaciones de este enfoque ecosistémico cuando los padres tienen problemas graves de tipo psicológico o psiquiátrico.

Entre los programas de redes de apoyo familiar a través de un programa educativo multidisciplinar para padres con hijos que sufren discapacidad se encuentra el de la "Association for Retarded Citizens" de 1983 y el Proyecto Hope (Helping other Parents through Empathy) del Western Carolina Center.

Hay multitud de experiencias realizadas por redes sociales de apoyo en diversas zonas geográficas, como muestra mencionaremos: "Il Tempo per le Famiglie" realizada por Montovani en 1990 en Milán con madres y niños pequeños acogidos por la comunidad. En Quebec, Palacio-Quintín en 1990 intentó la reconstrucción de tejidos sociales por medio de la creación de vínculos entre familias de apoyo y familias negligentes (Boutín y Durning, 1997).

Community Child Guidance Centers

En estos grupos de autoayuda por interacción social los padres aprenden unos de otros durante encuentros que se producen en los centros comunitarios de orientación participando en debates. En este programa adquiere gran importancia la dinámica de grupos, cada grupo está constituido en número de ocho a doce padres, dirigidos por un padre formado anteriormente. El objetivo es encontrar respuestas a los problemas con que se encuentran en la educación de los hijos. Las evaluaciones muestran un cambio positivo en las actitudes de los padres respecto a los hijos y un incrementos de las relaciones sociales con los miembros del grupo.

2.3.3.2. Programas de Enfoque Conductista

El objetivo de estos programas de intervención es la modificación de comportamientos inadecuados y el reforzamiento de los adecuados, centrándose este enfoque en la conducta observable.

El Orientador desde este enfoque conductual toma como fundamento el que toda conducta es aprendida y que no existe aprendizaje significativo sin acción.

Son varios los programas diseñados y puestos en práctica, haremos referencia a algunos de ellos.

Home Instruction Program for Pre- school Youngsters (HIPPY)

Surge en Israel en 1969, está dirigido a madres y niños de 4 a 6 años utilizándose el enfoque conductista para modificar el comportamiento.

Entre sus objetivos está el desarrollar las capacidades educativas de las madres, con frecuencia desasistidas socialmente y aisladas. Pretende la preparación para la incorporación a la escuela de los niños pequeños de hogares desfavorecidos y también reducir el número de niños diagnosticados con retraso por falta de estimulación en la infancia.

Se emplea la técnica de modelado para que las madres aprendan. Se realizan reuniones semanales y control de la evolución de niños, también se incluyen visitas a domicilio.

Los resultados obtenidos a través de las evaluaciones realizadas han hecho que el Ministerio de Educación de Israel apoye la utilización del programa.

Proyecto Mons, "Seminario para padres de niños minusválidos"

Este programa de formación para padres con hijos discapacitados psíquicos o con problemas severos en el desarrollo se pone en práctica en Mons (Bélgica) a partir de 1984. El proyecto tiene un enfoque conductista y pretende formar a los padres a través de seminarios con la presencia del niño para que aprendan a intervenir y lo hagan cuando estén en casa.

La formación se realiza durante cinco días consecutivos. Se practica la evaluación inmediata y la evaluación diferida.

Proyecto Friburgo

Este proyecto aplicado en Friburgo (Suiza), pretende desarrollar las competencias educativas de los padres. Se utiliza el gran grupo para exposiciones teóricas pasándose a formar pequeños grupos para aprendizajes de carácter práctico. Trata de enseñar a los padres los principios del condicionamiento operante. Además se incluyen en el programa aspectos cognitivos dando lugar al enfoque cognitivo- conductual .

PEPF . Programa de educación preescolar a domicilio. Quebec

El enfoque también es de tipo conductual pero la ayuda se realiza individualmente en el domicilio de los padres.

Programa "Preescolar na casa". Galicia

Situado en la misma línea conductual que los anteriores con la novedad de que se dirige a un amplio público que lo recibe de forma indivual en su domicilio al impartirse a través de un espacio televisivo gallego, emitido desde Santiago de Compostela. Para la evaluación del programa se concierta fecha en la zona donde residen padres e hijos.

2.3.3.3. Programas de Enfoque Dinámico

La formación de padres desde este enfoque pretende que los padres comprendan los sentimientos de sus hijos. Es fundamental la expresión libre de sentimientos, lo que implica estimular la expresión, producir empatía, apoyar en la realización de acciones.

Se considera la relación interpersonal como el medio primordial para el desarrollo de la persona emocionalmente y del aprendizaje. Parte del principio de que en el ser humano está todo lo que precisa para desarrollarse y tiene la capacidad de cambiar de manera constructiva.

Parents Effectiveness Training (PET)

Es un programa para resolver los problemas de comunicación entre padres e hijos. Se pretende que los padres se formen en la escucha activa y en la resolución de conflictos sin perdedor. En primer lugar los padres reciben preparación para ser padres, realizan lecturas apropiadas y dinámica de grupos además de ejercicios en casa. El programa dura ocho fines de semana durante tres horas.

Systematic Training for Effective Parenting (STEP)

Programa similar al anterior.

2.4. EL MALTRATO UN PROBLEMA ACTUAL: FACTORES SOCIOFAMILIARES DE RIESGO

Si cada día tenemos conocimiento de los malos tratos de que son víctimas algunas personas en la sociedad, los niños e incluso adultos con discapacidad no se libran de tal situación.

Las personas con discapacidad son vulnerables al maltrato, la existencia de ese maltrato ha sido reconocida por diversos organismos internacionales, en pro de una acción preventiva se pronuncian las Naciones Unidas en el *Programa de Acción Mundial para las Personas con Discapacidad*:

> *Art. 9. 4. "Las personas con discapacidad y sus familias necesitan estar plenamente informadas acerca de las precauciones que se deben tomar contra el abuso sexual y otras formas de maltrato. Las personas con discapacidad son particularmente vulnerables al maltrato en la familia, en la comunidad o en las instituciones y necesitan que se les eduque sobre la manera de evitarlo para que puedan reconocer cuándo han sido víctimas de él y notificar dichos casos"*

La Directora ejecutiva del UNICEF, Carol Bellamy, refiriéndose a la violencia contra la infancia y considerando que es uno de los más agobiantes problemas actuales del mundo moderno afirma: " *Esta condición de violencia crónica es la más perversa violación de los derechos humanos en el mundo actual" (OMEP, 1998).*

Sabemos que el modo en que el niño autoconstruye el modelo de sí mismo a partir de las interacciones con los padres es de vital importancia para su futuro. El modelo representacional y práctico que de sí mismo tiene el niño será tanto más inseguro, débil, inestable, desconfiado en función de que perciba y/ o atribuya en la interacción con su madre más rasgos de hostilidad, desconfianza, rechazo o dudosa accesibilidad. No se debe olvidar que de estos modelos prácticos que el niño autoconstruye va a depender en alguna manera el modo en que más tarde supone que los otros responden a su comportamiento dependiendo de ello su autoconcepto y autoestima (Polaino - Lorente 1973: 83).

Por consiguiente, si el niño es maltratado, o no se ha establecido la interacción adecuada en la familia, su autoconcepto y autoestima serán deficitarios. Por otra parte los modelos aprendidos durante su infancia con frecuencia suele aplicarlos de adulto en su medio familiar o en los contextos en que se desenvuelve. Por ejemplo, si sufrió violencia, aprendió violencia y muchos de esos niños e incluso adultos aplicarán violencia. Los jueces, psicólogos, orientadores, educadores sociales y otros profesionales son conocedores del tema. Por supuesto que no faltan excepciones de personas maltratadas en su infancia que de adultos no muestran violencia.

2.4.1. Concepto y tipos de maltrato

En la conceptualización del maltrato se aprecian enfoques multidisciplinares: así para los sanitarios el maltrato supone lesiones físicas por acción o abandono, para los psicopedagogos y otros profesionales son los daños emocionales producidos bien por violencia, desinterés o cualquier forma en que los vínculos afectivos sean dañados. Algunas formas de maltrato pueden originar diversos tipos de discapacidad.

El maltrato puede producirse de una forma activa o pasiva, lo que da lugar a dos tipos de maltrato:

- Forma activa: agresión física. Agresión emocional
- Forma pasiva: abandono físico. Abandono emocional. Carencia de estimulaciones

2.4.2. Factores sociofamiliares de riesgo

Si en principio la causa del maltrato se creía que era única y provenía de una patología mental del agresor, debido al *modelo ecológico* propuesto por Belsky

(1980) esa causalidad pasó a considerarse múltiple, sin abandonar la posibilidad del trastorno psicológico en los padres o la influencia de los contextos que inducen al estrés e incluso los valores en algunas culturas que discriminan en función del género, hay otros muchos factores de riesgo.

Etiología del maltrato: Son tan abundantes los factores que pueden desencadenar el maltrato que sólo citaremos los más comunes aún a riesgo de olvidar alguno importante:

— Trastornos psicopatológicos
— Infancias paternas y maternas expuestas a violencia
— Drogodependencias : alcoholismo y otras toxicomanías
— Rasgos violentos de carácter con agresión física, psíquica y/o verbal
— Autoritarismo
— Intolerancia a las frustraciones
— Estrés
— Ciertos problemas conyugales
— Carencia o distorsión en las conductas de relación con los hijos
— Carencia de estrategias y habilidades sociales con los hijos y con el medio social
— Escaso desarrollo o disfunción en el establecimiento de vínculos afectivos con los hijos
— Desinterés por las necesidades de alimentación, higiene y juego del niño
— Carencia de sistemas de apoyo sociales en familias inadaptadas

(III) 3. CONTEXTO ESCOLAR Y DISCAPACIDAD

3.1. PRECURSORES DE LA INTEGRACIÓN EN EL RÉGIMEN EDUCATIVO GENERAL

3.1.1. Estados Unidos precursor de la generalización de clases especiales en la enseñanza pública: humanitarismo y control

Una gran preocupación hacia los niños desfavorecidos, concretamente con retraso escolar debido a cualquier causa que lo originase, se produjo en el siglo XIX en la sociedad estadounidense en general floreciendo un enfoque humanitario al desear proporcionarles educación; al mismo tiempo en una parte de la sociedad surgió temor al percibirles como posibles generadores de problemas si no se integraban en la sociedad en que habían de vivir, considerándose la educación como ayuda y control para que se produjese dicha integración social.

Ambos objetivos, control y humanitarismo sobre poblaciones desfavorecidas, pueden darse separados o interrelacionados.

El deseo de proporcionar educación a cualquier niño con problemas favoreció el acceso a la educación general de las personas con discapacidad. Así pues, los primeros intentos de generalizar en el sistema educativo las clases y escuelas especiales se encuentran en América a finales del siglo XIX y a principios del siglo XX. Los historiadores recogen la creación de las instituciones de enseñanza pública, ya fueran las escuelas primarias o las destinadas a las personas con discapacidad, como el triunfo de las fuerzas del humanitarismo. Sin embargo Lazerson (1975) que estudia detalladamente esa época, descubrió que a veces la intencionalidad no era totalmente altruista ya que se consideraba que al ser situados los alumnos con discapacidad en aulas ordinarias debían repetir cursos y además de afectar a su autoestima se producían gastos extras para la ciudad, por lo que el Consejo de Educación de la ciudad de Nueva York en 1918 consideró la adecuada clasificación y segregación de esos niños como deseable, no sólo desde un punto de vista humanitario sino también económico (Franklin, 1996: 8).

A Atlanta se debe la primera propuesta realizada en 1908 para atender las necesidades de los estudiantes retrasados, dos profesores sugirieron al Consejo de Educación que los alumnos "cuya conducta y lecciones del día son satisfactorias" abandonasen la escuela una hora antes que los alumnos "lentos y retrasados y aquellos que no hubieran preparado las lecciones" a los que se les dedicaría un tiempo adicional. En principio no se aceptó la propuesta pero posteriormente sí.

En 1911 se pidió al Consejo que aportara ayuda a los niños escolarmente retrasados, un año más tarde se habló de establecer clases especiales para niños con problemas. Se creó en esas fechas una clase para niños sordos. También se ocuparon de los niños tuberculosos, nombrando una maestra para el sanatorio. En 1914 se establecieron las "escuelas vacacionales de recuperación escolar", sin embargo estas escuelas no abordaron todas las dificultades de niños fracasados. Los administradores observaron que los niños deficientes psíquicos en el aula dificultaban la instrucción de sus compañeros y se pidió el establecimiento de clases especiales para ellos.

En 1915 en Atlanta se creó la primera clase especial para niños mentalmente deficientes, debido al éxito en la matriculación el número de clases se amplió. Los niños discapacitados tenían acceso a las escuelas públicas del país, pero no se situaban habitualmente junto a compañeros no discapacitados y su currículo era diferente.

Estas clases dieron lugar a la aparición de un profesionalismo incipiente en el campo de la discapacidad.

El superintendente de las escuelas de Atlanta opinaba que la creación de escuelas especiales ayudaba a los maestros y también a los niños discapacitados a los que se proporcionaría atención individual especial adecuada para su madurez mental y desarrollo (Consejo de Educación de Atlanta 1916) (op.cit.).

3.1.2. Las asociaciones de padres ante la integración: el modelo americano

A finales del siglo XIX comenzaron a formarse los movimientos de unión de padres con hijos con discapacidad para defender sus derechos ante las actitudes negativas de la sociedad junto con la falta de oportunidades para sus hijos. Pero es en la década de 1930 - 1940 cuando los grupos de padres se fortalecen a través de los numerosos grupos locales que se constituyen, cuyos objetivos se pueden resumir en: Aumentar su conocimiento sobre la deficiencia. Conseguir fondos para crear instalaciones y programas. Ejercer presión para la aprobación de una legislación que asegurara la igualdad de oportunidades educativas para las personas con discapacidad.

En la década de 1950, se convirtieron en organizaciones nacionales políticamente activas. Para que el público les comprendiese y les ayudase políticamente utilizaron los medios de comunicación publicando libros y artículos sobre las desigualdades de las disposiciones educativas sobre sus hijos. En la década de los sesenta consiguieron igualdades educativas para sus hijos entre 3 y 21 años. Y en 1975 se produjo la aprobación de la Ley de Educación para todos los Niños Discapacitados (EHE, Ley Pública 94 - 142) (Fine, 1996 : 193).

Constituyeron sociedades tan importantes como La Sociedad para Niños con Lesiones Cerebrales, entre cuyos objetivos estuvo la información a padres y maestros acerca de los problemas con que se enfrentaban esos niños, entre ellos los de aprendizaje. Otras asociaciones fueron, la Fundación para Niños Afásicos, la Asociación para Niños Retardados de Pensilvania (PARC), Gente en Acción para la Educación Especial (PASE).

A veces, en algunos lugares las Asociaciones de Padres consiguieron clases en la escuela pública para sus hijos, en otros lugares establecieron su propia escuela obteniendo en ocasiones ayudas para el pago del salario de los profesores que atendían las clases especiales.

Uno de los mayores impulsos educativos se dirigió a la atención de los niños con *trastornos o alteraciones de aprendizaje* al ser algo muy preocupante para la sociedad por creerse que esos niños si no eran debidamente tratados pondrían en peligro el orden social al convertirse en unos inadaptados. Debido a ello se llegó a otorgar reconocimiento oficial a esa alteración, aportándose fondos federales para la investigación y tratamiento (Congreso de los Estados Unidos, Cámara 1969 : 187, cf. Franklin, op. cit. : 19).

Hacia una integración en el régimen escolar ordinario: A principios de la década de los setenta la segregación de los alumnos con discapacidad soliviantó a grupos de padres estadounidenses con el beneplácito de algunos funcionarios gubernamentales y políticos. Llevados los casos a tribunales hubo muchos fallos en contra de la segregación y por tanto a favor de la integración, argumentándose que el lugar más adecuado para la mayoría de estos niños era el aula ordinaria (Abeson, 1973). Según las sentencias las escuelas ordinarias debían situar a los niños con discapacidad en ambientes que les proporcionaran una educación apropiada, al tiempo que se aumentaba el contacto con sus compañeros sin discapacidad.

Reiteramos que la fecha de 1975 fue decisiva para la integración al promulgarse la Ley de Educación para Todos los Niños (Ley Pública 94 - 142), por la que los niños discapacitados debían ser educados en lo que se llamó " ambiente menos restrictivo".

3.2. MOVIMIENTOS INTEGRADORES

3.2.1. Perspectivas reformistas de integración

A lo largo de las dos últimas décadas, se ha venido produciendo en el mundo un cambio de actitudes en lo que respecta a la atención social de las personas afectadas por problemas derivados de deficiencias físicas, psíquicas o sensoriales, que ha conducido en numerosos países a adoptar planteamientos y soluciones más acordes con la dignidad, necesidades e intereses de las mismas; planteamiento y soluciones en el aspecto educativo con vistas a su total *integración social*, de la que la *integración educativa* es el primer paso, han llevado a la inserción completa o parcial de aquellas en el sistema educativo ordinario, facilitada o posibilitada a través de apoyos individualizados específicos, prestados por personal especializado; y sólo cuando las capacidades del sujeto no han permitido dicha inserción se ha recurrido a su escolarización en Centros específicos (Real Decreto 334/ 1985, de 6 de marzo, de Ordenación de la Educación Especial).

La introducción de una perspectiva social sobre la deficiencia conllevó un elemento de crítica respecto a la atención de esas poblaciones. Se requería una reforma.

En las p*erspectivas reformistas para la integración* encontramos dos posturas diferentes (Booth, 1988):

a. En y desde la educación especial. Se pone énfasis en la educación especial: la integración se concibe como una reforma de la educación especial y como una expansión de ofertas de medidas educativas especiales.

b. Desde el sistema general de educación. Se pone énfasis en el sistema general de educación: se trata de que las reformas en la educación ordinaria la hagan más receptiva a todo tipo de alumnos, más integradora.

Las políticas nacionales han sufrido la influencia de ambas perspectivas, es difícil encontrar una sola perspectiva pura en los países, pero puede haber mayor influencia de una perspectiva sobre otra.

Si la integración se interpreta como derecho de los alumnos con discapacidad a educarse en la escuela comunitaria ordinaria de su localidad, eso requiere una reorganización de la educación especial. Desde esta concepción la integración ha sido presentada y elaborada como "*diferentes formas o niveles de* integración", sobre la base de una escala que abarca desde las escuelas especiales, pasando por las aulas especiales dentro de las escuelas ordinarias hasta las aulas ordinarias, lo que se entiende como integración " locacional, social y funcional" respectivamente. La escala representa una mezcla de procedimientos flexibles para satisfacer las necesidades especiales y situar a los alumnos con discapacidad en el sistema educativo, así como una forma de organizar la educación especial (Hegarty et al. 1981; Daunt, 1992; Vislie, 1996).

Este movimiento integracionista, se considera como una respuesta desagraviante a la segregación que en principio se aplicó en la escuela a los discapacitados, expulsándolos del sistema. Ahora el sistema está dispuesto a acogerlos basándose en una atención a la diversidad, aparece la escuela integradora.

La eficacia de una escuela integradora fue manifestada por la Organización para la Cooperación y el Desarrollo económico (OCDE, 1995) en la revisión efectuada a principios de los años ochenta, en la que encontró que la integración progresó más en los países en que había escuelas primarias de integración.

Compartimos los resultados hallados, pues sabemos que la integración es relativamente más fácil durante los primeros años del niño, en la educación infantil y en los primeros años de la enseñanza obligatoria... (Alfonso e Ibáñez, 1987: 605).

3.2.2. Normalización, integración y necesidades educativas especiales: conceptos y movimientos impulsores

- El movimiento de normalización e integración

La idea de escuela para todos tiene que aceptar la desigualdad y, por lo tanto, debe asistir activamente a los niños y jóvenes que, debido a su origen o ambiente social, sexo, etnicidad y/ o deficiencia mental o física, se encuentran con una dificultad especial para integrarse en la escuela y en la sociedad, y para compartir sus oportunidades en igualdad de términos (Vislie 1996: 228).

En 1959 **Neils E. Bank Mikkelsen**, director de los Servicios para Deficientes Mentales en Dinamarca, consiguió introducir en la ley danesa el concepto de normalización. Para él consistía en " *la posibilidad de que el deficiente mental desarrolle un tipo de vida tan normal como sea posible*" (cf. Sanz del Río 1996 :22-23; García García, 1990 : 32; García Pastor 1993; Nicasio, 1998: 138 y ss). Bank Mikkelsen es el primero que plantea la normalización como un principio de acción consistente en ofrecer a los deficientes mentales posibilidades para hacer cosas normales. Este concepto tiene varias posibilidades de aplicación o desarrollo, en función de los contextos donde se aplique (familiar, escolar, social y laboral), además de las formas de vida en diferentes países.

Considera que un aspecto básico del principio de normalización son los métodos A.D.L. (Activities of Daily Living): comer, hablar, vestirse, desvertirse, utilizar los transportes...

Este concepto de normalización se extendió rápidamente por todos los países nórdicos.

Compartimos la opinión con Mikkelsen, que el vivir segregados imposibilita saber y aprender como viven otras personas, si les falta el modelo de integración social no podrán aprender, debe permitírseles ese aprendizaje.

Partiendo de la formulación danesa, en 1969 **Bengt Nirje**, Director de la Asociación Sueca pro Niños Deficientes, formuló este principio en forma más sistemática, interpreta la normalización como " *la introducción en la vida diaria del subnormal de unas pautas y condiciones lo más parecidas posibles a las consideradas como habituales de la sociedad*"(Sanz del Río, op. cit.; García García, op. cit.).

Nirje sigue haciendo referencia a la deficiencia mental. La diferencia con Bank Mikkelsen estriba en que Nirje enfatiza en "pautas y condiciones" (medios, métodos, recursos) para conseguir los objetivos.

La aplicación del principio de normalización conlleva dos posibilidades: una para la integración de la propia persona y otra consecuente, su conocimiento en el medio en que desarrolla su vida.

La normalización implica seguir, según las propias posibilidades, las costumbres habituales de la vida humana en el medio en que la persona se desenvuelve, tener la mismas oportunidades que todos los ciudadanos en educación, trabajo, cultura, ocio, relaciones sociales. El vivir unas condiciones de vida normales, no implica convertir a la persona con deficiencia en no deficiente, no se refiere a la normalización de la persona sino a la normalización de sus condiciones de vida. Nirje distingue varios niveles de integración: integración física, funcional, personal, social, participativa en la sociedad y en organizaciones.

— La integración física implica las necesidades vitales de seguridad que quedan cubiertas (vivir en una casa, ir a la escuela, trabajar, ocio..).
— Integración funcional implica la utilización de elementos existentes en la comunidad (escuelas, transportes, cines) junto a otros ciudadanos.
— Integración personal implica la satisfacción de las necesidades emocionales de la persona con discapacidad (padres, hermanos, amigos..).
— Integración social implica el respeto de la persona con discapacidad en la colectividad.
— Integración en la sociedad implica la participación en la sociedad que le ofrece posibilidades de desarrollo personal.
— Integración en organizaciones implica la atención sobre el equilibrio entre los servicios generales y los servicio especializados.

Para Nirje la persona con discapacidad padece al menos tres tipos de problemas: su retraso mental, el retraso impuesto o adquirido, y su autoconcepto (concienciación de ser deficiente), entre ellos suele haber interdependencia.

A finales de los años sesenta Noruega en su Libro Blanco, presentado ante el parlamento, contenía la *normalización* como el principio general de las políticas a seguir. En el documento se afirmaba que las personas con discapacidad debían tener los mismos derechos a toda clase de servicios y bienes sociales que cualquier otro miembro de la sociedad. En la reforma propuesta se incluía la mejora de sus condiciones de vida proporcionándoles los recursos importantes para el bienestar general (asistencia médica, educación, empleo...) haciéndolo dentro de la estructura de los servicios públicos que son los responsables de atender a la población (Vislie, 1996: 226). Ese principio se extendió rápidamente a otros países tales como Canadá y Estados Unidos. A esta difusión colaboró especialmente Wolfensberger (1972).

La obra de **Wolfensberger** ha sido la más difundida. En 1972 el Instituto Nacional de Deficiencia Mental de Canadá, publicó el primer libro sobre el principio de normalización. En él la normalización queda definida como *el uso de los medios lo más normativos posible desde el punto de vista cultural, para estable-*

cer y/ o mantener comportamientos y características personales que sean de hecho lo mas normativas posibles.

Desde la conceptualización de Wolfensberger este principio es aplicable a las personas con cualquier tipo de discapacidad además de a las personas con deficiencia mental. Se ocupa de los medios y los resultados. En opinión de García García (1988: 69) el principio de normalización puede y debe aplicarse a toda persona afectada por *cualquier tipo de deficiencia y también a sectores y grupos minoritarios y marginados*.

La *diferencia entre normalización e integración* depende de la perspectiva de los autores, así para Bank - Mikkelsen la normalización es el objetivo a conseguir y la integración el método, mientras que Wolfensberger considera la normalización como el proceso que se enfoca a alcanzar la integración.

Estamos de acuerdo con Wolfensberger en que toda persona por muy discapacitada que esté puede progresar en su desarrollo, así lo hemos comprobado en nuestro ejercicio profesional.

- El concepto de necesidades educativas especiales

Se desarrolla a partir de 1978 con el Informe **Warnock** (1978), documento fundamental para el desarrollo de la integración en Gran Bretaña, y que posteriormente inspiraría la Ley de Educación en ese país.

Este Informe desechaba el modelo tradicional dual de dos sistemas diferentes de enseñanza, el especial y el ordinario, así como la idea de que existen dos clases de niños, unos deficientes y otros no deficientes. El sistema debería responder a todas las necesidades que *temporal o permanentemente* pudieran presentar los niños durante su escolaridad para adaptarse al currículo ordinario. El informe denominaba a estos niños como *alumnos con necesidades educativas especiales* y estimaba que constituirían sobre el veinte por ciento de la población escolar si se incluían los alumnos con graves dificultades de aprendizaje, si sólo se incluían las necesidades más o menos permanentes habría ente un dos y un cinco por ciento de la población escolar. Pero esos niños no significa que fuesen deficientes en el sentido tradicional de la palabra sino simplemente que necesitaban ayuda.

Warnock al igual que otros autores considera que los cambios organizativos y el incremento de recursos no son suficientes para que se produzca la integración, es necesario un cambio de actitud hacia las personas con discapacidad no sólo en docentes, compañeros, padres de compañeros sino también en la sociedad en general.

El informe Warnock ha influido notablemente en el Sistema Educativo Español.

Consideraciones

A finales de los sesenta y principios de los setenta en Europa y América son años en los que surge la idea de la necesidad de una nueva organización de la educación especial, unos países la llevarán a la práctica antes que otros. El documento más importante para conocer este periodo es el informe de la UNESCO de 1968, cuyo objetivo era definir y delimitar la educación especial e influir en los gobiernos sobre la necesidad de creación o incremento de servicios para alumnos con discapacidad. Insta a las políticas nacionales en materia de educación especial a que defiendan la igualdad de acceso a la educación y a integrar a todos los ciudadanos en la vida económica y social de la comunidad.

Se aconsejó la conveniencia de establecer un plan de educación para cada niño lo más tempranamente posible, dotando a los programas de flexibilidad en función de cada caso. La individualización queda presente en la exposición siguiente: "Cuando se han diagnosticado las deficiencias individuales y descubierto al mismo tiempo los elementos positivos que puede haber en uno u otro sujeto, ya resulta más fácil definir claramente el tratamiento y programa educativo que conviene en cada caso" (UNESCO, 1977: 12).

La introducción de los conceptos de normalización e integración requieren una reforma escolar, su incorporación a la escuela de régimen ordinario supone un beneficio a cualquier niño con necesidades educativas especiales y un aumento en la provisión de recursos y servicios.

3.2.3. Modelos de integración en función de las necesidades educativas especiales

Anteriormente a la implantación de los principios de normalización e integración los alumnos tenían la posibilidad de matricularse en la escuela ordinaria o en la escuela especial. Una tercera modalidad o transformación hace su aparición "la escuela integradora". Muchos de los alumnos con necesidades educativas especiales van a ubicarse en este tipo de escuela abierta. También se establece una cierta relación entre la educación especial y la educación en el régimen ordinario. Es el momento de las transformaciones.

La atención a los alumnos con necesidades educativas especiales ya no se produce en exclusividad en los centros o escuelas de educación especial, la escuela integradora también considera esas necesidades y utiliza la provisión de recursos precisos. Surge una conexión entre ambas escuelas y aparecen los modelos compartidos.

Por tanto puede hablarse de diferentes modelos de integración según sea completa o parcial (Ortíz, 1995; Alfonso e Ibáñez, 1987), lo que da lugar a la **cascada de servicios de Educación Especial.**

Varios son los modelos de provisión de la educación especial, todos hacen alusión a un tipo de cascada de servicios especiales en los que aparecen jerarquizados según los requerimientos para conseguir la máxima integración.

Los principales modelos se deben a Reynolds 1962, Deno 1970, Cope y Andersen 1977, Gearhart y Weishahn 1976, Copex 1976, Hegarty y Pochlington 1981 (Dueñas, 1991; Monereo, 1988; Ortiz, 1995).

Reynolds (1962) propone una guía de servicios educativos para los alumnos según sus necesidades educativas especiales, formada por niveles educativos que se adaptan a las necesidades individuales de cada alumno en el proceso educativo.

Reproducimos el sistema original en cascada de Reynolds, por haber servido de modelo a otros modelos.

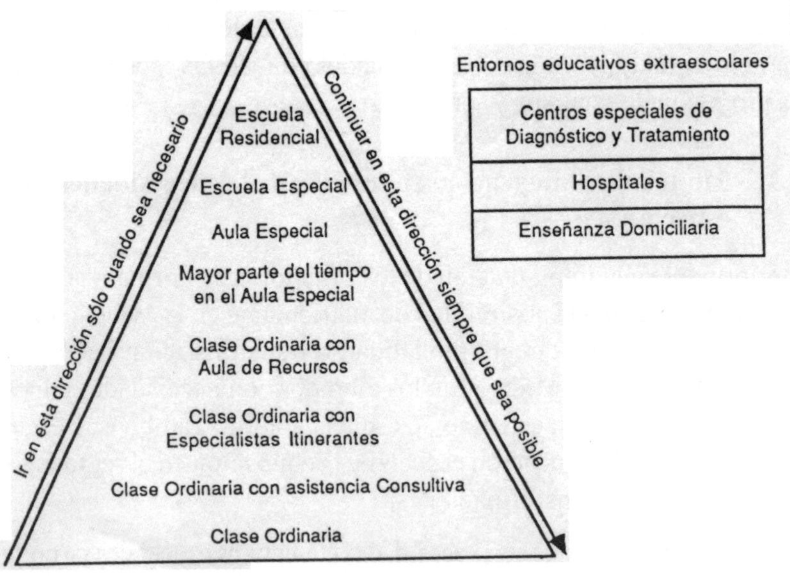

Sistema original en cascada (Reynolds).

Características comunes:

- Los modelos no utilizan la categorización de las personas, sino que sólo consideran sus necesidades educativas especiales
- Presentan una sucesión de alternativas de servicios educativos para atender las necesidades educativas requeridas en cada momento
- Se dirigen hacia la consecución de la máxima integración posible
- Enfatizan la formación de profesionales, padres y comunidad

3.3. LA INTEGRACIÓN EN ESPAÑA

3.3.1. Cuerpo legislativo

3.3.1.1. Antecedentes

La atención educativa a los niños con necesidades especiales se contempla por primera vez en el sistema educativo español en la Ley General de Educación de 1970.

No obstante, anteriormente existían centros de educación especial cuya creación no respondía a una planificación rigurosa de la Administración educativa sino a iniciativas públicas o privadas de instituciones o agrupaciones no siempre ligadas al mundo de la educación. En la creación de estos centros jugaron un papel destacado las asociaciones de padres que, en muchos casos como ya se ha mencionado, suplieron la falta de iniciativa de la administración.

La Ley general de educación de 1970 contempla por primera vez la educación de los niños con necesidades especiales al mismo tiempo que la de todos los alumnos y establece que la educación en centros de educación especial se reservará a los deficientes e inadaptados, cuando la profundidad de las anomalías que padezcan lo haga absolutamente necesario, fomentándose el establecimiento de unidades de educación especial en centros docentes de régimen ordinario para los deficientes leves, cuando sea posible.

La creación del organismo autónomo Instituto Nacional de Educación Especial en el año 1975 significó la ordenación de las iniciativas existentes, así como la puesta en marcha de importantes acciones para el desarrollo del sector. Una de las actuaciones más destacadas fue la elaboración en el año 1978 del Plan Nacional para la Educación Especial, que partiendo de un estudio cuantitativo y cualitativo realizó una valoración de la realidad y una estimación de las necesidades existentes, estableciendo criterios para la futura ordenación de la educación especial en nuestro país.

3.3.1.2. Ley de integración social de los minusvalidos

La Ley de integración social de los minusválidos (LISMI), 13/1982, de 7 de abril, fundamentándose en los derechos que el artículo 49 de la Constitución reconoce a los minusválidos, establece una serie de disposiciones relativas a diferentes ámbitos, encaminadas todas ellas a conseguir una efectiva integración en la sociedad de las personas que presentan minusvalías. En el ámbito educativo, sus directrices apuntan los principios de normalización, integración, sectorización e individualización dispone que los minusválidos se integrarán al sistema ordinario de la educación general, recibiendo, en su caso, los programas de apoyo y recursos que la misma Ley reconoce.

En los años siguientes a la promulgación de esta Ley, se ha ido consolidando un nuevo modelo de educación especial. La Administración educativa, atendiendo al nuevo concepto de educación especial, modifica su estructura administrativa para responder adecuadamente al nuevo modelo. Cabe destacar la creación de la Subdirección General de Educación Especial como unidad de la Dirección General de Educación Básica, y por tanto formando parte de la estructura orgánica del Ministerio de Educación y Ciencia, al mismo tiempo que se adjudica la dirección del organismo autónomo Instituto Nacional de Educación Especial al titular de la Dirección General de Educación Básica. (Real Decreto 1266/83 de 27 de abril). En segundo lugar destaca la supresión del organismo autónomo Instituto Nacional de Educación Especial, pasando a ser asumidas todas sus funciones por las Direcciones Generales de Educación Básica, Programación e Inversiones y de Personal y Servicios (Real Decreto 504/85 de 8 de abril). Estas dos acciones supusieron una transformación importante al contemplar la educación de las personas con discapacidad dentro del sistema educativo General y no como un sistema al margen del establecido para el resto de la población escolar.

3.3.1.3. Real Decreto de ordenación de la educación especial

A partir del año 1985 la atención educativa a las personas con discapacidades experimentó cambios que han supuesto avances cualitativamente notables. El

Real Decreto 334/1985, de 6 de marzo, de ordenación de la educación especial es el punto de inicio de estos cambios. Partiendo de los principios inspiradores de la LISMI en materia de educación se incide en la normalización de servicios, integración escolar, sectorización de la atención educativa e individualización de la enseñanza, se establecen directrices y medidas para que la educación de las personas con discapacidad se lleve a cabo de forma que garantice una efectiva integración social.

Este Real Decreto introduce un nuevo concepto de educación especial, si en anteriores textos legales se definía como la educación que reciben algunas personas en razón de su propia discapacidad, con unos objetivos, estructura, duración y currículo diferentes de los establecidos para todos los alumnos, en este texto partiendo del derecho de todas las personas a la educación se define la educación especial como una parte integrante del sistema educativo, que se concretará como el conjunto de apoyos y adaptaciones para que los alumnos con minusvalía puedan hacer realmente efectivo el derecho a la educación.

Entre las directrices y medidas de ordenación que establece cabe destacar, al igual que en la LISMI, que la educación de los alumnos con discapacidad se llevará a cabo siempre que sea posible en centros ordinarios con los apoyos necesarios, destinándose los centros de educación especial solamente a alumnos afectados por discapacidades cuya gravedad no permita una adecuada respuesta en los centros ordinarios. Por otra parte, señala como referente de la ordenación académica (en los aspectos de edad, objetivos generales de la educación, continuidad de la escolaridad, acceso a las diferentes etapas educativas y acreditación de estudios cursados) lo establecido en el sistema general al tiempo que determina los apoyos y ayudas técnicas que podrán recibir los alumnos con necesidades especiales para asegurar su proceso educativo.

Se puede decir que este Real Decreto creó las condiciones para la puesta en marcha del programa de integración de alumnos afectados por disminuciones físicas, psíquicas o sensoriales en centros ordinarios. Con este fin el Ministerio de Educación inició el curso 1985-86 un programa de integración de alumnos con necesidades educativas especiales en los colegios de educación general básica, a desarrollar con carácter experimental voluntario por parte de los centros a lo largo de tres cursos escolares, pasados los cuales y realizada la evaluación del mismo, si ésta era satisfactoria, el programa entraría en una fase de generalización. De acuerdo con las previsiones contempladas el programa de integración de alumnos con necesidades educativas especiales se ha ido extendiendo y consolidando a lo largo de los cursos siguientes, mediante convocatorias anuales a las que han ido concurriendo nuevos centros.

En los cursos transcurridos desde la puesta en marcha del programa de integración, el Ministerio de Educación ha realizado diferentes actuaciones encaminadas a su consolidación. Así, transcurridos los tres primeros años considerados experimentales, se efectuaron consultas a las diferentes comunidades educativas sobre su voluntad de continuar en el programa siendo el resultado afirmativo, en consecuencia el Ministerio de Educación dispuso declarar centros permanentes de integración a los que habían sido seleccionados para el curso 1985/86 y dar por finalizada la fase experimental.

En relación con el seguimiento del programa de integración, desde su comienzo en el curso 1985/86 y a lo largo de toda la fase experimental se pusieron en marcha acciones encaminadas a su evaluación, recogiéndose el resultado en tres publicaciones del Ministerio de Educación. En 1988 apareció el primer informe basado en el análisis de los equipos de profesores de los centros de integración; en 1989 apareció el segundo informe que completa el anterior y recoge el análisis de los equipos de orientación educativa psicopedagógica; y en 1990 fue publicado el informe final que aporta las conclusiones de la investigación.

Los alumnos con necesidades educativas especiales que comenzaron la educación general básica en el curso 1985/86 en centros de integración, una vez finalizada esta etapa educativa y con el objetivo de garantizar la continuidad de estos alumnos en el mismo régimen de escolarización a lo largo de la enseñanza secundaria obligatoria, el Ministerio de Educación inició en el curso 1992-93 un programa de integración de alumnos con necesidades educativas especiales en Institutos de Educación Secundaria que, siguiendo el modelo iniciado en Educación General Básica, se fundamenta en la participación voluntaria de los centros y en la dotación a éstos de los recursos y apoyos propios de la educación especial.

Sintetizando, el Real Decreto 334/1985, de 6 de marzo, de ordenación de la educación especial y la puesta en marcha de la integración escolar han tenido gran repercusión en la atención de las necesidades educativas especiales. La presencia de estos alumnos en las aulas de los centros ordinarios ha impulsado la puesta en marcha de medidas organizativas y metodológicas innovadoras resultando beneficiosas para otros alumnos. De esta forma muchos centros han comenzado a ofrecer una respuesta más adecuada a la diversidad de sus alumnos.

3.3.1.4. Ley de Ordenación general del sistema educativo

La Ley de ordenación general del sistema educativo (LOGSE) promulgada el 3 de Octubre de 1990 en corcondancia con las tendencias actuales apoya los principios de normalización e integración. Igualmente recoge el concepto de necesidades educativas especiales, lo que significa un cambio fundamental con respecto a conceptualizaciones anteriores.

Esta Ley asume el concepto de educación especial expresado en el Real Decreto 334/85 de ordenación de la educación especial. Contempla la posibilidad de que el conjunto de medidas que aparecen en ella sean adaptadas para los alumnos con necesidades educativas especiales en cada uno de los niveles, etapas, ciclos y grados en que se ordena el sistema.

Por otra parte, la Ley en diferentes apartados, y la normativa que posteriormente la desarrolla, hacen referencia a otra realidad presente en los centros escolares y que viene dada por la diversidad que ofrece el conjunto de los alumnos. La diversidad se puede producir por las diferentes necesidades, aptitudes e intereses de los alumnos, y sólo desde una adecuada atención de la misma se hará efectiva la igualdad de oportunidades para todos.

Así pues, las necesidades educativas conforman una realidad diversa que exige respuestas educativas igualmente diversas que han de ir desde las actuaciones más ordinarias hasta las más específicas y contemplar desde la ayuda temporal o transitoria hasta la permanente y específica.

Como se ha puesto de manifiesto la LOGSE no solo no modifica los principios que subyacen en las distintas normas que vienen regulando la educación especial en España desde la promulgación de la Ley de integración social de los minusválidos, sino que además permite una consolidación de los programas iniciados en esos años, al mismo tiempo que abre una vía de solución a algunos modelos de intervención educativa o de organización escolar que encontraban cierta dificultad en el anterior ordenamiento educativo.

3.3.2. Clasificación de modelos educativos para alumnos con discapacidad

La Dirección General de Educación Básica en 1984 (cf. Dueñas 1991) consideró dos criterios y dos perspectivas, para realizar una clasificación de modelos de sistemas educativos:

— *En función del sujeto*:
- Modelos categóricos: abarcan las tradicionales clasificaciones por tipología y grado de discapacidad. La educación especial para esas personas se desarrolla en un ámbito separado de la escuela ordinaria. Hay provisión de recursos y servicios específicos para la atención de esos alumnos.
- Modelos no categóricos: surgen a raíz de la implantación de los principios de normalización e integración. Más que considerar el tipo y grado de discapacidad se consideran las necesidades educativas especiales que presentan los alumnos, no hay categorizaciones.

— *En función de las estructuras*:
- Modelos de organización administrativa: el Centro de Educación Especial se muestra como una organización administrativa autónoma desconexionada del sistema general. Suele haber en este tipo de educación una fuerte provisión de servicios especializados para la atención a personas con discapacidad. Los costes son altos en función de los servicios y la relación del número de alumnos a los que se atiende.
- Modelos basados en estructuras de servicios: han surgido a raíz de la Ley de Integración Social del Minusválido (LISMI), al producirse las integraciones escolares. Estos servicios y recursos están a disposición de un mayor número de alumnos que presenten necesidades educativas especiales.

3.3.3. Calidad de la enseñanza: factores favorecedores

3.3.3.1. La igualdad de oportunidades como factor inicial de actuación: La igualdad de oportunidades aplicada a la educación implica el poner en marcha una serie de medidas positivas de carácter compensador para que las desigualdades y desventajas de las que determinados alumnos parten no acaben convirtiéndose en desigualdades educativas. Es la educación la que permite avanzar en la lucha contra la discriminación y la desigualdad, la enseñanza debe actuar como mecanismo de prevención y de compensación social y educativa.

La atención educativa a niños y niñas con necesidades educativas especiales comenzará tan pronto como se adviertan circunstancias que aconsejen tal atención, cualquiera que sea su edad, o se detecte riesgo de aparición de discapacidad. Los alumnos con necesidades educativas especiales, temporales o permanentes, asociadas a su historia educativa y escolar, así como a condiciones personales de discapacidad deben ser escolarizados en los centros y programas ordinarios. *Sólo cuando se aprecie de forma razonada que las necesidades de dichos alumnos no puedan ser adecuadamente satisfechas en un centro ordinario, se propondrá su escolarización en centros de educación especial.*

Las propuestas para la escolarización de estos alumnos, así como la identificación de los que requieran apoyos y medios complementarios a lo largo de su proceso educativo, estarán fundamentadas en la *evaluación psicopedagógica*, en la que se tendrán en cuenta tanto las condiciones y características del alumno o alumna como las de su entorno familiar y escolar.

La escolarización de estos alumnos estará sujeta a un proceso de seguimiento continuado y a la revisión de las decisiones de escolarización (Real Decreto 696/1995, de 28 de abril).

El Ministerio de Educación y Ciencia prestará atención prioritaria al conjunto de factores que favorecen la *calidad y mejora de la enseñanza* a los alumnos con necesidades educativas especiales.

Cualificación y formación del profesorado, elaboración de proyectos curriculares y programación docente, dotación de medios personales y materiales, promoción de la innovación e investigación educativa y la adaptación, en su caso del entorno físico (BOE 12 marzo 1996).

3.3.3.2. Diseños curriculares y adaptaciones

Puede decirse, pues, que la enseñanza básica tiene como meta esencial potenciar las capacidades de todo el alumnado en sus aspectos físicos, afectivos, cognitivos y psicosociales, compensando y optimizando, en la medida de lo posible, aquellas que pueden afectar, a sus procesos de desarrollo y aprendizaje.

Esto supone establecer la continuidad, la coherencia y la progresión adecuadas entre el conjunto de experiencias que van desde situaciones muy especiales asociadas a déficits muy graves hasta situaciones progresivamente más instruccionales, propias de un currículo general y común.

De este modo, se configura un continuo de modalidades de escolarización y de respuesta, en función de las necesidades y demandas que los alumnos plantean al sistema educativo.

La Ley Orgánica 1/1990 de 3 de octubre, tiene como objetivo prioritario ofrecer una enseñanza de calidad para todos los alumnos. Establece que la atención al alumnado con necesidades educativas especiales se regirá por los principios de normalización y de integración escolar (cap. V, art. 36.3.).

Los *Centros* docentes, en aplicación del principio de atención a la diversidad de capacidades, intereses y motivaciones del alumnado, incluirán en su *proyecto curricular* las medidas de carácter pedagógico, organizativo y de funcionamiento previstas para la atención a los alumnos con necesidades educativas especiales que se escolaricen en ellos.

Los profesores que atiendan a alumnos con necesidades educativas especiales realizarán, con el asesoramiento y apoyo de los **equipos de orientación educativa y psicopedagógica o de los departamentos de orientación**, según proceda, las adaptaciones curriculares pertinentes para el logro de los objetivos educativos.

Podrán llevarse a cabo adaptaciones en todos o algunos de los elementos del currículo, incluida la evaluación de acuerdo con la naturaleza de las necesidades de los alumnos.

Las adaptaciones curriculares individualizadas servirán de base a las decisiones sobre los apoyos complementarios que deban prestarse a los alumnos con necesidades especiales. (Real Decreto 696/ 1995, de 28 de abril).

El modelo español, desarrollado en los **Diseños Curriculares Base**, se sitúa en relación con los *niveles de concreción del curriculo* (MEC, 1992d, cf. García, J.N., 1998 : 151). Los niveles de concreción y competencias son los siguientes:

- Competencia del Estado y de las Autonomías:
  a) Primer nivel: **Diseño Curricular Prescriptivo**, que incluye el *Diseño Curricular Base* (MEC) y las *Prescripciones* de las Administraciones Educativas Autonómicas (CCAA).
  Comprende:
    - Las *Enseñanzas Mínimas:* se dirigen y adaptan a la población escolar del conjunto del sistema educativo.
    - El *Currículo* se dirige y adapta a la población escolar del ámbito de gestión autonómica.
- Competencia del Centro Educativo:
  b) Segundo nivel: ***Proyecto Curricular de Centro***

El *Proyecto Curricular de Centro* se dirige y adapta a la población de un centro concreto.

c) Tercer nivel : ***Programaciones de Aula***
   - La *Programación de Aula* se dirige y adapta a los alumnos de un grupo - aula.
   - La *Adaptación Curricular* se dirige y adapta al "alumno concreto".

Adaptaciones curriculares individualizadas: Las decisiones tomadas en el proyecto curricular de centro y en las programaciones de aula podrán ser a su vez adaptadas en función de las necesidades educativas especiales de cada uno de los alumnos. Tales adaptaciones se recogerán en un Documento de Adaptaciones Curriculares Individuales (ACI), que formará parte del expediente académico del alumno, recogiéndose además las decisiones particulares sobre modalidad y tipo de apoyo, la colaboración con la familia, los criterios de promoción y los acuerdos que se hayan tomado sobre el seguimiento.

Decisiones metodológicas: Deben estar en consonancia con los principios del aprendizaje significativo, cuyos puntos básicos a considerar en la acción educativa son: la actividad mental que despliega el alumno en la construcción progresiva de significados sobre la realidad y la ayuda que el profesor ejerce en este proceso.

En la adscripción de alumnos a grupos hay que considerar junto a la naturaleza y grado de discapacidad: los intereses, el nivel de competencias, los estilos de aprendizaje, las posibilidades y expectativas razonables de progreso de los alumnos, más las ayudas personales, tecnológicas, materiales y especiales que precisan.

También se prestará atención a los ambientes de aprendizaje, a los que se puede incorporar música, paredes coloreadas, mobiliario, todo ello con el fin de potenciar los aprendizajes, la interacción y la comunicación con adultos e iguales.

3.3.3.3. El Profesor y la evaluación basada en el currículo

La incorporación de los principios de normalización e integración más la atención al alumno en función de sus necesidades educativas especiales ha dado lugar a la aparición de la denominada **Evaluación basada en el currículo** que se produce en el contexto educativo, al desplazarse el énfasis que tradicionalmente se ponía en la persona y sus déficits hacia el currículo situado en el contexto escolar. El Profesor es quien debe valorar las necesidades educativas y hacer las propuestas de adaptación del currículo. Sin embargo precisa o puede precisar de otros profesionales como son los Equipos psicopedagógicos que le aporten datos sobre otras áreas exploradas del alumno para complementar la información sobre el mismo. El Orientador también debe poner a disposición del profesor la consulta para ayudarle en las dificultades que encuentre en su tarea.

3.3.3.4. Recursos, medios y apoyos complementarios a los Centros de Integración

- Medios personales
  - *Maestros con las especialidades de Pedagogía terapéutica o Educación especial y de Audición y lenguaje* que se establezcan en las correspondientes plantillas orgánicas de los centros docentes y de los equipos de orientación educativa y psicopedagógica; y en los departamentos de orientación de los institutos de educación secundaria que escolaricen alumnos con necesidades educativas permanentes.
  - *Equipos de Orientación Educativa y Psicopedagógica.* Realizarán la evaluación psicopedagógica para una adecuada escolarización de los alumnos con necesidades educativas especiales, así como para el seguimiento y apoyo de su proceso educativo.

    Estos equipos, en atención a las funciones peculiares que además realicen, se clasifican en *equipos de* Atención *Temprana, Equipos Generales y Equipos Específicos.*

    Corresponde a los *Equipos de Atención Temprana* y, en su caso a los Equipos Generales, la detección precoz de las necesidades educativas especiales y la orientación y el apoyo a los padres para un óptimo desarrollo de sus hijos.

    Los *Equipos Generales*, además de realizar la correspondiente evaluación psicopedagógica, prestan a los centros de educación infantil y primaria y a los centros de educación especial el asesoramiento y el apoyo técnico - pedagógico precisos para la mejor atención educativa de los alumnos con necesidades educativas especiales escolarizados en ellos.

    Los *Equipos Específicos* prestan su apoyo especializado a los Equipos Generales, Equipos de Atención Temprana y Departamentos de Orientación de los Institutos de Educación Secundaria en los que se escolarice a alumnos con necesidades educativas especiales y, en colaboración con ellos, a los centros escolares y a los alumnos que lo precisen.

— Entre los medios personales que precisan los centros se incluye el personal laboral que se determine (Cap. I, art. 8 Real Decreto 696/1995, de 28 de abril).

- Equipamiento didáctico y medios técnicos

  El Ministerio de Educación y Ciencia proveerá a los centros del equipamiento didáctico y de los medios técnicos precisos que aseguren el seguimiento y la participación en todas las actividades escolares de los alumnos con necesidades educativas especiales, en particular de aquellos con discapacidades de comunicación y lenguaje, motoras y visuales. Cuando las actividades se realicen fuera del centro se facilitará la ayuda apropiada.

  Se favorecerá el reconocimiento y estudio de la lengua de signos y se facilitará su uso en los centros en que haya alumnos con discapacidad auditiva en grado severo o profundo.

  Se promoverá la formación de profesores de apoyo y tutores de estos alumnos en el empleo de sistemas orales y visuales de comunicación y en el dominio de la lengua de signos. Los centros que escolaricen a estos alumnos incluirán para ellos contenidos en el área de lengua utilizándose esos sistemas de comunicación.

3.3.4. Centros de Educación Especial: Proyecto Curricular y Adaptaciones

La escolarización en centros de educación especial se efectuará para atender a los alumnos cuyas necesidades educativas especiales sean de tal complejidad que no puedan ser atendidas en un centro ordinario (Ley Orgánica 1/1990, de 3 de octubre, cap. V, art. 37.3.). Y que requieran a lo largo de su escolarización adaptaciones curriculares significativas en prácticamente todas las áreas del curriculo, o la provisión de medios personales y materiales poco comunes en los centros ordinarios y cuando se prevea, además, que en estos centros su adaptación e integración social sería reducida (Orden de 14 de febrero de 1996).

La Educación Básica Obligatoria en los Centros de Educación Especial se configura como una enseñanza que tiene la función esencial de promover el máximo desarrollo y preparación de todos los alumnos para que puedan acceder y participar en el mayor número de situaciones y actividades sociales, garantizando las transiciones a otros contextos de desarrollo y socialización de la manera más eficaz posible (Resolución 25 abril 1996, Anexo).

La población que asiste a esos centros suele ser muy heterogénea, presentando distintos niveles de retraso y / o alteraciones cualitativas en el desarrollo que pueden estar asociadas a déficits sensoriales y / o motores de mayor o menor magnitud, planteando una amplia gama de necesidades. En respuesta a esas necesidades hay aspectos diferenciales a considerar en el proyecto curricular, en la adaptación de objetivos, contenidos y criterios de evaluación.

Proyecto curricular

Una vez más seguiremos las directrices oficiales promulgadas para la elaboración del proyecto curricular de la Enseñanza Básica Obligatoria en los Centros de Educación Especial (Resolución 25 de abril de 1996).

Para la elaboración de su proyecto curricular, los centros de educación especial y las aulas habilitadas al efecto en centros ordinarios en los que se escolaricen alumnos con necesidades educativas especiales, tomarán como referencia los objetivos del currículo de la educación primaria en todas sus áreas, pudiendo dar cabida a objetivos de otras etapas, de acuerdo con las necesidades de los alumnos. En cualquier caso, en la organización de las enseñanzas en los últimos años de escolarización se pondrá énfasis en las competencias vinculadas al desempeño profesional y a la inserción social; manifestamos nuestro acuerdo con esta idea la cual pusimos en práctica (Ibáñez, P. 1987, a).

— Los centros elaborarán un único proyecto curricular que tome en consideración las necesidades educativas diferenciales de los distintos colectivos de alumnos escolarizados, haciendo referencia, en su caso, a las adaptaciones específicas para cada uno de ellos.
— El proyecto curricular de las aulas de educación especial habilitadas en centros ordinarios se elaborará en el marco del proyecto del centro en el que están ubicadas dichas aulas.

Si la elaboración de todo proyecto curricular implica adaptar el currículo básico de referencia a las peculiaridades de las situaciones escolares, en los centros de educación especial estas adaptaciones son muy significativas y derivan en modificaciones y cambios importantes en las prescripciones y orientaciones que establece el currículo.

Estas adaptaciones curriculares significativas pueden afectar a todos los elementos del currículo y se aplican a toda la población de alumnos que requieren y comparten tal grado de adaptación, siendo necesario a su vez, ofrecer una respuesta diversificada de acuerdo con las características diferenciales de los alumnos.

En cualquier caso el proyecto curricular en estos centros supone un proceso de toma de decisiones por el que un equipo de profesores establece una serie de acuerdos que se caracterizan fundamentalmente por el desarrollo de adaptaciones significativas de diferente tipo y grado en los componentes del currículo oficial. Estas adaptaciones son el resultado del contraste entre el currículo oficial general y la realidad educativa del centro en sus diferentes dimensiones: necesidades de los alumnos, opciones pedagógicas y metodológicas, organización y funcionamiento; más la consideración de las características del contexto sociocultural.

Criterios que pueden ayudar en la toma de decisiones para la adaptación curricular, implican el considerar objetivos, contenidos y criterios de evaluación:

- Relacionados con la salud y el bienestar:

> *"Que puedan compensar en mayor medida las dificultades y discapacidades de los alumnos.*
>
> *Que impliquen aprendizajes requeridos o necesarios en el entorno social.*
>
> *Que favorezcan habilidades y destrezas facilitadoras del aprendizaje de otros objetivos y contenidos básicos para el desarrollo y progreso posteriores.*
>
> *Que sean más relevantes durante toda la escolaridad.*
>
> *Que promuevan un mayor grado de autonomía personal y de control de los alumnos sobre el entorno.*
>
> *Y que favorezcan el que puedan elegir según sus preferencias y tomar decisiones respecto a los sucesos que les afectan" (Resolución 25 abril 1996, BOE 17 mayo 1996, Anexo)*

- Adaptación de objetivos, contenidos y criterios de evaluación

El proceso de adaptación del currículo oficial a las características del alumnado requiere análisis y adaptación de los objetivos generales y de las áreas curriculares con los correspondientes contenidos y criterios de evaluación.

Las adaptaciones significativas que se realicen en el currículo, se dirigen a hacerlo más relevante según las necesidades del alumnado, y suponen identificar, dar prioridad a determinados aspectos de los objetivos, contenidos y criterios de evaluación que respondan en forma más adecuada a las necesidades y posibilidades de todos los alumnos, incorporando otros aspectos que siendo importantes para los alumnos no se encuentren suficientemente contemplados en el currículo educativo oficial.

Las áreas una vez adaptadas podrán ser agrupadas, por los centros especiales, de manera más acorde con la forma de aprender de los alumnos, en diferentes ámbitos educativos. La secuencia interciclos se realizará a partir de los nuevos ámbitos establecidos. El ciclo constituye la unidad curricular temporal de programación y evaluación en la Educación Básica.

Criterios para la evaluación:

La evaluación de los aprendizajes de estos alumnos se debe centrar fundamentalmente en la competencia adquirida.

Es necesario disponer de unos indicadores y criterios que informen al profesor del progreso de los alumnos en el grado en que se hayan producido, el Ministerio de Educación (Resolución 25 de abril 1996) cita los siguientes:

- Intentos de aproximación a las actividades y participación más prolongada en juegos y tareas.
- Desaparición o reducción de comportamientos socialmente inadecuados y/o perjudiciales para la salud propia o de otros.
- Progresiva manifestación de actitudes positivas hacia personas y situaciones.
- Manifestación de agrado o desagrado, ampliación del campo de preferencias y toma de iniciativas en las actuaciones.

En determinados casos pueden ser también un criterio de evaluación las señales fisiológicas de bienestar como son el tono relajado, ritmo respiratorio y pulsaciones normales.

Con carácter general se considerará indicador de progreso la constatación de la disminución de ayuda necesaria para la participación en diferentes entornos y satisfacción de necesidades.

Con relación a lo expuesto se requieren formas e instrumentos de evaluación diversos, dirigidos tanto a conocer el progreso del alumno como los aspectos contextuales que lo facilitan o dificultan: oportunidades, actividades, ambiente... El contexto familiar es fundamental en todo el proceso educativo de estos alumnos, siendo una ayuda valiosa para recoger información sobre el alumno y valorar aspectos extraescolares.

3.3. 5. Necesidad de Colaboración entre Padres y Contexto Escolar

El ordenamiento educativo español es consciente de la necesidad de colaboración de los padres con el centro educativo, por lo que ha dispuesto las medidas oportunas. Los padres y, en su caso, las familias o tutores, tendrán una información continuada de todas las decisiones relativas a la escolarización de sus hijos, tanto antes de la matriculación como a lo largo del proceso educativo y, en particular, cuando impliquen condiciones de escolarización, medios personales o decisiones curriculares de carácter extraordinario.

En la enseñanza obligatoria los padres o tutores podrán elegir el centro escolar para matricular a sus hijos e hijas con necesidades educativas especiales entre aquellos que reúnan los recursos personales y materiales adecuados para garantizarles una atención educativa de calidad, de acuerdo con el dictamen que resulte de la evaluación psicopedagógica y en el marco de los criterios generales establecidos para la admisión de alumnos.

El Ministerio de Educación y Ciencia procurará la colaboración de los padres, tanto en el proceso de identificación de las necesidades como en las actuaciones de carácter preventivo o compensador, potenciando el valor educativo y, en su caso, rehabilitador, de las rutinas diarias a desarrollar en el ámbito familiar (Cap. I, art. 9, Real Decreto 696/ 1995, de 28 de abril).

3.3.6. Integración en la Educación Superior

Las políticas comunitarias actuales se dirigen al afianzamiento del proceso de una Europa sin barreras para las personas con discapacidad. Lo que requiere coordinación entre aspectos relacionados con la *educación, formación profesional, ámbitos del empleo, transportes, sociedad de la información, nuevas tecnologías*.

La cultura de la integración parte del valor social del derecho a ser diferente. Considerando que la educación es la clave del progreso y también de una mayor igualdad social las políticas deben procurar igualdad de oportunidades para acceder a la educación en cualquier nivel o etapa educativa incluida la Educación Superior.

Actualmente se está registrando un incremento numérico de personas con discapacidad en la Universidad observándose variables diversas que inciden en el actual movimiento impulsor de acceso a la enseñanza universitaria entre las que destacan las políticas activas comunitarias, la difusión del concepto europeo de accesibilidad que debe permitir la movilidad de las personas y el disfrute del entorno con la eliminación de barreras arquitectónicas, los avances tecnológicos para ese colectivo en el área de desplazamientos y comunicación y por supuesto el paradigma de la autonomía sociopersonal.

Los colectivos que ingresan en ella son aquellos que han superado los niveles educativos previos sin distinción de sexo, etnia ni pertenencia social, por lo que la atención específica a la diversidad en la Universidad se dirige fundamentalmente a las personas con discapacidades sensoriales, motoras y todas aquellas alteraciones que dificultan la comunicación precisando ayudas para que se produzca una enseñanza-aprendizaje de calidad.

Reglamentaciones específicas para acceso a la Universidad de personas con discapacidad

Son relativamente recientes porque la integración comenzó haciéndose en la etapa educativa infantil extendiéndose a la enseñanza obligatoria y posteriormente a secundaria, como era de esperar la integración hoy en día también ha comenzado a contemplarse en la universidad.

El Real Decreto 1640/1999, de 22 de octubre, por el que *se regula la prueba de acceso a estudios universitarios*, en el art. 10 menciona la adaptación para alumnos con discapacidad: "Para aquellos alumnos que en el momento de su inscripción justifiquen debidamente alguna discapacidad que les impida realizar la prueba de acceso con los medios ordinarios, la Comisión tomará las medidas oportunas para que puedan hacerlo en las condiciones más favorables".

En el Real Decreto 69/2000, de 21 de enero, se regulan los procedimientos de selección para el ingreso en los centros universitarios. En el art. 17 se establece que se reservará un 3% de las plazas disponibles para estudiantes que tengan reconocido un grado de minusvalía igual o superior al 33%, o padezcan menoscabo total del habla o pérdida total de la audición, así como para aquellos estudiantes con necesidades especiales permanentes asociadas a condiciones personales de discapacidad que durante su escolarización anterior hayan precisado recursos extraordinarios.

Consecuentemente después de los reales decretos mencionados que hacen referencia al acceso a la universidad de personas con discapacidad debían aparecer reglamentaciones en las que se contemplase al alumno con discapacidad en la universidad, eso se ha producido el 21 de diciembre de 2001 con la promulgación de la Ley Orgánica 6/2001 de Universidades (LOU) que en su artículo 46.2, b dice:

> *"En los términos establecidos por el ordenamiento jurídico, los estudiantes tendrán derecho a : La igualdad de oportunidades y no discriminación, por circunstancias personales o sociales, incluida la discapacidad, en el acceso a la Universidad, ingreso en los centros, permanencia en la Universidad y ejercicio de sus derechos académicos"*

Universidades y alumnos con discapacidad

La UNED es la universidad española que tiene mayor número de alumnos con discapacidad en incremento númerico cada año, en el curso 2001-2002 se han matriculado 1.886 alumnos, en el 2000-2001 hubo 1.686 alumnos mientras que en 1999-2000 se censaron 1.330 (Rivas, 2001). Según datos obtenidos del año 2.000 siguen en frecuencia la Universidad de Valencia con 197 alumnos y la Universidad Complutense con 91 alumnos (Revista Minusval 2000, núm. 125).Tenemos constancia que en otras universidades las cifras son tan reducidas como 9 alumnos, 6 alumnos (Dirección General de Universidades, 2000).

Según el IMSERSO (Minusval,op. cit.) más de treinta Universidades públicas disponen de servicios de ayuda u orientación para estudiantes universitarios con discapacidad. Como muestra citaremos a la UNED que debido al incremento de matrículas de ese colectivo impulsó la creación en el verano del 2000 de la *Unidad de Integración para Alumnos con Discapacidad* (discapacidad de cualquier tipo cuyo grado reconocido por el IMSERSO ha de ser igual o superior al 33% como se ha indicado anteriormente). Desde esta Unidad a través de la "ventanilla única" se intenta atender y solucionar todos los problemas académicos y burocráticos que les afecten.

Respecto a otras universidades españolas debemos indicar que son diversas las actividades y programas que están desarrollando con relación al tema algunos de gran interés dirigidos a suprimir o paliar las posibles barreras físicas, sociales y académicas existentes (Ibáñez, 2002).

Posibles Barreras Didácticas para Alumnos con Discapacidad

Según el principio de normalización de servicios las personas con discapacidades no deben utilizar ni recibir servicios excepcionales más que en los casos estrictamente imprescindibles. Consecuentemente con ello, ha de tenderse a que dichas personas se beneficien, hasta donde sea posible, del sistema ordinario de prestaciones generales de la comunidad integrándose en ella. La aplicación del principio de normalización en el aspecto educativo se denomina integración escolar (Real Decreto 334/1985, de 6 de marzo, de ordenación de la Educación Especial).

Por tanto algunos tipos de discapacidad en función del grado en que se padezcan pueden permitir acceder a una enseñanza-aprendizaje igual que cualquier otra persona sin discapacidad, aunque en algunos casos hayan de utilizarse ayudas tecnológicas personales facilitadoras de esa enseñanza-aprendizaje.

Las adaptaciones una posible solución para los alumnos con discapacidades severas de tipo sensorial, motor y todas aquellas que dificultan la comunicación:

En el anteriormente mencionado Real Decreto 334/1985, de 6 de marzo de ordenación de la Educación Especial, art. 17, 1º se dice: "Las adaptaciones del sistema pedagógico ordinario tienen por objeto posibilitar o facilitar al alumno disminuido su proceso educativo, podrán concretarse en acomodar a las peculiaridades físicas, sensoriales (...) de aquél el contenido o desarrollo de los programas ordinarios, los métodos o sistemas de impartición de los mismos, el material didáctico y los medios materiales utilizados o las pruebas de evaluación de conocimientos que correspondan."

Recordemos que toda adaptación debe garantizar la calidad de la enseñanza y la consecución de objetivos manteniendo el nivel de adquisición de contenidos.

A continuación haremos referencia a las posibles adaptaciones en la enseñanza-aprendizaje a distancia que por sus características y el número de alumnos con discapacidad matriculados en la UNED la ha llevado a incluir en su Reglamento sobre Formación de Tribunales y Celebración de Pruebas Presenciales sendos artículos aplicables a ese colectivo para la realización de las pruebas presenciales.

La enseñanza presencial ve facilitada su labor en primer lugar porque suele tener menor número de personas con discapacidad matriculadas, a las que frecuentemente prestan ayuda los compañeros de clase; en segundo lugar porque las pruebas de evaluación puede aplicarlas directamente el profesor en la fecha que mejor convenga dentro del calendario docente. A pesar de ello, algunas de las exposiciones realizadas con relación a la enseñanza a distacia son o pueden ser de aplicación en la enseñanza presencial.

Materiales Didácticos

El Material impreso (Unidades Didácticas, Guías Didácticas, Guía de Carrera, Addendas y otros textos) presenta dificultades para los alumnos con Ceguera y Deficiencias Visuales por lo que requieren ayuda para acceder a la información que contienen. Las ayudas tecnológicas han hecho posible que se disponga de diversos instrumentos técnicos de lectura y acceso a la información. A modo de resumen mencionamos: Sistemas de síntesis de voz/ Sistemas de ampliación de imágenes: informáticos y convencionales(lupas-tv)/ Ordenadores braille y parlante/ Máquinas de escribir e impresoras braille/ Sistemas de reconocimiento óptico de caracteres. Este último sistema permite el acceso directo de las personas ciegas a la letra impresa, por vibraciones perceptibles a través de la yema del dedo reconociendo contorno, forma y dibujo, o bien en la modalidad de voz sintetizada resultante de escanear un texto impreso.

Con frecuencia suelen estudiar el material recomendado pasándolo a braille, a disquete o directamente al ordenador una vez escaneado, o bien grabado en cassette.

Materiales Didácticos y medios de comunicación: radio, televisión, vídeos, videoconferencia; comunicaciones asistidas por ordenador (telemática: telecomunicaciones e informática), correo electrónico, aula virtual, teléfono.

Los mayores problemas para captar el lenguaje hablado se manifiestan en los alumnos con anacusia y deficiencias auditivas aunque estos últimos dispongan de ayudas tecnológicas para audición. Como no todos pueden recibir información a través del oido es conveniente el subtitular programas o emisiones en la televisión y vídeos.

De gran interés para la enseñanza-aprendizaje a distancia es el Servicio de Intermediación (en funcionamiento por convenio entre Telefónica e IMSERSO) por el que el profesor y/o tutor y el alumno se conectan a Internet previo aviso del Servicio de Intermediación a petición del alumno si es él el que desea contactar con el profesor o viceversa y comienza el diálogo entre ambos en tiempo real.

El mismo Servicio para comunicarse es utilizado por alumnos con discapacidades motoras que afectan el habla inteligible y funcional.

Para la comunicación escrita por personas con discapacidades motóricas en los brazos si se precisa se realizan adaptaciones, incluso se aprovechan los menores movimientos de dedos para la adaptación de prótesis que permitan el uso de lápices y bolígrafos; si esto no es posible la adaptación se realiza sólo en el ordenador.

Pruebas Presenciales

La referencia a Exámenes en condiciones especiales se contempla en los artículos 45 y 46, Apartado 3.3 del Reglamento sobre Formación de Tribunales y Celebración de Pruebas Presenciales, UNED (aprobado el 6 de julio de 2000). El artículo 45 se modificó posteriormente quedando como se expone a continuación:

> *Art. 45.1. "Los alumnos con discapacidad deberán presentar ante la Unidad de Integración para Alumnos con Discapacidad (Vicerrectorado de Alumnos) una instancia solicitando autorización para realizar su examen por otros medios. Esta instancia habrá de ser presentada con 45 días de antelación a la fecha de inicio de las correspondientes pruebas presenciales. Dicha Unidad valorará la solicitud presentada y orientará sobre la adaptación de las pruebas, remitiendo su informe al Decano de la Facultad o el Director de la Escuela para su tramitación"*

> *Art. 46 "En el momento de la realización del examen se dará a los alumnos minusválidos o invidentes autorizados todas las facilidades y medios que marca la legislación vigente, incluyendo, si es necesario, una sala especial y un tipo de examen adecuado a las distintas discapacidades. Dichos alumnos podrán realizar el ejercicio con los medios especiales para el caso, siempre que los aporte el interesado. En caso necesario podrá ser auxiliado por una persona, bajo la supervisión del Tribunal (...)"*

(III) 4. CONTEXTO LABORAL Y DISCAPACIDAD: FORMACIÓN Y EMPLEO

"(...) Las personas con discapacidad suelen ser las primeras a quienes se despide en épocas de desempleo y estrechez económica y las últimas a las que se contrata. En algunos países industrializados que sienten los efectos de la recesión económica, la tasa de desempleo es, entre las personas con discapacidad que buscan trabajo, el doble de la que se da entre las que no tienen discapacidad" (Naciones Unidas, 1996: 48). Sin embargo, el derecho a iguales oportunidades de participación está reconocido desde la Declaración Universal de Derechos Humanos.

La Orientación en su principio del desarrollo incluye los aspectos profesionales en los que ha de desenvolverse la vida del individuo durante todo su ciclo vital.

> *" (...) la relevancia que los Programas de Orientación y Educación (...) tienen para la transición de los jóvenes a la vida activa la defienden en la actualidad tanto los legisladores, políticos y empleadores, como los pedagogos, psicólogos, psicopedagogos, sociólogos y economistas" (Repetto, 1999: 13)*

La integración en la vida viene reforzada por el concepto de salud que según la OMS, como anteriormente se indicó, es el estado de completo bienestar físico, psíquico y social, no sólo la ausencia de enfermedad. Y la *salud social* se consigue con la plena integración de la persona en su medio, siendo el *trabajo* si es posible desempeñarlo uno de los pilares básicos para conseguirla. Y si tiene importancia la orientación en personas sin alteraciones, en el ámbito de la discapacidad se acusa su necesidad, a través de ella se pretende la normalización e integración de ese colectivo (Brolin y Kokaska, 1979), en nuestra opinión además pone en práctica el derecho a la igualdad de oportunidades que tiene todo ciudadano.

Los contextos sociocomunitario y escolar no han permanecido impasibles a las necesidades de formación e inserción laboral y su esfuerzo se refleja en las funciones de ayuda a personas de cualquier edad con la finalidad de una mejor preparación para el trabajo, contribuyendo a desarrollar competencias y destrezas que permitan adaptarse a los cambios de la sociedad de forma que el trabajo sea satisfactorio y significativo. En relación a personas con discapacidad surgen a partir de los años ochenta gran número de programas dirigidos al desarrollo de habilidades, competencias y destrezas, cuyo aprendizaje precede y alcanza otros dominios más extensos que los meramente ocupacionales. En síntesis estos programas se centran en desarrollar habilidades de autocuidado, habilidades sociales, habilidades para la formación e inserción laboral.

4.1. FORMACIÓN PARA LA TRANSICIÓN A LA VIDA ADULTA Y PARA EL EMPLEO

Una vez más recordamos que la Ley Orgánica 1/ 1990, de 3 de octubre, de Ordenación General del Sistema Educativo (LOGSE), en su capítulo V, artículo 36, establece que la atención de los alumnos con necesidades educativas especiales se regirá por los principios de normalización e integración.

Como consecuencia de lo expuesto, el Real Decreto 696/ 1995, de 28 de abril, de ordenación de la educación de los alumnos con necesidades educativas especiales, estructura la atención a los alumnos escolarizados en los Centros de Educación Especial, y organiza sus enseñanzas en dos etapas: la educación básica obligatoria y la formación que facilite la *transición a la vida adulta*.

Con la finalidad de procurar la incorporación a la vida activa a los alumnos que hayan abandonado la etapa de Educación Secundaria Obligatoria sin alcanzar los objetivos marcados aparecen los programas de garantía social, entre cuyas modalidades se halla una para alumnos con necesidades educativas especiales (Orden de 12 de enero de 1993).

4.1.1. Programas de formación para la transición a la vida adulta

La regulación de estos programas de formación para la transición a la vida adulta están destinados a los alumnos con necesidades educativas especiales escolarizados en Centros de Educación Especial (Orden 22 de marzo 1999). Estos programas vienen a sustituir la modalidad de aprendizaje de tareas de la Formación Profesional Especial que exitía con anterioridad (cf. BOE 17 mayo 1996: 16975).

De acuerdo con el artículo 22 del Real Decreto 696/ 1995, de 28 de abril, los programas de formación para la transición a la vida adulta estarán encaminados a facilitar el desarrollo de la *autonomía personal y la integración social del alumnado*, y podrán tener un componente de formación profesional específica cuando las posibilidades del alumno / a así lo aconsejen. Esos programas vienen a conformar la oferta educativa de los Centros de Educación Especial a la finalización de la educación básica. Los alumnos tienen que tener cumplidos dieciséis años.

Objetivos de los programas (Orden de 22 de marzo de 1999*):*

a) Afianzar y desarrollar las capacidades de los alumnos, en sus aspectos físicos, afectivos, cognitivos, comunicativos, morales, cívicos y de inserción social, promoviendo el mayor grado posible de autonomía personal y de integración social.
b) Fomentar la participación de los alumnos en todos aquellos contextos en los que se desenvuelve la vida adulta: la vida doméstica, utilización de servicios de la comunidad y disfrute del ocio y tiempo libre, entre otros.
c) Promover el desarrollo de las actitudes laborales de seguridad en el trabajo, actitud positiva ante la tarea y normas elementales de trabajo, así como la adquisición de habilidades laborales de carácter polivalente.
d) Promover los conocimientos instrumentales básicos, adquiridos en la educación básica, afianzando las habilidades comunicativas y numéricas, la capacidad de razonamiento y resolución de problemas de la vida cotidiana, así como el desarrollo de la creatividad de los alumnos.
e) Potenciar hábitos vinculados a la salud corporal, la seguridad personal y el equilibrio afectivo, para desarrollar su vida con el mayor bienestar posible.

Se organizan en un solo ciclo de dos años de duración, que podrá ser ampliado cuando el proceso educativo del alumnado lo requiera, o las posibilidades del entorno lo aconsejen.

4.1.2. Formación profesional especial

La formación profesional especial para los alumnos con necesidades educativas especiales se entiende en el Real Decreto 696 / 1995, de 28 de abril, como un continuo educativo que puede ir desde la adaptación de los módulos y ciclos de la formación profesional reglada y de los programas ordinarios de garantía social, hasta la modalidad específica de programas de garantía social para alumnos con necesidades educativas especiales, o al componente de formación profesional que, en su caso, se incluya en los programas de formación para la transición a la vida adulta que se impartan en los Centros de Educación Especial.

4.1.3. Programas de garantía social

Están dirigidos a los alumnos que hayan abandonado la etapa de Educación Secundaria Obligatoria sin alcanzar los objetivos correspondientes, como anteriormente se ha indicado. Su finalidad es proporcionar a tales alumnos una *formación básica y profesional que les permita incorporarse a la vida activa.* Corresponde a las Administraciones educativas garantizar una oferta suficiente de programas específicos de Garantía Social. Estos programas están regulados por Orden de 12 de enero de 1993 (BOE 19 enero 1993). Los jóvenes para acceder a ellos deben al menos cumplir 16 años en el año natural en que inicien el programa y como límite de edad para el acceso están los veintiún años.

El acceso a estos programas se realizará previa evaluación psicopedagógica. Podrán combinarse con la realización de un trabajo productivo relacionado con los contenidos de formación profesional de los mismos.

Los programas de garantía social, para un total de horas lectivas semanales entre veintiséis y treinta, tienen la siguiente estructura (Orden de 12 de enero de 1993; Servicio de Garantía Social, 1998):

a) Área de Formación Profesional Específica
b) Área de Formación y Orientación Laboral
c) Área de Formación Básica
d) Actividades complementarias
e) Tutoría

Modalidades de programas de garantía social:

- **Iniciación profesional:** formación en el ámbito escolar. Duración un curso o 990 horas
- **Formación - empleo:** combinan la formación con un contrato laboral. Duración un año o 1.100 horas
- **Talleres profesionales :** atienden al contexto sociocultural y familiar del joven. Duración un año o 1.100 horas
- **Para alumnos con necesidades educativas especiales:** dirigido a alumnos con algún tipo de discapacidad. Duración dos cursos o 1.800 horas

Al dirigirse la última modalidad a los alumnos con necesidades educativas especiales trataremos de ella.

Programas específicos de garantía social para alumnos con necesidades educativas especiales:

Tienen la misma estructura que cualquier programa de garantía social, véanse apartados de la a) hasta e), pero la duración de su desarrollo es mayor, dos cursos lectivos o 1800 horas.

Estos programas van dirigidos en concreto a alumnos que en su historial escolar han presentado, como consecuencia de sus discapacidades, un grado importante de dificultad en la adquisición de conocimientos. Pretenden desarrollar las capacidades del alumno que contribuyan a madurar su personalidad, mejorar su independencia personal y su desenvolvimiento social, de forma que puedan acceder y desempeñar un puesto de trabajo en la medida de sus posibilidades.

La mayor parte de alumnos que cursan esta modalidad suelen padecer discapacidad psíquica y sus edades están entre 16 y 21 años, generalmente manifiestan unas características específicas que requieren un tipo de intervención especializada.

Entre esas características es frecuente encontrar déficits en su conducta adaptativa y problemas conductuales añadidos teniendo repercusiones en el contexto social en que se desenvuelven.

Según Castillo y Lezcano (1999) mediante una observación sistemática durante el trabajo con ese colectivo de alumnos se pueden establecer unos *perfiles* que muestran la necesidad de intervención tutorial e individual en su proceso educativo:

- Fracaso en el ámbito escolar: la mayoría proceden de escuelas de integración, siendo su nivel de autoestima bajo por las repeticiones de curso y estar con compañeros de menor edad. Precisan de estímulo y refuerzo porque creen que no pueden superar las tareas debido en parte a un autoconcepto disminuido.
- Proceso madurativo: deficiente control de conducta, sin previsión de consecuencias y difícil de modificar aún después de sucedidas. Dificultad en la elaboración de metas y objetivos a medio y largo plazo. Dificultad en la comunicación e interrelación para comprender sentimientos, pensamien-

tos y motivos de otras personas, intolerancia a la frustración. Dificultad en la resolución de problemas interpersonales.
- Problemas de integración: escasos recursos personales al planificar su ocio. Dificultad en formar parte de un grupo de amigos. Problemas respecto al exceso o defecto de protección familiar.

Con las intervenciones educativas se pretende que los alumnos con discapacidad psíquica tomen conciencia de sus pensamientos, sentimientos y cómo deben actuar en momentos determinados. Se intenta corregir las disfuncionalidades de su conducta que les impiden la integración, así como potenciar y reforzar las manifestaciones conductuales positivas. También se pretende ayudarles a resolver sus problemas personales, de aprendizaje y de interrelación.

Respecto a los problemas conductuales añadidos aceptamos las observaciones realizadas por los autores Castillo y Lezcano gran parte de ellos estimamos que son debidos al contexto en que se ha desarrollado su vida principalmente el escolar por las frustraciones académicas y quizas sociales que han tenido que soportar; nuestra experiencia en formación de esas personas en centros o talleres específicos para ellos ha sido muy distinta posiblemente por el entorno en que se realizaban.

4.2. EMPLEO

Muchos de los problemas sociales existentes afectan a las empresas por lo que deben estar informadas sobre las políticas de empleo vigentes incluidas las relacionadas con la inserción laboral de las personas con discapacidad. El desempleo es actualmente el desafío económico y social más importante de nuestra sociedad.

Se reconoce que la capacidad de un individuo para desenvolverse en el ámbito social y ocupar un empleo depende tanto de la disposición de la sociedad a aceptar a las personas con sus diferencias como de las limitaciones funcionales que permiten reconocer a la persona como discapacitada (Comisión de las Comunidades Europeas, 2000).

El *tránsito de políticas pasivas a activas* es un reto que nos incumbe a todos: a los Orientadores; a las administraciones públicas por ser las responsables de reestructurar el gasto público sobre políticas de empleo a través de la activación ; al sector productivo por ser el generador principal de empleo; a los interlocutores sociales que deben defender los intereses de los discapacitados como unos trabajadores más; a las ONGs que deben potenciar la empleabilidad del colectivo en la medida de sus posibilidades; y a los propias *personas desfavorecidas* que deben comprender la puesta en práctica de las medidas activas como una forma de potenciar sus derechos a la igualdad de acceso al empleo, cambiando la cultura del asistencialismo por la política activa, asumiendo el reto de la integración social plena mediante la participación en el sector productivo.

Así pues, en ese tránsito hacia políticas activas tenemos los orientadores, formadores y educadores sociales además de otros profesionales un importante papel que desempeñar en el campo de las personas con discapacidad y empleo.

4.2.1. Directrices Políticas de Empleo para Personas con Discapacidad en la Unión Europea y su repercusión en los Estados Miembros

Antes de hacer referencia a las empresas en las que trabajan personas con discapacidad consideramos apropiado mencionar el interés de la Unión Europea por su integración laboral. Posiblemente, sin sus promulgaciones y disposiciones la integración laboral de las personas con discapacidad apenas despuntaría.

Si en 1957 con la firma del *Tratado de Roma* la Comunidad tiene por objetivo prioritario el progreso económico de los países asociados mediante la unificación de esfuerzos, o sea el caminar hacia una política social comunitaria, reconociendo la importancia de la formación profesional, en 1960 se crea el Fondo Social Europeo, pero es en 1963 cuando se asientan los primeros principios para una política común sobre Formación Profesional, igualdad y atención a problemas especiales.

Fecha muy importante con relación a la inserción laboral y producción de las personas en situación desfavorecida es 1971 al producirse la reforma del Fondo Social Europeo. Decisivo fue el año 1974 al aprobarse el *primer programa comunitario de acción social para la rehabilitación e integración profesional de personas con minusvalía.*

En 1975 se crea el Centro Europeo para el Desarrollo de la Formación Profesional (CEDEFOP), apareciendo recomendaciones de la OIT para la orientación profesional de personas con minusvalía y desfavorecidas.

En 1977 aparece el programa *Transición a la vida adulta*, donde se presta atención a desigualdades formativas en poblaciones especiales. En 1981 se contempla la necesidad de fomentar la integración social de minusválidos a nivel comunitario. En 1983, se impulsa la integración con la puesta en práctica de un programa político, técnico e informativo, destacándose una recomendación de la OIT sobre la rehabilitación y *contratación de minusválidos.*

El 17 de octubre de 1983 se redefinen las funciones del Fondo Social Europeo, siendo una de las principales la contribución a la inserción y a la integración profesional de los jóvenes y de los trabajadores desfavorecidos. Es uno de los Fondos Estructurales junto con los relativos a la agricultura y el desarrollo regional. En particular tiene como misión el contribuir mediante la acción a apoyar la Estrategia Europea de Empleo (Minusval, nº 123).

Año 1986, se examinan los colectivos de personas con discapacidad desde una perspectiva multidisciplinar, haciéndose recomendaciones a los Estados miembros sobre su inserción laboral.

Con la entrada en vigor el 1 de julio de 1987 del *Tratado del Acta Única* las Comunidades Europeas intentan regirse por una superestructura legal influyendo en políticas nacionales sobre minusválidos.

Hasta el Tratado de la Unión Europea en 1992, las iniciativas comunitarias en este periodo fueron:

En el año 1988 aparece *Helios*, un programa de acción comunitaria en favor de los minusválidos, cuyo informe para su aprobación se presentó el año anterior. En 1989, se manifiesta sensibilización hacia las mujeres con discapacidad ante problemas relativos al empleo e igualdad de trato, a través de una resolución del Parlamento Europeo. En el mismo año el Comité insta a los Estados miembros a integrar el sistema Handynet en los programas que presenten en el marco de los Fondos estructurales. En 1990, se tramita la aprobación del *Proyecto Horizon*, aprobándose en 1991 con vigencia prevista hasta 1994, pero con prórroga hasta 1999.

En 1992 se propone un tercer programa de acción comunitaria, *Helios II,* aprobándose en 1993, para integración de personas con todo tipo de minusvalías y problemas de integración, siendo programas de acción conexos Horizon y *Tide*, 1993 (este último sobre tecnología para personas mayores o con minusvalía).

En Helios II se afirma que se entenderá por personas minusválidas, las personas que presenten deficiencias, discapacidades o minusvalías serias resultantes de afecciones físicas (incluidas las sensoriales) o que tengan dificultades en el aprendizaje, que sufran enfermedades mentales o que tengan problemas psicosociales, que limiten o impidan la realización de una actividad o de una función que se considera normal para un ser humano.

En años posteriores, 1995 y 1996, se sigue tratando de medidas antidiscriminatorias, e igualdad de oportunidades de empleo para minusválidos.

En 1997, destaca el *Tratado de Amsterdan*, que contiene directrices para la política comunitaria de empleo con inclusión de discapacitados. Se pide un nuevo programa de acción tras la evaluación de Helios II, ante el temor de la desaparición de estructuras creadas. Las ONGs también manifiestan la necesidad de Helios II centrado en la igualdad de oportunidades e integración.

En 1998, la Comisión Europea propone orientaciones para las políticas de empleo de los Estados miembros a través de "Agenda 2.000", en la que se recomienda reforzar la política de igualdad de oportunidades, tras analizar que el 17% de la población en edad laboral sufre algún tipo de discapacidad, siendo la tasa de ocupación de esas personas del 44% de promedio, es decir casi un 17% inferior a la tasa general (Documentos varios de la Comunidad Europea; Ibáñez, inédito; Repetto y otros, 1995).

Iniciativa Comunitaria EQUAL para el periodo 2.000-2006, financiada conjuntamente por la Unión Europea y los Estados miembros. Se pretende la cooperación transnacional para promover nuevas maneras de combatir todas las formas de discriminación y desigualdad en relación con el mercado de trabajo.

Existe una estrategia integrada a nivel comunitario de lucha contra la discriminación y la exclusión social, EQUAL forma parte de esta estrategia centrándose en el mercado de trabajo. Esta iniciativa tiene relación con los programas apoyados por el Fondo Social Europeo y además complementa otras políticas y acciones que van más allá del mercado de trabajo (Minusval nº 123: 35).

4.2.2. Activación de políticas de empleo en España para personas con discapacidad o dificultades de integración

Las políticas con relación a las personas con discapacidad han tenido una orientación marcadamente asistencialista. La mayor parte del presupuesto destinado a las políticas de empleo se ha venido dedicando a las políticas pasivas. Es a partir de la *cumbre de Amsterdam* cuando por acuerdo en las políticas europeas el empleo ocupa un lugar prioritario, desarrollándose a partir de entonces políticas activas más agresivas en los Estados Miembros de la Unión.

El *Consejo Extraordinario de Luxemburgo sobre el Empleo*, noviembre 1997, aprobó las Directrices de la Comisión Europea para el Empleo en 1998 y todos los Estados Miembros tuvieron que elaborar sus Planes Nacionales de Empleo conforme a directrices comunes, entre las que consta una referida a personas con discapacidad, que hace que estén incluidas en esos planes de empleo. Por tanto, se elaboró *El Plan de Acción para el Empleo del Reino de España en 1999*, destaca entre sus objetivos generales la consolidación de las estrategias de actuación en el desarrollo de las políticas activas de empleo. Se aumentan los recursos económicos destinados a las mismas, se incrementa el número de beneficiarios y se mejoran los mecanismos de gestión e información. Anteriormente, en noviembre de 1998 la Comisión Europea, en el documento de trabajo *Aumentando los Niveles de Empleo de las Personas con Discapacidad. Un desafío común*, pone de manifiesto la necesidad de pasar de medidas pasivas a activas para potenciar la empleabilidad de las personas con discapacidad entonces encuadradas en las políticas pasivas lo que supone una total dependencia de las ayudas estatales.

Plan de Empleo para las Personas con Discapacidad suscrito por el Ministerio de Trabajo y el CERMI el 15 de octubre de 1997. El Consejo de Ministros español dio su aprobación a dicho Plan de Empleo que también se conoce como *Plan de Empleo del CERMI* (Consejo Español de Representantes de Minusválidos), en él se presentaron propuestas y soluciones algunas de las cuales ya han generado consecuencias, se consiguió que el Gobierno adaptase las políticas de empleo para discapacitados a los principios y medidas recogidas en el Plan de Empleo. Dicho plan contiene 26 medidas concretas articuladas en cuatro grandes bloques referidos a la participación de los discapacitados en el entramado institucional, formación profesional, intermediación laboral y contratación e inserción laboral.

En los *Planes Nacionales de Empleo españoles para 1998 - 1999*, se exponen las políticas activas para promocionar el empleo de las personas con discapacidad. Se incluye a los discapacitados en el grupo de personas con especiales dificultades de integración en el mercado de trabajo, y se plantean para ellos medidas para activar su empleo como son los incentivos para su contratación a través de subvenciones por puesto creado, bonificaciones en cuotas de seguridad social, tratamientos fiscales. En línea complementaria se hallan las medidas referentes a la mejora de la formación y capacitación según las necesidades del mercado, la potenciación de los servicios de intermediación, la creación de empleos flexibles adaptados a las capacidades de los discapacitados, potenciación de empleo, apoyos en los empleos y en las transiciones de empleos y promoción del Tercer Sector (actividades de interés social en el sector servicios).

La distribución de recursos ha sufrido un cambio en los últimos años, del presupuesto para las políticas de empleo en 1997 se destinaron 484.900 millones (19,9%) a las políticas activas mientras que a las políticas pasivas se destinaron 1,5 billones. En 1998 esta situación cambió y las políticas activas obtuvieron el 28% del presupuesto de las políticas de empleo, destinándose para la financiación del Plan de Acción para el Empleo de 1999, 1.100.000 millones de pesetas. (Minusval, núm. 118).

Esas políticas activas en relación a las personas con discapacidad, se ponen de manifiesto en el presupuesto dedicado al fomento de empleo y en el aumento anual de contrataciones. Así en 1998, el presupuesto dedicado al fomento de empleo de las personas con discapacidad ascendió a 21.306 millones de pesetas y en 1999 a 30.394 millones de pesetas, lo que supone un considerable aumento respecto al año anterior.

Sinterizando, hay tendencia en todos los Estados Miembros de la Unión a revisar las políticas actuales, orientándolas hacia la participación activa de las personas con discapacidad en los procesos que favorezcan su igualdad de oportunidades y que evitan el sistema de políticas pasivas, en el que los discapacitados se hallan en un sistema de dependencia que se opone a su integración social plena, permaneciendo inactivos a pesar de disponer de capacidades, a veces residuales pero suficientes para desempeñar un puesto de trabajo en algunos casos previa adaptación del mismo.

4.3. EMPLEO PROTEGIDO

En cuanto al trabajo protegido, la situación anterior a la ley 13/1982, se caracteriza por la abundancia de términos para la denominación de Centros de Trabajo Protegido de similar naturaleza : Centros Piloto de carácter especial, Talleres Protegidos, Centros de Empleo para Trabajadores Minusválidos, Centros de Empleo Protegido, Empresas Protegidas, Centros Ocupacionales, Centros Ocupacionales de Carácter Especial, Talleres Ocupacionales, entre otras designaciones. La confusión a que dió lugar la mútiple terminología para designar los Centros tuvo su origen en el Decreto 2531/ 1970, al no incluirse ninguna definición de los mismos y en el posterior desarrollo de los textos legales efectuado por las normas de aplicación de los sucesivos planes de inversiones del Fondo Nacional de Protección al Trabajo, que en opinión de Niño llevaron a su desnaturalización, al darse en los mismos un proceso de selección competitiva similar al de cualquier empresa, por lo que sólo eran contratados aquellos discapacitados capaces de un rendimiento laboral normal (Niño, 1997: 180).

Esta situación posteriormente se subsanó, en cumplimiento del mandato contenido en la LISMI (Ley 13 / 1982, de 7 de abril, de Integración Social de los Minusválidos, BOE 30.4.82) a las personas con discapacidad se las incluyó en las medidas de fomento de empleo, distinguiéndose entre *empleo ordinario*, a veces con apoyo, y *empleo protegido* donde tienen cabida los Centros Especiales de Empleo y los Centros Ocupacionales.

4.3.1. Centros Especiales de Empleo

> *"Los minusválidos que por razón de naturaleza o de las consecuencias de sus minusvalías no puedan provisional o definitivamente, ejercer una actividad laboral en las condiciones habituales, deberán ser empleados en Centros Especiales de Empleo, cuando su capacidad de trabajo sea igual o superior a un porcentaje de la capacidad habitual que se fijará por la correspondiente norma reguladora de la relación laboral de carácter especial de los trabajadores minusválidos que presten sus servicios en los Centros Especiales de Empleo" (LISMI, Art. 41.1).*

> *"Los Centros Especiales de Empleo son aquellos cuyo objetivo principal sea el de realizar un trabajo productivo, participando regularmente en las operaciones del mercado, y teniendo como finalidad el asegurar un empleo remunerado y la prestación de servicios de ajuste personal y social que requieran sus trabajadores minusválidos, a la vez que sea un medio de integración del mayor número de minusválidos al régimen de trabajo normal" (Art.42.1).*

A través de una sucesión de artículos, especialmente 43, 44 y 45 de la misma ley, se alude al establecimiento por parte de la Administración de compensaciones económicas a estos Centros para que puedan cumplir la función social requerida. Para la asignación se utilizarán criterios de utilidad pública, imprescindibilidad y carencia de ánimo de lucro.

También se hace referencia a la posibilidad de creación de los Centros Especiales de Empleo por Organismos públicos y privados así como por Empresas con sujeción a normas que regulen las condiciones de trabajo. Las Administraciones Públicas por medio del estudio de necesidades sectoriales , promoverán la creación de Centros Especiales de Empleo directamente o en colaboración con otros Organismos o Entidades.

La organización y funcionamiento de los Centros Especiales de Empleo están regulados por el Real Decreto 2273/ 1985, de 4 de diciembre, por el que se aprueba su reglamento, estableciéndose en su artículo 10 que su financiación se cubrirá mediante las correspondientes ayudas y subvenciones públicas, además de posibles aportaciones de sus titulares y otros particulares.

La cuantía de dichas ayudas están reguladas por la Orden del Ministerio de la Presidencia de 26 de marzo de 1996, pueden estar destinadas a asesoramiento, formación empresarial, elaboración de proyectos, asistencia técnica, intereses de préstamo, subvención de coste salarial, bonificación de cuota empresarial a la seguridad social, adaptación de puestos de trabajo, eliminación de barreras arquitectónicas, entre otras. En suma las ayudas pueden clasificarse en dos apartados:

a) para creación de puestos de trabajo,
b) para mantenimiento de puestos de trabajo.

Plan de Empleo para las Personas con Discapacidad suscrito por el Ministerio de Trabajo y el CERMI el 15 de octubre de 1997, como anteriormente se ha indicado, supone una inversión de 14.000 millones para crear 75.000 empleos aproximadamente en tres años. Para conseguir ese objetivo plantea medidas en los ámbitos de contratación e inserción laboral, formación profesional, intermediación laboral y participación institucional.

Entre las novedades de ese Plan de Empleo destaca la *redefinición del modelo de los Centros Especiales de Empleo*, si antes se exigía que el 100% de la plantilla de los CEE estuviese constituida por trabajadores con discapacidad, sin perjuicio del personal sin discapacidad imprescindible para el desarrollo de la actividad, dándose subvenciones de hasta 2.000.000 de pesetas por puesto de trabajo creado con carácter estable. Ahora se posibilita la calificación como Centro Especial de Empleo a proyectos con plantillas de al menos el 70% de trabajadores con discapacidad, con lo cual se facilita la creación de nuevos centros.

A las subvenciones de hasta 2.000.000 de pesetas tienen acceso los centros con una plantilla de más del 90% de trabajadores con discapacidad (antes era el 100%) y además se fomenta la creación de nuevos centros con unos porcentajes menores de minusválidos en plantilla, así si la plantilla total tiene un porcentaje de minusválidos entre el 70% y el 90%, se pueden recibir subvenciones de hasta 1.500.000 pesetas por puesto de trabajo creado con carácter estable.

A estas normativas hay que añadir el esfuerzo presupuestario en los últimos años, lo que hace que en 1999 la dotación se haya incrementado un 56,57% respecto a 1998.

Equipos Multiprofesionales y Centros Especiales de Empleo

> *"Los equipos multiprofesionales de valoración determinarán en cada caso, mediante resolución motivada, las posibilidades de integración real y la capacidad de trabajo de los minusválidos (...)" (LISMI, Art.41.3.)*

La misma ley en su art.46, dice así: "Los equipos multiprofesionales de valoración deberán someter a revisiones periódicas a los minusválidos empleados en los Centros Especiales de Empleo a fin de impulsar su promoción teniendo en cuenta el nivel de recuperación y adaptación laboral alcanzado".

La intervención de los *Equipos Multiprofesionales* se debe realizar en diversos momentos del desempeño del trabajo en el *Centro Especial de Empleo*, fundamentalmente en las siguientes situaciones :

Con una periodicidad de al menos dos años, los Equipos revisarán la efectiva adecuación del trabajador con discapacidad al puesto de trabajo encomendado, y si comprueban que éste significa un riesgo grave para su salud han de declarar su inadecuación, pasando el trabajador a realizar otro trabajo o si no es posible cesando en el trabajo provisional o definitivamente.

En el caso de que el titular de la empresa quiera extinguir el contrato por ineptitud del trabajador minusválido, conocida o sobrevenida con posterioridad a su colocación en el Centro, el Equipo Multiprofesional ha de constatar la alegada ineptitud aunque sin carácter vinculante, siendo en su caso el juez el que determine, ante reclamación del interesado, si la causa de extinción invocada por la empresa tiene o no eficacia resolutoria.

Cuando las circunstancias personales del discapacitado lo requieran puede celebrarse el contrato de trabajo entre él y el CEE a *bajo rendimiento*, rendimiento inferior al normal en un 25% durante la jornada de trabajo ordinaria, siempre que haya una constatación previa por parte del equipo multiprofesional, sin que la reducción del salario pueda exceder del mismo porcentaje citado.

La movilidad geográfica o funcional del trabajador con discapacidad exige el informe del Equipo Multiprofesional, e igual ocurre para la modificación de cualquier condición de trabajo (Niño, 1997: 189).

4.3.2. Centros Ocupacionales

Este tipo de Centros está encuadrado en la LISMI entre los servicios sociales (art. 53) que deben prestarse a las personas con discapacidad. La finalidad de estos centros consiste en asegurar los servicios de terapia ocupacional y de ajuste personal y social a los minusválidos cuya minusvalía temporal o permanente les impida su integración en una Empresa o en un Centro Especial de Empleo. Algunos de los trabajadores de estos centros pasarán posteriormente a trabajar en los Centros Especiales de Empleo.

Las normas específicas para la creación y funcionamiento de estos centros son dictadas por las Administraciones Públicas de acuerdo a sus competencias. Así mismo su sostenimiento será competencia tanto de Administraciones Públicas como de las Instituciones o personas jurídicas privadas sin ánimo de lucro.

4.4. EMPRESA ORDINARIA

Apoyos a la empresa ordinaria para la contratación de personas con discapacidad:

El Real Decreto 4/ 1999 de 8 de enero, que modifica el artículo 7 del Real Decreto 1.451/83 eleva la subvención a 650.000 pesetas (150.000 pesetas más que las concedidas hasta la fecha) a las empresas que suscriban contratos por tiempo indefinido y a jornada completa a trabajadores con discapacidad, introduce la novedad de suscribir contratos por tiempo indefinido a tiempo parcial con subvención proporcional a la jornada pactada.

Es fácil compartir la opinión del INEN respecto a la dificultad de inserción laboral del colectivo de personas con discapacidad que hace necesaria la *creación de una red de servicios especializados en la intermediación laboral para dicho colectivo.*

Estos servicios tienen por objetivos el proporcionar una actuación integral y personalizada para posibilitar su integración laboral. Lo que hace preciso, diseñar programas formativos adaptados a las necesidades del mercado y a las de los miembros del colectivo mencionado. A ello hay que unir acciones de búsqueda de empleo y acciones de acompañamiento, aportando información profesional al trabajador sobre empresas, organizaciones sociales colaboradoras o con programas de inserción.

Es de interés que algunos trabajadores de los Centros Especiales de Empleo puedan incorporarse al mercado de trabajo ordinario, aunque precisen apoyo para el nuevo empleo (Empleo con Apoyo).

Respecto al mundo empresarial hay que informarle sobre la capacidad profesional de estos trabajadores y las medidas de apoyo a su contratación.

Para potenciar estos servicios de intermediación laboral es fundamental la colaboración entre Organismos Públicos, Instituciones y Asociaciones (Martínez, P. 1999).

4.5. EMPLEO PÚBLICO

Desde el periodo 1985-1999 el Real Patronato sobre Discapacidad ha realizado un seguimiento anual de las ofertas de empleo público, convocatorias publicadas y resultados obtenidos con el fin de promover el acceso al empleo público de las personas con discapacidad (Real Patronato sobre Discapacidad, diciembre 2001).

Entre los datos recogidos anualmente se hallan: requisitos de admisión, adaptaciones de tiempo y medios, reserva de plazas y resultados obtenidos.

Hasta 1989 en la Oferta de Empleo Público la reserva de cupo sólo se aplicaba a las convocatorias de personal laboral, a fin de que pudiera alcanzarse progresivamente el 2% de la plantilla, pero desde la convocatoria de ese año se extiende tal reserva a las pruebas de ingreso en Cuerpos y Escalas de funcionarios concretándose en un porcentaje no inferior al 3% del conjunto de plazas ofertado.

Los datos obtenidos sobre convocatorias para acceso a cuerpos de funcionarios entre 1985-1988 recogen la selección de personas con discapacidad, a pesar de no tener reserva de cupo, las cuales de alguna manera hicieron constar su condición independientemente de que solicitaran o no adaptaciones. En años posteriores también se han encontrado seleccionados con discapacidad que no se acogieron al cupo de reserva (Real Patronato sobre Discapacidad, 2001a: 92-100, diciembre).

SEGUNDA PARTE

INTERVENCIÓN EDUCATIVA DESDE LA TIPOLOGÍA TRADICIONAL DE DISCAPACIDAD

CONSIDERACIONES PRELIMINARES

Con finalidad justificativa y clarificadora se ha comenzado esta obra haciendo referencia a la necesidad de Orientación e Intervención Educativa a personas con discapacidad o en situación de riesgo aportando datos que avalan dicha necesidad. En el primer capítulo se han descrito los modelos y teorías que fundamentan el Diagnóstico para la Orientación e Intervención de los colectivos mencionados. En el segundo capítulo sc ha delimitado el marco de la Orientación e Intervención Educativa por medio de aproximaciones conceptuales, paradigmas y principios. La primera parte del manual concluye con el tercer capítulo centrado en la Discapacidad y contextos de intervención sociocomunitario, familiar, escolar y laboral, dando por finalizada la fundamentación de la Orientación e Intervención Educativa sobre Discapacidad.

Si la primera parte expone conocimientos que servirán de apoyo y referencia en el ejercicio de la profesión, en esta segunda parte se tratará de la intervención educativa desde la tipología tradicional de discapacidad. Hacerlo desde la perspectiva tipológica permitirá aportar una mayor claridad en la adquisición del conocimiento aunque ello requiera el tener que mencionar déficits o características principales según el tipo de discapacidad; pero ese proceso a su vez facilitará detectar y determinar las necesidades educativas especiales que tenga cada alumno, que es lo que conllevan actualmente los informes diagnósticos o evaluaciones de la persona.

CAPÍTULO IV

PREVENCIÓN DE ALTERACIONES PSICOFÍSICAS

(IV) 1. PREVENCIÓN DE ALTERACIONES ANTES DEL NACIMIENTO

1.1. FACTORES A CONSIDERAR ANTES DE LA GESTACION

1.1.1. Edad de gestación

Se ha comprobado que la edad de la madre influye en la gestación y consecuente parto, y se empieza a apreciar que el síndrome de Down, una de las deficiencias más estudiadas, no sólo está función de la edad avanzada de la madre sino que también parece haber una relación con la del padre.

Se sabe que a partir de los treinta y cinco años de edad de la madre aumenta de manera exponencial la posibilidad de tener hijos con la deficiencia mencionada, veamos la incidencia de aparición:

A los treinta años de la madre. 2 Down por 1.000 nacidos.
A los treinta y cinco años de la madre, 5 Down por 1.000 nacidos.
A los cuarenta años de la madre, 20 Down por 1.000 nacidos.
A los cuarenta y cinco años de la madre, 29 Down por 1.000 nacidos.
A los cuarenta y ocho años de la madre, 72 Down por 1.000 nacidos.

O pasado a probabilidades: uno de cada 1.925 nacidos a los 20 años de la madre. Uno de cada 885 a los treinta años de la madre. Uno de cada 365 a los treinta y cinco años de la madre, cifra que va en aumento a partir de los cuarenta años de la madre, aunque no hay que olvidar que el 50% de los bebés con síndrome de Down nace de madres de edad inferior a los treinta y cinco años.

Por debajo de los dieciocho años de la madre aumentan en los hijos, entre otras patologías, las anencefalias, espina bífida, prematuridad, toxemia y preeclampsia (Alfonso e Ibáñez, 1987).

1.1.2. Consejo genético.

Desde hace miles de años muchas religiones y legislaciones prohibían los matrimonios entre primos y allegados, pues existía la experiencia de que estos matrimonios tenían mayor número de hijos con discapacidad, hasta el extremo de precisarse la autorización del Papa para las bodas reales entre primos.

La medicina preventiva ha adquirido gran importancia. Entre los países que prestaron atención al consejo genético para evitar discapacidades se halla Francia, la Ministra de Sanidad Simone Veil dictó en 1.978 un Decreto por el que se reforzaban los exámenes médicos prematrimoniales, ampliándolos a incluir la serología de la sífilis, serodiagnóstico de la rubeola y de la toxoplasmosis, grupo sanguíneo, Rh, etc.. Todo ello sobre el ya antiguo certificado médico habitual. La información que con todos los medios puede llegar a la futura pareja sobre los peligros y prevención de las enfermedades hereditarias es bastante completa.

Hace años se consideró de gran interés que los niños rusos fuesen provistos del "Pasaporte genético", realizado a base de unos estudios profundos sobre los datos relativos a las enfermedades hereditarias de las familias de los progenitores.

Actualmente es frecuente que se busque información cuando uno de los miembros de la pareja presenta una enfermedad y quieren saber el peligro para el futuro ser, o en otros casos porque tienen un familiar con una alteración y desean conocer su repercusión. También suele ser un determinante el tener un hijo afecto y el temor a que futuros hijos padezcan la patología. Otros buscan información para tomar decisiones preconcepcionales, algunos por las edades avanzadas, o por ser consanguíneos, o por incompatibilidad Rh.

Si no se ha de recibir consejo genético al menos se deberían hacer exámenes prenupciales o preconvivenciales pues es interesante el conocimiento de los antecedentes familiares y la realización de análisis y pruebas sobre enfermedades que puedan afectar al futuro hijo.

1.2. FACTORES A CONTROLAR DURANTE LA GESTACION.

1.2.1. Aporte genético.

(Véase Consejo Genético)

1.2.2. Consumo de drogas.

— *Teratología*

Es el daño que puede producirse al huevo, al embrión o al feto al tomar una sustancia la madre.

El mayor peligro existe en los primeros días de gestación tanto por el delicado mecanismo de la implantación del óvulo fecundado como porque la mujer desconoce el estar embarazada y puede seguir en algunos casos un sistema de vida en el que haya factores de riesgo.

Está en constante revisión el estudio de sustancias embriotóxicas o teratológicas. Como ejemplo de las alteraciones que pueden originar aportamos una relación de lo que se cree por ahora, más seguro, referido a drogas únicamente, ello no exime del hecho de que deban o puedan incorporarse a la relación por sus efectos teratológicos otras drogas o sustancias muchas de ellas nuevas o de reciente aparición en el mercado.

- Morfina y morfínicos pueden producir síndromes disneicos en el recién nacido o incluso la muerte.
- Morfina, cocaína, heroína, pueden producir muerte neonatal, convulsiones, temblor, llanto incesante.
- Morfina, petidina, heroína, pueden producir depresión respiratoria si se administran en las cuatro horas anteriores al parto.
- Codeína puede provocar íleos paralíticos en el feto.
- Barbitúricos, rara vez pueden producir efectos.
- Clorpromazina puede producir intensa icteria neonatal.
- Meprobanatos pueden producir una inhibición del desarrollo de los fetos.
- Diazepan, puede producir hipotermia.
- Eter, puede producir depresión de la respiración en la anestesia prolongada.
- Fenotiazinas, pueden producir signos extra-piramidales.
- Sulfato de magnesio, puede producir depresión del SNC.
- Anfetaminas, las investigaciones con ratones muestran que pueden producir en ellos alteraciones cardíacas, labio leporino y alteraciones oculares.
- LSD, las investigaciones con ratones muestran que puede producir en ellos elevado número de alteraciones y anomalías congénitas fundamentalmente cerebrales.
- Marihuana, el tetrahidrocannabinol es más embriotóxico que teratológico.

Como gran parte de las mujeres con drogodependencia se prostituyen para conseguir dinero para la droga suelen ser portadoras de gonococia, sífilis, toxoplasmosis, listeriosis, herpes, etc. que pasan al niño. La disminución de cuidados a los hijos, la falta de aseo y la mala alimentación los hace mucho más propensos a todo tipo de enfermedades asociadas. Además si hay carencia o alteraciones afectivas y falta de motivación intelectual en el ambiente influye en que se retrasen en sus estudios y más de una vez han pasado por retrasados mentales.

— *Tabaco*

Reduce la circulación placentaria y dificulta el aporte de oxígeno y alimentos al feto. Así mismo dificulta la eliminación del carbónico por alteración de los mecanismos enzimáticos.

Aumenta el número de los latidos cardíacos fetales en función del número de cigarrillos consumidos. Reduce sus movimientos respiratorios hasta un 45 por ciento, por lo que conduce a una disminución de la perfusión placentaria con hipoxia.

El número de hijos prematuros aumenta proporcionalmente al número de cigarrillos. En los nacidos a término su peso es de 150 a 250 gramos menor que la media; si se suprime el fumar al cuarto mes el peso es el normal.

A partir de diez cigarrillos diarios pueden aparecer lesiones fetales manifestándose en hendiduras labio-maxilopalatinas, malformaciones del tubo neural con meningomielocele, anencefalia, hendiduras urogenitales, epi o hipospadias, polisindactilias, doble número de lesiones cardíacas sobre la media.

Durante la lactancia la nicotina pasa por la leche al niño y se seguirá intoxicando. Los hijos de padres fumadores viven en una atmósfera saturada de humo que los convierte en fumadores pasivos con un espectacular aumento de enfermedades respiratorias.

— *Alcohol*

Es un tóxico al igual que el tabaco y como él peligroso para el niño.

No está demostrado que el alcohol produzca una lesión directa sobre los cromosomas o los genes. Ni que la fecundación en estado de embriaguez aguda de alguno de los cónyuges afecte a la herencia. Pero sí hay una serie de lesiones en el desarrollo que han adquirido una gran importancia en esta época de alcoholización de parte de la sociedad.

El mayor peligro está en el consumo al principio de la gestación, hasta el cuarto mes aunque después no es inocuo.

Las "social drinkers", bebedoras por exigencias sociales, pueden tener hijos de cara aplanada, nariz pequeña, pliegues epicánticos, ojos pequeños, asimetría facial, microcefalia, crecimiento deficiente pre y postnatal, pies zambos, retraso en el desarrollo intelectual y/o en el aprendizaje. Su consumo suele llevar asociado el consumo de tabaco, café, estimulantes y vida con insuficientes horas de descanso, en ese caso se complica el cuadro.

Las madres alcoholizadas pueden tener recién nacidos que presenten las malformaciones indicadas anteriormente o/y con trastornos neurológicos, afectación de corazón y riñón, retraso ponderal, perímetro craneano inferior a la media, retraso mental. Además suele aparecer el Síndrome alcohólico fetal (S.A.F.) apreciándose temblores, convulsiones, irritabilidad psicomotora, hipertensión muscular con tendencia al opistótonos, aumento de la sensibilidad al ruido. El S.A.F. se estima que es responsable de un 10 a un 20 por ciento de los retrasos mentales.

Hay que tener en cuenta que al pasar el alcohol por la leche al niño, el lactante se emborracha como la madre presentando un cuadro de hiperexcitabilidad, facies rubicunda, movimientos incoordinados, ojos brillantes y posterior sopor.

A todo ello hay que sumar el factor sociofamiliar pues en la casa donde hay un alcohólico todo los esquemas de cuidados, higiene, alimentación idónea, etc. son alterados o han desaparecido, afectando muy negativamente al desarrollo somático, psíquico, afectivo y educacional del niño.

— *Café*

Sólo en los casos extremos de grandes bebedoras de café pueden aparecer problemas para el feto ya que la cafeína estimula las contracciones uterinas y podría desencadenarse un aborto o un parto prematuro. También el té y la cola contienen cafeína. Se ha pensado que al ser la cafeína una sustancia purínica, la metil-xantina, parecida a la que interviene en la formación del material genético podría actuar, negativamente, a nivel celular en el desarrollo del feto. Pero no está demostrada esta teoría ni su correlación con malformaciones fetales. De todas formas se sugiere disminución de su consumo.

— *Medicamentos*

Recuérdese que teratología es la lesión o daño que puede realizarse al huevo, embrión o feto al tomar la embarazada una sustancia que puede ser un medicamento. Medicamento que puede pasar por totalmente inocuo en la persona no gestante. Muy pocos medicamentos presentan la absoluta seguridad de ser inocuos para el feto, por ello cuantos menos se tomen mejor y únicamente si están verdaderamente indicados.

Estamos viviendo una fase de farmacofilia verdaderamente inquietante. Y hay que preguntarse: ¿Tanta necesidad tenían las mujeres alemanas e inglesas de tomar el tranquilizante llamado talidomida?.

Recordemos que el mayor peligro se presenta en los primeros días de la gestación, cuando la mujer no sabe, o no está segura de estar embarazada y prosigue o empieza una medicación peligrosa.

No debe olvidarse que el estar embarazada está dentro de lo normal y fisiológico, y generalmente no tiene nada que ver con la enfermedad.

1.2.3. Cuidados físicos de la embarazada

— *Control del embarazo*

La embarazada debe ser controlada por un servicio médico, no porque padezca una enfermedad sino para que todo se mantenga dentro de la normalidad. Las consultas deben ser para prevenir o encauzar.

Cuándo se debe ir al médico: Unos tocólogos sugieren que nada más que se estime estar embarazada y luego ir cada cuatro semanas hasta la vigésima y después cada tres semanas. Otros opinan que es suficiente con una visita a las dieciocho o veinte semanas seguida de consulta cada cuatro semanas a partir de la vigésimo octava. Un tercer grupo sugiere que al menos una visita sea a la vigésimo cuarta o vigésimo octava semana, otra a la trigésimo segunda o trigésimo cuarta y una última a la trigésimo sexta o trigésimo octava.

Deberá hacerse una Historia Clínica que recoja los antecedentes clínicos generales, historia menstrual, historia de partos y embarazos anteriores y evolución del actual, con su correspondiente historial obstétrico, más los análisis rutinarios de sangre y orina, tensión arterial, apreciación de si existen edemas y exploración general y obstétrica.

Como puntos fundamentales a estudiar son los que pueden conllevar una discapacidad por enfermedad de la madre.

Además de las visitas periódicas se debe de ir al médico en caso de:

— Hemorragia vaginal
— Dolor de cabeza intenso y/o persistente.
— Edema (hinchazón de manos, pies, piernas o cara).
— Secreción acuosa vaginal.
— Dolor abdominal y calambres.
— Vómitos intensos que no ceden con la medicación prescrita.
— Aumento de peso superior a los 9 Kgr. O brusco aumento de peso.
— Mareo o desmayos.
— Orina escasa.

Las medidas elementales de abandonar el alcohol, tabaco, medicamentos, drogas, vida desordenada, todos las conocemos.

La ropa no debe comprimir ni el abdomen ni el retorno venoso de las piernas; deberá ser lo suficientemente holgada para que no apriete. La ducha es más aconsejable que el baño. Se debe dormir o descansar por la noche de ocho a diez horas, con una ligera siesta tras la comida. La habitación debe estar ventilada.

— *Aumento de peso*

Hacemos hincapié en este tema pues el lógico aumento de peso de la embarazada ha tenido interpretaciones muy variadas, desde que es muy normal aumentar de peso desorbitadamente hasta la idea de que hay que ganar lo menos posible. Se considera que el desarrollo normal de aumento de peso es el siguiente:

Incremento en gramos hasta las

Componentes	**10 semanas**	**20 semanas**	**30 semanas**	**40 semanas**
Fetos	5	300	1.500	3.400
Placenta	20	170	430	650
Fluido amniótico	30	350	750	800
Utero	140	320	600	970
Glándula mamaria	45	180	360	405
Sangre	100	600	1.300	1.250
Fluido extravasc.	0	30	80	1.680
Reservas maternas	310	2.050	3.480	3.345
	650	4.000	8.500	12.500

Hemos partido del feto con peso de 3.400 gramos. Así que este aumento de peso total de 12.500 gramos debe ser tomado como máximo (Alfonso e Ibáñez, 1987).

— *Alimentación*

Una alimentación variada y con bastante fruta y verduras es suficiente para una gestante sana. Actualmente, en la alimentación habitual es normal la disminución de los hidratos de carbono con un aumento de las proteínas de pescado, carne o queso siendo todo ello adecuado.

El ardor de estómago puede solucionarse con pequeñas y frecuentes comidas en vez de grandes ingestas. El dolor de espalda puede desaparecer o paliarse con la adopción de posturas correctas. Algunas embarazadas tienden a exagerar las posturas tanto de pié como sentadas. El extreñimiento no tiene porqué aparecer si se toman suficientes frutas y verduras. Mejor tomar pan integral que refinado, ya que aquél tiene más restos.

— *Preparación para el parto*

Hay quienes a la preparación psicológica y física para el parto la denominan psicoprofilaxis. Algunos investigadores se vienen ocupando del tema desde hace más de cincuenta años. Ya en 1933 G. Dick-Read publicó el libro *Childbirt without fear*, incluyéndose la relajación como medio de ayudarse las madres en el parto; actualmente la literatura al respecto es abundante

El objetivo de estos métodos es la relajación y control de los dolores de parto disminuyendo el número de mensajes de dolor enviados al cerebro. Generalmente en los cursos de preparación se proporcionan conocimientos de qué y cómo es el parto, útiles para todo el mundo, incluidos los varones.

Los ejercicios físicos suponen una ayuda para lo más fisiológico del mundo, que es dar a luz. Se practican ejercicios específicos de respiración que corresponden a las contracciones uterinas propias de las distintas fases del parto. Es muy conveniente que además de los ejercicios físicos se informe a la madre sobre los cuidados psicoemocionales que debe procurar a su hijo.

1.2.4. Cuidados emocionales o psíquicos embaraza-feto.

— *Planificar el embarazo o desearlo*

La llegada del hijo conviene aceptarla aunque no se esperase, en opinión de psicoanalistas y psicoterapeutas los hijos aceptados o deseados son menos problemáticos o causan menos problemas. Ante los embarazos no aceptados suele presentarse estrés, depresión, mal humor, dejadez en cuidarse a sí misma... incidiendo esas manifestaciones en el feto.

Así pues, durante su desarrollo se producirán una serie de situaciones fundamentales para su posterior crecimiento. Se irán integrando aspectos biológicos y hereditarios, y surgirán las primeras relaciones del hijo con la madre. Según sea la sensibilidad biológica del niño, así será la reacción que en él se originará cuando la madre le transmita las diversas señales de ansiedad o le proyecte aspectos propios de forma inconsciente. Así mismo tampoco hay que olvidar los efectos del tabaco, alcohol y otras drogas tanto su ingesta como el síndrome de abstinencia considerando no sólo la dependencia física sino también la psíquica. Todo ello condicionará tanto los aspectos biológicos como psicológicos que presentará el niño al nacer y que intervendrán en sus primeras relaciones.

— *Afectividad*

Tener buenas relaciones con el cónyuge y recibir afecto y comprensión suele crear un clima de tranquilidad y alegría. El futuro padre puede contribuir a que su esposa alcance o mantenga equilibrio emocional proporcionándole seguridad, comprensión, evitándole problemas y compartiendo su alegría por el hijo que ha de llegar. Producida esa situación en la embarazada se aprecian beneficios en ella y en el recién nacido. Diversos estudios muestran que el recién nacido presenta peso dentro de la normalidad, es más tranquilo y se reducen riesgos en el parto, mientras que en los registros clínicos figuran como un factor de riesgo entre otros "los conflictos matrimoniales" (cf. Ibáñez, 1997 o 2003)

La influencia afectiva del futuro padre en el embarazo ha sido considerada incluso en culturas denominadas primitivas, algunos padres durante ese periodo realizan ayunos y prescinden de algunos alimentos pues creen que ello ayuda a controlar comportamientos violentos. También practican rituales como alusión a las sensaciones de la mujer durante el parto. Es una forma de implicarse física y psíquicamente con el estado en que se halla la futura madre.

¿Y los animales? Analizando sus comportamientos se ha comprobado que algunas aves reciben de sus compañeros el alimento mientras están incubando. Mamíferos como los gorilas dan masaje en la espalda a sus compañeras y también les llevan alimentos cuando están embarazadas. Otras experiencias con animales nos han mostrado comportamientos y respuestas que guardan relación en muchos casos con las humanas.

Cuidados emocionales de la embarazada a sí misma y a su hijo: Se ha considerado la importancia paterna durante el embarazo pero tanto si el futuro padre proporciona cuidados emocionales a su esposa como si no lo hace, ella debe ocuparse de sí misma sin agobiarse, lo mismo decimos respecto a futuras *madres solteras o a aquellas que no tienen pareja.* Los cuidados pueden ser a través de:

Relajación: Es posible obtener beneficios tanto para el cuerpo como para la mente, entre ellos se hallan reducción de la tensión muscular, desaparición del cansancio y del estrés, aumento de la circulación sanguínea. En todos los métodos de relajación se concede especial importancia a la respiración. Se puede incluir música relajante y/o acariciarse el abdomen mientras que los pensamientos positivos se centran en el niño e incluso puede hablársele en tono bajo o susurrante; los profesionales aluden al establecimiento de comunicación y de afirmación del papel de madre.

La influencia del tacto o caricias han puesto de manifiesto en estudios sobre el mundo animal que una prohibición a las ratas preñadas de lamerse a sí mismas hizo disminuir sus capacidades maternales, sus hijos nacían con menor peso, mayor grado de excitabilidad y la leche materna era menos abundante. Mientras que las ratas acariciadas durante el embarazo parieron hijos de mayor peso, menor grado de excitabilidad, y las madres mostraban mayor interés por las crías siendo su leche más abundante y mejores sus componentes nutritivos (Montagne, 1978).

Adquisición de seguridad en su nuevo rol: son muy útiles las actividades basadas en modelos de conducta empleándose técnicas de autoverbalización e imaginación (condicionamiento encubierto y si es necesario desensibilización encubierta) para modificación o creación de conductas. Se proporcionan a continuación unas referencias generales:

Autoverbalización: consiste en decirse a uno mismo lo que va a hacer, el objetivo es desarrollar una conducta determinada. Las frases positivas proporcionan autoafirmación, pueden ser dirigidas a desarrollar la autoconfianza en lo magnífica madre que se será.

Condicionamiento encubierto: consiste en imaginarse a uno mismo mostrando conductas que se deseen desarrollar o modificar, e imaginando también las consecuencias. Basándonos en la teoría de que las imágenes positivas aumentan las expectativas de éxito sobre todo si están muy vinculadas a la emoción se recomienda imaginar al hijo con cualidades, ello procura satisfacción a la madre y reduce o elimina ansiedad, sintiéndose más segura.

(IV) 2. PREVENCIÓN DE ALTERACIONES DESPUES DEL NACIMIENTO

2.1. PREVENCION DE ALTERACIONES PSICOLÓGICAS EN EL RECIEN NACIDO

2.1.1. Parto

Las mujeres siempre dieron a luz en cuclillas o en posición vertical, sin que se alterase lo natural; hasta que el médico francés Mauriceau puso de moda que lo hiciesen en la cama en posición horinzontal, pues le era mucho más fácil explorar a la mujer en esta posición. Hoy en día lo más frecuente es la utilización de la silla o camilla de partos.

El parto en el agua es volver a descubrir que las mujeres gallegas de Corcubión desde tiempo inmemorial se metían en el agua cuando comenzaba el parto; también se le denomina parto ecológico.

Sea cualesquiera la posición o el medio en el que produzca el parto debe haber pausa entre contracción y contracción para que el feto se recupere de la hipoxia.

2.1.2. Recién nacido y madre: creación de vínculos

El período neonatal es determinante en el establecimiento del vínculo madre-hijo, su ruptura cualesquiera sean las circunstancias se suele acompañar de diversos trastornos del desarrollo entre ellos del psicomotriz. Es fácil observarlos en algunos niños, especialmente en abandonados o con carencias afectivas.

La transcendencia afectiva de los primeros momentos del recién nacido y su madre ha sido estudiada por varios autores y los resultados obtenidos ponen de manifiesto que el niño debe permanecer al menos los primeros momentos con su madre. Según el pediatra Kennel (1975) los niños muestran a los siete minutos de haber nacido un vivo interés y un alto grado de atención respecto a lo que ocurre alrededor de ellos, esa situación se mantiene aproximadamente una hora. Pasado ese tiempo parece ser que no alcanzan ese grado de atención hasta los ocho o diez días siguientes. Ese descubrimiento hizo que el pediatra se dirigiera a sus colegas para que permitieran que los recién nacidos se quedaran con la madre en la cama y además totalmente desnudos, a excepción de la venda protectora del ombligo, al menos una hora después de su nacimiento.

Para el etólogo alemán Dröscher (1971) las cosas realmente importantes y transcendentes en la relación madre e hijo suceden en la primera hora del nacimiento tanto en los seres humanos como en el reino animal, ya que en ambos el estrecho contacto entre madre e hijo es decisivo en la formación de un nexo profundo y sólido entre ambos.

Si en la madre se desarrolla el instinto maternal, en el bebé se satisface su necesidad natural de contacto y es una experiencia gratificante. Se sabe que las primeras comunicaciones de un recién nacido, su primer lenguaje, es a través de la piel. Las madres acarician de forma instintiva a sus bebés después de su nacimiento lo que contribuye al proceso de mielinización y desarrollo sensorial. El tacto es un sentido muy poderoso en la vinculación, la sensibilidad de la piel se desarrolla en un estadio muy temprano por lo que las caricias suaves y los contactos cutáneos configuran los patrones de comportamiento reduciendo los umbrales de excitación e inseguridad y por tanto aumentando la tranquilidad.

En estudios realizados con bebés prematuros situados en incubadoras, acariciados cíclicamente por sus padres se observó necesidad de reducción de oxígeno y abandono de la incubadora antes que los que no habían recibido caricias. Se utilizaron técnicas de control de oxígeno transcutáneo y se midió la tensión de oxígeno en el cuerpo a través de un electrodo en la piel, descubriéndose que niños hospitalizados presentaban oscilaciones tremendas en niveles de oxígeno cuando se encontraban en situación de estrés. El contacto humano les tranquilizaba y hacía bajar dichos niveles (cf. Schneider, 1991).

Estudios interculturales ponen de manifiesto que los niños tomados frecuentemente en brazos, acunados, amamantados, de adultos son menos agresivos y violentos (recuérdese entre otros autores a Mead con sus estudios realizados en Nueva Guinea. Consúltense teorías sociales de la personalidad en modelos y teorías dinámicas , parte I, apartado 2.3.). Además las madres/padres con dificultad en abrazar, acariciar o hablar a sus hijos durante sus primeros meses de vida suelen tener bebés con tendencia a disminución en el desarrollo.

¿Y qué sucede en el mundo animal?

La conducta maternal ha suscitado el interés de gran número de investigadores que han dedicado mucho tiempo a observar en humanos las primeras comunicaciones entre los bebés y las madres. El mismo interés surgió hacia el mundo animal realizándose experiencias de laboratorio con algunas especies animales; obtenidos resultados altamente interesantes y según algunos autores en gran parte extrapolables a humanos, puedan ser o no extrapolables nos hacemos eco de ellos exponiéndolos pues al menos nos inducen a *reflexionar.*

Según Rosenblatt (1997) todo lo que se conoce sobre las causas fisiológicas de la conducta maternal en mamíferos se debe a los últimos treinta años a través, fundamentalmente, del estudio de algunas especies que incluyen la rata, el conejo, ratón y otros animales como cabra y oveja. Los seres humanos han sido poco estudiados desde el punto de vista fisiológico, aunque la interacción conductual entre madre e hijo ha sido objeto de estudio como se ha indicado. Afirma que nos encontramos en el umbral de poder definir varios principios generales que se podrían aplicar a todos los mamíferos y que guiarían las próximas investigaciones.

Expone que la madre es estimulada por las hormonas que causan su conducta maternal inicial en el parto pero después la madre necesita estar en contacto con su cría. Si ésta (se refiere a animales) es separada de la madre desde el momento del nacimiento la conducta maternal desaparecerá en veinticuatro horas, pero si permanecen juntas algunas horas habrá reconocimiento por el olor y la madre sólo permitirá que se acerque su cría para amamantarla. Ejemplo, las ovejas: mezcladas las crías y alejadas de sus madres cuando se las suelta para alimentarse cada una reconoce a su madre y cada madre a su cría.

Por tanto, este investigador ha encontrado en la conducta maternal dos fases, la primera es causada por la estimulación hormonal, la cual después del parto dejará de actuar gradualmente pero, en una segunda fase, la conducta maternal continuará en el caso de que haya estimulación por parte de las crías hacia su madre. Por ello se dice que es importante que los neonatos estén junto a su madre en los primeros momentos de su nacimiento.

La importancia del tacto o contacto entre madre e hijo recién nacido se puede apreciar en diversas especies animales y en diferentes formas. El lamer en los animales no sólo es un acto de limpieza sino que permite estrechar el contacto cutáneo entre ellos, además de estimular el sistema fisiológico. Las gatas lamen a sus hijos durante más del cincuenta por ciento de su tiempo.

En las ratas acariciadas en la infancia se ha apreciado más inmunidad a enfermedades, aumento más rápido de peso y mejor desarrollo neurológico.

Los monos establecen el contacto con sus bebés abrazándoles y limpiándoles y cuando éstos tienen fuerza se agarran a sus padres que los transportan de un lugar a otro.

En suma los animales no lamidos o acariciados están menos desarrollados y son más vulnerables al estrés, tienden a luchar entre sí y de mayores siguen los patrones de conducta de sus progenitores con sus hijos descuidándolos y abusando de ellos. Se ha comprobado que lo mismo puede suceder en humanos (cf.Schneider, 1991).

2.1.3. Desarrollo de los sentidos del bebé

Para facilitar el proceso de conocimiento se presenta conjuntamente el desarrollo de los sentidos del bebé antes y después de su nacimiento.

Hoy en día se sabe que el feto oye, ve y se mueve durante la segunda mitad del embarazo y utiliza sus capacidades desde el momento del nacimiento. Responde tanto a los estímulos que le llegan desde el interior de la madre como a los que le llegan del exterior, necesita estimulación para desarrollar su sistema nervioso.

a. Tacto

Parece ser que de todos los sentidos es el primero en desarrollarse, ha sido detectado en embriones humanos de menos de ocho semanas. Al principio el feto se balancea y flota en el líquido amniótico, al crecer aumenta su contacto con el vientre materno. Desde la quinta semana de vida intrauterina se prepara estimulándose a sí mismo, puede girar, mover brazos y piernas, oscilar su cuerpo, cabeza y espalda; también toca partes de su cuerpo con manos y pies contactando con el cordón umbilical. Muchos de los movimientos que realiza son reflejos, primero suelen ser de alejamiento posteriormente cambia como si buscara los contactos para explorar, por ejemplo cuando está más desarrollado vuelve la cabeza hacia la mano e incluso introduce un dedo en la boca. El reflejo también se produce una vez nacido buscando el pezón de la madre.

Durante el parto las contracciones hacen que el niño sea comprimido y empujado de forma rítmica lo que se traduce en una estimulación en la piel y sistemas orgánicos. En páginas anteriores se ha hecho referencia al tacto como creador de vínculos y potente medio para la estimulación.

Al estar acostumbrados antes de nacer al tacto por el líquido amniótico y al movimiento requieren o gustan una vez nacidos ser tomados en brazos y mecidos. Las mochilas delanteras prestan un gran servicio como muestran estudios realizados, los niños que disfrutaron de ellas redujeron sus llantos en un porcentaje considerable, aproximadamente 50 por ciento (Hunziker and Barr, 1.986).

b. Gusto.

Parece ser que el gusto empieza a funcionar a las trece semanas de gestación (Liley 1.972). Hay preferencia por los sabores dulces, posiblemente porque la leche de la madre tiene dulzor y se precisa una predisposición biológica; aunque parece ser que las papilas gustativas son estimuladas por el amargor del líquido amniótico.

Desde la semana once el feto chupa su pulgar desarrollándose los músculos de mandíbulas y mejillas para mamar desde el nacimiento.

A los cinco días de su nacimiento es capaz de reconocer el sabor de la leche de su madre. El sentido del gusto actúa en estrecha relación con el del olfato y viceversa.

c. Olfato.

Sobre el olfato del feto poco se conoce, posiblemente como en los nacidos tenga funciones coordinadas con el sentido del gusto.

El bulbo y el nervio olfativo están formados a las diecisiete semanas de gestación (Liley op.cit.). Después del nacimiento al bebé le es posible distinguir a su madre por el olor (Porter et al.1.983).

Es frecuente en algunos países poner alguna prenda de la madre, usada por ella exclusivamente, en la cuna para que el niño, una vez que reconozca el olor de la madre, no se sienta solo.

d. Vista.

El nervio óptico se forma durante las primeras semanas, sobre los siete meses de gestación los fetos responden a la luz. Al recién nacido le atraen los contrastes y las formas circulares, eso permite que se fije en los pezones, ojos y cara de la madre. Al observar esas formas se produce estimulación que acelera la mielinización nerviosa y el desarrollo fisiológico.

e. Oido.

El oido empieza a desarrollarse antes de la sexta semana y aproximadamente al quinto mes se completa ese desarrollo. Durante los cuatro últimos meses de embarazo el vientre es para el feto un lugar ruidoso, pues el líquido amniótico es conductor del sonido, por lo que el feto percibe los sonidos de los latidos del corazón de la madre, degluciones, gorgoteos digestivos... Aunque el niño no reconozca cada uno de estos sonidos, capta un fondo sonoro considerable. Frente al sonido continuado distingue la voz de ella (cf. Ibáñez, 1997).

Al nacer puede distinguir el grado y tono de un sonido, prefiere los tonos altos, la madre utiliza instintivamente un tono de voz agudo en concordancia con la atracción natural del bebé hacia sonidos de alta frecuencia. Se ha apreciado que puede reconocer música o fragmentos cortos que haya escuchado durante los últimos meses de gestación, así mismo alguna canción interpretada por la madre e incluso fragmentos de algún cuento leído por ella (De Casper, 1980).

La concordancia o sincronía entre el oído y la vista en el reconocimiento materno por el bebé se ha apreciado en investigaciones realizadas, ante opciones presentadas discriminaban a su madre por su voz y su figura.

2.1.4. El recién nacido separado de su madre

Muchos niños prematuros han de ser atendidos en incubadoras y por tanto separados de su madres. Ahora ya no se emplea para su cómputo el tiempo de gestación, que puede ser equívoco. Lo que se utiliza es el peso al nacer, independiente del tiempo de gestación. Así 2.500 gramos es el límite. Y a menor peso por debajo de esta cifra hay mayores posibilidades de que aparezcan problemas.

Su recuperación es un tema complejo, pero digamos antes de nada que desde tiempo inmemorial las mujeres colombianas, entonces sin opciones de incubadora para sus hijos, sujetaban al prematuro a su cuerpo para que tuviese siempre el calor de la madre, sin separarse de él, y porque como se ha expuesto los ruidos, movimientos y sonidos provenientes de la madre al ser estímulos son muy útiles para su recuperación.

En la actualidad se sacan adelante hasta niños de escasos 465 gramos. Todo un progreso de la Ciencia gracias a los equipos de neonatólogos y recuperadores, aunque los problemas por la inmadurez de sus centros respiratorio y cardiocirculatorio, la facilidad de aparición de neumonías por la falta de defensas orgánicas, las intolerancias a los alimentos y los traumatismos hacen a veces difícil su supervivencia.

En estos momentos en muchas unidades de neonatología se permite y se aconseja la visita y contacto entre padres e hijos, si ello es posible.

Los primeros contactos del prematuro con el mundo o del recién nacido con problemas suelen ser muy dolorosos: sondas, tubos, luces intensas y todo en poquísimo tiempo y después de la cálida protección del vientre materno en que se encontraba. Se le presenta un entorno que percibe como violento.

Algunos pediatras y personal sanitario conscientes de que el niño sufre y se contrae cuando han de aplicarle ciertas terapéuticas (extracción de sangre, inyecciones) han decidido agrupar en un periodo de tiempo todo lo que le es molesto para que disfrute de tiempos continuos de relajación.

También sería deseable, puesto que el bebé percibe aunque no se exprese con lenguaje oral, que en la unidad de cuidados intensivos se procurase silencio al igual que en la de los adultos, o músicas seleccionadas para bebés antes de su nacimiento. Parece ser que el tiempo más adecuado es el andante, similar al del corazón humano, ritmo que reconoce el feto con referencia su madre. También pueden ser de utilidad diversas músicas existentes en el mercado que recogen los sonidos de las aves y la naturaleza, son de una gran simplicidad y transmiten tranquilidad. Algunas piezas de música clásica pueden emplearse con finalidad equiparable (cf. Ibáñez, 1997).

En el aspecto individual o personalizado sería útil que cada niño escuchase algunos momentos cada día, si es posible, la voz de su propia madre directamente o en una cinta gravada expresamente para él. Eso le tranquilizaría y a la vez sería un estímulo para su recuperación.

Si se puede permitir que el bebé abandone la incubadora algunos momentos durante el día y es posible que sus padres le tomen en brazos, se deberían tener en cuenta algunas normas de utilidad tales como que los padres se presenten con ausencia de perfumes, agua de colonia o jabones o cremas con olores, pues el niño capta el olor de su madre/padre y eso podría desorientarle, o en todo caso el perfume o productos utilizados conviene que sean siempre los mismos. Además es conveniente evitar cambio en el peinado pues la identificación por el contorno puede alterarse y el bebé tardará más en identificar a sus padres. Si siempre percibe la misma figura, con el mismo olor, voz y tacto el reconocimiento será más rápido y se evitarán confusiones e inseguridades.

Conviene aprovechar los momentos que se esté con el bebé para hablarle suavemente, acariciarle teniendo cuidado de no tocar partes doloridas por aplicación de instrumental causante de molestias o dolor.

Los profesores Klaus y Kennel (1967) de la Universidad de Cleveland fueron pioneros en el sistema de permitir tocar y acariciar a las madres a sus prematuros colocados en incubadoras, en los días siguientes al parto. La experiencia, que requirió el establecimientos de directrices, no significó ningún aumento de enfermedades infecciosas ni una alteración considerable en la rutina laboral de la clínica, según los citados profesores. Los resultados inmediatos coinciden con los que varias veces hemos venido señalando, aumento del amor maternal y creación de un fuerte lazo afectivo entre madre e hijo.

Una vez dado de alta el bebé convendría aplicarle algún programa o técnica con el doble objetivo de proporcionarle estimulación y de afianzar los vínculos afectivos entre él y sus padres. La psicóloga Rice (1977) realizó un estudio en Dallas con prematuros una vez abandonado el hospital. Quince niños formaron el grupo experimental y otros quince el de control, las madres del experimental aplicaron un masaje infantil diario y mecieron al niño un buen rato, las del grupo de control siguieron con los cuidados habituales de todas las madres. A los cuatro meses de edad los bebés que recibieron masajes aventajaban a los otros tanto en desarrollo neurológico como en aumento de peso; indirectamente se incrementaron los vínculos afectivos entre madres e hijos.

Manifestamos nuestras preferencias por el Método Estitsológico Multisensorial que también además de proporcionar estimulación temprana contribuye a incrementar los nexos afectivos, como estamos comprobando a través de investigaciones realizadas con diversos colectivos (Ibáñez, 1997; Ibáñez y Senra, 1999 a).

Este método con unas u otras salvedades puede incluirse en los denominados popularmente de masaje infantil, en realidad son *métodos de estimulación y comunicación por el tacto.*

Cada método aunque tiene sus características propias guarda relación con otros al compartir ciertos principios y movimientos. Entre los países orientales mencionamos la India que lo tiene incorporado a sus tradiciones y entre los países occidentales destaca Suecia por su largo tiempo de práctica, en otros muchos países también se practica bien cómo método propio o asimilado. En el método indú sobresale la serie de movimientos para liberar tensiones y en el método sueco los movimientos que activan la circulación de la sangre. Sobre la base de esos métodos se han creado varios métodos eclécticos entre ellos está el Estitsológico.

2.2. EQUILIBRIO EMOCIONAL DESDE LA INFANCIA

2.2.1. Importancia del equilibrio emocional

Nuestras relaciones adultas reflejan el tipo de conexiones desarrolladas durante la infancia. Las personas que han tenido infancia segura, cálida, que han sido escuchadas, con buen contacto visual con sus padres y han sido queridas, tienen mejores relaciones con los demás. Mientras que aquellos cuyos lazos afectivos han sido inseguros o cargados de tensión, dc adultos son menos comprensivos, sus relaciones carecen de confianza e intimidad y pueden verse afectadas por temores.

Lo que distingue a una persona equilibrada es la capacidad de asumir una variedad de roles y de seleccionar el adecuado para cada ocasión. Las personas emocionalmente equilibradas pueden ser y mostrarse afectuosas, agradables y también diligentes, fuertes, competentes, independientes, serias, consecuentes y responsables, además de manifestar otras cualidades; teniendo en cuenta que se desempeñan diferentes papeles si se ha de estar en el trabajo o con amigos. Tomar conciencia de que podemos valernos por nosotros mismos y de que no necesitamos ser el centro de atención para sentirnos bien o felices, es decir tener seguridad en uno mismo puede llegar a resultar muy gratificante.

Algunos niños llegan a adultos con infancias insatisfactorias pero ante sus problemas utilizan mecanismos de defensa o evasión bien tratando de obtener éxitos laborales, no por tales éxitos, sino como forma de compensación obteniendo la admiración de los demás. O realizando otras actividades que les permitan ser centro de atención. Por el contrario otros tipos de adultos no utilizan tales mecanismos, se encierran en sí mismos, se acomplejan y pasan la vida insatisfechos y enarbolando un escudo protector.

2.2.2. Actitudes que contribuyen al surgimiento de equilibrio emocional

Se debe desempeñar el rol de padre/madre en toda su extensión lo que requiere, entre otras cosas, saber expresar amor, apoyo, comprensión y ánimo a sus hijos.

Los padres que sufren inhibición emocional en grado severo tienen dificultades o no pueden proporcionar el amor, apoyo, comprensión y ánimo que los niños necesitan para desarrollarse bien emocionalmente. Pueden quererles pero el amor no se expresa debido a la represión emocional y los hijos tienen dificultades para saber que son queridos. Además ese tipo de padres suele manifiestar mejor la desaprobación que la aprobación. Por tanto, es conveniente exteriorizar el cariño con manifestaciones conductuales tales como abrazarles, tomarles en brazos, usar lenguaje afectuoso, u otras formas apropiadas. Pero aunque se debe comprender a los hijos y manifestarse afectuosos, ellos deben saber que sus padres tienen autoridad y no permitírseles actuar como niños tiranos.

Es conveniente fomentar la confianza entre padres e hijos, hablar y escuchar. Si el niño tiene algún problema o sentimiento negativo, desde el punto de vista terapéutico es necesario que lo exprese, que se hable de ello. Si lo guarda para sí mismo o se le reprime sin tratarlo posiblemente el problema no desaparecerá, o al menos lo llevará consigo durante años o quizás siempre.

Investigaciones psicopedagógicas y psicoanalíticas muestran las graves consecuencias del desconocimiento del desarrollo del niño que impiden con frecuencia que exprese sus primeros sentimientos, las primeras emociones de su sensibilidad que van a condicionar su desarrollo ulterior. Si no las expresa acumula en su interior tensión emocional y algún día bien de niño o adulto la dará salida. Los conflictos pueden ser origen de numerosos trastornos de personalidad. Recuérdese que los padres sobre todo en las primeras edades son modelos de aprendizaje para los hijos los cuales perciben los mensajes y conductas de sus padres que influyen en la configuración de su personalidad, por lo que hay que crear ambientes adecuados.

Si el ambiente no es adecuado pueden surgir hijos que se manifiesten: apáticos, autodestructivos, complacientes en extremo, dependientes de personas, depresivos, egoistas, introvertidos, perfeccionistas en extremo, tiranos...(Ibáñez, 1997).

CAPÍTULO V

TIPOS DE DISCAPACIDAD/ALTERACIONES

(V) 1. ESTRATEGIAS BÁSICAS PARA NIÑOS CON DISCAPACIDAD

1.1. NOCIONES FUNDAMENTALES PARA LA ESTIMULACION TEMPRANA

1.1.1. Concepto de Estimulación Temprana

Se acuñó y divulgó este término como indicativo de una estimulación del niño casi desde su nacimiento y durante sus primeros años de vida.

Es considerado como un tratamiento con bases científicas para desarrollar al máximo las posibilidades psicofísicas.

Puede aplicarse a cualquier niño, con o sin alteraciones, aunque si no tiene alteraciones en sí mismo ni en su contexto familiar no es imprescindible la estimulación programada, pues la estimulación espontánea suele ser suficiente para su adecuado desarrollo.

El problema surge cuando hay un conjunto de circunstancias que condicionan o pueden condicionar su desarrollo como son las discapacidades psíquicas, físicas, sensoriales e incluso deprivaciones afectivas, ante las que hay que intervenir para compensar por medios adecuados.

Los efectos beneficiosos de la estimulación temprana ya se han constatado en múltiples investigaciones tanto en niños con discapacidades como en niños sin problemas en los que se refuerza o adelanta su evolución.

1.1.2. Conocimientos fundamentales

Se considera fundamental el conocimiento de la edad cronológica, pues lo que es normal a una edad puede no serlo a otra, es un indicativo de retrasos o alteraciones.

La primera exploración que suelen realizar los especialistas a los neonatos se dirige hacia el sistema nervioso que tanto influye en el desarrollo.

Se les examina el tono y la motilidad espontánea y reactiva. El área sensorial en su aspecto funcional se observará posteriormente, dada la dificultad de hacerlo en recién nacidos.

1.1.2.1. Tono muscular

Estado de tensión de los músculos en reposo por el que se contrarrestan mutuamente mientras se hallen inervados de modo normal.

El tono muscular varía con la edad, durante la gestación aumenta hasta el nacimiento observándose un exagerado tono en el aspecto flexor, disminuye durante los dos primeros años de vida volviendo a aumentar lentamente hasta alcanzar los niveles característicos de los niños mayores (hacia siete años).

Si en su exploración no está en los parámetros de la normalidad orienta sobre la posibilidad de que el niño sufra ciertas patologías (v.g. parálisis cerebral). Su aumento o disminución excesiva recibe los nombres de hipertonía o hipotonía.

Posteriormente se adquirirá el denominado tono de actitud, que aparece durante el mantenimiento de una determinada postura y sirve de partida para efectuar el movimiento voluntario.

1.1.2.2. Motilidad

Motilidad espontánea: Los movimientos suelen ser simétricos hasta cumplir el año, que es cuando aparece una iniciación preferente por uno u otro lado del cuerpo. Una aparente lateralización precoz requiere una exploración detallada por una posible alteración motora del miembro que menos se utiliza espontáneamente.

Todo movimiento anómalo debe registrarse para estudiar su causa.

Motilidad reactiva: Se proporcionan estímulos desencadenantes de respuestas-reflejo, éstas difieren en función de la edad, suelen darse a unas edades y desaparecer en otras. Se indican los más conocidos que aparecen durante el primer mes de vida.

— Reflejo de succión: se produce al acercarle cualquier objeto a la boca.
— Reflejo de los puntos cardinales: al estimular con un dedo los lados de la boca del niño, éste dirige la cabeza hacia el lado del estímulo.

— Reflejo de Magnus-Klein: reflejo tónico-cervical asimétrico. Al volver la cara a un lado, el brazo y la pierna del mismo lado se extienden y los del otro lado se flexionan.
— Reflejo de prensión: cualquier objeto colocado en la palma de la mano del niño es agarrado con los dedos.
— Reflejo de la marcha automática: se aprecia al colocar al niño en posición vertical con los pies en contacto con el suelo e impulsándole ligeramente hacia delante mientras se le sostiene.

1.1.2.3. Escalas de desarrollo

Son frecuentes en el mercado y su aplicación a niños de poca edad para conocer su estado evolutivo. Suelen explorar las áreas motora, perceptivo-cognitiva, de lenguaje y social, aunque los contenidos correspondientes pueden agruparse bajo otras denominaciones.

Citemos, a modo de ejemplo, una escala, por ser muy conocida y tradicionalmente utilizada, la de Gesell, si bien contamos con otras que también son de indudable valor.

La Escala de los Niveles de Desarrollo o Test de Diagnóstico del Desarrollo consta de cuatro campos de conducta principales:

a) *Conducta motriz*: comprende desde los grandes movimientos corporales hasta las más finas coordinaciones motrices.
b) *Conducta adaptativa*: comprende los más delicados ajustes sensomotores frente a los objetos y situaciones.
c) *Conducta del lenguaje*: comprende toda forma de comunicación visible (mímica, movimientos posturales...) y audible.
d) *Conducta personal-social*: comprende un amplio número de habilidades y actitudes personales del niño frente a su medio sociocultural (higiene, alimentación, juego...).

Esta Escala pertenece al dominio de la neurología evolutiva y su principal finalidad es hallar los niveles de madurez, base para la interpretación del estado de desarrollo. Este desarrollo se expresa exteriormente por las reacciones reflejas, voluntarias, espontáneas y aprendidas (parpadear, asir un objeto, volver la cabeza...) que deben considerarse como "modos de conducta", por lo que el desarrollo se puede examinar a través de la exploración de los "modos de conducta". Lo que da lugar en esta escala a los campos de conducta motriz, adaptativa, del lenguaje y personal-social.

Se delimitan ocho niveles básicos en la maduración del desarrollo y ocho edades clave significativas para el diagnóstico, la primera se sitúa en cuatro semanas y la última en treinta y seis semanas.

De gran utilidad es el diagnóstico precoz o examen evolutivo en las primeras edades del niño, nos permite descubrir pronto si existen anomalías en su desarrollo e indicar el tratamiento adecuado. Lo habitual, lo normal es que la evolución o desarrollo se produzca paralelamente en los campos o áreas que recogen las Escalas; si hay notables discrepancias entre los resultados obtenidos en unas áreas y otras (ejemplo entre la motriz y la del lenguaje) se constata la existencia de un problema, lo mismo que si las discrepancias se aprecian entre la edad cronológica y la edad de desarrollo.

Además de utilizarse para el diagnóstico las escalas de desarrollo pueden ser una guía muy precisa para diseñar el programa de intervención adecuado a cada caso.

1.1.2.4. Fases de la Estimulación Temprana

Debido a las grandes diferencias que se producen en el niño recién nacido y el de tres años, creemos conveniente la distinción en dos períodos: Estimulación Básica de cero a un año e Iniciación a la Independencia a partir de un año.

Antes de aplicar la estimulación conviene establecer relación con el niño, en los que presentan discapacidad a veces hay más dificultades debido a que los estímulos que a veces la madre/padre les envían no siempre son captados y no se produce respuesta (suelen tardar más en evolucionar lo que se traduce en carencias de conexión ocular, movimientos, risas, emisión de sonidos de lenguaje…), ello hace que la madre se sienta menos gratificada e inconscientemente disminuya la emisión de estímulos al no esperar respuesta, limitándose mayoritariamente sus cuidados a alimentación e higiene. La madre necesita apoyo y orientaciones para comenzar un programa o método de estimulación con los que poco a poco verá como las actividades que realice con su hijo permitirán obtener resultados.

Consideraciones: Se aportan conocimientos, instrumentos y técnicas generales para estimulación temprana, pero para el diseño del programa individualizado hay que considerar a cada niño y si sufre algún tipo de trastorno pues en ese caso la estimulación deberá tener otro enfoque; v.g. a un niño ciego se le procurarán estimulos auditivos y táctiles, pero no visuales porque no podrá captarlos, y esa pérdida de tiempo irá en detrimento de desarrollos sensoriales que le pueden ser de utilidad. Por ese motivo al exponer las discapacidades sensoriales se hace referencia a la estimulación adecuada.

Sintetizando, los contenidos que se exponen a continuación son útiles para estimular a todos los niños con o sin problemas, con las salvedades de adecuar el área motriz a los paralíticos cerbrales (consultar a médico o fisioterapeuta) y las respectivas áreas sensoriales a ciegos y anacúsicos.

1.2. ESTIMULACIÓN BÁSICA (DE CERO A UN AÑO)

1.2.1. Datos peristáticos

La cuna es el lugar donde pasa el mayor número de horas el niño en los primeros meses; conviene que sea amplia para que cuando comience a moverse pueda tener libetad; si es de barrotes o enrejado se aconseja colocar protectores de tela o lona por dentro sujetos a las barras por la parte superior e inferior para impedir que introduzca la cabeza entre ellas. Son útiles el fondo y los laterales graduables para que al ponerse en pie no se caiga de ella.

Mientras que unos pediatras aconsejan colocar a los niños muy pequeños de lado para evitar asfixia si hay vómitos, otros piensan que es mejor colocarlos boca abajo.

Desde el punto de vista educativo es conveniente, siempre que no haya problemas de salud, cambiarle de posición si no se mueve por sí mismo, unas veces le pondremos en posición supino, otras en prono, lo mismo echado sobre el lado derecho o el izquierdo; con eso estamos procurando que adquiera nociones espaciales, es decir, que conozca el espacio donde se mueve, cuya visión es diferente si permanece siempre en la misma postura pues sólo verá una parte de dicho espacio.

También hay que sacarle de la cuna para que vea otros objetos y espacios con la finalidad de que se estimule su mente al hacer uso de sus sentidos corporales y se desarrollen más sus músculos.

La silla o hamaca anatómica, es muy importante porque permite al niño contemplar el mundo que le rodea y hacerlo de forma diferente a cuando está en la cuna al ampliarse su visión.

El parque se empieza a usar cuando el niño comienza a mantenerse sentado. Podrá tener juguetes a su alcance, hará esfuerzos por alcanzar algunos de ellos y es posible que pierda el equilibrio, pero no se hará daño porque el suelo suele estar blando al ser de gomaespuma o de otra materia similar. Las paredes deben ser de cuerda o cordón para que si al caer se da con ellas no sufra lesión alguna y cuando comience a hacer esfuerzos para ponerse en pie pueda agarrarse a ellas con facilidad.

Hay que cuidar que no haya exceso de juguetes a la vista del niño para que su atención no se disperse.

No se recomienda el conocido "taca-taca", el niño no andará antes por usarlo, y suele golpearse al chocar con muebles y objetos. Recuerde que el niño no andará hasta que tenga la madurez suficiente y por mucho que le pongamos, si todavía no la tiene, no andará e incluso le cansaremos o perjudicaremos. Si tiene parque para ponerse de pie es suficiente; cuando veamos que sus piernas tienen fuerza le podemos poner algunos ratos a dar pasitos.

Se aconseja que cuando el niño dé sus primeros pasos en el parque se le saque de él alguna vez agarrándole por debajo de los bracitos para que no se produzcan luxaciones y se le lleve por las habitaciones de la casa para que conozca otros espacios además de donde permanece habitualmente. Si no anda también se le puede llevar en brazos; la cuestión es que vea cosas, que se mueva, esto se hace extensivo a sacarle de paseo para que vaya conociendo el mundo en que vive.

1.2.2. Alimentación

Puede ser natural, artificial o mixta. Para el niño la más idónea es la primera. Conviene consultar al médico.

La natural independientemente de ser la mejor, requiere una fuerza mayor o habilidad de succión por lo que algunos de estos niños se cansan pronto por el esfuerzo realizado, hay que vigilar si se alimentan poco.

En caso de utilizarse el biberón el momento suele ser más importante si se tiene en brazos al niño y se le acaricia mientras lo toma. No conviene prescindir de los cuidados afectivos pues además de establecerse una comunicación entre el bebé y la persona que lo atiende, le proporciona seguridad contribuyendo a un mejor desarrollo. Se han hecho experiencias con niños que eran alimentados con dietas adecuadas bajo supervisión médica en una clínica pero que no recibían durante todo el día ninguna caricia de sus padres ni de las personas que les alimentaban, resultando la apreciación de un desarrollo psicofísico menor que en otros niños que recibían menores cuidados en el aspecto de alimentación e higiene pero que contaban con afecto.

1.2.3. El programa

Las escalas de desarrollo resultan una guía eficaz sobre los ejercicios que se deben realizar. Pero es muy importante la forma de efectuarlos, con gran cuidado para evitar daños físicos (si se hacen con brusquedad en algunos casos se pueden producir luxaciones) y considerando que cierto número de ellos deben ejecutarse paso a paso (análisis de tareas o actividad) hasta que se llegue a su dominio.

Area motriz. La evolución motora va de la cabeza a los pies (ley cefalocaudal), y de las partes más próximas al tronco a las más lejanas (ley próximo-distal). Por lo que la cabeza es lo primero que se sostiene y se controla, también antes el brazo que la mano.

Se expone una relación de niveles de desarrollo con los meses en que aproximadamente son adquiridos por los niños sin problemas.

MESES	NIVELES DE DESARROLLO
	Control de cabeza
2 a 4	a) Prono
4 a 6	b) Supino
3	c) Sentado
3 a 4	Apoyo de peso en codos
6	Apoyo de peso en manos
6 a 7	Volteo
6 a 7	Sentado con apoyo de manos
8 a 9	Sentado sin apoyo de manos
7 a 9	Rastreo
7 a 9	Peso en manos y rodillas
10 a 11	Gateo
10 a 11	Levantarse con apoyo
10 a 12	Marcha sobre pies y manos
9 a 12	De pie con apoyo

El niño para poder andar requiere dominio de posturas y posiciones previas, obsérvese cuadro anterior.

Uno de los primeros ejercicios se aplica para desarrollar sus músculos de cuello y espalda.

— *Ejercicios para espalda y cuello*:

Colocar al niño boca abajo (prono) en una mesa de crin vegetal o cubierta por una toalla; el objetivo consiste en que se esfuerce por levantar algo la cabeza y asi vayan desarrollandose los músculos de su cuello e incluso de su espalda si trata de levantarla. Quizás llore y luche al estar en esa posición; aunque no resulta agradable presenciarlo, es beneficioso porque es un estímulo para moverse. Se puede comenzar el ejercicio con un minuto hasta llegar a cinco en días sucesivos, y ahí mantenerse hasta que demos por superado el ejercicio. Si no hace esfuerzos espontáneos para levantar la cabeza se le estimula táctilmente la musculatura del cuello y se le coloca delante un objeto de vivos colores.

Entre los ejercicios para desarrollo muscular y control de brazos y manos, facilitadores de agarrar y soltar objetos y sostener el tronco al gatear (posición previa al desarrollo de la marcha), citamos:

— *Ejercicios para brazos y manos:*

a) Tumbarle boca arriba (supino), tomar su mano, levantarla a unos diez centímetros del colchón de la cuna o de la mesa (en la que se habrá colocado algo blando para que el niño no se haga daño) y dejarla caer. Se pretende que ejercite sus músculos para controlar el movimiento. La distancia se irá aumentando con cuidado pues las articulaciones a esa edad no están muy firmes. El ejercicio se puede repetir cada día de tres a cuatro veces.

b) Tomarle una mano, en la parte interior (palma) pasarle un lápiz por los dedos y por la palma; estos estímulos llegarán hasta el cerebro y el niño captará más sensaciones. Posteriormente el lápiz se le pasará por entre los dedos. Los ejercicios se le harán dos veces en cada mano y de forma alternada.

A continuación se le presentará un juguete cuidando entre otras cosas sus dimensiones para que, ni sea tan pequeño que se le escape de las manos, ni tan grande que no lo pueda abarcar, y se hará que lo agarre y lo suelte sucesivamente, cosa que suele hacer al presentarle otros juguetes con colores llamativos.

Para los niños pequeños es más sencillo el acto de agarrar un objeto que el de soltarlo. Con esas actividades se pretende estimularle para que aprenda a agarrar.

Los ejercicios para piernas y pies en esta etapa tienen por último objetivo la preparación y dominio de la marcha, bastante posteriormente (en otra etapa) se pretenderá el salto y la carrera.

— *Ejercicios para piernas y pies*:

a) Similar al primero indicado en ejercicios para brazos. La caida, al igual que la de los brazos, debe ser suave. Al poco tiempo, seguramente el esfuerzo que hará se manifestará dando patadas. Cada vez se levantarán los pies de modo más alto al estar los músculos más desarrollados y el control será más factible.

b) Pasar un dedo haciendo movimiento de rascar por el borde interior de la planta del pie desde el dedo gordo al talón. También pasarle un lápiz por dedos y puente. Dejarlo cuando el niño oponga resistencia.

Superados los ejercicios anteriores:

Levantar las piernas del niño lentamente hasta que él las pueda ver, intentar tocarle la nariz con cada pie alternativamente pero sin forzar la postura.

Colocar los pies en forma que se una planta con planta y juntarlas como si se dieran palmadas, al mismo tiempo se marca un ritmo que se puede acompañar con palabras o canto.

Tumbando el niño sobre la espalda flexionarle lentamente una pierna empujando suavemente la planta del pie con una mano mientras la otra mano se coloca sobre la rodilla para que no se tuerza la pierna. Alternar ambas piernas.

Posteriormente colocar ambas manos en la planta de sus pies haciendo ligeros movimientos hacia atrás y hacia adelante para que realice el movimiento de la bicicleta. Esto facilitará la coordinación además del desarrollo motriz para cuando empiece a ponerse en pie y a andar.

Hacer el mismo movimiento que en el ejercicio anterior presionando las dos plantas de los pies al tiempo por lo que se flexionarán las piernas a la par; también se dejarán de presionar los dos pies en el mismo instante y volverán a extenderse las piernas cuando hayan adquirido el movimiento del esquema. Con este ejercicio se proporciona y desarrolla el esquema de salto. Se aplica incluso en etapas posteriores a niños que no han desarrollado el esquema del salto.

— *Ejercicios complementarios:*

Son ejercicios facilitadores de la marcha y se basan en las fases o movimientos que el niño domina antes de andar. Se hacen sobre el suelo cubierto por alfombra, moqueta o manta, procurando estén limpias.

El niño para poder andar necesita una cierta madurez que irá adquiriendo poco a poco, y a la que contribuirán los ejercicios.

Una vez que es capaz de levantar su tronco apoyándose sobre las palmas de la mano con los brazos extendidos, partiendo de una situación de prono (tendido boca abajo), posición que habrá adquirido partiendo de otras anteriores que implican dominio o control de cabeza, desarrollo muscular de hombros y brazos, conviene hacer los siguientes ejercicios.

- Rodar sobre sí mismo: De cinco a seis meses en adelante tendido en supino (boca arriba); se pondrá junto a él un juguete u objeto que atraiga su atención de tal forma que para agarrarlo tenga que hacer girar su cuerpo por lo menos hasta colocarse de lado en las primeras tentativas pero después lo que se pretende es que llegue a ponerse boca abajo. Antes de darse la vuelta el niño suele flexionar la pierna del lado contrario sobre el que va a girar. Después pasa esa pierna por encima de la otra y rotando la cadera se pone boca abajo. Puede ayudarle siguiendo esos pasos. Unas veces que gire hacia la derecha y otras hacia la izquierda. El ejercicio opuesto es ponerse boca arriba partiendo de posición prono.
- Reptar: De siete meses en adelante; el niño antes de gatear se suele arrastrar sobre su estómago; se pondrá casi a su alcance algo atractivo para estimularle a moverse; a medida que vaya adquiriendo fuerza se le irá alejando el juguete.
- Gatear: Él mismo cuando tenga la fuerza suficiente comenzará a gatear, y a buscar en ocasiones un punto de apoyo para sus manos y quedará de rodillas hasta ponerse en pie.

Area perceptivo-cognitiva. Se pretende el mayor desarrollo sensorial junto a la preparación para discriminar y adquirir conocimientos.

Exponemos dos esquemas sobre el desarrollo auditivo y visual en niños sin problemas.

MESES	AUDICION
01	Reacciona al sonido (Parpadea, acelera o lentifica la respiración).
02	Busca la fuente del sonido.
04	Vuelve la cabeza hacia la persona que le llama.
06	Localiza los sonidos emitidos más abajo de su oído.
07	Localiza los sonidos emitidos más arriba de su oído.
09	Se vuelve al oir su propio nombre.
12	Sabe dar un juguete si se le pide.

MESES	VISIÓN
01	Fija momentáneamente la mirada en una persona u objeto
02	Sigue visualmente a las personas y objetos.
03	Sigue con la cabeza a las personas y objetos.
04	Mira un objeto pequeño colocado delante de él.
05	Sostiene un objeto en cada mano y mira un tercer objeto.
08	Mira con atención los objetos.
09	Cambia un juguete por otro.
12	Examina objetos con las manos y ojos, los palpa, juega con ellos y los da vueltas.

Para estimular la visión y la audición deben recordarse algunos principios de aprendizaje. Se aprende con mayor facilidad lo que resalta. Muchas cosas, situadas o presentadas al mismo tiempo no estimulan. Ver las mismas cosas siempre y oírlas tampoco estimulan.

El desarrollo visual se estimula colocándole un objeto llamativo frente a los ojos, cuando se fije en él se desplazará lentamente intentando que lo siga con la mirada, hasta llegar a situaciones posteriores en que su desarrollo le permita buscarlo cuando desaparezca de su vista.

— Ejercicios para ojos:
  Es preferible se hagan cuando el niño esté sentado en silla, para que aprenda a mirar acomodando los ojos a las distancias.
  a) Póngasele un juguete u objeto llamativo frente a los ojos; cuando se fije en él muévaselo muy despacio hacia la derecha, después hacia la izquierda, luego hacia arriba y hacia abajo, si le sigue con la mirada; si no es así: lo primero a procurar es que se fije en el objeto y después, paso a paso, se intentará lo siga con la vista. Un paso previo es acercárselo bastante y luego ir retirándolo.
  b) Mirar directamente a los ojos del niño a una distancia de medio metro más o menos, e ir acercándose poco a poco hasta que ambos se toquen con la frente y la nariz (recuérdese el conocido "chino, chino"); mientras que nos acercamos al niño hay que decir algo, como "que

voy..." "chino, chino...", o cantar un poco para atraer su atención. Después el ejercicio se repite a la inversa, es decir, se alejará de él.

Puede hacer que el niño sea más alegre si le enseña sonreir; muéstrele una cara sonriente y él acabará por imitarle.

— Ejercicios para oídos:

El ruido, el sonido, agrada al niño y son múltiples los ejercicios para contribuir a su desarrollo auditivo. Se pueden hacer juegos con su propio cuerpo como dar palmadas, dar golpes sobre una mesa o un tambor. Producir ruido con materiales, como arrugar papeles. Escuchar música y diferentes sonidos producidos por instrumentos. Y, lo que es muy importante, hablarle.

Para que perciba sonidos son adecuados los juguetes musicales de suave música que se colocan en las cunas. Mientras que el niño sea muy pequeño no importa se cuelguen en la cabecera de la misma, cuando sea algo mayor, observe cuando esté tumbado si fija su mirada largo tiempo en él, en este caso habrá que cambiar la situación del juguete a uno de los laterales o pies de la cuna, donde pueda verlo sin dificultad.

— Ejercicios complementarios:

El ruido excita la curiosidad de los niños, atrae su atención. En ocasiones no se precisan juguetes para producirlo. Jugar a "palmas-palmitas" suelen saber todas las madres pues es un juego muy antiguo para iniciar a los niños; mientras se canta o dice "palmas-palmitas, higos y castañitas, almendras y turrón para el niño (o se dice su nombre) son" se dan palmadas; antes se toman las palmas del niño y se juntan para que aprenda el movimiento.

Otro de los primeros juegos consiste en taparse la cara con las manos la persona que juega con el niño (también se puede tapar con alguna prenda o esconderse), dice "cucu" para atraer la atención del niño sin mostrarle la cara o todo el cuerpo si se ha escondido, y a continuación se añade "tras"; dejándose ver.

A todos los juegos de este tipo hay que darles alegría y poner emoción al terminarlos, es decir, acentuar la sonrisa al acabar las "palmitas" y prolongar el "son..."; en el segundo juego indicado, donde hay que dar enfasis es en el "tras...".

También es muy sencillo jugar a los "cinco lobitos", se le cantará al niño "cinco lobitos tiene la loba, cinco lobitos detrás de una escoba, cinco parió, cinco crió y a los cinco alimentó...". Se levanta el brazo flexionado, gira la muñeca de derecha a izquierda con la palma extendida y los dedos separados, mientras se canta.

Existen otros juegos similares y que también se acompañan con movimientos parciales del cuerpo, como dar golpecitos en la mesa, mover los pies, etc., puede incluirse música.

Como un juego enseñar al niño a contemplar su cuerpo en el espejo, unas veces vestido, otras desnudo, para que se vaya iniciando la formación de su esquema corporal, pues su influencia es decisiva para sucesivos aprendizajes.

Area de Lenguaje. En los primeros meses como a través de toda la vida hay que hablar al niño. Al principio oye una serie de sonidos indiferenciados pero, poco a poco, van teniendo un significado. Hablarle como si se mantuviese una conversación cuando se realiza alguna actividad con él. En seguida captará, si no posee deficiencia auditiva, el tono de voz de la persona que más esté con él, y ese tono más que las palabras que todavía no comprenderá, hará que se sienta alegre o triste.

No esperar que comprenda si no se le habla. Suele responder de alguna forma cuando comienza a comprender: Ej.: Extiende los brazos cuando oye que le van a coger. Da un juguete si se le pide, etc.

Desde el punto de vista fonético la primera manifestación verbal del niño se localiza en el grito o llanto al nacer por entrar en funcionamiento sus pulmones, luego lo utilizará espontáneamente ante situaciones de molestia o desagrado, para después asociarlo y convertirlo en reflejo condicionado cuando quiera alimento, ser tomado en brazos...

Siguiendo la perspectiva fonética, las primeras manifestaciones sonoras están en función de la simplicidad de su ejecución en relación con sus órganos fonadores, desde el punto de vista anatómico y del control sensomotor. Estos sonidos a veces son difíciles de clasificar según el código fonético al darse entremezclados, pero sí que se percibe una predominancia vocálica para posteriormente registrarse consonantes.

Orden en que suelen aparecer las vocales: a, e, o, i, u. Orden en que suelen aparecer los sonidos consonantes: labiales (p, b, m). Dentales (t, d). Alveolar (n). Velares (K, g). Labiodental (f). Sonidos producidos por movimientos más complejos de la lengua (l, n, ll). Sonidos labiales y linguales muy complejos (s, z, pl, pr).

La alimentación, la dentición, la satisfacción de necesidades, los obstáculos, la estimulación y la imitación, son factores que contribuyen al desarrollo del lenguaje.

El movimiento de succión, para alimentarse el niño, es el origen de la adquisición de las consonantes "m, n, t, d, p y b", aparecen a edades precoces. Estos fonemas pueden darse antes de la comida, como expresión de la necesidad de comer, también como indicación de satisfacción al ver la comida o cuando se ha ingerido. Lewis et. al. (1989) indican la aparición de estímulos reflejos de succión ante la comida o ponerle el babero, a partir de la quinta semana.

Según crece se introduce además de la dieta líquida, la semisólida y sólida, la masticación y deglución contribuyen al desarrollo de los órganos fonadores (estos movimientos forman parte de los ejercicios prefónicos).

Los fonemas "g, j, k" entre otros, aparecen como consecuencia de satisfacción alimentaria, según Gregoire cuando el niño está en posición supina, alimentado satisfactoriamente, tranquilo y con la lengua en contacto con el paladar blando; Lewis piensa que esos fonemas se producen al expulsar el aire después de la alimentación, según él es cuando el niño experimenta una gran satisfacción. También se ha puesto de manifiesto que se pueden deber a la persistencia de los movimientos de deglución una vez producida la saciedad alimenticia.

Los fonemas de carácter gutural para Ombredane se dan como consecuencia de contracciones musculares al cerrarse la glotis y ante el estado general de contracción muscular del niño por obstáculos que encuentra en determinadas circunstancias.

Para que un niño hable tiene que poder, saber y querer. El poder y saber vienen determinados por la integridad y madurez en los sistemas y órganos y por el aprendizaje. Y el querer por la incidencia de estímulos.

En la primera época de su desarrollo el niño oye y percibe especialmente el tono en que se le habla, en experiencias realizadas se ha comprobado que frases negativas acompañadas de tono agradable y sonrisas provocan en el niño estado de alegría, mientras que frases positivas dichas en tono brusco son tomadas por censuras.

Se siente estimulado por las manifestaciones afectivas especialmente de la persona que le cuida más directamente, e intenta imitar lo que oye. Posteriormente su ambiente sociocultural influirá decisivamente en el desarrollo de su lenguaje.

Respecto a los sonidos oye, después emite y repite y luego aplica. Hasta los ocho meses de edad se puede hablar de etapa prelingüística (véase cualquier escala de desarrollo).

Sobre los nueve meses el control sensomotor de la lengua es mayor, por lo que la actividad fonética es más controlada. Aproximadamente a esta edad aparece la etapa de ecolalia, en la que trata de repetir los fonemas o palabras que escucha. La primera palabra es una sílaba sola o doblada (ma-ma, pa-pa, da-da). Al año posee algunas palabras.

Area social. Es el área de la afectividad, de la relación social con los otros. Exponemos un esquema de su evolución.

MESES	SOCIABILIDAD
01	Deja de llorar al acercarse a él. Sonríe espontáneamente.
02	Se inmoviliza al hablarle. Responde con mímica al rostro de las personas.
03	Responde con una sonrisa cuando se le sonríe.
04	Ríe a carcajadas.
05	Sonríe ante el espejo.
06	Llora con frecuencia si la madre o el padre le dejan solo en la habitación.
07	Responde a su propio nombre. Acaricia su imagen en el espejo.
09	Es más tímido con desconocidos que con familiares.
10	Comprende una prohibición. Pone el brazo o el pie para ayudar a vestirse.
12	Da algo cuando se le pide con palabras o gestos. Sacude la cabeza diciendo "no".

1.3. INICIACIÓN A LA INDEPENDENCIA. DESARROLLO SENSORIAL Y PSICOMOTRIZ

1.3.1. Iniciación a la Independencia (Desde un año)

En esta etapa de estimulación cuya aplicación suele ser a partir de un año se pretende preparar al niño para que pueda ser independiente, valerse por sí mismo.

Los conocimientos a adquirir o actividades que ahora han de realizar se denominan *vitales* por la importancia que se les concede para llegar a alcanzar la *integración a nivel social*.

Ha de recordarse que en todo momento de aprendizaje se requiere madurez de los elementos o partes que han de intervenir en el mismo, más una disposición o actitud de aprender. No se alcanza todo de una vez, suele ser por etapas en las que se pueden distinguir pautas de progreso, estancamiento e incluso retroceso aparente.

Norma general: cada actividad consta de varios pasos que deben enseñarse gradualmente. No se comenzará uno sin tener dominio del anterior.

Por ejemplo la utilización del tenedor, aparentemente muy sencilla requiere: Flexionar el brazo para colocar la mano sobre el mango del tenedor. Agarrar con la mano la empuñadura del tenedor. Girar ligeramente la muñeca para meter el tenedor en el plato. Pinchar el alimento. Levantar el brazo con tenedor y comida girando ligeramente la muñeca. Introducir el alimento en la boca (en total esa actividad consta de seis pasos).

Los pasos de que consta cada actividad no se describirán aquí porque sería muy extenso el contenido y se estima que el ejemplo propuesto resulta aclaratorio. Así pues, al enseñar al niño una acción difícil, deben considerarse los componentes o pasos de la misma (análisis de tareas o actividades).

Se recuerda que los ejercicios que se hacen para conseguir un aprendizaje concreto pueden servir también para alcanzar otros. Ej.: ejercicios para desarrollar la coordinación visomanual, pueden servir para aprender a comer, a escribir, etc.

Andar

La preparación se habrá adquirido con los ejercicios realizados en la etapa anterior de estimulación.

A muchos niños les cuesta trabajo andar aunque no padezcan parálisis porque su sistema nervioso no ha madurado lo suficiente. En primer lugar no le ponga en pie si ve que sus piernas no pueden sostenerle bien. Hágale muchos ejercicios de gateo (andar a gatas); multitud de animales se pueden imitar en ese juego, y también sus expresiones, para interesarle más, además de ir con ello preparándole para el lenguaje.

Cuando realice bien los ejercicios libres de gateo habrá que hacerle gatear en diagonal situándole en un extremo de la alfombra o habitación y colocando un juguete en el otro extremo. También se le puede permitir que suba a gatas algunos peldaños de la escalera, nosotros siempre detrás para evitar una caída. Los juegos de gateo ofrecen muchas variantes, pero a todos hay que darles una finalidad u objetivo de interés para el niño. Las escaleras son un instrumento que nos puede ser útil en el momento en que de pasos aunque todavía vaya agarrado de la mano; hágasele subir algún peldaño, al principio no deben ser más de tres. Observe las posibilidades del niño pues a algunos les cuesta mucho trabajo subir si tienen las piernas cortas y pie plano; en este caso, no abuse de este ejercicio ni obligue al niño si no quiere hacerlo, más bien anímele a subir.

Una vez que le niño sepa andar bien en forma libre, se le hará andar por una especie de camino ancho sin salirse de él. El camino se le irá estrechando, según lo vaya haciendo bien hasta confluir los límites laterales. Después andará sobre varios tipos de líneas (recta, curva, quebrada...). Posteriormente se le enseñará a saltar desde pequeñas alturas con el apoyo de nuestras manos hasta que adquiera confianza. Saltar sobre los dos pies es más fácil al principio que hacerlo sobre uno. Subir y bajar escaleras es un ejercicio que debería hacerse a diario.

Comer

Aquí se hace referencia no a la alimentación que el niño debe tomar, para lo que se debe seguir el consejo médico, sino al aprendizaje para el manejo de instrumentos.

Antes de enseñar al niño o de presentarle los instrumentos que él debe manejar para comer, se le deben haber brindado oportunidades en el juego para desarrollar las capacidades necesarias para la manipulación. La acción de comer requiere coordinación visomotriz, independencia del brazo con respecto al hombro, rotación de muñeca, coordinación y control digital.

Entre los juegos apropiados puede utilizarse la arena, primero metiendo o sacando de un cubo puñados, cuando al niño no se le escape la arena de los dedos y sepa echar montones en el cubo, él mismo querrá utilizar la pala; habiendo adquirido ya algo de coordinación visomanual al poner la arena donde quería, ahora la pala viene a representar una especie de prolongación de la mano; después, si se desea, se le puede dar una cuchara en lugar de la pala para ir progresivamente dificultando el ejercicio pues el instrumento es más pequeño y requiere mayor habilidad.

Otros ejercicios de coordinación manual se pueden realizar con pinturas témperas, sólo son aconsejables las que indican en el envase no toxicidad.

Para enseñarle a comer (manejo de instrumentos), le daremos al principio alimento sólido por ser el tenedor el cubierto más sencillo de manejar, ya que el uso de la cuchara requiere más giro de muñeca, elevación del codo en la medida justa para que la cuchara no se desequilibre y se vierta el contenido; la utilización del cuchillo será bastante posterior pues su uso entraña dificultad al obligar a hacer dos acciones simultáneas (cuchillo y tenedor).

Vestirse

Esta actividad por su complejidad requiere de varias acciones que, a esta edad, los niños no pueden aprender en su totalidad. Pero sí pueden iniciarse y a ese objetivo nos dirigimos. Recuérdese que cada actividad se compone de varios pasos que hay que distinguir y enseñar uno a uno. Aquí pretendemos que el niño haga ensayos o intentos de vestirse o desvestirse; más tarde que se vista con ayuda para llegar, en época posterior, a vestirse y desvestirse con una total independencia.

Estas acciones pueden ser precedidas de otros ejercicios simples, en los que se hacen movimientos similares: así, un gran aro el niño se lo mete por la cabeza y lo saca por los pies, y viceversa. Y va aprendiendo las expresiones de mete, saca, ponte, quita... Hay saquitos rellenos y bastidores para que el niño aprenda a abrochar botones. Las fundas de los saquitos son variadas pues contienen todos los útiles que sirven para abrochar actualmente, pero a esta edad sólo se les da botones, velcro y algunos lazos para que hagan un nudo simple (posteriormente corchetes, automáticos, hebillas, etc.).

Los muñecos que pueden desvestirse con útiles porque es lo primero que hará respecto al vestido. También las fundas que se colocan a modo de jersey sobre el niño son grandes, con una abertura en la cabeza y otra en los hombros.

Para distinguir el zapato derecho del izquierdo es útil colocar una señal en la plantilla o forro del zapato derecho solamente.

Higiene

El baño diario sigue siendo aconsejable; como ya son mayorcitos quizás no les guste tanto el agua como cuando eran más pequeños; lo mejor para no deshabituarlos es seguir haciéndolo todos los días sin excepción. Los que hayan tomado miedo al agua deben empezar a jugar con ella poniendo juguetes que floten, metiéndolos, sacándolos, etc.

Aprovechando el momento de bañarle, antes o después, conviene ponerle frente a un espejo donde se vea desnudo para que vaya conociendo su cuerpo, y formando el esquema corporal, que le servirá de referencia para orientarse en el espacio y aprendizajes múltiples.

Lenguaje

Si un niño no habla puede ser debido a un trastorno específico, a que no tenga la madurez precisa o nada que decir.

El niño necesita oir hablar mucho y que le hablen en forma clara y pausada. Resulta muy útil establecer una especie de diálogo con él aunque al principio no responda de ninguna manera, es decir, ni con gestos ni movimientos. Casi todas las madres o cuidadoras suelen hablarles en esta forma, v.gr.: ¿quieres tomar el biberón? O en forma explicativa o comunicativa: Ahora vamos a la calle a pasear un poco...También se nombran los objetos o acciones para que aprenda a unir la palabra con el objeto o acción adecuada. Eso le ayudará a formar su esquema lingüístico y se facilitará la comunicación.

Son múltiples los ejercicios o juegos que se pueden plantear, ej.: duerme a ese oso y luego le acostamos (se realizan las acciones). Eso es un sonajero, mira cómo suena. Te estás peinando con un peine azul...

Si le hemos puesto ante el espejo ya conocerá su cuerpo, pero tiene que aprender sobre todo cómo se llaman algunas partes: ojo, mano, pie; se le puede decir "pon la mano que te voy a dar una cosa..." y se le da algo.

Se puede ayudar al niño para que comience a hablar haciendo los siguientes ejercicios que se denominan **prefónicos:**

Ejercicios de soplo: Soplar bolitas de algodón o papel situadas sobre una mesa o suelo, soplar un molinillo de papel, apagar cerillas o velas. Tocar flauta u otro instrumento de soplo, etc.

Ejercicios de absorción: Con una paja que beba agua, que sople y haga burbujas. Que aprenda a dar besos o a echarlos al aire.

Ejercicios para movilizar la lengua: untarle el labio superior con algo que le guste para que intente chuparlo; lo mismo en el mentón en otro momento; después alrededor de toda la boca.

Son muy prácticas las piruletas de caramelo por los ejercicios que se pueden hacer con ellas. Colocar una a cierta distancia, para que saque la lengua al chuparla se le puede sujetar la frente o tomarle en brazos, según sea más cómodo. También se hacen los ejercicios hacia arriba, hacia abajo, derecha e izquierda tratando que la lengua siga al caramelo.

Ejercicios de masticación y deglución: se realizan como su nombre indica cuando se come; eso permite que adquiera fuerza y coordinación para hablar.

Ejercicios para facilitar la comprensión y estimulación para hablar. Incremento de vocabulario.

Comenzar a contarle historias muy cortitas o mostrarle cuentos en los que intervengan dos o tres animales y se digan frases muy conocidas para el niño. Se le deben hacer preguntas aunque sólo responda con acciones y no con palabras ¿dónde está tu oso? o cualquier otro juguete. El teléfono de juguete es útil porque podemos enseñarle por medio de él palabras y estimularle a hablar.

Cuando el niño empiece a pronunciar palabras y las diga inacabadas o de forma incorrecta no usemos sus mismas palabras, aunque nos hagan cierta gracia, ej.: "aba por agua...". Si siempre hablásemos como él esas incorrecciones se pueden fijar.

Tampoco seamos de las personas que aunque el niño pueda hablar no le exijamos que lo haga y a cualquier indicación gestual le demos lo que pide; si él no ve la necesidad de aprender porque tiene todo lo que quiere no se esforzará en hablar.

Con actividades y juegos que vayamos realizando, aunque sea con otra finalidad en ese momento, estamos también ayudando al niño a aprender a hablar, ej.: cuando reimos con él preparamos con esos sonidos la base de su lenguaje. Lo mismo cuando imitamos sonidos de animales o de cosas. Además nos podemos ayudar de la televisión usándola con restricción; se le puede hablar mientras que él ve la pantalla.

Sintetizando: Al año y medio suele utilizar las palabras-frases y la yuxtaposición de las mismas. A los dos años el dominio del lenguaje es mayor, mejor estructuración gramatical y aumento de vocabulario, posee unas trescientas palabras. Aunque sigue aumentando la adquisición de palabras, suele haber una inmadurez fonética que afecta a aquellas que tienen fonemas de difícil articulación. A esa alteración de fonemas se llama "dislalias de evolución" porque desaparecen a medida que el niño va madurando fonéticamente. Si no desaparecen, se fijan, hay que estudiar el problema para aplicar el tratamiento correctivo idóneo.

Conocemos casos de niños que nos han confirmado su descriminación auditiva de fonemas y su imposibilidad de pronunciarlos. Cuando pudieron hacerlo, las primeras veces, ellos mismos indicaban: "sabía que no lo decía bien pero no podía, antes decía peroco por periódico...". Es que no habían alcanzado el desarrollo preciso para pronunciarlas. Hacia los cuatro años esa inmadurez suele estar superada, cuando no antes, no así en niños con discapacidad psíquica u otras alteraciones que dificultan el uso del lenguaje.

En la mayor o menor duración del período de aprendizaje y emisión fonética correcta se registran influencias constitucionales y ambientales. El desarrollo constitucional puede imprimir rapidez o enlentecimiento en adquisiciones, es decir, llegar con adelanto o retraso a los períodos establecidos como norma en la evolución del niño.

Las influencias ambientales positivas si bien no modifican la sucesión de las etapas de adquisición del lenguaje, pueden influir en ellas significativamente al suministrar experiencias, motivaciones y estímulos sensoriales que contribuyen a su evolución y, por tanto, a desarrollar su capacidad de comunicación y dominio del lenguaje. Las familias sin conflictos ayudan al desarrollo del lenguaje al haber comunicación, mientras que en las conflictivas abundan las órdenes y requerimientos y no hay lenguaje abundante.

1.3.2. Desarrollo Sensorial y Psicomotriz

1.3.2.1. Desarrollo sensorial

Por los sentidos llega a nuestra mente la realidad. Ellos son los que logran interesar y poner en funcionamiento las capacidades intelectuales desarrollándolas. En los ejercicios sensoriales interviene la atención y la memoria, y se provoca la observación y el razonamiento (facultades y funciones cognitivas), lo que permite hablar de actividad psicosensorial. Para el aprendizaje téngase presente que se capta el objeto o cualidad que ofrece mayor contraste con lo que nos rodea.

Son múltiples los ejercicios, materiales y posibilidades existentes para el desarrollo sensorial, aquí indicamos sólo unas cuantas actividades indicativas de los contenidos de programaciones.

Vista

No presentar al niño un objeto en un medio ambiente cubierto de cosas, si es asi verá pero no percibirá: que es lo que a veces nos sucede a nosotros viviendo en un mundo sobrecargado.

— Discriminación de objetos por el tamaño: enseñarle algo muy grande y algo muy pequeño. Después algo intermedio. Objetos con la misma forma para distinguir tamaños facilitan los primeros aprendizajes; Ej.: Una pelota grande y una pequeña. También se pueden emplear objetos de la casa y alimentos.
— Formas: En una caja o bandeja poner por ejemplo lentejas y garbanzos juntos y hacer que los separe. Posteriormente se pondrán juntos tres grupos de elementos con tres formas diferentes, y más a medida que haga distinciones correctas.
— Color: Se enseña el rojo, luego el amarillo y después el azul. Parece ser que prefieren el rojo, posteriormente cuando han evolucionado es el amarillo o el naranja. El naranja aunque no es color primario (es complementario) es elegido por muchos niños como han mostrando experiencias sobre colores.

Se pueden hacer ejercicios con bolas o trocitos de papel en colores. Primero darle sólo dos colores y que escoja los elementos de uno y otro. Después que separe ambos colores; que los alterne, etc.

Oido

Organice juegos, haga que el niño distinga algún ruido que se oiga en la calle: ruido de coches, ruido de bocinas (antes juegue a imitar los ruidos de lo que quiera que reconozca).

— Colóquese donde el niño no le vea o haga que otra persona toque por ejemplo un silbato o una flauta y el niño lo distinga (si no habla, una vez que conozca sonidos e instrumentos pregúntele con lo que ha tocado y que él señale el instrumento).
— Usese campanilla, cascabel, tambor, golpear con los dedos sobre cristal, madera, etc., en este ejercicio, pero nunca se hará al niño adivinar con qué se ha tocado si anteriormente no lo ha visto o hecho varias veces.
— Poniendo una cinta grabada, que distinga sonidos de animales que conozca o a los que hayamos imitado jugando. Se procurará los haya visto aunque sea en láminas; perros, gatos, burros, corderos...
— También, tapándole los ojos podemos jugar (o colocándole de espaldas) a percibir de qué dirección viene el sonido.

Gusto

Asociado a la vista y al olfato. Que diferencie el dulce (azúcar), salado (sal), amargo (grano café), ácido (limón). Darle yogur con diferentes sabores.

Olfato

Asociado a la vista. Diferenciar olores de jabones, perfumes, flores, vino, vinagre, chocolate. También se puede jugar con ojos tapados.

Sensaciones táctiles, musculares y térmicas (asociadas a la vista)

Táctiles: Suave, áspero (tela, arpillera, lija). Grueso, delgado (libro, lápiz). Mojado, seco (telas, papel).

Musculares: Blando, duro (plastilina, mesa). Pesado, ligero (libro, cubo lleno, tarjeta, cubo vacío).

Térmicas: Frío (mármol, hielo), caliente (sopa, agua), templado (sopa, agua). (Utilizar cualquier material o sustancia con esas características).

1.3.2.2. Funciones de los hemisferios cerebrales y desarrollo psicomotriz

En las Ciencias Neurológicas se habla de dos hemisferios cerebrales, asociando a cada hemisferio un tipo de actividad predominante. Se denominan simbólico y postural; el simbólico es el dominante y según su localización determina el que se sea diestro o zurdo; en los diestros su hemisferio dominante es el izquierdo, y en los zurdos el derecho. Ambos desempeñan unas funciones específicas.

Al principio de su vida el niño no tiene dominancia cerebral, después se va produciendo y eso permite que entre otras funciones se produzca el desarrollo del lenguaje oral y en su momento la adquisición de la lectoescritura. Pero esto no es tan simple como parece pues para que el hemisferio simbólico actúe en lo que le es propio (desarrollo del lenguaje, abstracción…) primero el hemisferio postural ha de conseguir mantener las relaciones del cuerpo con el espacio, tanto en posición estática como dinámica. Para ello conviene la adquisición ordenada de las etapas del desarrollo psicomotor.

Desde la perspectiva biológica a la posibilidad de mantener posturas (actividades reflejas del cuerpo respecto del espacio) y posiciones (posturas habituales de la especie para una edad determinada y adquiridas por reiteraciones o aprendizaje) se le denomina equilibrio. Si el equilibrio se logra el hemisferio simbólico desempeña su actividad, pues las informaciones corporales se mantienen sobre las bases de automatizaciones de posturas y posiciones. Pero si el equilibrio no se logra el control voluntario se prolonga (siempre es voluntario al principio) y no pasa a las zonas de automatización por lo que el hemisferio simbólico debe prestar ayuda al postural y en consecuencia ha de disminuir las funciones que le son propias. Así pues el incompleto funcionamiento del sistema postural en lo que le es propio por la ayuda que ha de prestar puede ser causa de alteraciones en algunos aprendizajes.

Aunque antes de los dos o tres años de edad parece apreciarse ausencia de predominio cerebral estableciéndose después gradualmente, se ha visto que niños menores de catorce meses que habían sufrido una lesión cerebral antes de que pudiesen hablar, muestran un retraso en la adquisición del lenguaje, independientemente de cual sea el hemisferio lesionado, y la mayoría hablan al fin normalmente. También se ha observado que una lesión en el hemisferio derecho afecta en trastornos de lenguaje más a niños que a adultos. De aquí se deduce que ambos hemisferios juegan un importante papel en la evolución del lenguaje durante el período de desarrollo del niño.

La intervención educativa ha de tener por objetivo primordial el preparar a los alumnos para que adquieran las posturas y posiciones habituales de la especie que conducen al equilibrio, es decir que alcance un funcionamiento correcto el hemisferio postural para que llegado el momento oportuno puedan comenzar los procesos de aprendizaje superiores. Con esa finalidad se han de realizar ejercicios que contribuyan al desarrollo de los sentidos corporales, a conocer el cuerpo y adquirir el esquema corporal, a afianzar y/o definir la lateralidad, a orientarse en el espacio y en el tiempo, a conseguir o mejorar la coordinación, desarrollar reflejos,etc. Sintetizando, se ha de ayudar a la especialización de los distintos sistemas que intervienen en el aprendizaje, a la integración de los sistemas elementales en sistemas superiores más complejos y eficaces en cuanto al ahorro de actividad nerviosa superior, al pasar algunas actividades de carácter volitivo a automatización, permitiendo dirigir la atención a objetivos prioritarios.

(V) 2. DISCAPACIDADES PSÍQUICAS

2.1. CONCEPTOS

Remitimos al lector a la Primera Parte de este manual por haberse tratado ampliamente la conceptualización (Consúltense: Terminologías y Conceptualizaciones vigentes, cap. II, apartado 3.1.2. y Criterios pluridisciplinares delimitadores de la discapacidad, cap. II, apartado 1.3.).

2.2. ETIOLOGÍA

Presentamos una clasificación muy esquemática para que el lector adquiera una idea del gran número de factores que pueden ser causa de discapacidades.

Grupo Ambiental.

1. Deficiencia mental debida a infección
2. Deficiencia mental debida a agentes tóxicos.
3. Deficiencia mental debida a traumatismos.
4. Deficiencia mental debida a enfermedades de la madre.

Grupo Genético.

1. Deficiencia mental debida a desórdenes metabólicos.
2. Deficiencia mental debida a trastornos endocrinos.
3. Deficiencia mental debida a trastornos de la oxidación-reducción.
4. Deficiencia mental debida a trastornos anión-catión.
5. Deficiencia mental debida a trastornos en el metabolismo purina-piridina.
6. Deficiencia mental debida a trastornos del metabolismo del calcio.
7. Deficiencia mental debida a trastornos del metabolismo del cobre.
8. Deficiencia mental debida a trastornos en el metabolismo de las vitaminas.
9. Deficiencia mental debida a alteraciones cromosómicas.
10. Deficiencia mental debida a neoformaciones de tumor.

Grupo Desconocido.

1. Deficiencia mental debida a influencias prenatales desconocidas.
2. Deficiencia mental debida a causa desconocida con signos neurológicos.

Como puede apreciarse cada Grupo incluye varios subgrupos en estos se hallan las diversas patologías existentes. Los alumnos interesados en profundizar en el tema pueden consultar cualquier libro que las contenga o el libro *Las Minusvalías* (Alfonso e Ibáñez, 1987).

A nivel mundial existe el Registro Internacional sobre las Malformaciones Congénitas de Helsinki, integrado por 22 países desarrollados incluida España.

En España existe el Estudio Colaborativo Español de Malformaciones Congénitas (ECEMC) con 150 profesionales de la medicina de servicios de obstetricia, ginecología y pediatría de 43 hospitales que han estudiado más de 700.000 nacimientos.

Momento en que se suele detectar la discapacidad psíquica

La que va acompañada de especiales características físicas o somáticas es detectada en el momento del parto y a veces antes del parto por medio de técnicas específicas.

Las no acompañadas de alteraciones físicas se pueden apreciar en los primeros meses si la discapacidad psíquica es de tipo profundo, severo o medio. Las de tipo ligero es fácil que se suelan camuflar durante los primeros años de vida y se detecten claramente al comenzar los niños la enseñanza obligatoria. Hasta ese momento se aprecia un retraso en el desarrollo con relación a niños de su edad pero a veces sólo le dan importancia los especialistas.

Son frecuentes los déficits y alteraciones en actividades vitales (autovalimiento: alimentación, higiene, vestirse...), en adquisición del esquema corporal, en lateralización, en desarrollo y percepción sensorial, en orientación espacial y temporal, en evolución motriz (visomanual y general), en memoria, en atención, en discriminación visual y auditiva, en expresión y comprensión del lenguaje (mímico, oral..., éste con dislalias, hipolalias...), en lectura y escritura, en socialización.

2.3. INTERVENCIÓN

Anteriormente se han expuesto las Estrategias Básicas para niños con discapacidad (cap. V, apartado 1), la aplicación de estimulación temprana es fundamental para su evolución pudiéndoseles aplicar sea cualesquiera la discapacidad que padezcan a excepción, como ya se indicó, de parálisis cerebral que requiere directrices de especialistas médicos y/o fisioterapéutas y por supuesto en las discapacidades de tipo sensorial en las que se cuenta con estimulaciones adecuadas a sus características.

El desarrollo motriz, sensorial, de lenguaje y dominio de actividades vitales que contribuyen a lograr una cierta independencia personal constituyen la base sobre la que se desarrollarán aprendizajes posteriores y se hará la integración. Así pues la etapa infantil supone una continuación en la evolución y adquisiciones iniciadas realizándose educación y desarrollo sensorial, percepción de sensaciones tactiles, musculares y térmicas, mayor desarrollo motriz y de lenguaje, además de actividades que ayuden a su mejoría en comer, vestirse e higiene, aspectos sociales entre otros.

En la etapa de escolarización obligatoria hay que diferenciar si el alumno asiste a un *Centro de Integración*, precisando o no adaptaciones curriculares individualizadas, o si asiste a un *Centro de Educación Especial*, de ello se ha tratado ampliamente en la primera parte de este manual (Véase contexto escolar y discapacidad, cap. III, apartados 3.3.3. y 3.3.4.).

Se ha de mencionar que en algunos Centros de Educación Especial las etapas o niveles escolares se consideran independientemente de la edad cronológica de los alumnos estando situados a veces en función de sus niveles de instrucción o de desarrollo, y también sucede a la inversa, el estar situados según sus edades cronológicas pero aplicándoseles programaciones elementales no concordantes con la mencionada edad cronológica. Cada centro prefiere la utilización de unos u otros criterios.

Sean cualesquiera los criterios utilizados, somos partidarios de unos programas individualizados de desarrollo continuo, atendiendo tanto a su progreso como a su integración.

2.3.1. Métodos y Programas

Los programas que se van a mencionar son específicos para la intervención sobre déficits que puedan manifestar los alumnos.

A fin de compensar los déficits y corregir las alteraciones se han ideado multitud de ejercicios, técnicas y métodos. Algunos se utilizan tanto para diagnosticar como para tratar, otros para una sola función. Citamos algunos con su aplicación específica:

2.3.1.1. Varios:

- Bryant Cratty: entrenamiento en habilidades motrices.
- Doman y Delacato: método controvertido de "organización neurológica". Actividades perceptivo-motrices. Similares a los de otros autores. Diversas organizaciones oficiales en 1968 se levantaron contra la opinión de sus autores de que sus actividades *curaban* el cerebro.

  Las autoridades en materia de deficiencia mental sólo aluden a la influencia que las actividades terapéuticas pueden ejercer sobre el cerebro, distinto a lo que se indica en el método.
- Frostig Horne: entrenamiento perceptivo visual.
- Getman y otros: programa para el desarrollo de la percepción.
- Guzburg: PAC, evaluación del desarrollo social.
- Kephart: entrenamiento de desarrollo motriz.
- Kirk y Kirk: ITPA. Psycholinguistic Learning Disabilities: Diagnosis and Remediation.
- Marianne Frostig: desarrollo de percepción visual.
- VAKT (visual-auditivo-Kinestésico-táctil): método multisensorial para leer, escribir y pronunciar.

Esos y otros programas y métodos específicos para corregir o desarrollar aspectos funcionales de algunas partes o componentes del ser humano, son de utilidad y de aplicación no exclusiva a personas con discapacidad psíquica, pues si un sujeto falla en aspectos motrices o sensoriales, por ejemplo, con las variables oportunas se le aplicarán los mismos métodos.

Sin embargo, la ausencia de criterios desde una perspectiva global en la intervención educativa de alumnos con discapacidad psíquica, ha dado lugar a programas parcelados, incompletos; requiriendo generalmente esos sujetos una visión y atención simultánea en todas sus áreas, al haber que corregir en unas y estimular su desarrollo en otras, a diferencia de los no discapacitados en quienes es suficiente el estímulo espontáneo para su evolución necesitando sólo atención en sus posibles alteraciones.

Por nuestra experiencia en el campo de las discapacidades, observamos las dificultades de los profesores para programar y evaluar en los Centros de Educación Especial: si seleccionaban un método o programa para un aspecto específico, el alumno quedaba parcialmente tratado; si se incorporaban más métodos o programas el problema residía en cómo acoplarlos buscando un equilibrio. Ello daba lugar a programaciones *sui generis* con ejercicios en muchos casos yuxtapuestos, pero no integrados para obtener los objetivos propuestos. Además de otras dificultades tales como la dificultad de ser seguidas en toda su plenitud las programaciones individualizadas ante la ausencia del profesor habitual debido al tiempo que debía emplearse para conocer lo alcanzado por cada alumno (téngase en cuenta que en los Centros de Educación Especial la enseñanza es individualizada para cada alumno de cada aula aunque se fomente la socialización y a veces el trabajo en equipo).

En su deseo de poner claridad y orden en las intervenciones educativas especiales, y dotarlas de normativas o criterios para la programación y evaluación, la autora de este capítulo compiló y sistematizó las técnicas y actividades (utilizadas en España en Educación Especial) en sus específicas áreas de actuación, graduándolas por dificultad y denominando las áreas como anteriormente se hacía en Enseñanza Básica. El sistema de programación y evaluación IPE-E (Items Progresivos Eduación-Especial) supone un modelo de utilidad, experimentado durante años, todo él constituye el libro *Programación y evaluación para educación especial.*

2.3.1.2. Sistema IPE-E (Items Progresivos Educación-Especial)

Para diseñar los programas se formulan los objetivos que surgen del diagnóstico realizado a cada alumno. Se seleccionan *contenidos (áreas de experiencia*) y el medio de manifestarlos (*área de expresión*) y por último la técnica, instrumento o actividad a poner en práctica.

Los contenidos o áreas de experiencia los constituyen la selección de temas o unidades didácticas que proponga el profesor en cumplimiento de las programaciones efectuadas. Dichos contenidos son el núcleo sobre el que girarán las actividades a realizar en cada área de expresión utilizándose la técnica o instrumento adecuado a la evolución de cada alumno. Además de desarrollarse el área sensorio-motriz se produce un desarrollo cognitivo.

Presentamos un somero esquema del contenido y finalidad de las áreas de expresión para que el lector conozca las posibilidades educativas, según el Sistema IPE-E.

Area de expresión dinámica

Su finalidad está en ayudar a conseguir las etapas de evolución psicomotriz, la incorporación del esquema corporal y la orientación espaciotemporal...para contribuir al desarrollo del hemisferio postural facilitando la misión del simbólico.

Los ejercicios operativos son múltiples y están agrupados en seis bloques: percepción global del cuerpo, esquema corporal, equilibrio, orientación espacio-temporal, expresión dramática, música y danza.

Area de expresión del lenguaje

Su finalidad es la comunicación a todos los niveles posibles (oral y escrito). Para que se produzca el lenguaje se necesita cierto desarrollo en el área de expresión dinámica (motriz). Recuérdense funciones del hemisferio simbólico y postural.

Los ejercicios poseen objetivos operativos propios entre los que citaremos: el desarrollo de órganos o partes que intervienen en la fonación. De habilidades auditivas básicas (Percepción auditiva), descodificación auditiva (Percepción fina de sonidos). De memoria visual y auditiva. De orientación espacial. De prensión, de coordinación visomotriz. Se recuerda que los métodos multisensoriales son los más eficaces en preparación para la lectoescritura.

Estos ejercicios son múltiples y están agrupados en cuatro bloques: preparación para el lenguaje, preparación para la lectura y escritura, expresión y comprensión oral, expresión y comprensión escrita.

Area de expresión matemática

Su finalidad general es ayudar al desarrollo del pensamiento, al haberse mostrado en diversos estudios la relación entre la comprensión de las cuestiones matemáticas y la evolución de la inteligencia, también se pretende que el alumno se desenvuelva lo mejor posible en la vida práctica.

Entre sus objetivos operativos se hallan: percibir y discriminar visualmente (formas y colores), comparar nociones de cantidad, preparar para la aparición de operaciones lógicas, desarrollar la memoria visual (fidelidad perceptiva al reconocer objetos presentados bajo diferentes formas, colores, tamaño... y en diferentes posiciones en el espacio)....

Estos ejercicios son múltiples y están agrupados en quince bloques: color, comparaciones, conjuntos, correspondencias, figuras geométricas, formas, líneas, moneda española vigente, números cardinales y operaciones, ordenaciones, posiciones en el espacio, reversibilidad-constancia, sistema de pesas y medidas, tamaño, tiempo.

Area de expresión plástica

Su finalidad estriba en estimular a través de la manipulación el campo sensorial y motriz facilitando el proceso de maduración del Sistema Nervioso Central.

Este área guarda en algunos aspectos estrecha relación con el área de expresión dinámica. Su importancia también deriva de la posible incorporación del discapacitado psíquico al mundo laboral a través de actividades profesionales de tipo manipulativo.

Entre sus objetivos se halla el desarrollo de atención, discriminación visual y coordinación visomotriz. Además de posibles efectos terapéuticos en el área de la personalidad a través de algunas actividades (proyección, catarsis...). Preparación pretecnológica.

Estos ejercicios son múltiples y están agrupados en doce bloques: calco, confección de objetos en papel-cartulina-cartón, confección de objetos con materiales diversos, dibujo, doblado y plegado, modelado, palillos, pegado y relleno, picado, pintura, recortado a mano, recortado con tijeras.

Observaciones: Se reitera que todas las áreas mencionadas contienen en los grupos señalados diversos ejercicios y actividades graduados por dificultad que no se exponen dada su extensión numérica, más de 1.300 ejercicios. En el texto correspondiente se indica el material para realizar los ejercicios y actividades y también se presentan modelos de programación y evaluación siguiendo el sistema IPE-E (Ibáñez, 1987,b).

(V) 3. ALTERACIONES DE LA MOTILIDAD

3.1. DISCAPACIDADES MOTÓRICAS

3.1.1. Conceptos y clasificaciones

Las personas con discapacidades del aparato locomotor presentan enfermedades, lesiones o pérdidas que afectan a las extremidades superiores y/o inferiores alterando la motricidad. La causa puede estar en el sistema esquelético, en el sistema muscular estriado, en el sistema nervioso, o bien ser de carácter mixto.

- Amputaciones:
  - Genéticas: debido a una deficiencia embriopática se nace sin un miembro o parte de él.
  - Amniótica: no se desarrolla un miembro o parte de él por acción constrictiva de una brida durante el embarazo.
  - Quirúrgica: se realiza como tratamiento de una enfermedad o lesión.
- Afecciones reumáticas y tuberculosas del sistema osteoarticular.
- Malformaciones congénitas de huesos y articulaciones: en algunos casos las corrige o mejora la cirugía. A veces se emplean prótesis.
- Traumatismos: Por accidentes.
- Miopatías: Alteraciones musculares o neuromusculares, de carácter progresivo, probablemente hereditarias. Se presentan preferentemente en varones.
- Poliomielitis: Enfermedad infectocontagiosa. Anatómicamente hay inflamación aguda de los cuerpos anteriores de la sustancia gris de la médula, clínicamente se produce parálisis y atrofia de los grupos musculares correspondientes a la lesión medular, seguidos de contracción y deformidad permanente.

3.1.2. Intervención

El tratamiento farmacológico es el que tiene menos posibilidades de actuación en las alteraciones motoras, excepto en afecciones reumáticas.

La ortopedia en algunos casos actúa acoplando prótesis a miembros amputados, en otros poniendo férulas para una mayor funcionalidad. La cirugía ante algunas poliomielitis alarga tendones o disminuye contracturas. La rehabilitación se aplica a sujetos con prótesis incorporadas y poliomielíticos.

Educación: si no tienen discapacidades sensoriales ni psíquicas reciben enseñanza de régimen ordinario, de hecho siempre han estado incorporados a grupos de niños sin problemas.

Si están afectados sensorial o psíquicamente reciben educación conforme a esas discapacidades

Observaciones: La Parálisis Cerebral, aunque presenta alteraciones motoras, se trata aparte porque tiene entidad diferente al estar afectado el cerebro.

3.2. PARALISIS CEREBRAL

3.2.1. Conceptos

La parálisis cerebral no se trata de una enfermedad con etiología, anatomía patológica y síndrome unitario, sino de una serie de síndromes o estados patológicos de causa dispar (heredosífilis, asfixias neonatorum, prematuridad, meningoencefalitis toxiinfecciosas, etc.), con lesiones anatómicas distintas y variadas (encefalitis, esclerosis lobulares atróficas, porencefalias, hidrocefalias, etcétera). En consecuencia, se presentan síndromes muy distintos cuyos únicos rasgos comunes son su aparición congénita o durante los primeros meses de vida extrauterina, su carácter crónico y escasa tendencia a la mejoría progresiva.

Las modificaciones anatómicas que se imprimen al cerebro, pronto se revelan por parálisis espásticas de ambos brazos o piernas, rigidez extrapiramidal o motilidad coreatetósica, etc.

Como se ha podido apreciar, bajo la denominación de parálisis cerebral hay distintas enfermedades, con distintos síndromes y distintas manifestaciones que dan lugar a clasificaciones de varios tipos de parálisis cerebrales. Incluso no hay unanimidad en el empleo de este término como puede verse a continuación:

El médico inglés Litle, en 1861, describió el síndrome de diplejía espástica, y a esa enfermedad se la llamó de Litle.

W. Osler, de Filadelfia, hace aparecer por primera vez el término parálisis cerebral en uno de sus trabajos publicados en 1889.

Freud, en 1897, publica en Viena un artículo sobre la parálisis cerebral infantil.

La palabra infantil no es necesaria hoy en día porque las disfunciones a que se refiere la parálisis cerebral ocurren en los primeros años de vida del niño, antes que el crecimiento y desarrollo del encéfalo se completen.

En los años cuarenta del siglo XX Phelps, de Baltimore, insiste en la importancia de la causa natal y en la necesidad de un tratamiento de la enfermedad. Es un autor de los que más han contribuido al diagnóstico y tratamiento de las parálisis cerebrales. Su método tiene fama mundial. Bajo el término parálisis cerebral agrupa encefalopatías que presentan trastornos motores.

En 1946 surge la Academia Americana de Parálisis Cerebral. En 1959, en Barcelona, y en 1960, en Madrid, se crean las primeras asociaciones de Parálisis Cerebral.

A algunos les parece más correcto utilizar la palabra "maduropatías" por producirse la lesión antes de que el cerebro madure. Otros prefieren el término de "encefalopatía connatal o encefalopatía residual infantil". Quizás tengan razón y sean más adecuados, pero para un mayor entendimiento utilizaremos parálisis cerebral dado que es el término más aceptado y divulgado en España.

En Gran Bretaña sigue gozando de gran tradición el término "Spastics" y en Francia el de "Enfermedad motriz cerebral".

3.2.2. Clasificaciones

Las variedades clínicas de la parálisis cerebral se clasifican según el signo clínico más evidente, la distribución topográfica del mismo y su intensidad.

3.2.2.1. Según los signos clínicos

La alteración del tono muscular origina diversas formas clínicas:

Espástica (por dominio de la espasticidad): el tono está aumentado y se caracteriza por una hiperexcitabilidad del músculo al menor estímulo. Se localiza la lesión fundamentalmente en la corteza cerebral. Aproximadamente el 66 por 100 de paralíticos cerebrales pertenecen a este tipo. Su marcha en sentido figurativo se desarrolla en forma de tijeras.

Atetosis o atetósica: hay fluctuación del tono y los movimientos son lentos, descoordinados, incontrolados. Se localiza la lesión fundamentalmente en los ganglios basales. Aproximadamente el 19 por 100 de paralíticos cerebrales pertenecen a este tipo.

Ataxia o atáxica: se aprecia descoordinación de la marcha e incapacidad de caminar siguiendo una línea recta, se desarrolla una marcha descriptivamente similar a la de las personas muy ebrias, abriendo brazos y piernas para ampliar la base de sustentación. Se localiza la lesión en el cerebelo. Aproximadamente el 8 por 100 de paralíticos cerebrales pertenecen a este tipo.

Atonía o hipotonía: incapacidad de mantener una postura desmoronándose con facilidad.

Formas mixtas: las más frecuentes, incluyen varias de las formas anteriores.

3.2.2.2. Según la distribución topográfica

Se utiliza el término paresia o plejía unido a prefijos como indicadores de los miembros afectados.

Paraplejía: la sintomatología queda limitada a ambas extremidades inferiores.

Hemiplejía: están afectadas las extremidades de un hemicuerpo, con predominio en la superior.

Tetraplejía: están afectadas las cuatro extremidades.

Diplejía: están afectadas también las cuatro extremidades, pero con predominio de los síntomas en las inferiores.

3.2.2.3. Según la intensidad

Formas leves: el sujeto no experimenta ninguna dificultad de expresión, puede andar sin ayuda y cuidar de sus necesidades.

Formas moderadas: el sujeto presenta dificultades en la marcha y en la expresión, no pudiendo atender sus necesidades.

Formas graves: el sujeto queda reducido a la invalidez, sin capacidad para la expresión ni marcha y existen pocas posibilidades de reeducación.

3.2.3. Intervenciones

3.2.3.1. Intervención ortopédica y fisioterapéutica

En algunos casos se aplica tratamiento *ortopédico* por medio de férulas para una mayor funcionalidad de los miembros afectados. A veces se utiliza *cirugía.*

La aplicación de tratamiento *fisioterapéutico* es muy común en estos casos, se pretende recuperar la funcionalidad de los miembros afectados en la medida en que sea posible.

Los métodos fisioterapéuticos son muy abundantes, tienen en común el tratar de imitar la evolución psicomotora del niño sin problemas, mitigando los síntomas patológicos, aumentando la habilidades físicas y mentales, por pequeñas que sean, previniendo deformidades y proporcionándoles aunque sea relativa una independencia.

Se parte de una guía de desarrollo psicomotriz, cuidando que no se produzcan contracturas (contracción involuntaria duradera o permanente de uno o más grupos musculares, que mantiene la parte respectiva en posición viciosa): Desde una postura que inhiba los reflejos posturales anormales y facilite la relajación se efectúa la secuencia de movimiento para pasar de posición supino a prono y viceversa…, se facilitan varias posiciones que corresponden a diversos niveles del desarrollo motor tales como la posición a gatas, y el desarrollo de procesos facilitadores de una correcta rotación de cadera fundamental para incorporarse, arrodillarse, sentarse y andar.

Son varios los métodos existentes entre los más conocidos se hallan : Método Phelps, método Fay y método Bobath

3.2.3.2. Intervención Educativa

Los alumnos con parálisis cerebral y sin discapacidad psíquica suelen cursar estudios de régimen ordinario, si han de ausentarse a fisioterapia durante parte del horario escolar, o períodos de tiempo continuos para intervenciones quirúrgicas suelen recibir apoyo escolar. Hay hospitales que cuentan con equipo pedagógico, aunque no es algo muy común, para atender a niños hospitalizados.

Los paralíticos cerebrales que además tengan discapacidad psíquica asistirán a centros de integración o a centros de educación especial, en función de sus características.

Se ha de mencionar que la aplicación de métodos multisensoriales, se tenga o no discapacidad psíquica, son de gran utilidad en las parálisis cerebrales al ayudar a la coordinación visomotriz, coordinación general, desarrollo de percepciones y discriminaciones sensoriales... En suma, contribuyen a formar o a afianzar el esquema corporal y sus relaciones con el espacio, cuya importancia para los aprendizajes es tratada en otros apartados.

Los métodos multisensoriales son aplicables a muchos tipos de discapacidades y alteraciones porque contribuyen a un desarrollo físico, psíquico y sensorial. Incluso en centros escolares en la etapa infantil se aplican esos métodos como ayuda al desarrollo del alumno, proporcionando en muchos casos una prevención ante problemas de aprendizaje.

Material específico

Gran número de alumnos con parálisis cerebral necesitan mobiliario especial para mantener un correcto equilibrio y también para evitar que el material de trabajo se les caiga con frecuencia.

Las sillas están diseñadas con respaldo más alto de lo habitual para que la espalda encuentre un apoyo total, si no pueden por sí mismos mantener la postura una anchísima banda a modo de cinturón sujeta el tronco al respaldo. Los pies se colocan sobre una especie de cajas que forman parte de la silla diseñada, se sujetan (si es preciso) por bandas, por flexión de las rodillas las piernas y los muslos forman ángulo recto, es decir, se mantiene una correcta postura sedente.

La mesa, en su contorno, tiene un bordillo que evita la caída de material en su desplazamiento por los movimientos tan poco coordinados que los paralíticos cerebrales suelen hacer. En el tablero de la mesa, por el lado en que se coloca el niño con la silla, suele haber un espacio semicircular que permite una especie de encajamiento de la silla a la mesa.

Buen número de material está adaptado para facilitarle movimientos más coordinados, desarrollo de coordinación, control... Al efecto hay planchas con ranuras para la realización de ejercicios de trazados, picados, dibujos, escritura, entre otros. No suelen faltar aparatos para ejercitar elevación del brazo y cierto control de la mano ayudándose con alguna torsión de muñeca.

Respecto a andar, se pretende potenciar cualquier posibilidad en los afectados parapléjicos. Aunque habitualmente utilicen sillas de ruedas, si con apoyo pueden mantenerse en pie es frecuente verles desplazarse apoyados sobre un aparato que consta de dos trípodes unidos en su parte superior por una barra sobre la que se apoya la persona y que ha de mover según avanza, proporciona seguridad porque su base de sustentación es superior a las muletas o bastones; actualmente han surgido nuevos modelos de andadores aunque todavía se utiliza el anteriormente descrito. Casquetes o gorras tipo visera con el interior recubierto de metal o plásticos especiales, tienen por finalidad proteger la cabeza de golpes producidos por su poca estabilidad.

Lenguaje

Dentro de la educación adquiere gran importancia en los paralíticos cerebrales el área referida al lenguaje, pues debido a su patología gran número de ellos la tienen afectada, dando lugar a diversas manifestaciones.

Suelen tener alterada la función respiratoria, lo que origina incoordinación de los movimientos fonoarticulatorios, si a ello se unen deficiencias auditivas los tratamientos son más dificultosos.

Al pretenderse una fonación lo más correcta posible, hay que comenzar por el desarrollo de los factores básicos sobre los que se asienta el lenguaje. Además de los aspectos sensoriales, percepciones, discriminaciones, adquisición del esquema corporal y otros que ayudan a una correcta emisión de la palabra, ésta, principio de un lenguaje desarrollado, requiere de *músculos que intervienen en la masticación, deglución, control de labios, lengua..., y respiración sincrónica.*

El programa se diseñará en función de los datos obtenidos en el diagnóstico, realizado tras una detallada exploración. Debe haber una parte de tratamiento preparatorio con especial incidencia en las dificultades detectadas, y otra parte de corrección específica para estos casos.

- *Preparación prefónica*
  Se debe hacer una selección de ejercicios prefónicos (Véase iniciación a la independencia, lenguaje, cap. V, apartado 1.2.) . Además de las carencias de desarrollo en el lenguaje hay que corregir alteraciones o posiciones in-

correctas tales como abrir demasiado la boca al comer, para lo que se pueden aplicar ejercicios ante espejo de abrir y cerrar boca hasta que el movimiento sea consciente y se llegue a automatizar correctamente. La fuerza y desarrollo muscular labial pueden ayudar al control; y a comer correctamente la lengua y los movimientos masticatorios.

- *Corrección específica*

  Con cierta frecuencia aparece la saliva incontrolada y se produce "babeo", en otros casos como en la enfermedad de Litle se muestra en las comisuras de los labios. El signo de "babeo" también aparece en ciertos discapacitados psíquicos (sin parálisis). Para su corrección, algunos terapeutas aconsejan chupar piruletas, lo que viene a suponer un ejercicio dinámico de lengua y cuando la piruleta permanece dentro de la boca se intenta un acostumbramiento a cerrarla, un control y una respiración nasal (este tipo de caramelo es preferible a otros porque al estar aplastado facilita la respiración y el palo evita que se trague).

  Bernaldo de Quirós (1978), para corregir el babeo aconseja deglutir saliva frente a un espejo mientras que el abdomen del niño está apoyado en una superficie sólida (ej.: un cuadro de madera o un grueso libro con pastas duras). También aconseja una combinación de ejercicios, en los que el niño debe tomar conciencia de los actos motores que intervienen:

  — Permanecer con la boca cerrada mientras se extiende y flexiona el cuello.
  — Cerrar la boca al extender el cuello, abrirla al flexionarlo.
  — Mantener la boca cerrada mientras el tronco y brazo se extienden.

Ha de considerarse que algunos tipos de ejercicios deben hacerse en función del estado de la lengua:

— Lengua con características de espasticismo: los ejercicios con ella deben ser cortos y rápidos.
— Lengua con características de ateosis: los movimientos deben ser lentos y conscientes para llegar a un control.
— Lengua con características de hipotonía: se fortalecerá su musculatura con movimientos rápidos y firmes, entre los que se incluirán ejercicios de presión sobre mejillas, dientes...

Métodos más utilizados

Además de la metodología particular que cada profesor o especialista utiliza de acuerdo con sus conocimientos y experiencias, mencionamos los siguientes:

Bobath: éste, como otros métodos diseñados para tratar al paralítico cerebral, no abarca sólo el aspecto lingüístico, sino que lo considera como un área más a tratar.

Para las correcciones se adoptan posturas opuestas, cuya denominación es postura inhibitoria refleja, se pretende que el paciente adquiera control de esos actos. Al adquirir control se pueden separar los movimientos de unos grupos musculares y otros, lo que evita los espasmos musculares de otras partes del cuerpo cuando el sujeto respira y habla.

Kabat: este método estabiliza las posiciones del cuerpo a través de las resistencias musculares.

Motokinestésico: procura la consciencia de los movimientos correctos, suprimiendo los innecesarios.

Sensoriomotor múltiple: asocia a las correcciones motoras multitud de sensaciones llegadas por diversas vías (sensorial, auditiva...).

3.2.4. Ayudas técnicas

La Unión Europea ante las tecnologías: El Centro Común de Investigación de la Comisión Europea participa en investigaciones relacionadas con una serie de nuevas tecnologías como son el desarrollo de sistemas voz-texto para déficits auditivos y el acceso a Internet para personas con discapacidad. El 8 de diciembre de 1999, la Comisión Europea puso en marcha una iniciativa denominada *Europa: una sociedad de información para todos,* la iniciativa abarca diez áreas prioritarias una de las cuales se refiere a las personas con discapacidad. Se pretende que todos los sitios públicos de la red sean accesibles también para ellos, para tal fin se fomenta el diseño de productos y servicios especiales o la adaptación o la interconexión de productos y servicios de forma que puedan cubrir las necesidades existentes. Estas tecnologías orientadas a la creación de productos y servicios para las personas con discapacidad y para las personas de edad avanzada reciben el nombre de tecnologías asistenciales (TA) (Comisión de las Comunidades Europeas, 2.000).

3.2.4.1. Para la comunicación

Las deficiencias neuromotoras pueden impedir desarrollar un habla inteligible y funcional dificultándose la interacción de la persona con el entorno por lo que se precisan ayudas técnicas, bien en forma de tableros manuales o ayudas informáticas.

a. Ayudas técnicas básicas para la comunicación

Comunicadores sin voz:

- Tablero de comunicación: consta de superficies planas divididas en casillas sobre las que se disponen símbolos, letras, dibujos o frases que la persona señalará para establecer comunicación valiéndose de un dedo de la mano, del pie o de un cabezal señalizador.
- Tablero electrónico: similar al tablero anterior pero con dispositivos electrónicos que incorporan sistemas de luces o flechas con barridos para selección de mensajes, cuando la luz o flecha en su recorrido llega a la casilla deseada el usuario la activa mediante un pulsador adaptado a sus movimientos voluntarios, por reducidos que sean.
- Comunicadores mediante escritura realizada con máquinas reducidas que transmiten mensajes escritos, los mensajes aparecen en pantalla pequeña, el receptor puede leerlos al igual que la cinta de papel donde quedan impresos. Se utiliza el teclado directamente o por sistema de barrido de la matriz de caracteres.

Comunicadores con voz:

Se ayuda a la comunicación por habla artificial, hay dos formas: voz *digitalizada y voz sintética.*

- En la primera forma los mensajes se graban previamente a la conversación y se almacenan a la espera de su selección durante la conversación. Ello permite que la persona que ha grabado pueda tener algunas características en concordancia con el usuario, tales como voz según el género y edad.
- Respecto a los comunicadores con voz sintética los dispositivos portátiles reproducen por voz todo lo que escribe el usuario, la conversación puede ser espontánea y natural por lo que la calidad de voz es inferior a la digitalizada.

b. Ayudas técnicas para la comunicación escrita

Son de utilidad para personas que tienen una deficiencia motriz que genera discapacidad de comunicación escrita. Las ayudas tradicionales realizan adaptaciones para facilitar la escritura manual a personas que conservan restos de movilidad en extremidades; también se realizan adaptaciones en máquinas de escribir y por supuesto en ordenadores. Por el incremento en el uso del ordenador vamos a dedicarle unas líneas.

El ordenador personal es de gran utilidad para la comunicación escrita particularmente si el individuo tiene graves problemas motóricos, en cuyo caso se requiere adaptación para el acceso al mismo. El teclado normal puede ser adaptado por medio de carcasas protectoras y de teclados alternativos (expandidos, reducidos, sensibles…). Si hay dificultad para acceso al teclado se utilizan movimientos muy reducidos mediante programas de emulación de teclado y de sistemas de búsqueda por predicción de palabras a través de sistemas de barrido en pantalla. Las funciones del ratón también pueden ser adaptadas por medio de emuladores de ratón que son accionados por teclas o por sistemas de control remoto por infrarrojos.

c. **Ayudas técnicas telefónicas**

Abren una vía de comunicación telefónica a personas que por su discapacidad de habla no podían hacerlo. La *voz sintética* por teléfono, el *teléfono de texto* y el *servicio de intermediación telefónica,* contribuyen a facilitar la comunicación de estas personas y de todas aquellas que tienen dificultades en la comunicación oral(Consúltese alteraciones de la audición, cap. V, apartado ayudas técnicas).

Dadas las dificultades de movilidad y de coordinación de algunas personas hay que mencionar la existencia de carcasas en las que los números del teléfono tienen mayores dimensiones; y para las que aún siguen teniendo dificultades a esas ayudas hay que añadir las que hacen innecesario levantar el auricular para marcar los números haciéndose de forma automática.

3.2.4.2. Para accesibilidad, movilidad y permanencia

Es conveniente consultar los servicios a los que se ha hecho referencia en la primera parte de este texto (cap.III, apartado 1.7.).

No se puede dejar de mencionar que algunas personas con discapacidades físicas precisan usar sillas de ruedas, ciertos modelos han incorporado células fotoeléctricas para afectados en las cuatro extremidades.

Los avances en ayuda de la autonomía personal para personas con movilidad parcial y sobre todo con inmovilidad total incluyen *sistemas de reconocimiento de voz* para poder controlar un hogar adaptado a sus necesidades. Constantemente se realizan investigaciones y aparecen nuevos sistemas bajo diferentes nombres o marcas comerciales. Citemos algunas de las utilidades que pueden contener: alarma protegida, accionador de cama, accionador de conmutadores, control de electrodomésticos, accionador de sillas de ruedas.

3.3. TRASTORNOS POR LA FRECUENCIA E INTENSIDAD DEL MOVIMIENTO

3.3.1. Hipercinesia

3.3.1.1. Conceptos

La hipercinesia se define como movimientos excesivos, actividad muscular exagerada.

La *hipercinesia o hiperactividad* es causa de múltiples problemas en la familia, en la escuela y a veces en la sociedad. Aparece en diversas patologías, por lo que se habla de diferentes niños hipercinéticos, aunque quizá fuese más correcto denominarlos por su patología. El término ha sido aceptado y es muy utilizado porque al no emplear calificaciones de fijación etiopatogénica y dado que estas manifestaciones sólo se producen en la infancia y suelen desaparecer o camuflarse posteriormente, el sujeto no queda etiquetado permanentemente. Por otra parte, el término precisa más que si se habla sólo de inquietud, nerviosismo o palabras similares.

El calificar correctamente a un niño como hipercinético a veces presenta dificultad, a pesar de las apariencias. No se deben considerar aisladamente sus manifestaciones de conducta sin saber al espacio libre que se le brinda para sus movimientos, averiguar de las personas que presentan quejas qué esperan o desean del niño, pues todavía es frecuente que quieran sólo tener tranquilidad, que no les molesten, que el niño no haga ruido. Los niños necesitan moverse y si se establecen muchas limitaciones que tiendan a inhibir un impulso natural, se puede crear tensión, inquietud. Pero, por otra parte, se ha comprobado que educaciones excesivamente liberales y antiautoritarias pueden tener como resultado niños excesivamente inquietos.

La hipercinesia no guarda relación con la inteligencia, puede aparecer tanto en niños con discapacidad psíquica como en niños sin problemas. Están afectados con más frecuencia los varones que las niñas.

Sus síntomas principales son:

— Inquietud motriz
— Fácil distracción
— Impulsividad.

— Incrementada excitabilidad.
— Problemas perceptivos.

Naturalmente, los síntomas señalados originan trastornos de aprendizaje al interferir el rendimiento. Con menor frecuencia se detecta agresividad y perturbaciones afectivas, pudiendo aparecer alteraciones del sueño, del lenguaje, enuresis, mentiras, junto a una disminución de la autovaloración o autoconcepto.

La inquietud motriz se interpreta como una sobreemisión de repuestas ante un estímulo, con movimientos aparentemente carentes de sentido cuya frecuencia de aparición es muy alta, por lo que se cree que no realizan una selección de estímulos.

Lo mismo sucede con la atención, se distraen fácilmente ante personas y objetos de su entorno, parecen verse empujados a responder a todos los estímulos que les rodean sin distinguir lo esencial de lo accesorio. Se aprecia un déficit en su atención cuyo grado mayor es la desestructuración.

Por su impulsividad hacen o exteriorizan algo sin reflexionar previamente en las consecuencias, sus actos parecen carecer de objetivo.

3.3.1.2. Intervención

Debido a sus manifestaciones motrices y a la dificultad que tienen para mantener la atención es conveniente la aplicación de uno de los *programas* denominados "estructurados". El término en sí puede aparecer ambiguo porque todo programa que se precie debe estar estructurado, pero éste posee características propias y requiere otras para ser llevado a la práctica correctamente.

El programa está minuciosamente elaborado, nada se deja al azar, se suprimen todas las situaciones opcionales, por una parte para evitarles el tener que decidir, pues se desorientan al querer responder a todo (recuérdense sus características), por otra parte así se evitan experiencias de fracaso que pueden producir una alta frustración. La duración de sus períodos de atención están estudiados y las tareas se ajustan a ellos. Se crean hábitos desde que entran en el colegio hasta que salen, todo está estructurado desde colgar el abrigo siempre en la misma percha hasta sentarse en la misma silla, el sistema de colocarse para salir al recreo, su duración, etc.

Para que ese programa se pueda llevar a cabo se precisa que los estímulos ambientales sean reducidos a fin de que los niños no dispersen su atención y se concentren en lo que se pretende; también se producirá una disminución de su actividad motriz.

- Aula (para evitar la dispersión de atención).

  Eliminación de cualquier objeto decorativo (posters, cuadros, dibujos), en todo caso sólo se expondrán un tiempo fijo y a la misma hora cada día.

  Las estanterías y armarios deben tener puertas para que su contenido no produzca distracción.

  Las ventanas es preferible que tengan cristales opacos que permiten el paso de la luz pero así se evita que los alumnos se distraigan mirando a través de ellas.

  Las paredes, techos y suelos deberían estar insonorizados.

  Cuando se requiera mucha concentración los alumnos con más desestructuración pueden trabajar en cabinas con tres lados de pared, para evitar la distracción, al frente, derecha e izquierda, por la espalda permanece abierta (similares a las que se utilizan en muchas escuelas de idiomas para aplicar programas individualizados).

- Material (para atraer la atención).

  Colores vivos, con ellos se presenta lo que se desee aprenda (v.g. palabras, letras...).

  Pocos estímulos cada vez (v.g. un solo dibujo o dos en cada página. Pocos números en una página). Evitar las aglomeraciones de contenido pues dificultan la concentración.

  Cruickshank y otros autores realizaron estudios sobre estos programas, a pesar de encontrarse numerosos problemas logísticos, administrativos y metodológicos, se extraen las siguientes conclusiones: avances en habilidades perceptivo-motrices (valoración por Bender-Gestalt) y en el grado de estructuración (test figura-fondo de Werner y Strauss), no avanzaron en inteligencia.

- El lenguaje, una ayuda para los aprendizajes de personas con hiperactividad.

  El lenguaje ayuda a centrar la atención si se expresa verbalmente a qué se debe prestar atención en la actividad. Ello permite detectar si hay comprensión o fallas en la misma. El paso preliminar consiste en dar instrucciones concretas al alumno sobre lo que ha de realizar.

  La técnica tiene aplicación en la mayoría de materias y actividades. Al decirse lo que tiene que hacer (autoverbalización) se evita distracción e impulsividad ante las acciones, posteriormente se anula la manifestación oral cuando está fijada y pasa a interiorizarse mentalmente.

3.3.2. Hipocinesia

Debilidad motriz, disminución del movimiento o de la actividad funcional en los organismos vivos.

Es una alteración que aparece en varias patologías, algunas de ellas de importancia considerable (véase parálisis cerebral).

Tomada como sinónimo de *hipoactividad*, sin signos patológicos se encuentra en niños lentos, poco o nada participativos en actividades escolares y recreativas. En el mismo sentido niños que se mueven poco en la cuna, que no reclaman atención.

La *intervención* si no hay signos patológicos se realiza a través de juegos y programas para desarrollo motriz, complementados con programas que aumenten autoestima y faciliten las relaciones sociales en la escuela.

Si hay signos patológicos la intervención estará en concordancia con la patología que se padezca.

3.4. TRASTORNOS PERCEPTIVO-MOTRICES

Hay una estrecha relación entre las habilidades motrices, táctiles, Kinestésicas y el denominado esquema corporal.

Esquema corporal adquirido es la consciencia de una persona sobre su cuerpo, de las relaciones entre sus partes tanto en posición estática como dinámica, y de sus relaciones corporales con su entorno espacial.

Hablar de trastornos perceptivo-motrices implica considerar el sentido visual porque suele intervenir en los aprendizajes motrices al igual que el sentido táctil y kinestésico. El sentido visual es uno de los más utilizados en los aprendizajes, sin menoscabo de otros importantes en sí mismos pero que adquieren gran relevancia sobre todo en los métodos multisensoriales que utilizan todas las vías posibles en las intervenciones sobre alteraciones.

A través de la piel de nuestro cuerpo, especialmente de las manos, conocemos las cualidades palpables de los objetos que nos rodean e incluso nuestro cuerpo, esas sensaciones llegan hasta el cerebro y se registran. Ello ayuda a la formación del esquema corporal incluidas las relaciones con el espacio y se habla de percepciones motrices. Este sentido táctil es muy utilizado, como anteriormente se ha indicado, en los métodos multisensoriales, y si a todos nos es necesario el desarrollo de este sentido en la ceguera es fundamental.

Por el sentido cinestésico o kinestésico se percibe el movimiento muscular, peso, posición, etc. de nuestros miembros, aumentándose el conocimiento corporal.

En relación con lo expuesto pueden encontrarse alteraciones encuadradas en la motilidad, debidas a trastornos de tipo perceptivo-motrices que ocasionan dificultades en la lectoescritura (consúltese percepciones sensoriales y función motriz en la escritura, cap. VI, apartado 2.2.).

(V) 4. ALTERACIONES DE LA VISIÓN

4.1. DISCAPACIDADES SENSORIALES VISUALES: CEGUERAS Y DEFICIENCIAS VISUALES

Las anomalías orgánicas o anatómicas del ojo y/o de la vía óptica determinarán defectos de la función visual, lo que se conoce como *deficiencia visual* y en grado extremo la ausencia de función visual, es decir *ceguera.*

4.1.1. Conceptos y Clasificaciones

Ceguera es la privación de la sensación visual o del sentido de la vista. Oftalmologicamente se considera la ceguera como ausencia total de visión, incluida la falta de percepción de luz que se denomina Amaurosis (Villalba, 1999)

Ceguera legal, a efectos normativos para ser afiliado a la ONCE tienen disminuida la agudeza visual por debajo de 20/200 de la escala de Wecker, en el ojo mejor y con cristales correctores.

Ambliopía: oscurecimiento de la visión por sensibilidad imperfecta de la retina y sin lesión orgánica del ojo.

Estrabismo: Desviación de uno de los ojos de su dirección normal, de tal forma que los ejes visuales no pueden dirigirse simultáneamente a un mismo punto. Son varios los tipos de estrabismo, citamos algunos: absoluto, acomodativo, alternante, de Braid, concomitante, constante, convergente, monolateral, relativo...

Las patologías oculares son numerosas pero sólo nos vamos a referir al campo de la patología infantil, entre ellas se hallan además de las citadas anteriormente:

- problemas de refracción
- malformaciones oculares: microftalmia, aniridia
- alteraciones congénitas del cristalino o de la córnea; glaucoma congénito; albinismo

— tumores: retinoblastomas, gliomas de nervio óptico
— distrofias retinianas genéticamente condicionadas

Clasificación de la función visual

En la evaluación de la función visual se estudia la agudeza visual y el campo visual de cada uno de los ojos:

- visión normal: agudeza visual superior o igual a 0.8 y campo visual normal
- visión casi normal: agudeza visual entre 0.7 y 0.5 y campo visual normal
- visión subnormal: agudeza visual entre 0.4 y 0.3 o campo visual limitado a 40º
- baja visión: agudeza visual entre 0.25 y 0.12 o campo visual disminuido hasta los 20º
- ceguera legal: si la agudeza visual es igual o inferior a 0.1 o el campo visual está reducido a 10º o menos

Parece ser que la ceguera es una discapacidad en regresión, con los avances de la ciencia y el aumento de procedimientos de higiene y prevención. La oftalmia neoratorum, las inflamaciones intraoculares y las queratitis han disminuido en gran medida. En cambio, hay alteraciones congénitas que parecen aumentar como el glaucoma, la atrofia del nervio óptico, la miopía progresiva y los traumatismos debidos a accidentes.

Recordemos esquemáticamente: a las dos mitades derechas de las retinas corresponden las mitades izquierdas del campo visual, y vivecersa, a las izquierdas de las retinas, las derechas del campo visual. El lóbulo occipital izquierdo percibe los hemicampos visuales derechos, y el lóbulo occipital derecho, los hemicampos izquierdos. Intervienen en la visión los globos oculares, el iris, los nervios ópticos, el quiasma óptico, cintillas ópticas, cuerpo geniculado externo, tubérculos cuadrigéminos superior e inferior, tálamo, lóbulo occipital y cisura calcarina, núcleo parasimpático del motor ocular común, fibras parasimpáticas del III par destinadas al esfínter del iris, vías simpáticas procedentes del plexopericarotideo y destinadas al dilatador del iris.

Así como al VIII par craneal le llamamos nervio acústico, al II par de nervios craneales se le llama nervio óptico. Este nervio arranca del quiasma, se dirige hacia delante y hacia afuera, a través del agujero óptico alcanza la cavidad orbitaria y penetra en el globo ocular. El nervio óptico es sólo una porción de la vía óptica. Al llegar al quiasma no hay continuidad de la vía óptica, se produce un cruce en las fibras de la mitad interna de la retina, en la mitad externa las fibras continúan ocupando su situación en la cintilla óptica.

Una correcta percepción visual ayuda a los aprendizajes. El conocimiento e identificación visual del propio cuerpo y del espacio exterior, contribuye al desarrollo del hemisferio postural cuyo papel es fundamental en la evolución infantil. Pero la vista no actúa aisladamente en las integraciones sensoriales, sino que éstas se producen por aferencias propioceptivas, vestibulares y visuales.

La propioceptividad hace referencia a las modificaciones de los estados de relajación-contracción muscular y a los movimientos musculares. El vestíbulo controla los movimientos de los ojos y la posición de la cabeza. La vista y también otros sentidos aportan informaciones sensoriales que producen un dominio del espacio exterior. La adquisición de nociones corporales y espaciales dependen de movimientos y acciones motrices que el niño realiza en su cuerpo (succión, movimientos oculares...), posteriormente de realizaciones con su cuerpo en el espacio exterior. La función visual también tiene importancia en los desplazamientos del cuerpo en el espacio.

Las perturbaciones sensoriales o perceptuales a nivel visual inciden en el sistema postural, alterándose sus funciones así como la acción, retroacción y realimentación, lo que origina el establecimiento de otros patrones en los que la realimentación se debe a aferencias no visuales.

Estos datos son los que explican que en el ciego la realimentación para la adquisición de la noción espacial se realice por otros sentidos, especialmente el de audición y tacto, sin olvidar la propioceptividad y el vestíbulo. Al fallar la relación vestíbulo-vista se altera la coordinación neuromuscular, por la influencia que el sistema postural tiene sobre el tono muscular y la coordinación en la posición dinámica del cuerpo.

El conocimiento de sus patrones de aprendizaje será muy útil para enseñarle de acuerdo a ellos y no a los de videntes.

4.1.2. Intervención

4.1.2.1. Déficits visuales

Por medio de la Ortóptica se pueden corregir ciertas alteraciones visuales. Su función consiste en el estudio y corrección de hábitos viciosos visuales, defectos de visión binocular y movilidad del ojo. También se halla entre sus objetivos el informar previamente a toda intervención quirúrgica de carácter estético, sobre posibilidad de aparición posterior en algunos casos de diplopías (visión doble de los objetos, debida al trastorno de la coordinación de los músculos motores oculares), y también el explorar los trastornos de la visión de origen central.

En los niños que de pequeños sufren un estrabismo, éste se hace más perceptible a medida que crecen; generalmente se debe a la dificultad de acomodación de uno de los dos ojos, lo que les fatiga y reaccionan trabajando visualmente sólo por el ojo que ven mejor, mientras el otro ojo aumenta su tendencia a desviarse, con lo que al déficit funcional se suma lo antiestético.

A este problema se aplica una correción consistente en desarrollar la función visual del ojo estrábico, para lo que durante temporadas se le tapa el ojo sano para obligarle a trabajar al otro, y también gimnasia ocular.

La edad más adecuada para corregir defectos visuales es la primera infancia, y tan pronto como se observe cualquier alteración. A los tres años ya se puede contar con una cierta colaboración del niño.

Otros problemas se pueden solucionar con la aplicación de lentes a la situación de cada ojo, o con la farmacología, o con medios quirúrgicos. Sin embargo algunos de ellos son de difícil solución o sin posibilidad con respecto a los medios con que se cuenta actualmente.

Medios que favorecen la visión:

— Papel sin satinar.
— Lápices que marquen líneas muy negras.
— Libros con letra mayor de la habitual.
— Sillas y pupitres adaptables y móviles.
— Iluminación adecuada.
— Lupas de gran tamaño, incorporadas a la mesa de trabajo.
— Lupa incorporada a la montura de una gafa

Los alumnos con déficit visual deben recibir una atención especial en clase, proporcionarles materiales que no aumenten su fatiga visual, programar o dosificar los tiempos para controlar su esfuerzo visual alternándolos con otras actividades que les supongan descanso.

Suelen seguir programas de enseñanza de régimen ordinario, a veces se les aplican también programas para desarrollo sensorial y perceptivo.

4.1.2.2. Cegueras

Se pretende desarrollar al máximo los sentidos corporales del ciego para que reciba información sobre sí mismo y el mundo exterior de tal forma que su pérdida visual sea compensada lo mejor posible por sus otros sentidos.

a. Estimulación temprana

Para llegar a adquirir independencia en sus desplazamientos y orientarse en el espacio, así como realizar otros aprendizajes, primero ha de conocer su cuerpo.

Es válida toda forma de hacerle percibir sensaciones, además de cambiarle de posición cuando está en la cuna, se le debe tomar en brazos, acariciarle, jugar con él. Como los bebés videntes, comienza chupándose las manos para conocerlas, se palpa posteriormente el tronco especialmente cuando está sin ropa, hacia los diez meses de edad palpa sus muslos y genitales. Hacia los seis meses palpa sus orejas y cabeza llegando al cuello hacia el año. Sobre el año inicia una movilidad voluntaria.

Para el desarrollo auditivo convienen los juguetes sonoros, música, que se le debe procurar ya desde la cuna. Posteriormente buscará los objetos que producen el sonido, por lo que hay que cuidar que no sufra muchas frustraciones, es decir, que los encuentre, aumentando la dificultad de encontrarlos según se va desarrollando psicofísicamente; hay que recordar que empleará el tacto y la audición en los ensayos para encontrarlos, y que la obtención de gratificaciones influirá en su conducta. Estos niños al igual que los no discapacitados pasan por una época en que gustan de arrojar objetos al suelo, hecho interesante dado que es por el oído y los movimientos motrices por los que aprenderá a conocer el espacio.

Antes de que aprenda a caminar hay que darle seguridad para sostenerse y moverse en el espacio, ayuda a conseguir el equilibrio el apoyarse sobre un enorme balón inflable que llegue a la altura de sus hombros. El lanzarles desde los brazos de una persona a otra (no debe caerse porque habría regresión) se utiliza para aumentar su confianza y sus percepciones espaciales. Cuando no sabe andar se le acota un espacio pequeño (parque de red) para que encuentre limitación de espacio, puntos de referencia, este espacio se debe ampliar a habitaciones con pocos obstáculos en principio, donde debe aprender a gatear.

Cuando comience a andar hay que extremar el cuidado para evitar fuertes golpes, puede extrañar el verle a veces frotando su cuerpo o alguna parte contra puertas, paredes, laterales de la cuna, está adquiriendo delimitaciones cinestésicas de su cuerpo, por las que obtendrá sensaciones corporales, conocimiento del espacio y seguridad. Al principio de andar hay que darle puntos de referencia donde se pueda agarrar, más que prohibirle. Para desarrollar al máximo su sentido de audición se aconsejan los suelos de madera en la casa y en las aulas escolares pues le ayudará a percibir los pasos y también las vibraciones.

Es conveniente para facilitar sus discriminaciones espaciales el situar en cada habitación un objeto sonoro diferente, que sirva de referencia para saber donde está, en una puede haber un reloj cuyo tic tac se pueda oir, en otra unas campanillas junto a la puerta para que en cuanto entre en esa habitación las pueda tocar...

Las aulas infantiles de régimen ordinario son aconsejables, pero antes de su incorporación deben haber recibido atención educativa ellos y sus padres.

Examinada la atención que se presta en varios paises occidentales a los ciegos en la primera infancia, los mejores programas procuran atención a padres e hijos desde que se detecta la ceguera, a los padres bien a través de cursillos o asesoramiento a domicilio, a los hijos atención directa en domicilio, posteriormente seguimiento en su colegio, orientación al profesor, formación de profesores, etc.

b. Desarrollo general de los sentidos

— *Desarrollo auditivo:*

Su sentido analítico de los estímulos y sensaciones auditivas le permite adquirir parte de la información que se consigue con la vista. Al principio este análisis constituye una función cortical lenta y consciente, posteriormente se va convirtiendo en esquemas subconscientes de respuesta automática.

La distancia y dirección del sonido se aprecia mediante la función estereofónica de ambos órganos bilaterales.

Algunos ciegos pueden detectar obstáculos por la reflexión o eco de sus sonidos, también discriminar las cualidades de las superficies por el mismo sistema, e incluso captar si un cuerpo se interpone entre una fuente emisora de sonido y ellos, a este hecho se le conoce como sombra del sonido.

Múltiples experiencias han confirmado que únicamente las sensaciones auditivas son las que permiten detectar el obstáculo y ello es posible a nivel de las frecuencias auditivas que van de 8.000 a 10.000 Hz. Por lo que es inútil intentar esa habilidad en quienes su oido no es capaz de percibir esas frecuencias.

— *Desarrollo del tacto:*

Por medio de él aprende a conocerse y a conocer parte del mundo en que vive. El conocimiento de su cuerpo le es tan útil como a no discapacitados visuales e incluso más pues le ayuda a desplazarse en el espacio sin utilizar la visión. Posteriormente ese conocimiento le permitirá la adquisición de la lectoescritura además de otros aprendizajes.

Su tacto al faltarle la visión y por medio de ejercicios se hipertrofia, aunque no se hiciesen ejercicios se desarrolla sobremanera por hiperactividad, ello le permite el conocimiento de formas, objetos y personas que grabará en su mente. Es frecuente cuando adquieren cierta relación con las personas el pedir pasar la mano por su rostro para conocer sus rasgos fisonómicos. Por la voz las distinguen rápidamente, de ahí que los telefonistas ciegos sean muy estimados profesionalmente.

— *Desarrollo del olfato:*

La especie humana no se caracteriza por su desarrollo, pero en los ciegos al faltar la visión se convierte en un buen medio para localizar la situación y distancia de un foco emisor, si se permanece algún tiempo en el mismo ambiente la percepción olfatoria suele saturarse al haber habituación.

— *Desarrollo del gusto:*

También lo tienen más desarrollado al ser un medio de información, que comienza como en todos los niños en la cuna chupando manos y objetos a su alcance, sentido que sigue desarrollándose sobremanera al faltar la visión. Con frecuencia se dice que algunas personas comen con la vista; efectivamente, la alimentación puede ser más o menos agradable a los ojos, pero cuando éstos no intervienen las percepciones gustativas parece ser que aumentan.

— *Desarrollo del sentido cinestésico:*

Por esta sensación o sentido se percibe el movimiento muscular, el peso, la posición de nuestros propios miembros. Ello les permite caminar con seguridad en una dirección y orientarse en los espacios conocidos.

Pero al correr han observado los profesores de educación física que muchos chicos lo hacen sin doblar suficientemente las rodillas, creen que debería ayudárseles o enseñarles a correr de pequeños. Posiblemente corran de esa manera debido a la carencia visual que propicie la conformación de otros patrones.

c. Medios y técnicas educativas

Muchos de los programas existentes para educación especial se pueden adaptar a ciegos, excepto las partes que requieren intervención de la vista, que en ese caso debe suplirse por el tacto y a veces por el oído. Los primeros aprendizajes se realizarán sobre objetos con tres dimensiones pues acercan más a la realidad y son más sencillos de identificar, posteriormente se trabajará con dos dimensiones hasta llegar al punto y su situación espacial que forman el sistema de lectoescritura Braille.

Si en los alumnos sin discapacidad visual la lectoescritura requiere una preparación previa o adquisiciones base a las que se llega de forma intencional (ejercicios de prelectura y preescritura), y de forma no programada (evolución y desarrollo del niño a través de experiencias no planificadas), el niño ciego para la lectoescritura también necesita unas bases que se deben diseñar y aplicar según sus características.

Necesitan conocer y dominar lo que otros niños, su cuerpo o esquema corporal, orientarse en el espacio, discriminación de formas (en sí mismas y su situación en el espacio) y adquisición de movimientos finos de la mano hasta llegar a los signos Braille.

Además de los objetos en tres y dos dimensiones, lo que realice debe tener un relieve para que lo puedan percibir por el tacto. Utilizan planchas agujereadas, plantillas para seguir contornos, punzones para hacer ejercicios de picado y marcado de trazos.

Un método de prelectura y preescritura que creemos merece mención es el de Hermenegildo Gómez Moreno, maestro de clase de régimen ordinario que contaba entre sus alumnos con un ciego. Quiso facilitarle el aprendizaje del Braille proporcionándole no solamente una pauta y un punzón. Debido al éxito del método parece que fue aplicado a todos los alumnos, por supuesto la persona con ceguera sólo utilizó el sentido del tacto.

El material es variado aunque está contenido en una caja de 24,5 x 30, 5 x 6,3 centímetros, consta de varios elementos:

— Elemento A: lámina de madera perforada en forma constante. Se emplea para aprendizajes espaciales colocando en los huecos (arriba-abajo...) una especie de clavijas o taquitos; una variante consiste en unirlos por gomas, lo que puede dar lugar a figuras geométricas, o simplemente rellenar con las clavijas espacios creando formas. También se utiliza para juegos sirviéndose de un dado que según su número indica los agujeros a avanzar, con lo que en el espacio se sitúa un número que se percibe en la ceguera por el tacto (esto es básico para el Braille, pues las letras se representan por puntos en relieve en los que interviene el número de puntos y la situación que ocupan en el espacio).

— Elemento B: lámina de madera sobre la que se acopla otra de goma, sujeto todo por un reborde metálico. Se superpone papel sobre el que se coloca una plantilla y se traza su contorno, o se realizan ejercicios de picado. Se desarrolla el tacto, coordinación manual, desarrollo de movimientos finos, control...
— Elemento C: rectángulos de madera perforados correspondiendo a los signos, Braille, sobre ellos se han de encajar los signos Braille hechos en relieve y que forman cada letra. En la parte superior llevan un desnivel para colocarlos correctamente. Sobre el reverso de la pieza a encajar está la letra en lija (para percibirla por el tacto) y en color rojo (para su percepción por alumnos con déficit visual).
— Elemento D: la tapa de la caja se convierte en rejilla o guía, cuando está abierta se introducen los signos de derecha a izquierda, para leer se cierra la tapa y se lee de izquierda a derecha, pues el extremo de las clavijas sobresale. (Este sistema de lectoescritura es similar al Braille, los punzones perforan el papel de derecha a izquierda porque las muescas para leer se perciben mejor por el reverso del papel en que se han trazado.).

Lectura y escritura.

El sistema Braille es mundialmente conocido, y aunque los videntes en general no sabemos utilizarlo conocemos en qué consiste.

El sistema Moon, menos conocido que el anterior, es útil para personas mayores que encuentran difícil el aprendizaje del Braille.

4.1.3. Ayudas técnicas

Aunque se va a hacer referencia a las ayudas técnicas más conocidas, es preciso señalar que la persona con discapacidad visual debe ser orientada y asesorada para obtener el máximo rendimiento en la utilización de los instrumentos adecuados a su caso, para ello la ONCE dispone de un servicio específico en cada uno de sus centros territoriales con los recursos necesarios y personal especializado.

4.1.3.1. Dispositivos tiflotécnicos

La tiflotecnología es el conjunto de técnicas, conocimientos y recursos encaminados a procurar a los ciegos y deficientes visuales los medios oportunos para la correcta utilización de la tecnología, se podría decir que es toda la tecnología especial para personas con discapacidad visual" (Sanz, 2000:456).

La ONCE a través de su centro de Tiflotecnología introduce mejoras a la mayor parte de ayudas técnicas para adaptarlas a las personas con discapacidad.

Siguiendo a Sanz (ibid.: 457y 465) los *dispositivos tiflotécnicos se pueden clasificar en* :

a. Aquellos que tienen por misión principal facilitar o permitir el acceso de las personas ciegas o deficientes visuales a la información de un ordenador. Entre ellos se encuentran:
    - Sistemas de acceso visual: Son programas para ampliar el tamaño de los caracteres de la pantalla. Actúan sobre ella como una lupa electrónica permitiendo a las personas con resto visual leer su información.
    - Sistemas de acceso táctil: Se trata de un dispositivo denominado línea braille, que representa en braille la información de la pantalla del ordenador.
    - Sistemas de acceso parlantes: Son los sintetizadores de voz, cuya función es verbalizar la información que el usuario esté tecleando en cada momento o lo que ya esté escrito en la pantalla del ordenador.
b. Aquellos que si bien pueden ser conectados al ordenador para intercambiar información, tienen un funcionamiento autónomo y una utilidad propia. Entre ellos se encuentran:
    Anotadores parlantes (Braille hablado, PC hablado): Son dispositivos que ofrecen la posibilidad de grabar información en forma de ficheros, que posteriormente puede ser impresa en tinta o braille. Pueden intercambiar información con otros equipos como ordenador, escáner…
    - Sistemas de reconocimiento óptico de caracteres: Permiten el acceso a la información impresa en tinta, a través de dos vías: Enviándola a un ordenador donde queda grabada en forma de ficheros o bien mediante la utilización de caracteres ópticos dotados de síntesis de voz que verbalizan la información escaneada y procesada.
    - Impresoras braille: Su función es idéntica a la de una impresora de tinta sólo que esas impresoras imprimen en el código de lectoescitura braille.

4.1.3.2. Otros instrumentos de utilidad para la autonomía personal

Bastones de nubilidad. Brújulas adaptadas con marcas tactiles en los cuatro puntos cardinales para localizar direcciones. Calculadoras parlantes. Relojes despertadores y avisadores de tiempo. Artículos diversos para el hogar. Adaptación sonora de semáforos.

4.2. ALTERACIONES VISUALES POR TRASTORNOS PERCEPTIVOS

Aunque el contenido que se va a exponer corresponde a dificultades de aprendizaje se encuadra en este lugar debido a que dichas dificultades tienen por causa el sentido visual.

4.2.1. Conceptos y clasificación

Se denomina percepción a la recepción en los centros nerviosos de una impresión de los sentidos. En el tema que estamos tratando diríamos de la vista.

Su alteración da lugar a varios trastornos de aprendizaje, que son expuestos al tratar del lenguaje escrito.

En cuanto a su localización se agrupan en problemas de:

- Forma
- Posición en el espacio
- Confusión figura-fondo
- Síntesis visual

En cuanto a la percepción de formas Gibson dice que las letras con rasgos similares son las más difíciles de distinguir y también con trazos diagonales, v.g. M-N. M-W

La confusión respecto a la posición en el espacio, viene determinada en gran manera por confusiones en esquema corporal y lateralidad. El discriminar objetos según su posición en el espacio es más sencillo que el hacerlo con letras. En las inversiones se localizan dos tipos de distorsiones en la orientación: de arriba abajo y de izquierda a derecha, y en ambas a la inversa.

La no discriminación figura-fondo se ha encontrado en niños con patologías diversas pero no en todos los que las padecen incluso también se han encontrado en sujetos sin aparente problema físico ni psíquico. En principio se creyó que el factor común era la "lesión cerebral mínima", aunque en muchos casos no se podía diagnosticar tal lesión se decía apreciar mínimos signos de desviación neurológica sobre todo en el aspecto sensorial y motriz. Dicho término ha caido en desuso sustituyéndose por "trastornos de la maduración motora y cognitiva".

La síntesis visual se alcanza cuando hay un desarrollo perceptivo, es una habilidad que permite adquirir una globalidad aún en ausencia de partes o detalles. Se aprecian unas claves visuales que determinan la identificación del todo, cuanto más desarrollo hay menos claves se necesitan. Por ejemplo, personas con dominio de lectura pueden ser capaces de leer una frase sin alguna palabra o parte de palabra completándola mientras que niños pequeños requieren que estén escritas todas y completas. Se debe a que los lectores rápidos tienen percepción global, buen vocabulario, agilidad mental... en suma interviene el hemisferio simbólico desarrollando sus funciones.

4.2.2. Intervención

Los ejercicios de discriminación de formas son básicos en educación infantil, se distribuyen en ejercicios de identificar, reproducir, clasificar y seriar.

En letras las confusiones por posición en el espacio, determinadas por un problema de orientación, se corrigen con más rapidez de la siguiente forma: si el problema de orientación está entre derecha e izquierda, y se confunden por ejemplo /b-d/ para su discriminación y aprendizaje se sitúan en línea vertical, una debajo de otra. De utilidad para la corrección es la pizarra pues las orientaciones espaciales parecen percibirse mejor. También se suelen utilizar otros planos para fijar aprendizajes tales como el suelo, es importante la variación porque el cuerpo se relaciona con el espacio en más de una forma.

Para discriminación entre figura-fondo se suelen emplear colores llamativos con la parte a resaltar situada sobre colores blancos o pálidos, es decir, la figura que se quiere percibir es la dotada de colores fuertes.

La intervención para adquisición de síntesis visual requiere ejercicios de puzzles y figuras para completar, posteriormente trabajar con frases lacunares que el sujeto ha de terminar.

Programas y métodos

Para las alteraciones visuales existen muchos programas, a veces no se elaboraron específicamente para tratar esos problemas sino que se tomaron de programas para educación especial pero dadas las relaciones de esta función con otras a las que se ha hecho referencia, el contenido de los programas tiene más amplitud que las dirigidas al aspecto visual.

- Programa de Gestman y otros (entrenamiento en actividades para niños con trastornos visuales): coordinación general, equilibrio, coordinación ojo-mano, movimientos oculares, percepción de formas, memoria visual…
- Método de Newell Kephart (para desarrollar el aspecto perceptivo-motriz): actividades de entrenamiento en pizarra, de entrenamiento sensomotriz, de entrenamiento oculomotriz y de entrenamiento de percepción de formas.
- Método de Ray Barsch, "currículum movigénico": da un enfoque de movimiento a sus técnicas educativas en las que señala tres componentes básicos: Orientaciones posturales-transporte (incluye fuerza muscular, equilibrio a nivel dinámico, esquema corporal, orientación espacio-temporal). Formas perceptivo-cognoscitivas (incluyen los aspectos gustativos, auditivos visuales, olfativos, táctiles, kinestésicos). Grados de libertad, que para este autor son: la bilateralidad, el ritmo, la flexibilidad y el programa motriz.

IPE-E (Items Progresivos Educación-Especial)

También contiene ejercicios para desarrollo sensorial visual, perceptivo y motriz. Muchos de ellos ya han sido citados al tratar otros epígrafes.

(V) 5. ALTERACIONES DE LA AUDICIÓN

5.1. DISCAPACIDADES SENSORIALES AUDITIVAS: ANACUSIAS E HIPOACUSIAS

5.1.1. Conceptos y clasificaciones

Sordera o anacusia: pérdida auditiva profunda.

Hipoacusia: Fallas en el reconocimiento de determinados tonos a determinadas intensidades.

La pérdida auditiva se mide en decibeles. Decibel es la décima parte de un bel, unidad de sensación auditiva, denominada así en honor de Graham Bell, inventor del teléfono; es la menor intensidad de sonido a que puede oirse una nota determinada.

En la audición intervienen:

— Estímulo auditivo: vibraciones sonoras.
— Tono: altura o gravedad menor o mayor de un sonido. Depende de las frecuencias graves o agudas.
— Timbre: cualidad de un sonido que depende de la forma de vibración del cuerpo sonoro (resultado de ello es el volumen, la intensidad).

a. *Clasificación cuantitativa de la pérdida auditiva.*

	Pérdida
Audición normal	de 0 - 20 db.
Deficiencia moderada	de 20 - 40 db.
Deficiencia severa	de 40 - 60 db.
Deficiencia grave	de 60 - 80 db.
Deficiencia profunda	más de 80 db.

b. Tipos de sorderas o hipoacusias.

De percepción o *neurosensorial* : están más afectadas las frecuencias agudas. Es frecuente la distorsión de sonidos.

De transmisión o conductiva : están más afectadas las frecuencias graves. Es frecuente la atenuación de sonidos.

Sordera central o afasia receptiva: es una anomalía de tipo central referida al sistema auditivo sin que esté afectado el nervio auditivo ni el oído interno, por lo que aunque la capacidad auditiva sea normal hay dificultad o imposibilidad para entender el lenguaje.

5.1.2. Intervención

5.1.2.1. Sistemas de rehabilitación

Oral: es la que procura una integración completa en el medio, la prótesis ayuda a percibir los sonidos y a emitirlos con la intensidad, tono y timbre que requieren las emisiones de no deficientes (oyéndose a uno mismo y a los demás se establece el control preciso). Esta técnica sólo es aplicable a los que pueden oir.

Labiolectura: se aplica a personas que no oyen o su audición está disminuida, siendo en este caso la labiolectura un elemento complementario para la comprensión del lenguaje oral. Hay que desarrollar la discriminación visual para poder leer en los labios del interlocutor. Mientras que el oyente capta el significado de las palabras a través del aparato auditivo, el sordo e hipoacúsico que practican la lectura labial deben traducir las palabras captadas por el sistema visual a otro sistema simbólico motriz que es el lenguaje oral.

Mímico: es un sistema de comunicación a través de la mímica empleado cuando no existe otro, o antes de haberse adquirido. La comunicación que se establece es a nivel muy elemental. A veces se emplea alternativamente en las iniciaciones de la rehabilitación, cuando se dominan otros medios cae en desuso.

Dactilológico: método que permite comunicación a través de los dedos de las manos, que adoptan diversas posiciones por las que queda representado todo el alfabeto. Es frecuente su utilización entre sordos, lo que hace se aislen de los oyentes que no suelen dominar esa técnica. Si no tienen acceso a la audición se les enseña este método y el de labiolectura. La televisión en algunos espacios destinados a sordos emplea esta forma de comunicación.

Mixtos: empleo de más de uno de los sistemas a los que se ha hecho referencia en párrafos anteriores.

5.1.2.2. Medios para rehabilitar

Lectura labial.

Amplificadores de sonido: Individual portátil (prótesis que habitualmente se ven por la calle). Individual de mesa (recibe los sonidos a través de unos cascos-audífonos cuya regulación de sonido está sobre la mesa que ocupa cada sujeto, empleado en la aulas pedagógicas). Equipo colectivo.

Desarrollo de sensaciones táctiles derivadas de la vibración: muy utilizadas para la percepción táctil de fonemas colocándose los dedos del alumno sobre la garganta del rehabilitador cuando emite determinados fonemas, y sobre la suya propia.

El desarrollo de la percepción de vibraciones debe hacerse a todos los niveles posibles, por lo que se recomiendan suelos de madera; entrar en contacto con instrumentos musicales, sobre todo con sus zonas de resonancia (muy utilizado es el piano). Ello facilita desarrollos que asombran, como es el ver bailar sordos, a veces ejecutando danzas con cierta dificultad, o composición musical como el célebre Beethoven.

Cirugía otológica: sólo aconsejable en algunos casos.

5.1.2.3. Principios para la reeducación auditiva

— Adecuación del medio ambiente: los primeros aprendizajes deben realizarse en un medio carente de ruidos (tráfico, industrias...), para que los sonidos se produzcan sin interferencias, eso ayuda a su captación, a la fijación, a la concentración y posteriormente a la discriminación de esos sonidos entre otros.
— Selección de estímulos extraidos del entorno y asociación a su procedencia.
— Aplicación temporal: se deben alternar las actividades de escuchar y todas las demás que se realicen. Las primeras requieren una gran dosis de atención por lo que pueden producir fatiga y frustraciones, los períodos de alternancia lo evitan. Conviene estudiar cada caso.

— Verbalización escueta: se deben utilizar frases cortas y precisas, de otra forma hay dificultad de captación por el sujeto. Las frases cortas con vocabulario seleccionado habitúan al oído a captarlas.
— Juguetes y material: no debe ser excesivamene atractivo a la vista y al tacto para evitar la tendencia a mirarlo y palparlo, si lo que se pretende es dirigir la atención hacia el sonido que produzca el material en diferentes situaciones.
— Memorización de sonidos: las personas con discapacidad auditiva tienen dificultad para retener sonidos, por lo que conviene asociarlos a palabras, frases o actividades corporales (expresión dinámica).
— Desarrollarles el sentido del ritmo ayuda a la comprensión de frases y a la emisión.
— Nombres asociados a objetos o acciones son más fáciles de comprender que los adjetivos, porque éstos al representar cualidades requieren una cierta abstracción y aplicación a más de un nombre.
— La comprensión precede a la expresión: la palabra o el sonido nuevo a introducirse debe presentarse al principio de la reeducación y destacar entre otros. Los sonidos semejantes requieren un alto grado de discriminación que no podrán alcanzar algunas personas no oyentes.

Programas complementarios

Al pretender conseguir un desarrollo completo de los sujetos se deben incluir actividades correspondientes a todas las áreas de expresión y las áreas de experiencia adecuadas a cada momento de su desarrollo. Por su tipo de discapacidad se debe incidir en desarrollo sensorial auditivo, discriminación auditiva, localizaciones de dirección del sonido... En los casos *sin posibilidad de audición* predominará el desarrollo visual, discriminación visual... Y en todos los casos el desarrollo de la expresión dinámica (motriz), por las implicaciones en todo proceso de desarrollo y aprendizaje. (Pueden utilizarse los programas de la obra citada *Programación y Evaluación para Educación Especial.*).

5.1.2.4. Factores básicos para seleccionar o elaborar un diseño correctivo

Se deben conocer entre otros:

- Edad en que se produjo el deterioro sensorial (por si ha habido adquisición de estructuras de lenguaje o no).
- Localización de la alteración auditiva (oído externo, medio o interno).

- Intensidad de la pérdida (decibelios).
- Inteligencia o evolución psicofísica.

En primer lugar, si no hay lenguaje en el niño se procede a desmutizar. Si la pérdida auditiva se produce a partir de los cuatro años, el haberse adquirido parte de las estructuras de lenguaje, sirve de apoyo a cualquier programa de recuperación. Se intenta no sólo que no se pierda el lenguaje adquirido, sino desarrollarlo. En la edad adulta es raro que se pierda el lenguaje por pérdida auditiva, pero es frecuente si la pérdida es grave que se produzcan cambios en la modulación de la voz y en la articulación.

La localización de la pérdida auditiva, conveniente para un posible tratamiento farmacológico o quirúrgico, determina el que estén afectadas un tipo de frecuencias u otras hecho muy importante si se han de poner amplificadores auditivos.

En el caso de hipoacusias graves en que las frecuencias elevadas suelen estar afectadas y si las frecuencias bajas están bien conservadas, el audífono al amplificar todas las frecuencias sin necesitarlo las bajas puede producirse un enmascaramiento y distorsión de las elevadas.

La intensidad de la pérdida auditiva determina el que se apliquen al sujeto prótesis o se tienda a desarrollar su labiolectura si el empleo de prótesis no mejora su problema.

Inteligencia o evolución psicofísica: si al handicap auditivo se añade una deficiencia mental, el problema es grande, si hay un buen índice de inteligencia, aunque haya que desarrollarla por métodos específicos para estos sujetos, el problema es menor. Los patrones de aprendizaje están alterados según la discapacidad que se tenga, así en los deficientes auditivos el centro de Wernicke, que interpreta las imágenes auditivas, debido a su falta de uso apenas está desarrollado. Por la estimulación de esta vía sensorial es como se ayuda al funcionamiento de esta zona indispensable en la formación de las imágenes mentales de las palabras. El sentido de la visión es muy utilizado por el deficiente auditivo al ser atraido por multitud de estímulos visuales como una forma de comunicarse con el medio, por lo que es frecuente que aprendan antes los símbolos escritos, es decir, se adelantan en esa fase del lenguaje con respecto a no deficientes auditivos, pero se retrasan en otras fases como es la adquisición del período lógico concreto del pensamiento. En suma, en su aprendizaje se registra un patrón específico que muchos denominan patrón patológico.

5.1.2.5. Orientaciones generales

En cuanto se detecta una discapacidad auditiva hay que aplicar un programa reeducativo, si el niño es muy pequeño, la estimulación temprana es fundamental para que se produzca una desmutización que es menos dificultosa a esa edad y aumenta las posibilidades de desarrollo de lenguaje; por otra parte, la estimulación auditiva evita que se pierdan los restos auditivos por inanición, restos que, según varios autores, tienen todos ellos al nacer, pero muchos los pierden por no aplicárseles reeducación.

La desmutización consiste en hacer pasar del silencio absoluto al uso de la expresión oral. Si la desmutización se inicia pasados los primeros años de vida, es sumamente difícil y nunca se llega al grado de adquisición del lenguaje de los desmutizados precozmente. Si la pérdida auditiva se produce teniendo algún vocabulario, hay que conservarlo y desarrollarlo.

En general, hacia lo que tiende el ideal de intervención es a insertar con plena participación a la persona con discapacidad auditiva en el medio oyente; si no se consigue por medios quirúrgicos, las prótesis auditivas o audífonos pueden permitirlo, pero al no ser posible en todos los casos, la lectura labial es utilizada en tercer lugar, y cuando ésta tampoco es posible se enseña el lenguaje dactilógico.

Siempre que se pueda oralizar hay que intentarlo, hay que ir a la emisión de un lenguaje inteligible, pero si el único resultado a conseguir es un lenguaje ininteligible, es preferible dedicar los esfuerzos a desarrollar la comunicación por otros medios.

5.1.2.6. Estimulación y escolaridad

Lo que pretende es desarrollar o prestar una especial atención a la parte más débil o menos evolucionada de la que el sujeto es portador, para lo que emplean estímulos. En estas discapacidades los estímulos están relacionados especialmente con la audición.

— Juguetes sonoros (para estimular sus restos auditivos).
— Ejercicios prefónicos.
— Ejercicios multisensoriales (colocar la mano del niño sobre la laringe de una persona en el momento en que hable, sentirá su movimiento. También

percibirá la expulsión de aire si la coloca ante la boca o nariz en la fonación).
- Utilizar el espejo para percepción de movimientos bucales en él y su reeducador.
- Preparar uno o varios espacios con suelo de madera para que capte vibraciones al andar, gatear, correr...
- Asociación de vibraciones a la fuente de sonido: ej. lavadora, batidora.
- Desarrollar su sentido visual.

Para conseguir el desarrollo del lenguaje se pasa por las fases de discriminación gruesa, discriminación auditiva de patrones lingüísticos simples, y desarrollo de la discriminación fina del lenguaje.

Entre otras muchas ventajas se reitera que la aplicación de la estimulación temprana (desarrollo de la inteligencia, adquisición de un nivel de lenguaje más alto...) conviene para evitar pérdidas por inanición de posibles restos auditivos, y porque los hipoacúsicos si no son estimulados tienden a asemejarse a los sordos desarrollando su vista, pero no su audición.

Uno de los objetivos primordiales de la educación del niño con discapacidad auditiva es el conocimiento y adquisición del lenguaje materno, por ser el primero que se incorpora en forma espontánea, y porque se asimilan automáticamente aspectos gramaticales: vocabulario, sintaxis, expresión.

Los no oyentes en la recepción del lenguaje hablado se encuentran frecuentemente con un problema de interpretación, por la existencia de palabras homófonas que dificultan la percepción visual de lo expresado a través de los movimientos labiales. Problema que surge especialmente si las estructuras del lenguaje se han formado sin que haya habido audición, al haberse carecido de contactos lingüísticos directos. A veces se produce porque el entrenamiento visual para la lectura labial no ha sido suficiente.

Ante ese problema de interpretación por ambigüedad en la recepción visual y la falta de control auditivo, la articulación se altera dando lugar a confusión de consonantes sordas, alteraciones rítmicas, tono monótono, sustituciones y omisiones de fonemas, y en el peor de los casos carencia de inteligibilidad.

La identificación visual correcta no suele llegar al 100 por 100, sino que es muy inferior. Cuanto más lenguaje exista más se estimula la lectura labial. Aumenta la comprensión de la lectura labial si en el aprendizaje se aplica simultáneamente la visión y el tacto.

Proceso cognitivo:
El sordo o anacúsico tiene tendencia hacia lo concreto y tiene dificultades para la abstracción por ser ésta un estadio más avanzado de lenguaje.
Presenta patrones patológicos o distorsionados de aprendizaje con respecto al oyente, por su pérdida auditiva.
Su retraso en el manejo de dígitos hay autores que lo estiman en dos o tres años, aunque su inteligencia esté dentro de la normalidad.

Desarrollo motriz:
Influye la localización de la parte auditiva afectada. En términos generales la diferencia no es significativa en destreza manual de oyente a no oyente, sí se aprecia diferencia en equilibrio especialmente con ojos vendados.

Rendimiento educativo:
Se suele observar según algunos autores un retraso estimado de dos a cinco años.

5.1.3. Ayudas técnicas

Tipos de prótesis auditivas:

- Audífonos convencionales (de cordón), útiles para casos de grandes pérdidas auditivas
- Retroauricular, se coloca detrás de la oreja y en caso de déficits bilaterales, puede adaptarse a las necesidades de cada oido. Con ellos es posible la audición estereofónica que conlleva más ventajas
- Modelos introauriculares e introcraneales, muy útiles para pérdidas leves y moderadas
- Vibradores óseos, aplicables cuando hay malformaciones en el oido o en el conducto auditivo que no permiten prótesis convencionales o retroauriculares (Jaúdenes 1998)

Algunas prótesis auditivas también pueden ser incorporadas a gafas si éstas son necesarias.

Otras prestaciones de las prótesis: Posibilidad de utilizar la bobina telefónica que permite acceder al empleo de otras ayudas técnicas y accesorios, tales como el uso del teléfono, televisión, equipos de FM, bucles o aros magnéticos. Otra posibilidad es que la prótesis tenga entrada de audio la cual transmite el sonido con fidelidad y es de utilidad al emplearse los sistemas de frecuencia modulada.

Si en el aula o sala de conferencias hay varios alumnos con prótesis auditivas es de utilidad instalar un *bucle mágnético alrededor del aula*, si se está dentro de ese campo las fuentes de sonido electrónico, tales como de micrófonos y altavoces, se transforman en magnéticas por lo que el audífono recoge esas señales sin interferencias del medio ambiente.

Equipos de amplificación: se mejora la calidad sonora, se combina la estimulación auditiva y vibrotáctil.

Amplificadores portátiles: se pueden acoplar al auricular del teléfono y si se les incorpora un inductor magnético pueden ayudar a participar en una conversación.

Las nuevas tecnologías basadas en el ordenador personal tienen programas que permiten dialogar con el ordenador el cual ofrece en la pantalla representaciones visuales de sus producciones vocales con la finalidad de mejorar la articulación y los parámetros de la voz (Torres, 1998; Fundesco, 1994).

Para la comunicación a distancia, en personas con discapacidad auditiva o de fonación es de utilidad el Servicio de Intermediación, sistema de comunicación telefónica con la intervención de un mediador que presta atención a las personas que no pueden comunicarse sin ayuda. El usuario con discapacidad auditiva y/o de fonación entra en contacto con el Centro de Intermediación marcando el número correspondiente. El operador-intérprete recibe la llamada en su puesto de trabajo y transmite el mensaje marcando el número de la persona con la que el usuario desea comunicarse, ambos se conectan a internet y comienza el diálogo. Este centro de intermediación ha entrado en funcionamiento por convenio entre telefónica e IMSERSO.

(V) 6. AUTISMO

6.1. CONCEPTOS

El autismo está considerado como una alteración del desarrollo. Esta alteración todavía requiere bastante investigación ya que muchas cuestiones permanecen en la oscuridad.

Tinbergen dice que el niño autista es cada vez más frecuente en las sociedades actuales y su tratamiento es difícil porque no se saben las causas con seguridad. El término autista es introducido por Bleuler en 1911, pero aplicado a una característica de la esquizofrenia. La primera descripción del autismo infantil se debe a Leo Kanner en 1943.

En España, hasta los años setenta no se puede hablar de reconocimiento del autismo, a pesar de que aquí se hizo referencia a ello en 1952 por vía del psiquiatra infantil Van Krevelen. Antes se hablaba de un raro trastorno que poquísimos especialistas habían visto.

6.1.1. El autismo según la Organización Mundial de la Salud

Se trata de un síndrome que se presenta desde el nacimiento o se inicia casi invariablemente durante los treinta primeros meses de vida; las respuestas a los estímulos auditivos y visuales son anormales y, de ordinario, aparecen dificultades en la comprensión del lenguaje hablado. Hay retraso en el desarrollo del lenguaje, que, si se logra, se caracteriza por ecolalia, inversión de pronombres, estructura gramatical inmadura e incapacidad para utilizar término abstractos. Existe generalmente un deterioro para el uso social de lenguaje verbal y de los gestos. Son muy graves las perturbaciones relacionales antes de los cinco años, incluyéndose una dificultad para la mirada directa a los ojos. Es frecuente la existencia de un comportamiento ritualista en las relaciones sociales y en el juego de grupo, así como hábitos anormales, resistencia al cambio, apego a objetos extravagantes, patrones de estereotipias lúdicas, disminución en la capacidad para el pensamiento abstracto o simbólico y para los juegos imaginativos. La inteligencia puede hallarse severamente disminuida, pero también ser normal e incluso de nivel superior. Hay, en general, un mejor rendimiento en los sectores relacionados con la memoria rutinaria o con habilidades espaciovisuales que en aquellos que implican operaciones simbólicas o lingüísticas.

6.1.2. Pseudoautismo

Término introducido por Nissen en las tipologías autísticas. Conviene señalarlo a fin de poderlo diferenciar en vistas a un diagnóstico.

En el pseudoautismo, se da un asilamiento de hecho, que no procede de una causalidad autista, sino de deficiencias orgánicas, como deficiencias visuales, auditivas, a nivel motor, etc.

6.1.3. Síndrome de Kanner

Ha pasado a ser el síndrome base, en cuanto a que fue la primera descripción del autismo, y porque las pautas señaladas por Kanner (1943) continúan siendo utilizadas para el diagnóstico:

Una retirada de todo contacto con personas, un deseo obsesivo de preservar la identidad, una relación muy hábil con los objetos, la presentación de una fisonomía muy inteligente y pensativa, además de mutismo o de un tipo de lenguaje que no parece destinado a la comunicación interpersonal.

6.2. HIPOTESIS ETIOLÓGICAS

6.2.1. Psicológicas

Kanner consideró el autismo como enfermedad producida por carencias afectivas, basó su hipótesis en que la mayoría de los padres de autistas observados eran fríos emocionalmente y solían ser intelectuales.

A raiz de ello llegó a considerarse esa enfermedad como propia de niños de clases acomodadas, dado que el nivel cultural de los padres era alto. Datos posteriores rechazaron la hipótesis al menos parcialmente, al registrarse casos en todos los niveles sociales, si bien lo que indujo a la formulación de tal hipótesis fue la frecuencia de padres con buen nivel cultural que requerían diagnóstico y tratamiento para sus hijos, mientras que los de otros niveles contaban con menos posibilidades para requerir tal diagnóstico y tratamiento.

Años después Kanner publicó un libro con el título *En defensa de las madres* para mitigar la culpabilidad asignada en razón de su hipótesis.

6.2.2. Orgánicas

Dentro de este grupo son varias las hipótesis que se han formulado como causa del autismo.

— Enfermedad orgánica sin lesión específica detectable: afecta a las funciones cognoscitivas y a veces instrumentales.
— Disfunciones cerebrales inespecíficas producidas en la etapa prenatal o perinatal. Sus defensores son Rutter y Schopler. En apoyo de esta hipótesis se manifiesta Lotter al mostrar que más de un 25% de los niños autistas presentan crisis epilépticas entre los quince y veinte años cuando no las han presentado durante la infancia, y sin apreciarse ninguna lesión cerebral que justifique esas manifestaciones.
— Desorden metabólico: es una de las tesis de Rimland sobre el origen del autismo. Incide en la influencia de los alimentos que tomamos y la salud psíquica. Explicando a través de una de sus teorías la vulnerabilidad del sistema nervioso central a determinados alimentos.

Investigadores de la Universidad de Toronto han apreciado en autistas un índice mayor de frecuencias que en no autista respecto a presentación de nalgas en el parto, déficit ponderal al nacer, bilirrubina alta, anemia hemolítica, insuficiencia respiratoria.

Algunas madres han sufrido rubeola durante la gestación. Se piensa que el autismo puede estar relacionado con lesiones cerebrales todavía no muy conocidas.

Entre los descubrimientos realizados se hallaron alteraciones en la composición de la sangre de un grupo de autistas. En otro grupo se encontró la parte izquierda del cerebro dañada. Signos neurológicos menores e inespecíficos, trazados electroencefalográficos patológicos, dominancia confusa de los hemisferios cerebrales y trastorno de la percepción y las funciones vestibulares.

En la Clínica Infantil de la Paz (Madrid), Unidad de Niños Autistas, en un estudio realizado se recogieron los siguientes datos (muestra 48 casos de niños autistas): La mayoría manifiesta o ha manifestado signos somáticos aislados (como cierre tardío de fontanelas...). Datos de análisis no clasificables en ninguna enfermedad sistémica (como irregularidades en la cifra calcemia, una excesiva tasa de colesterolemia). Enfermedades de la infancia padecidas precozmente (como infecciones eruptivas; o crisis febriles; o bronconeumonía...). Predominio de autistas varones sobre niñas. La mayoría de los casos corresponde a autismos "puros" sin lesión ni deficiencia (32 casos), en nueve casos se encontró deficiencia mental (cinco con lesión y cuatro sin lesión), mientras que con lesión y sin deficiencias fueron siete casos.

6.2.3. Mixtas

Hace unos año Cobo Medina, autoridad española en el autismo, manifestaba que las causas de esa enfermedad eran desconocidas, pero creía que su aparición era por una confluencia de "vulnerabilidades". Suponía que algunos sujetos tenían mayor predisposición que otros a padecer autismo (bien por aspectos constitucionales y quizá genéticos) pero sólo aparecería si encontraba unas circunstancias que facilitasen la predisposición. Esas circunstancias puedan producirse por factores familiares (características de los padres), por factores físicos (enfermedades), o por factores psíquicos (traumas psíquicos en momentos sensibles de su desarrollo), sin que se haya podido o sabido proteger suficientemente al niño de esos hechos traumáticos.

El autor justifica la importancia de "vulnerabilidad" basándose en que los síntomas del autismos no se inician más tarde de los cuatro o cinco años.

El holandés Tinbergen (1972) piensa que en el autismo influyen las condiciones ambientales en que se desarrollan los primeros meses de vida del niño. En sus investigaciones sobre la vida de niños autistas encontró datos que cree influyen en la aparición de la patología, identificó más de veinte factores entre los que se hallan: nacer con órganos defectuosos, usar durante el parto fórceps de forma brusca, ser separado de la madre inmediatamente después del parto, ser hospitalizado solo o separado de la madre posteriormente por cualquier otra causa, sufrir trastornos por viajes frecuentes y encontrar demasiada gente extraña entre los ocho y diez meses, forzar al niño a realizar precozmente actos de habilidad, recibir poca atención de los padres, pérdida súbita de una figura muy querida para él... Ello le produce miedo que se manifiesta en ansiedad.

Este autor creía que hay que estudiar más el posible origen psicogenético del autismo en vez de suponer que tal posibilidad no es cierta.

Las investigaciones no cesan, dado el interés de muchos profesionales y de la Asociación de Padres de Niños Autistas (APNA) por entender este trastorno del desarrollo en diciembre de 1998 se celebraron en Madrid las I Jornadas sobre Investigación en Trastornos del Desarrollo, con el título *Cerebro y Autismo.* El especialista Rivière recordó que desde 1985 se han ido acumulando investigaciones que permiten aproximaciones entre las explicaciones psicológicas del autismo y los rasgos neurobiológicos; se abren perspectivas amplias e interdisciplinares que van desde la psicología hasta la biología molecular, se habla de un modelo neuropsicológico unificado. Entre los avances científicos expuestos se hallan: últimos logros en el conocimiento de la neurotransmisión cerebral y trastornos del desarrollo. La resonancia magnética funcional se considera de utilidad para el estudio de la patología neurológica desde el punto de vista estructural. En el aspecto dietético en el tratamiento del autismo se aprecia relación entre neuropéptidos y nutrición encontrándose alteraciones conductuales cuando se acumulan neuropéptidos opiodes. También se hizo referencia en una ponencia a las disfunciones perceptivas del mundo emocional del autista, considerándose que el entorno físico influye en el cerebro antes de nacer lo que parece incidir en el desarrollo del sistema nervioso (Minusval, 1999, núm.115).

6.3. AUTISMO Y SUS DIFERENCIAS CON DEFICIENCIA MENTAL, ESQUIZOFRENIA Y PSICOSIS INFANTILES

Creemos que una distinción entre autismo y otras patologías que han dado lugar a confusiones, delimitará más el síndrome.

Autismo y deficiencia mental

Cuando se han dado definiciones sobre autismo, en un intento de esclarecer en qué consiste realmente este síndrome, estas definiciones han sido realizadas en términos de conducta, sirva como ejemplo: *El autismo es un fenómeno caracterizado por la tendencia al aislamiento... estos niños tienen una notable habilidad para manipular objetos, y presentan conductas ritualistas...*

Sin embargo, las definiciones sobre deficiencia mental han subrayado, en muchas ocasiones, el déficit intelectual, más o menos acusado, pero característico, aunque por supuesto pueda ser definida su conducta dentro de un análisis funcional de la misma.

Con relación al primer punto, el autismo es definido en términos de conducta y por ella se caracteriza. Desde la perspectiva del síndrome son comunes una serie de conductas, fundamentalmente:

— Fracaso en el desarrollo del contacto social.
— Retraso en el lenguaje, con deficiente comprensión, ecolalia, inversión de pronombres, y otra serie de características particulares.

Las conductas ritualistas, pueden aparecer en mayor o menor grado, en el síndrome; y su aspecto cuantitativo parece estar relacionado, como ha sido señalado por Rutter con el cociente intelectual del niño autista.

Así pues, resultaría que existen una serie de rasgos o características comunes entre los niños autistas, independientemente de su grado de inteligencia y, por tanto, al margen de que se presentara en el niño o no la deficiencia mental.

De todos modos parece necesario no considerar el autismo como una deficiencia mental en cuanto que:

— Aparecen una serie de conductas en todos los niños denominados autistas, y esto con independencia del nivel intelectual que en ellos sea considerado.
— Su inteligencia suele variar según los patrones de observación que se utilicen, como ha sido señalado en investigaciones realizadas.
— Existen niños autistas que posteriormente evolucionan favorablemente, y su nivel intelectual puede considerarse normal o elevado, aunque por supuesto esto no resulte en la generalidad de los sujetos.

Autismo y esquizofrenia

En cuanto a la posibilidad de que el autismo sea o no una forma de esquizofrenia, existen opiniones encontradas. Mientras algunos investigadores afirman que el autismo es una forma de esquizofrenia, que se caracterizaría por una manifestación particularmente temprana, otros autores preocupados por el tema se oponen a esta identificación y señalan como diferentes ambas patologías.

Por lo que respecta a la primera concepción, los autores se basan en que en ambos cuadros hay dificultad de relación con los demás, es uno de los rasgos más acusados, aunque también se den otros síntomas similares como pueden ser trastornos del pensamiento, perturbada diferenciación entre "yo" y "no yo", lenguaje no comunicativo y conductas de negativismo, esterotipias, etc.

Las investigaciones que se oponen a esta identificación realizadas por Rutter (1983), Rimland (1971) y otros señalan que el autismo y la esquizofrenia son manifestaciones diferentes en cuanto al trastorno mismo, y en términos de historia familiar, nivel intelectual, potencialidad cognitiva, evidencia de ilusiones y alucinaciones, distribución de sexos, etc.

Como se ha mencionado anteriormente, la primera vez que fue utilizado el término "autista" Bleuler, 1911 fue para designar con él una característica de la esquizofrenia; el apartamiento de la realidad por parte de los esquizofrénicos más graves.

En 1943 Kanner señaló la especificidad del síndrome autista, y la distinción que marcó entre éste y la esquizofrenia era que el esquizofrénico se retiraba del mundo, pero el autista jamás había conseguido entrar en él.

Posteriormente las investigaciones realizadas han indicado una serie de diferenciaciones, que Rimland recopiló en la forma siguiente:

— El Autismo infantil se daría desde el nacimiento, mientras que la esquizofrenia aparecería tras un período de desarrollo normal.
— El niño autista tendría una salud y apariencia buenas, pero el esquizofrénico sufriría muchas enfermedades en su infancia, siendo un niño débil.
— El electroencefalograma (E.E.G). del niño autista sería normal, mientras que daría resultados anormales en el esquizofrénico.
— El niño autista no mantendría una interacción social, presentaría un deseo obsesivo de mantenimiento estático del medio y tendría un alto nivel de destreza motora; por el contrario en la esquizofrenia, existiría una dependencia del adulto, variabilidad y pobreza motora.
— En cuanto a delirios y alucinaciones, éstos son característicos de los esquizofrénicos pero no de los autistas aunque alcancen la adolescencia y la edad adulta, según Rutter.
— El niño autista tendría un lenguaje perturbado (o incluso carecería de lenguaje), que se caracterizaría por presentar inversión pronominal, afirmación por repetición, ecolalia retardada, lenguaje metafórico, etc. En el es-

quizofrénico habría un desarrollo normal del lenguaje, aunque este no fuera normal.

— Debido a las habilidades especiales, algunos niños autistas son juzgados como "tontos-sabios" hecho que no ocurre en la esquizofrenia, por no presentarse habilidades especiales.
— El curso del cuadro esquizofrénico sufre a veces remisiones espontáneas o grandes avances; en el autismo esto casi no existe, registrándose una homogeneidad en el cuadro a través de toda la evolución.
— El autismo aparecería en los gemelos monozigóticos, dándose en ambos sujetos. Esto no ocurriría en el caso de la esquizofrenia.
— La historia familiar de los esquizofrénicos muestra una tasa alta de incidencia de la enfermedad en los parientes próximos, circunstancia que no se da en la historia de los autistas, según Rutter y Bartak.
— La razón entre sexos, en ambas enfermedades, es muy diferente. Mientras el autismo se da más entre varones (cuatro niños por cada niña), la esquizofrenia se presenta por igual en ambos sexos.
— La clase sociocultural de los padres de niños autistas es significativamente más alta que la de la población en general, mientras que entre los esquizofrénicos no hay diferencias de este tipo, según Rutter y Bartak.

En opinión de Yates, en una investigación cuidadosamente diseñada probablemente todas estas diferencias no podrían ser señaladas con tanta claridad. En relación, por ejemplo, a la normalidad de los E.E.G. de los niños autistas, existen opiniones encontradas. Ya en los primeros estudios de Kanner, algunos niños, aunque muy pocos, presentaban anormalidades del E.E.G., sin embargo, las diferencias parecen existir.

Makita y Kolvin en 1966 y 1971 respectivamente han estudiado la distribución de las psicosis en la infancia de acuerdo con la edad de comienzo. Existe una mayor incidencia de casos de autismo infantil antes de los dos años y medio de vida. En la esquizofrenia hay un progresivo retroceso hasta los seis años, con máxima incidencia de nuevo al final de la infancia y comienzo de la adolescencia.

Tustin 1977 ha señalado las características diferenciales entre el autismo infantil y la esquizofrenia, que podemos recogerlas en la forma siguiente:

Autismo infantil	*Esquizofrenia*
Retraimiento que data de la primera infancia	Los síntomas graves de la esquizofrenia suceden a un período de normalidad.
Puede tener una historia temprana de gritos y rabietas.	Aparecerá como un bebé "perfecto".
Evitará el contacto con los otros.	Su contacto con los otros será patológicamente invasor
Desviará los ojos y no mirará a los otros de frente.	Su mirada será a través de, como si traspasara la figura.
Tendrá una buena coordinación motriz; movimientos ágiles, facilidad para la rotación de objetos.	Será torpe y sus movimientos no serán buenos.
Su potencial de inteligencia será elevado.	Variabilidad en este sentido.
Optará por apartarse del mundo. Su desarrollo quedará detenido.	Niño confuso. Presenta una excesiva escisión y dispersión de sus partes, que se confunden con las de otras personas. Su desarrollo sufrirá una regresión.

Ante las diferencias presentadas, parece posible afirmar que esquizofrenia y autismo son dos síndromes distintos en cuanto a aparición, desarrollo y evolución, así como en relación a otras características tales como historia familiar, aptitudes intelectuales, etc. Por lo tanto, basándonos en estos criterios se puede establecer un diagnóstico diferencial.

Autismo y psicosis infantiles

El problema planteado por las psicosis infantiles está lleno de complejidades por la heterogeneidad de temas que incluye.

Muchos autores, con formaciones distintas,se han interesado por el autismo infantil y la psicosis tales como Kanner, Bender, Despert y Creak, a los que se les puede considerar como pioneros en la descripción del síndrome; mientras que psicoanalistas como Mahler, Klein, Rodrigué yTustin han contribuido a la comprensión de la estructura psíquica y la génesis del autismo.

Un grupo de psiquiatras británicos definió los criterios básicos del cuadro clínico de la psicosis infantil del siguiente modo:

— Alteraciones importantes y prolongadas en las relaciones emocionales con las personas.

— Desconocimiento manifiesto de su propia identidad, teniendo en cuenta la edad del sujeto.
— Preocupaciones patológicas por determinados objetos o algunas de sus características, sin ninguna relación con su uso convencional.
— Resistencia intensa contra cualquier cambio de ambiente, intentando por todos los medios mantener o restablecer la constancia.
— Experiencia perceptiva anormal (en ausencia de cualquier anormalidad orgánica evidente).
— Ansiedad frecuente, aguda, excesiva y aparentemente ilógica.
— Pérdida o falta de adquisición del lenguaje, o solamente desarrollo hasta un cierto nivel, siempre inferior al de la edad correspondiente.
— Deformación de las conductas motoras.
— Fondo de retraso mental, sobre el cual pueden aparecer fragmentos de funciones intelectuales o habilidades manuales casi normales, o hasta incluso excepcionales.

Si definimos el autismo infantil en términos conductuales, este esquema de criterios básicos aportado por Creak encaja perfectamente. De hecho, esos datos han sido ampliamente utilizados en el diagnóstico de niños autistas. En este sentido, es totalmente válido incluir el autismo dentro de las psicosis infantiles.

Sin embargo, convendría distinguir el autismo infantil de otras formas de psicosis infantil como la psicosis simbiótica y el síndrome de Asperger.

Psicosis simbiótica

Se produciría cuando el niño, en estado de dependencia, y ante el advenimiento de la fase de separación-individuación hace una regresión. En este caso son observados mecanismos de restitución, alucinaciones simbióticas, pánico de separación, miedo a la desilusión del yo y miedo de perder la identidad. Estos niños tendrían un comportamiento autista pero caracterizado por un apego exagerado a la madre no logrando separarse ni física ni emocionalmente de la misma.

Síndrome de Asperger

El autor describe bajo el nombre de *psicopatía autística*, un síndrome que aparece hacia los cuatro o cinco años, y se caracteriza por un contacto muy perturbado con la realidad, pero que a diferencia de lo que sucede con el niño autista, este contacto, aunque perturbado, puede ser posible. Como dice Van Krevelen, mientras que delante del autismo nos encontramos con un muro infranqueable, frente a la psicopatía autística no existe sensación de inaccesibilidad.

Estos niños no aceptan nada de los demás, poseen una mímica y gesto alterado, y las actividades lúdicas son estereotipadas.

Hay que considerar que a la complejidad propia de las psicosis infantiles, dada la heterogeneidad de los temas que incluye, viene a sumarse la complejidad propia del síndrome autista, que encierra dentro de si diversas subclasificaciones o tipologías diferentes.

6.4. INTERVENCIÓN

Los tratamientos educativos que se están aplicando parten de dos enfoques en la consideración del autismo.

El *enfoque conductista* supone al autismo infantil una causalidad orgánica, con la creencia de que existe afectación lesional o genética, que origina un déficit o alteración de los procesos cognitivos, perceptivos y de aprendizaje.

A través de técnicas y programas conductuales se fomentan comportamientos, bien reforzando o extinguiendo.La relación afectiva sólo es considerada en su dimensión de facilitadora de adquisición de conductas, según los objetos prefijados. Los tratamientos desde esta perspectiva son los más abundantes en nuestro país, con ello no se quiere decir que sean los mejores ni muchos menos que se deban aplicar con exclusividad.

El *enfoque psicodinámico c*onsidera al autismo infantil como una desviación o detención atípica en la evolución normal del niño. Por tanto, el tratamiento se fundamenta en los aportes realizados especialmente por Spitz. Como hay un trastorno de relación, el primer punto consiste en establecer una relación afectiva entre el terapeuta y el niño, que ayudará a superar o encauzar las etapas que se van desarrollando en el niño no autista. Puede haberse quedado fijado en los primeros estadios de relación con su madre y presentar indiferenciación semejante a la de los bebés de uno o dos meses (grado de autismo severo), o puede manifestar una diferenciación parcial en cuya situación hay relación con los demás, pero de forma incompleta. En el primer caso se halla en la etapa preobjetal y en el segundo la relación objetal no ha sido correcta, pero las posibilidades de reaccionar al tratamiento son superiores.

La mayoría de los trabajos publicados sobre el autismo infantil son de la corriente de investigación conductual, de experimentación cognitiva y organicista. La corriente psicodinámica cree que sin su apoyo se le hace al autista aprender unos automatismos en sustitución de sus conductas estereotipadas, se le entrena para unas conductas sociales, pero no se le trata su personalidad. A esta última corriente pertenecen los trabajos de Mahler, Bettelhm, Tustin, Ekstein...

Los mejores resultados parece ser que están siendo obtenidos por tratamientos integrados (ambas perspectivas), cuyos programas constan de estimulación temprana, "maternaje", reeducación psicomotriz, musicoterapia, ludoterapia y técnicas conductuales.

Para la aplicación de esos programas es fundamental la formación psicopedagógica con buen conocimiento de la evolución psicológica del niño sin problemas y una cierta experiencia en psicodinámica y técnicas conductuales... Ello permitirá un mejor conocimiento y comprensión del niño, una visión global y detallada de su personalidad, conducta y grado de desarrollo que incidirá en el diseño correctivo más adecuado.

Etapa de indiferenciación

A los niños autistas que se hallan en esta etapa o que tienen poca edad se les aplica la técnica de "maternaje" con estimulación precoz, apoyándose en el conocimiento de evolución psicofísica y utilizando medios para su desarrollo afectivo y sensoriomotriz.

Etapa con diferenciación total o parcial

Si ya ha conseguido salir de la etapa de indiferenciación, bien total o parcialmente, se intenta aumentar los lazos de relación o conexión con el mundo que le rodea, el especialista debe aprovechar cualquier forma de expresión o comunicación del niño para el comienzo de su trabajo.

La musicoterapia es una técnica con la que se están consiguiendo buenos resultados en el autismo, ayuda a facilitar la comunicación entre el terapeuta y el paciente. A este tipo de niños les agrada mucho la música.

Ludoterapia: el juego facilita las relaciones. A cualquier manifestación de conducta del niño, si no es negativa, debe dársele un carácter o forma de juego.

Hay muchos terapeutas que dan ese carácter a las estereotipias repitiéndolas con el niño y revistiéndolas de fantasía aunque aparentemente no tengan sentido. Según evolucionan los alumnos esas estereotipias desaparecen siendo sustituidas por un comportamiento más acorde con el medio y ejecutado por el niño intencionadamente. Si presenta ecolalias también se puede hacer lo mismo que con las estereotipias.

Psicoterapia: es un método que requiere haber llegado a un cierto nivel de comprensión, por lo que en ningún modo puede ser utilizada indiscriminadamente. En ciertos casos sus efectos pueden ser ineficaces, en otros complementarios y en otros nucleares.

Aprendizaje y afectividad

A veces se ha observado la falta de relación entre ellos, hecho que se suele dar si sólo se trabaja un aspecto, por lo que se aconseja trabajar ambos.

El por qué no aprenden como otros niños parecen indicarlo investigaciones realizadas en las que se concluye que hay una disfunción sensomotora de origen vestibular, que se traduce en:

a) Dificultad para integrar, a nivel de los núcleos vestibulares, el "input" sensorial informativo que llega a ellos.
b) El aprendizaje se realiza más sobre procesos motores y táctiles (manipulación) que sobre los procesos perceptivos.

La disfunción vestibular intentan compensarla a través de la hiperestimulación motora. Esa disfunción hace que aprendan más fácilmente a través de sus mecanismos de retroalimentación motora (esterotipias, hiperactividad...) que a través de los procesos perceptivos y atencionales que es lo habitual en cualquier sujeto.

Como en el autismo se considera que hay un trastorno de relación, los programas educativos más comunes tienen en cuenta el desarrollo afectivo y el aprendizaje, en primer lugar se dirigen a facilitar y mejorar la relación social de los alumnos, por lo que comienzan por acciones elementales (saludos, abrazos…) utilizando técnicas inductoras de conductas.

El lenguaje se intenta desarrollarlo y estructurarlo siguiendo las escalas de desarrollo según las posibilidades de cada sujeto. Para los que no desarrollan lenguaje oral se utilizan sistemas de comunicación corporal especialmente la mímica.

El área perceptivosensorial se trabaja por métodos multisensoriales para ampliar su mundo perceptivo a través de todos los sentidos.

Se procura que el alumno no esté inactivo, pero tampoco tenso ni angustiado, situación esta última en que se incrementan las estereotipias aunque también sucede en la inactividad.

En casi todas las actividades interviene el juego, pues estos niños suelen tener défcits en él y por su medio se incrementa el proceso de normalización.

Para el buen desarrollo del programa se requiere un ambiente muy estructurado por necesitar esas personas un alto grado de orden y evitar verse sometidas a situaciones opcionales.

Métodos de intervención

- Método del profesor Tinbergen: tiene por fundamento la creencia de que el autismo se debe a una sobreansiedad profunda y propone un tratamiento que reduzca la ansiedad, tranquilizando, jugando con el niño y ayudándole a socializarse. Pueden obtenerse resultados que afectan al aspecto emocional y al desarrollo de habilidades.
- Método de Martha Welch: se conoce también con el nombre de *abrazo forzado*. Se pretende situar al niño simbolicamente en el estadio primero de su desarrollo y se les hace comenzar su proceso de filiación como si fueran bebés, por lo que la madre le toma en el regazo y le acaricia, besa y habla con voz reconfortante. Pueden obtenerse resultados en avances emocionales unidos a lingüísticos e intelectuales.

(V) 7. MODIFICACIÓN DE CONDUCTA, UNA TÉCNICA PARA LA INTEGRACIÓN

Muchas de las raíces de la integración se localizan en la conducta tanto de compañeros, profesores, familia y sociedad como del sujeto a integrar. Consideramos que la integración no debe ser exclusiva de las personas con discapacidad sino de cualquier individuo que por unas u otras causas se halla apartado del grupo con el que debería convivir. Esa falta de integración puede ser por causas escolares o síndromes específicos de dificultades en el aprendizaje, por causas socioeconómicas, por causas psicológicas, y por causas orgánicas o funcionales, que pueden incidir en el desarrollo de conductas inusuales.

Hay autores que hablan de modificación de conducta a través de adquisiciones cognitivas, entre ellos Mayor y Labrador (1984). Ciertamente los conocimientos que incorporamos a nosotros mismos suponen una evolución, es decir ya no somos exactamente iguales a los de antes y en consecuencia nuestras conductas tampoco serán las mismas.

Otros autores inciden en la modificación de conducta referida a conductas disruptivas que dificultan la integración del sujeto o alteran situaciones grupales. En esos casos los repertorios conductuales que se presentan pueden estar desajustados o ser deficitarios.

7.1. NOCIONES FUNDAMENTALES

7.1.1. Consideraciones conductuales

Hay quienes destacan como elementos alteradores de la conducta los sucesos ambientales, otros autores se pronuncian a favor tanto de los sucesos ambientales como de los procesos internos. Para comprender una conducta hay que considerar ambos, pero no separados, sino en función de la interacción que entre ellos se produce.

Diversas investigaciones señalan la función de las cogniciones (percepciones, pensamientos, ideas) en la conducta. La percepción y la interpretación de sucesos, los sistemas de creencias, sistemas de códigos verbales y de imagen, pensamiento, planificación, solución de problemas, etc., son esenciales para comprender la conducta. Pero la explicación de una conducta se halla más que en los propios sucesos en la percepción que un individuo tiene de esos sucesos, que se traduce en una interpretación de acuerdo con su percepción. Por ello dos sujetos expuestos a la misma situación responden de diversas formas debido a su percepción. Siguiendo a Bandura (1983):

- La atención es selectiva al enfrentarse con muchos sucesos; las diferencias en la conducta están en función de los estímulos a que se haya prestado atención.
- Todo aquello a lo que se presta atención es recogido por la memoria y puede influir en la conducta. Si se desea cambiar la conducta hay que asegurarse de que ese material observado o aprendido haya sido codificado de alguna forma para aumentar la retención, como bien puede hacerse con repaso verbal o imaginativo.
- Las conductas o repertorios de respuesta de una persona, también deben considerarse en la explicación de la conducta. Pues hay sujetos que habiendo pasado por los procesos de atención y codificación no manifiestan determinadas conductas por tener déficits de respuesta en su repertorio, en ese caso el cambio de conducta exige la construcción de respuestas individuales. En esa situación se utiliza el moldeamiento o modelado.

La psicología del aprendizaje ha realizado grandes descubrimientos aportando ideas y técnicas para la modificación de conducta.

7.1.2. La conducta desde diversas perspectivas

- Perspectiva médica: considera las alteraciones en la conducta como resultado de una enfermedad o patología.
- Perspectiva psicológica: las anteraciones en la conducta se basan en la personalidad y en causas psicológicas subyacentes.
- Perspectiva ecológica: se afirma que la conducta tanto normal como alterada depende en gran medida del sujeto y de factores ambientales que interactúan.

Desde el punto de vista educativo pueden compatibilizarse las tres perspectivas. Se resalta la perspectiva ecológica por incidir en experiencias de aprendizaje que promuevan una conducta adaptada y social.

Para no ser reiterativos hablando del condicionamiento clásico y el condicionamiento operante, más el modelo mediacional del condicionamiento encubierto, remitimos al lector a los modelos y teorías de enfoque conductual expuestos en la primera parte de esta obra (cap.I, apartado 2.4.).

7.1.3. Reforzadores de conducta

El reforzamiento de conductas para su modificación ha permitido obtener muy buenos resultados.

Se distinguen dos tipos de reforzadores: positivos y aversivos. En terminología común los positivos equivaldrían a premios y los aversivos a castigo o pérdida de situaciones positivas.

- *Reforzadores positivos* pueden ser:
  - *Reforzadores primarios*, por utilizar elementos incluidos en la satisfacción de necesidades básicas del hombre (agua para sedientos, alimento para hambrientos). Son reforzadores si se tiene esa necesidad en ese momento, en otro caso no.
  - *Reforzadores secundarios*: en un principio pueden no reforzar automáticamente, pero sí adquirir propiedades reforzadoras unidos a elementos que son reforzantes para determinados sujetos (el elogio para algunos puede no ser reforzador, pero si se une a recreo, entradas para el cine, dinero o alimento, sí puede serlo).

  A un tipo de reforzadores se les denomina *generalizados*, porque diversas opciones contribuyen a darles valor (v.g. se entregan fichas u objetos que pueden cambiarse por cosas que agraden o interesen, estas cosas se convierten en reforzadores).
- *Reforzadores aversivos*:

  Al contrario que los reforzadores positivos que se aplican para que determinada conducta se repita, los reforzadores aversivos se proporcionan después de una respuesta no deseada para extinguirla, o para que su frecuencia disminuya.

  Los *reforzadores aversivos* han sido identificados con el castigo. En sentido técnico, el castigo sólo es castigo si reduce la frecuencia de una respuesta. Si aplicado a una conducta no se extingue ni disminuye puede incluso actuar como reforzador (v.g. si un alumno por su mal comportamiento es expulsado de clase pero le gusta estar fuera de ella, su conducta se repetirá para que le expulsen).

Tipos de *reforzadores aversivos*:

— Por aplicación: aplicación de un estímulo aversivo después de una respuesta (ej.: reprender después de una mala acción).
— Por supresión: suprimir un reforzador positivo después de una respuesta (ej.: se penaliza la conducta quitando fichas o privilegios anteriormente ganados).
— Por consecuencia: una conducta negativa provoca a veces consecuencias de tipo negativo, hay un encadenamiento (ej.: si un alumno rompe el cristal de la ventana que está a su lado, entrará frío y lo sufrirá).

7.1.4. Desarrollo o extinción de conductas

La selección de reforzadores debe realizarse según los intereses de los sujetos cuya conducta se quiere modificar. Un reforzador para unos puede no serlo para otros. Por tanto, para cumplir el objetivo de seleccionar reforzadores hay que asegurarse que para el sujeto o grupo tengan interés, con el fin de que surtan efecto. El interés de los reforzadores o grado de valor generalmente está determinado por la edad, desarrollo psicofísico, medios de comunicación, gustos personales... (Ej. juegos apropiados, recreos, cromos de series de televisión, música, golosinas ...). Es conveniente que se realice un inventario sobre preferencias o que se utilice el sistema de economía de fichas o tarjetas canjeables por reforzadores a elegir por el ganador entre una variedad.

Pautas para desarrollar conductas

— Aplicación inmediata del reforzador una vez manifestada la conducta.
— Alternancia o sustitución del reforzador en función de la variabilidad de los intereses del sujeto.
— Potenciación de reforzadores peristáticos para que se produzca la respuesta deseada.
— Información al sujeto sobre conductas a gratificar.

Pautas para extinguir conductas

— Indiferencia a las negativas y reforzamiento de las positivas.
— Potenciar las conductas estimadas que sean incompatibles con las negativas.

— Utilizar o permitir reforzadores aversivos: por aplicación, por supresión o consecuencia.

Extrapolaciones: El reforzamiento de una respuesta en un contexto, se puede transferir a otros contextos, aunque ahí no haya sido reforzada. Es una generalización que se opone a discriminación (ej. una niña que *temía* a su madrastra no pudo ser explorada por una psicopedagoga por no producirse "raport" al ser mujer, mientras que el "raport" se produjo rápidamente entre ella y un psicopedagogo al ser varón).

Estas generalizaciones o transferencias se producen tanto en situaciones negativas como positivas (ej. un niño tímido trabajó en un equipo donde se le estimó y adquirió seguridad, por lo que le desapareció su timidez).

Técnicas de autocontrol

El propio sujeto puede realizar el autocontrol de diversas maneras:
— Autoobservación: el mismo sujeto observa y aplica el tratamiento a su conducta-problema en el momento preciso, según criterios recibidos del orientador, y evalúa sus resultados.
— Autorrefuerzo: el mismo sujeto da un paso más, después de la evaluación se aplica refuerzos para desarrollar la conducta («premios»), o alguna técnica de extinción («castigos») según el objetivo a conseguir
— Autoadaptación o flexibilización del programa modificador de conducta: puede aplicarse reforzamiento continuo o intermitente según sus progresos y pautas del orientador.

7.2. TÉCNICAS PARA DISEÑAR PROGRAMAS DE MODIFICACIÓN DE CONDUCTA

7.2.1. Técnicas generales

a) De reforzamiento

Están basadas en el reforzamiento de conductas positivas y en la extinción de las negativas. Ese reforzamiento se administra de acuerdo con el programa seleccionado.

- *Programa de reforzamiento continuo*: la respuesta deseada es reforzada cada vez que se produce.
- *Programa de reforzamiento intermitente*: el reforzamiento se produce intermitentemente, es decir cada cierto número de respuestas; puede ser de *razón y de intervalo*.

De razón ofrece la posibilidad de ser de razón fija o de razón variable:

> El programa de razón fija contabiliza cierto número de respuestas antes de aplicar el reforzador (ej. Aplica el reforzador cada tres o cuatro respuestas).
> El programa de razón variable es semejante al anterior en cuanto que requiere cierto número de respuestas antes de aplicar el reforzador pero ese número de respuestas se determina en forma variable, realizando un promedio de respuestas en función de las pruebas a aplicar.

De intervalo también puede ser de tipo fijo o variable. A diferencia de los de razón que se aplican en función del número de respuestas, los de intervalo lo hacen en función del tiempo.

> El programa de intervalo fijo antes de aplicar el reforzador requiere que haya transcurrido un intervalo de tiempo fijo o invariable reforzándose la primera respuesta a partir de ese momento.
> El programa de intervalo variable se caracteriza porque entre reforzador y reforzador no transcurre la misma cantidad de tiempo (minutos).

b) De moldeamiento

Creemos que hasta aquí el lector tendrá una idea bastante clara sobre los programas de modificación de conducta. Pero en algunos individuos la respuesta deseada puede no producirse nunca, debido a que la conducta requerida puede ser tan compleja que sus componentes o elementos no estén en el repertorio del sujeto, es decir, haya *déficits de respuestas*. En este caso la nueva conducta no se desarrollará. Habrá que realizar un análisis de la conducta, es decir, descomponenerla en pasos, emplear el modelado e ir reforzando su ejecución que aproximará cada vez más a la respuesta final. Así se irán eliminando los déficits de respuesta y se desarrollarán nuevas conductas. A este proceso se le denomina *moldeamiento.*

c) De encadenamiento

En otros casos se pretende desarrollar una serie de conductas estando las respuestas en el repertorio del sujeto, en esa situación las respuestas deben ser un estímulo discriminativo y un reforzador condicionado en la serie hasta llegar a la última respuesta. A este proceso se le denomina encadenamiento.

La utilización de un programa u otro no puede dejarse al azar, depende de la conducta que se quiera modificar de a quien se vaya a aplicar si a un solo sujeto o a un grupo, de sus características y otros factores.

En términos generales, si consideramos las etapas que intervienen en el aprendizaje de una nueva conducta, en un primer momento o primera etapa conviene utilizar el programa de reforzamiento continuo porque ayuda al desarrollo inicial de la respuesta, ya que al gratificarse cada respuesta aumenta la frecuencia de su aparición. Una vez que la respuesta aparece con cierta frecuencia, interesa su mantenimiento y se consigue con el programa de reforzamiento intermitente por el que se desarrolla la resistencia a la extinción de la respuesta, además los índices de respuesta suelen ser más altos con estos programas, tanto si son de razón variable como si son de intervalo variable, pues con los de razón fija o intervalo fijo se ha observado que el organismo se adapta a la espera hasta casi el momento en que surge el reforzador. Una vez que la nueva conducta se mantiene los reforzadores tienden a extinguirse o por sí mismos o por el aplicador.

Los programas de moldeamiento son muy utilizados para los aprendizajes de personas con discapacidad psíquica pues el hecho de analizar o diferenciar los pasos en los aprendizajes a adquirir o actividades a realizar resulta muy adecuado para ellos.

7.2.2. Técnicas cognitivas

a) Verbalización

- Instrucciones: una forma de alterar o dirigir la percepción es dar instrucciones, o comentar algún aspecto, así el sujeto fija su atención y percibe lo que se desea de él.
- Autoverbalización: Parece ser que es una guía efectiva de la conducta en la que interviene directamente el propio sujeto dándose instrucciones o mencionando lo que tiene que hacer (ej. frecuentemente oímos a niños pequeños que ante algunos objetos repiten el «no» que sus padres les han dicho cuando iban a tomarlos, están interiorizando y su conducta posiblemente se modifique en cuanto a no tocar el objeto).

Ciertos profesores utilizan esta técnica para modelar el aprendizaje de algunos alumnos (ej. el profesor se dice a sí mismo en voz alta cómo se hace el ejercicio, habla consigo no con los alumnos, mientras los alumnos por ese procedimiento se instruyen, aprenden, imitan al profesor).

b) Imaginación

Desensibilización sistemática: se utiliza la imaginación para aliviar la ansiedad antes imágenes o situaciones causantes de la misma, así se produce un entrenamiento para enfrentarse y controlar tales situaciones reales. Se debe asociar relajación a lo que produce ansiedad.

Condicionamiento encubierto: consiste en imaginarse a uno mismo realizando conductas que se desean modificar o por el contrario desarrollar, imaginando también las consecuencias de manifestar esas conductas. Debe intervenir la sensibilización encubierta que se puede acompañar de imágenes, recuerdos, sensaciones, pensamientos como estímulos reforzadores encubiertos.

c) Resolución de problemas

Ante la frustración y traumas que producen algunos problemas en determinadas personas, más que ayudar a resolver uno solo conviene preparar para que sepan afrontar todos.

La resolución de problemas se ha dicho que es un proceso conductual de naturaleza manifiesta o cognoscitiva que ante diversas alternativas de respuesta potencialmente eficaces para enfrentarse a la situación problemática se debe saber seleccionar la respuesta más eficaz .

Siguiendo a Zurilla y Goldfried para la resolución de problemas debe pasarse por cinco etapas:

— Desarrollar una orientación o dirección para reconocer el problema.
— Definir lo específico del problema y determinar qué debe hacerse.
— Presentar líneas alternativas de conducta para resolver el problema y alcanzar los objetivos deseados.
— Decidir entre las alternativas evaluando sus consecuencias.
— Verificar los resultados de proceso de decisión y determinar si la alternativa seleccionada es adecuada al resultado deseado.

Técnicas complementarias:

Dinámica de grupos, sociodramas, psicodramas y psicoterapia.

7.3. FASES PARA LA MODIFICACIÓN DE CONDUCTA EN EL AULA

- *Aproximación al problema*: detectada la conducta problemática por el profesor se debe clarificar el problema. Pedir al profesor que indique los objetivos que persigue en su clase y cómo el alumno/s dificultan su consecución.
- *Estudio del problema «in situ»*: la observación del problema y situaciones en que aparece. Si es posible, es preferible que sea hecha por el orientador,

pues ha de registrar la conducta del sujeto/s que interfieren la marcha del aula o la de sus compañeros que a veces refuerzan esas conductas manifestando atención e incluso signos de aprobación hacia ellos (ej. A través de risas, miradas ...); muy importante es observar la conducta del profesor pues sin saberlo muchas veces refuerza las conductas negativas (ej. al reñir presta atención a un niño con carencias efectivas o que necesita que se fijen en él, por lo que la conducta del alumno no se extinguirá incluso puede aumentar su frecuencia).

- R*egistro*: producto de las observaciones, que no se recogerán en un solo día, deben contener los siguientes datos: frecuencia de la conducta (número de veces que se manifiesta en tiempos determinados), duración de la conducta (tiempo, minutos), situaciones anteriores a la conducta (qué sucede en los momentos anteriores a su manifestación), consecuencias de la conducta.

  Todos estos datos pueden permitir conocer las causas de la manifestación de conducta a modificar, pero a veces se requieren estudios más completos y se ha de recurrir al diagnóstico para poder diseñar los programas de intervención adecuados.
- *Diagnóstico*: por medio de la anamnesis y la exploración psicopedagógica del alumno más las aportaciones sobre el estudio del problema "in situ" recogidas en el registro se suele conocer la causa del problema que determina muchas conductas, y procederse al diseño o selección de programas para realizar las intervenciones adecuadas .
- D*iseño de programas, aplicación y control:*

  Teniendo los datos de la evaluación inicial de la conducta, o pretest, también los del diagnóstico si se ha realizado, y diseñados los programas se procede a su aplicación.

  En muchos casos los resultados se evalúan por la mera observación de la conducta, se recogen los datos en un registro similar al que se aplicó para el estudio in situ del problema, una vez aplicado el programa o durante su aplicación. En otros casos para evaluar los resultados se utilizan los denominados diseños experimentales. El objetivo de estos diseños es comprobar si los cambios de conducta se deben exclusivamente al diseño de intervención, al controlarse los factores ajenos a ella; mientras que la evaluación solamente por la observación permite apreciar la modificación en la conducta pero no se conoce exactamente la influencia del programa al no controlarse todas las variables.

7.4. CONSIDERACIONES FINALES

7.4.1. Precisiones

- Tanto las conductas deseables como indeseables aparecen, se mantienen o se extinguen por motivaciones o causas.
- Hay que llegar a la raíz del problema para tratar de solucionarlo, si es posible, o paliarlo.
- Observar las manifestaciones de conducta durante varios días y registrar la frecuencia de las alteraciones problemáticas durante un tiempo fijo (v.g. de 10 a 10,30 de la mañana).
- ¿Quién observará?: el orientador educativo u otro personal del centro, si ello no es posible lo hará el mismo profesor. El registro será sencillo si lo hace sólo una persona y doble si lo hacen dos, en cuyo caso posteriormente se harán comparaciones (uno de los dos puede ser el profesor de la clase).
- ¿Qué se registrará?: frecuencias de la aparición de la conducta a modificar y ante qué situaciones se manifiesta.
- Análisis de la situación
- Diseño de programas.
- Aplicación y control.

7.4.2. Factores que fomentan conductas correctas en clase

- Clase dotada con programas y aplicación adecuada. Establecimiento de reglas de comportamiento, de tamaño adecuado de grupos, de trabajo y descanso.
- Se percibe y se resalta algo positivo de cada alumno.
- Se fomenta su cooperación en elaboración de normas y reglas de clase, tomando algunos acuerdos conjuntos profesor y alumnos.
- Se le proporcionan algunas opciones de trabajo e incluso de descanso.
- Se le ayuda a desarrollar habilidades o se le tratan alteraciones que contribuyan a su éxito en el aprendizaje (v.g. se le enseña a estudiar. O se le ayuda en sus dificultades con programas específicos).
- Si es preciso, se le enseña a observar y registrar su conducta (él mismo puede anotar la acción positiva que se esperaba de él si la ha realizado, la

anotación puede hacerse sobre ficha sujeta a pupitre o guardada en lugar asignado).

- Se permite que el alumno pueda administrarse refuerzos de propia elección.
- Se ayuda a los padres a modificar su conducta si lo requieren, por los efectos negativos que éstas estén teniendo en los hijos, y que actúen en coordinación con los profesores.
- Se considera que los resultados positivos aumentan la interacción entre profesores y alumnos.

Es infrecuente que alumnos con buenos resultados académicos tengan conductas disruptivas, excepto algunos superdotados que al terminar antes los ejercicios y actividades si no tienen programas individualizados se aburren e incordian.

CAPÍTULO VI

ALTERACIONES DEL LENGUAJE ORAL Y ESCRITO

(VI) 1. ALTERACIONES DEL LENGUAJE ORAL

El lenguaje es muy importante para la integración de las personas y suele haber integración si, entre otros factores, existe comunicación.

Al requerir funciones muy complejas se pueden producir varios tipos de trastornos y localizarse en los sujetos alteraciones exclusivamente de lenguaje, o patologías diversas que conllevan anomalías del lenguaje además de otras. Así, tenemos que:

- En discapacidades psíquicas se produce retraso en la adquisición y desarrollo del lenguaje, presentándose problemas sobre todo de expresión y comprensión, además de hipolalia.
- En anacusias e hipoacusias, los problemas son de tipo oral tanto en el campo expresivo como receptivo.
- En cegueras, las alteraciones se presentan a nivel de escritura en el aspecto receptivo y expresivo, teniendo que utilizar un sistema propio de lectoescritura, inteligible sólo para ellos y algunos interesados en el tema que han estudiado el método.
- En parálisis cerebrales suelen estar afectadas las funciones bucolinguales, además de las alteraciones que conlleva la patología específica algunas de las cuales afectan a la escritura.

1.1. CONCEPTOS Y CLASIFICACIÓN DE ALTERACIONES

Ciertas terminologías aplicadas a las anomalías del lenguaje han dado lugar a confusión por falta de unanimidad en su empleo, otras veces porque el concepto correspondiente al vocablo no es el mismo. Intentamos aclarar esa situación con la terminología más utilizada en España.

1.1.1. Trastornos en la articulación de fonemas

Fonemas son las unidades más simples de expresión hablada. El sonido puro que sale libremente, sin obstáculos, se llama vocal, los otros sonidos consonantes.

a) Dislalia

Trastorno funcional de la articulación de uno o varios fonemas por sustitución, distorsión o supresión, pero que no afecta necesariamente a todos los fonemas en que interviene el mismo órgano fonador. También fue llamada dislalia funcional para distinguirla de la disglosia.

b) Disglosia

Trastorno en la articulación de uno o varios fonemas mediante sustitución, deformación o supresión debida a malformaciones o lesiones físicas de los órganos fonadores. Las alteraciones pueden ser en labios, mandíbulas, dientes, lengua, paladar, nariz, denominándose disglosia labial, mandibular, dental, lingual, palatal o nasal (también llamada rinolalia/rinofonía). La disglosia también se denomina dislalia orgánica.

c) Disartria

Trastorno en la articulación de la palabra de origen nervioso, por tanto, quedan afectados todos los fonemas en cuya articulación interviene la parte lesionada.

1.1.2. Trastornos en el ritmo

- Disfemia: Trastorno del ritmo en la articulación de la palabra o frase:
  - Tartamudez o espasmofemia: dificultad en secuencia o ritmo del habla, se caracteriza fundamentalmente por bloqueos, repeticiones y prolongaciones de sonidos.
  - Tartajofemia o tartajeo: los sonidos no se entienden bien porque se entrelazan o se omiten fonemas o sílabas en un habla agitada.

1.1.3. Trastornos en el timbre y tono de voz

- Disfonías: Trastornos de la voz debido a perturbaciones orgánicas o funcionales de la cuerdas vocales, o a respiración defectuosa.
  - Rinofonías o rinolalia: voz o habla nasal
  - Traquifonía: ronquera o voz áspera
  - Megafonía: voz anormalmente alta
  - Microfonía: voz anormalmente débil

— Parafonías: cambios patológicos en la voz (hombruna en mujeres y viceversa; voz irregular en la pubertad)
— Idiofonía: voz monótona, o áspera, o sepulcral …

1.1.4. Otras alteraciones

- Hipolalia: Disminución o retraso en la expresión verbal debido a factores funcionales, psicosomáticos o ambientales.
- Dislogia: Alteración en la lógica y contenido del lenguaje.
- Idioglosia: Expresión de sonidos particulares inarticulados y sin significado en lugar de palabras de uso comúm (frecuente en sordera).
- Afasia: Se expone con más extensión a continuación

1.1.5. Afasias

Término general para el trastorno, defecto o pérdida de la facultad de expresión hablada, escrita o mímica a causa de una lesión de los centros nerviosos; imposibilidad por consiguiente de comprender las imágenes receptivas (auditivas y escritas) de la palabra o de encontrar las imágenes motoras y gráficas de la misma, aún conservándose las funciones de los aparatos periféricos sensoriales (vista y oído) y motoras (mano, lengua, labios, etc.) (Diccionario Enciclopédico Salvat, 1962). Según las áreas de lenguaje afectadas se puede hablar de diferentes tipos de afasias:

- **Afasia sensorial o temporoparietal**

Debida a una lesión de los centros auditivo y visual del lenguaje, situados en las proximidades de la parte posterior de la cisura de Silvio del lado izquierdo del cerebro.

La afasia denominada de Wernicke es una afasia sensorial por lesión del centro acústico, la parte posterior de la primera circunvolución temporal es la zona de memoria auditiva del lenguaje hablado.

La corteza de la circunvolución angular tiene función similar en cuanto a la memoria visual de los grafismos.

— Sordera verbal o *agnosia auditiva*: incapacidad para reconocer la persona el significado de las palabras, aunque las oye perfectamente. No comprende lo que se le dice si ello no va acompañado de gestos que sugieran su significado. Si el centro visual del lenguaje no ha quedado afectado, será capaz de leer y entender lo que está escrito

El lenguaje interno se conserva y puede haber un lenguaje espontáneo fluido y seguro si la lesión ha sido subcortical y tampoco se altera su capacidad de escribir. Mientras que si la lesión es cortical el lenguaje interno se altera y aunque el enfermo pueda hablar espontáneamente su lenguaje será ininteligible.

— Ceguera verbal o *alexia*: si es de origen cortical, la persona es incapaz de leer, aunque vea las letras claramente e incluso sea capaz de copiarlas. La escritura carece para ella de significado, si bien en los casos menos graves reconoce alguna palabra tal como su nombre. Su lenguaje espontáneo sufre una altaración más o menos intensa según emplee principalmente su memoria visual o auditiva en el proceso de lenguaje interno. No pueden realizar escritura espontánea, pero sí escribir al dictado con mayor o menor seguridad.

Si la ceguera verbal es debida a lesión subcortical se conserva el lenguaje y la escritura espontáneos, aunque falta la capacidad de leeer y de copiar frases.

Si se presenta ceguera y sordera verbal, el cuadro se llama afasia sensorial total.

— *Agrafía:* si aparece como consecuencia de una lesión del centro visual del lenguaje, se pierde la capacidad de escribir, aunque no haya parálisis del brazo o de la mano. Si aparece como consecuencia de una lesión de la parte posterior de la segunda circunvolución frontal izquierda, la agrafía se acompaña de una hemiplejía derecha. Por tanto, esta alteración puede ser de tipo sensorial o motriz.

— *Acalculia*: incapacidad para hacer sencillos cálculos aritméticos. También puede ser de predominancia sensorial o motora.

Una vez realizada la referencia a la afasia sensorial se procede a tratar de la afasia motora.

- **Afasia motora o de Broca**

El área de Broca se localiza en la parte posterior de la tercera circunvolución frontal. En esta zona radica la memoria de los impulsos aferentes que surgen para poner en actividad las funciones motoras necesarias para el lenguaje. Este centro ha de estar intacto para que el lenguaje interno pueda convertirse en externo.

— *Afasia motora cortical*: aparece como consecuencia de una lesión destructiva del área de Broca. Puede no ir acompañada de parálisis de ningún tipo, evolucionando habitualmente con trastornos de lenguaje interno.
— *Afasia motora subcortical*: es más frecuente y se debe a una lesión que desconecta el área cortical de Broca de los mecanismos motores relacionados con la articulación de la palabra. Pueden estar intactos el proceso intelectual y el lenguaje interno, en la mayoría esta incapacidad de hablar se acompaña de hemiplejía derecha en los diestros y viceversa

- **Afasia mixta**

Como los centros de lenguaje están situados en la zona irrigada por una sola arteria, la cerebral media, aunque la lesión recaiga sobre uno de los centros de lenguaje pueden quedar afectados los otros con mayor o menor intensidad y de forma transitoria o permanente.

La palabra afasia se aplica también al niño que no ha formado su lenguaje por padecer alteraciones neurológicas, denominándose en este caso "afasia evolutiva o de evolución"

1.2. LOS FONEMAS DESDE VARIAS PERSPECTIVAS

Labiales: sonidos articulados con los labios, el labio inferior desempeña función activa y el superior pasiva.
Labio-dentales: sonidos articulados con el labio inferior y los dientes superiores, el primero con función activa y los segundos con pasiva.
Linguo-dentales: sonidos articulados con la punta de la lengua y los incisivos superiores, primera activa y segundos pasivos.
Linguo-palatales: sonidos articulados con la base de la lengua apoyada en el paladar duro (activa y pasivo).
Linguo-velares: sonidos articulados con la parte posterior de la lengua y el velo del paladar (activa y pasivo).

— Por el modo de articulación.
Oclusivos o explosivos: sonidos emitidos con los órganos cerrados, que producen una especie de explosión al dejar salir el aire de la espiración.
Fricativos: sonidos emitidos con órganos entreabiertos, al salir el aire se produce una fricación.

— Por el velo del paladar.

Orales, bucales o vibrantes: sonidos emitidos con el velo del paladar elevado que impide la salida del aire por las fosas nasales.

Nasales: Sonidos emitidos con el velo del paladar bajo que permite salir el aire por las fosas nasales.

— Por la intervención de la glotis.

Sonoros o rumorosos: sonidos producidos al vibrar las cuerdas vocales por el aire procedente de los pulmones que pasa por la laringe.

Sordos: sonidos producidos por el aire contenido en la cavidad bucal.

Según esta clasificación se aportan los fonemas del alfabeto. Cuando se detectan alteraciones conviene establecer grupos, según la clasificación expuesta, para el tratamiento, pues muchos fonemas tienen una parte de tratamiento conjunto. Ejemplo: si se pronuncian mal los fonemas vibrantes, o los linguo-dentales.

FONEMAS

A vocal abierta media	B labial fricativa oral sonora	C Linguovelar oclusiva o explosiva oral sorda	CH linguopalatal fricativa oral sorda	D Interdental fricativa oral sonora	E vocal medio cerrada anterior	F labiodental fricativa oral sorda
G linguovelar fricativa oral sonora	H no se pronuncia	I vocal anterior cerrada	J linguovelar fricativa oral sorda	K linguovelar oclusiva oral sorda	L linguopalatal oral sonora	LL palatal oral sonora
M labial nasal sonora	N nasal sonora	Ñ palatal nasal sonora	O vocal posterior medio abierta redondeada	P labial oclusiva sorda oral	Q como c y k	R vibrante sonora
S dental fricativa oral sorda	T dental oclusiva oral sorda	U vocal posterior cerrada redondeada	V similar a la B	X como la C	Y palatal fricativa oral sonora	

1.3. TRASTORNOS MÁS FRECUENTES EN LA ETAPA ESCOLAR BÁSICA

El psicopedagogo se enfrenta a problemas cuyo indice de aparición es más o menos alto. En el lenguaje oral, los de mayor frecuencia se deben a dislalias funcionales y dislalias audiógenas por lo que creemos necesario profundizar algo más en ellos, así como en la respiración elemento fundamental en las correcciones.

1.3.1. Dislalias

Ya se ha hecho referencia a su concepto. Anteriormente se denominaba funcional para distinguirla de la orgánica, actualmente, al denominarse ésta disglosia, la palabra dislalia se reserva exclusivamente para las funcionales.

El concepto de ciertas dislalias es variable en el tiempo y en el espacio. En el tiempo en cuanto que una dislalia puede ser o dejar de serlo, según se introduzcan modificaciones en el lenguaje, v.g.: la articulación de "s" interdental era un defecto en la Edad Media en España y ahora no lo es.

En el espacio, en cuanto que la forma de pronunciar algunos fonemas en un idioma son considerados correctos en un país o autonomía y dislalias en otro país o autonomía e incluso zonas locales.

Los trastornos de lenguaje que se ven en los departamentos de foniatría, de un 60 a 70 por ciento son dislalias. Pueden tener su origen en un defecto de percepción auditiva, en imitación de dislalias frecuentes en su ambiente (palabras mal dichas por alteración de fonemas), en refuerzo familiar (reir las incorrecciones), en ciertas crisis en el ejercicio de la articulación, en inmadurez.

Se les suele denominar por el fonema alterado, aplicándole su nombre griego y añadiendo la terminación, "tismo o cismo". Así, la articulación deficiente del fonema "s" se llama sigmatismo, de la "r" rotacismo, de la "g" gammacismo, de la "d" deltacismo, de la "l" lambdacismo, etc. La palabra "hotentotismo" se aplica cuando todos los fonemas están alterados. Si un fonema es sustituido por otro, al nombre griego del fonema alterado se le coloca el prefijo "para", así "pararrotacismo" significa que el fonema "r" es sustituido, y "paralambdacismo" también indica la sustitución de la "l".

Las dislalias pueden afectar tanto a los fonemas vocales como a los consonantes. Los más frecuentes son rotacismos y sigmatismos.

Mención especial merecen las *dislalias de evolución*, tan frecuentes en los niños pequeños y que van desapareciendo espontáneamente según adquieren madurez o desarrollo.

1.3.2. Dislalias audiógenas

El origen, a veces, de hablar incorrectamente es porque no se oye bien, son frecuentes las hipoacusias de tipo catarral y adenoideo en niños pequeños, lo mismo que ligeras hipoacusias no detectadas por otitis y otras causas. Cuando se empieza a hablar y no se oye correctamente, aunque al aumentar la edad desaparezcan las causas por las que no se oía, los hábitos lingüísticos suelen fijarse y las dislalias persisten. Borrel cree que la mayoría de sigmatismos son debido a este motivo.

Se dice que cada fonema tiene una banda de frecuencias propias, y además acostumbran a poseer en el lenguaje normal una intensidad peculiar (energía sonora).

En las vocales hay un tono fundamental y muchos armónicos que las caracterizan, por lo que una alteración para captar tonos agudos produce un cambio en el aspecto sonoro y la vocal puede ser irreconocible. La "u" es la peor oída y la "a" no se confunde casi nunca. Respecto a las consonantes, la "s" ofrece la mayor dificultad de discriminación por ser la que tiene más armónicos agudos.

También hay diferencias de percepción según los fonemas estén situados en la primera o segunda sílaba. Una vocal se reconoce mejor precedida por una explosiva o una nasal.

Se encuentran algunos casos diagnosticados erróneamente tales como discapacidad psíquica por manifestaciones de retraso en el nivel de lenguaje, por inadaptación escolar, por dificultad de aprender a leer, por distracciones frecuentes y por alteraciones de conducta, cuando el origen de todo ello residía en una hipoacusia que imposibilitaba seguir el ritmo evolutivo de los niños de su edad. A ese síndrome se le denomina de "hipoacusia escolar inadvertido", inadvertido para el mismo sujeto y para los que le rodean.

1.4. INTERVENCIÓN

1.4.1. Componentes multifactoriales

Espacio: El lugar donde se realizan las correcciones debe carecer de ruidos.

Tiempo: Las sesiones serán de media hora aproximadamente.

Material: Ha de ser variado y resistente. Se seleccionará según la alteración a corregir.

Para medir y observar:

Cronómetro: mide el tiempo en inspiraciones, espiraciones, duración de ejercicios.
Espirómetro: mide la capacidad respiratoria.
Estimulófono: aparato que recoge la palabra del paciente y a través de altavoces se la hace llegar para que la escuche, puede ejercer efecto retroalimentador.
Espejos: uno de ellos debe ser rectangular y medir aproximadamente 5x3 cm. para observar la nasalización al pronunciar determinados fonemas.

Para desarrollo y movilidad de órganos que intervienen en la fonación:

Lengua, labios y mandíbula:

- Guía-lenguas, varillas, espátulas y vibradores faciales
- Material para ejercicios de soplo: cerillas, velas, bolas de algodón o papel, instrumentos para soplar (flautas, armónicas, molinillos de papel)
- Material para ejercicios de absorción: pajas, vasos, agua, refrescos
- Material para movilizar la lengua: piruletas, azúcar, mermeladas, yogures
- Material para ejercicios de masticación y deglución: chicles y alimentos
- Material para ejercicios de movilizar labios: talco y cremas para masajear

Velo palatino (movilización): varilla doblada en un extemo

Para desarrollo y corrección lingüística:

Listas de vocabulario/Objetos/Láminas/Fichas terapéuticas: agrupadas por articulación de fonemas; por vocabulario básico y por tipos de objetos.

1.4.2. Técnicas

1.4.2.1. Generales

- Crear en el alumno la necesidad de hablar.
- Dar más importancia al desarrollo del lenguaje que a la articulación.
- Estimular el desarrollo de las asociaciones verbales por todas las vías sensoriales, especialmente auditivas.

— Favorecer la percepción auditiva con incidencia en la articulación.
— Buscar el punto articulatorio más sencillo de la consonante, variable según la vocal que la acompañe (ej.: ma-me-mi...).
— Seguir el tratamiento de cada fonema hasta que lo incorpore correctamente al nivel de su lenguaje.
— No exagerar la articulación, la voz ni la mímica.
— Emplear sonidos auxiliares para no insistir excesivamente sobre un fonema que presente muchas dificultades de adquisición.

1.4.2.2. Básicas

Se denominan así porque su adquisición y dominio son fundamentales antes del empleo de técnicas específicas correctoras del lenguaje. Su importancia se halla en los conocimientos ya expuestos sobre los hemisferios simbólico y postural.

— De desarrollo motriz o de expresión dinámica: Percepción global del cuerpo/Esquema corporal (conocimiento del propio cuerpo, posiciones dinámicas, desarrollo sensorial)/ Equilibrio (posiciones estáticas y dinámicas al mismo nivel y a distinto) / Orientación espaciotemporal (exploración del espacio, orientación en el espacio y en el tiempo) / Expresión dramática (mimo, pantomima, teatro, guiñol) / Música y danza (sensibilidad auditiva, melodía, ritmo y danza).
— De desarrollo prefónico: Se pretenden ejercitar órganos o partes que intervienen en la fonación, procurándoles movilidad, flexibilidad, coordinación y desarrollo (Véase cap. V, apartado 1.3. Iniciación a la independencia, lenguaje).

  Prefonías (llorar, reir, imitación de lenguaje de animales... ejercicios para mejillas, boca y labios, lengua).
— De discriminación auditiva: la habilidad auditiva básica para captar los estímulos sonoros es la percepción auditiva. La descodificación auditiva es más compleja y se produce al intentar dar sentido a los sonidos que se oyen, es decir, hay una discriminación fina de sonidos asociándose de forma que tenga sentido.

  Se desarrolla a nivel auditivo la capacidad de interpretar órdenes, de observación audiovisual, de imitación de ruidos y sonidos, de percepción, de discriminación, de imitación, de repetición, de descodificación.

— De expresión y comprensión oral: se utiliza según el nivel de desarrollo lingüístico del alumno.
— De asociación multisensorial en fonemas y grafemas: basándonos en que cuantas más partes del cuerpo se utilizan, la información que llega al cerebro es mayor; intervienen: percepción visual, asociación de grafema-morfema, "feedback" cinestésico, coordinación visomanual, memoria visual y auditiva, grafognosia, estereognosia...
— De relajación: sumamente importante para hacer desaparecer o disminuir el estado de tensión que se produce en algunos alumnos durante las sesiones de reeducación, especialmente en los órganos que intervienen en la fonación, sobre los que no se debe actuar si no están relajados. La relajación también influye en el desarrollo de respiraciones correctas, mientras se hace relajación es conveniente instaurar movimientos respiratorios de tipo abdominal.
— De respiración: tiene gran importancia en el lenguaje, pues la articulación o ritmo queda afectado si no se respira adecuadamente, es frecuente la respiración entrecortada y el escaso control en la expulsión del aire.

El aprendizaje de la respiración abdominal se facilita estando el cuerpo en posición horizontal. Posteriormente puede permanecer sentado mientras realiza los ejercicios respiratorios.

- Inspiración espiración bucal.
- Inspiración bucal y espiración nasal.
- Inspiración nasal y espiración bucal.
- Inspiración y espiración nasal.

Actividades basadas en la espiración :El aire que sale de los pulmones al espirar se puede aprovechar para realizar la siguientes actividades en forma lúdica.

— Asociación fonorrespiratoria:
Se denominan ejercicios fonorrespiratorios porque durante la expulsión del aire (espiración) se pronuncian fonemas. Su finalidad es lograr la coordinación de movimientos respiratorios con la producción de fonemas, y el control de la intensidad de la voz y del ritmo del lenguaje.
— Sonidos sostenidos: durante la expulsión del aire hasta que sólo quede el residual se pronuncia una vocal (ej.: aaa...; no se descansa hasta que se acaba el aire). Puede hacerse con todas las vocales, pero una en cada ejercicio.
— Escalas: ejercicio similar al anterior pero la emisión del sonido puede ser ascendente, descendente o mixto.

— Silábicos: con alargamiento de vocales; son más sencillos los de sílabas directas.

1.4.2.3. Específicas

Para **niños sin lenguaje oral**: hay que estimularles en su desarrollo psicomotriz y favorecer la aparición del lenguaje oral.

Para **niños con retraso en el lenguaje**: sirven los del apartado anterior. Si el retraso es por ambiente desfavorecido precisa un tratamiento compensatorio para desarrollar su lenguaje, lo mismo que si es por desconocimiento del idioma al cambiar de país.

Si hay **hipoacusia** véase el tratamiento correspondiente.

Para niños con **trastornos de lenguaje**: deben aplicarse las técnicas básicas mencionadas.

— **Alteraciones funcionales y psicógenas**: puesto que no hay lesión ni alteración orgánica debe restablecerse su funcionalidad correcta.
  - Fonemas: una vez detectada y clasificada la alteración el rehabilitador imita la alteración del alumno para percibir mejor la incorrección y compararla con cuál debe ser la posición correcta de los órganos que intervienen en la fonación. Se le coloca al niño ante un espejo para que imite nuestra forma de articular, y si es necesario se utilizan los guía-lenguas y movilizadores del velo del paladar, todo depende de cuál sea el fonema alterado.
  - Conflictos emocionales: aunque se haga una recuperación funcional se deben tratar para evitar recaídas.

— **Alteraciones orgánicas (disglosias)**: según el tipo de patología puede haber diferentes tipos de intervención: quirúrgicas (ej.: en labios leporinos y fisuras palatinas). ortodóncicas (dientes con posiciones incorrectas). protésicas (en hendiduras palatinas no operables), y logopédicas. Esta última suele ser de aplicación posterior a la quirúrgica, y generalmente se aplica simultaneamente con las anteriores mencionadas.
  Antes de dedicarse a la corrección de fonemas, generalmente hay que ocuparse de aplicar las técnicas básicas especialmente de reeducación respiratoria, muscular, labial... de dar movilidad y flexibilidad a lo restaurado (ej.: un labio leporino operado: se recomiendan ejercicios de labios, de chupar, soplar, chupete para movilizarlo siempre que al niño no le cause

trauma por su edad o en su lugar el mordillo, masaje manual sobre el labio, vibradores faciales).

— **Disritmias***:* Esta alteración se da fundamentalmente en las disfemias (tartamudez y tartajeo). Ayudan a emitir las frases correctamente, no entrecortadas ni con repeticiones, la adecuada respiración y el ritmo. Como todo tratamiento debe ir precedido de relajación corporal, especialmente de los órganos que intervienen en la fonación.

  Ejercicios de asociación *fonorrespiratoria* (véase técnica básica de respiración).

  Ejercicios de lenguaje rítmico (obsérvese que los tartamudos lo son menos cuando hablan semicantando). El metrónomo es una ayuda para marcarles el ritmo del habla. Los ejercicios pueden ser variados:

  — Vocalizaciones de grupos silábicos siguiendo un ritmo (con la misma vocal y diferentes consonantes: la-ta-ca-sa. Con la misma consonante y diferentes vocales).
  — Vocalizaciones arrastradas al final de palabra (v.g. tomatee...) Prolongadas en cualquier lugar de la palabra.
  — Lectura de rimas. Marcar bruscamente las sílabas.

Se le debe indicar dónde debe inspirar, hasta que controle ese movimiento en el lugar oportuno y así evite la rotura de frases.

Los ejercicios de desplazamiento corporal siguiendo marchas tipo militar o canciones con ritmo marcado ayudan a la coordinación motriz general influyendo en el lenguaje.

Los programas de intervención contienen los ejercicios indicados con múltiples variantes. Los diversos métodos ortolálicos para tratamiento de disfemias tienen la misma fundamentación aunque varía el orden según la perspectiva de los autores. Se hace referencia a algunos de los métodos más conocidos:

— Método de Froeschels: da gran importancia a los movimientos masticatorios, en los que va a comenzar el sujeto fijándose, en lugar de la articulación. Dichos movimientos se realizan con la boca vacía (primero cerrada y después abierta). Posteriormente esos movimientos se acompañan de emisión de fonemas.
— Método de Gutzman: se realizan ejercicios respiratorios previamente a la ejecución sistemática de movimientos articulatorios exentos desde el principio, de todo movimiento patológico.

— Método Liebman: su comienzo está en la articulación de frases, lecturas, versos, canciones, etc. Cuando el paciente se equivoca no se le hace repetir como medio de evitar frustraciones.

Afasias:

Para su corrección se incidirá específicamente en el aspecto motriz o sensorial en función del tipo de afasia que se padezca.

Al aplicarse el término también a niños que no han adquirido el lenguaje oral, el programa debe incluir ejercicios de motricidad; prefónicos para estimulación, desarrollo del tono y control de labios, lengua y otros órganos intervinientes en la fonación.

Si ha habido pérdida de lenguaje el diagnóstico indicará el tipo de afasia y se seguirá preferiblemente un tratamiento multisensorial con especial atención a la parte más alterada.

También son de utilidad para la corrección las técnicas expuestas bajo las denominaciones de Generales y Básicas.

(VI) 2. ALTERACIONES DEL LENGUAJE ESCRITO

2.1. PERCEPCIONES SENSORIALES Y FUNCIÓN MOTRIZ EN LA ESCRITURA

Puesto que en la lectura y escritura son básicas las percepciones visuales y auditivas, más algunas funciones motrices, y su alteración es común a varias patologías del lenguaje lectoescrito de ellas se trata a continuación:

Percepciones sensoriales: visuales y auditivas

Las alteraciones sensoriales se pueden apreciar al tratar de interpretar lo que un sujeto ha escrito o leído. En algunos trastornos es frecuente que se acompañen mutuamente las auditivas y visuales, si bien con predominio de unas u otras.

Los sujetos con predominio visual alterado presentan dificultades para captar, seguir y retener secuencias visuales, y para su análisis e integraciones; lo que origina confusiones en sílabas y palabras.

Los que tienen predominio auditivo alterado manifiestan dificultades para discriminar sonidos de letras, para reconocer secuencias y orientaciones temporales auditivas.

Además de otros factores, la percepción es fundamental para la lectoescritura. Unos la consideran como el desencadenamiento de patrones sensoriomotores que se produce después de un estímulo perceptual, otros creen que es el reconocimiento de información sensorial, por el que el intelecto reconoce y da sentido.

Charcot, en 1886, a través de observaciones clínicas, descubrió que la entrada de información sensorial se producía en unos individuos mejor por unas vías que por otras, y en relación con el aprendizaje clasificó a las personas según el predominio de la vía utilizada para recibir información (auditiva, visual o táctil).

Hay otros criterios también sobre la percepción, entre ellos está el de sistemas semiautónomos debido a Myklebust, que conceptúa al encéfalo por sistemas de modalidades semiindependientes (audición, visión, tacto y kinestesia); cada determinado sistema de modalidad puede funcionar de tres formas: semiindependientemente de otras modalidades, en forma suplementaria con otro sistema, y con todos los sistemas contribuyendo como una unidad. En este último criterio se basa la reeducación multisensorial que tan buenos resultados está dando. Es un sistema integrador en el que todos los sistemas de modalidades funcionan simultáneamente trabajando juntos en una unidad.

Otros muchos criterios son importantes, vamos a mencionarlos a continuación:

Money estudió la relación entre el mundo perceptual de los objetos y el mundo perceptual de las palabras y las letras, estimando que algunas fallas en los aprendizajes se deben a que algunos niños no pueden hacer o hacen mal la modificación de las generalizaciones que realizaron cuando eran pequeños. (V.g. los niños generalizan objetos que para ellos son parecidos, independientemente de su posición o forma).

Hochberg habló de percepción social, considerándola como habilidad de interpretar los estímulos en el medio ambiente social, y de relacionarlos con la propia situación.

Actualmente se cree que los aprendizajes superiores dependen en gran medida de la integración gradual de los sistemas de modalidades sensoriales.

La lectura exige fijación y coordinación de los movimientos de los músculos oculares, la falta de esa coordinación interfiere en la percepción visual. Junto al área visual interviene la auditiva, ya que la lectura requiere la descodificación y la reorganización de los símbolos lingüísticos auditivos y visuales.

En el área occipital del cerebro se localiza una zona de almacenamiento de formas relacionada con otras áreas, entre ellas la parte posterior del lóbulo parietal donde se dice que residen los patrones de letras y palabras, estas áreas están conectadas con los centros auditivos y con los lóbulos frontales donde se localizan las unidades de pensamiento superior. También en el área occipital una parte de la corteza cerebral se encarga de la percepción de profundidad en las imágenes percibidas por cada ojo. La lectura requiere organización de los diferentes sistemas sensoriales, que abarcan la integración de los datos visuales percibidos por la convergencia ocular, la orientación espacial y otras percepciones.

Linz explica las interrelaciones de los procesos centrales del cerebro y la importancia de la descodificación auditiva y del lenguaje en la lectura y escritura.

Considera el desarrollo de la descodificación como una función del hemisferio izquierdo, resultado de la evolución humana.

Satz y Van Nostrand, en sus investigaciones, encontraron en niños disléxicos un retraso del hemisferio izquierdo (dominante) en habilidades de integración auditivo visual.

La funcionalidad de un hemisferio y otro depende de la actividad a realizar: en letras, palabras, lenguaje y números el dominante es más efectivo. De ello se derivan algunos métodos correctores que presentan información que implica conceptos y simbolismos por el oído derecho para que sea trasmitida al hemisferio izquierdo. Las sílabas parece ser que se identifican mejor si se presentan por el oído derecho.

Se ha observado que los niños al iniciarse en la lectura suelen leer con más lentitud pero cometen pocos errores, mientras que al incrementar su nivel de lectura tienden a aumentar los errores. Lo primero se debe a la gran intervención del hemisferio derecho que hace que se preste gran atención a las figuras, a las formas, posteriormente la funcionalidad del hemisferio izquierdo aumenta y se descodifica con mayor rapidez aunque haya más errores.

Bakker observó el predominio del oído izquierdo para reconocer pautas temporales no verbales (ritmos y sonidos grabados).

Las letras y palabras se convierten en estímulos más sensoriales si se utiliza material de color, rugoso, áspero o suave para que intervenga el sentido táctil en la realización del seguimiento de la letra. Viene a constituir un sistema de compensación y feedback multisensorial que facilita el aprendizaje.

Función motriz

Las actividades sensoriales y motoras estructuradas contribuyen a la organización del esquema corporal e influyen directamente sobre los centros de organización neurológica del cerebro.

Si hay alteraciones motrices sus consecuencias se observan en la interpretación auditiva y en la visual,en la interiorización del esquema corporal en el que se halla la parte correspondiente al esquema corporal de los dedos de la mano (síndrome de Gertsmann: incapacidad de reconocer y nominar los dedos, distinguir la derecha de la izquierda), en la lateralidad, en la orientación espacial y temporal, en ritmos y seriaciones, coordinación visomotriz, procesos de simbolización.

La correcta funcionalidad de los hemisferios es muy importante, a lo que contribuye la percepción global del cuerpo, la adquisición del esquema corporal, el equilibrio, la orientación espacio temporal entre otros factores. Lo que en términos de conductas motrices supone la adquisición de conductas motrices básicas, más o menos instintivas, conductas neuromotrices ligadas al desarrollo del sistema nervioso y conductas perceptivo motoras ligadas a la consciencia y a la memoria.

Las investigaciones muestran que la dominancia de la mano se desarrolla como pronto a los tres años y como tarde a los diez, y parece ser que se hace en forma paralela o simultánea a la maduración del sistema nervioso y especialmente se debe al aumento de la mielina, sustancia aislante del cuerpo calloso. En muchos problemas de aprendizaje este proceso está retrasado.

Existe una estrecha relación entre la visión y la motricidad, determinantes para la lectoescritura. Al principio de la vida del niño la maduración de ambas está disociada, es hacia los tres meses de vida cuando se observa reacción conjunta al ser atraido el niño por objetos y realizar movimientos reflejos ante esa presencia del objeto, que posteriormente se convertirá en coordinación visomanual.

La coordinación visomotriz es determinante en la localización espacial y las respuestas selectivas precisas. La capacidad de discriminación visual también es determinante en la incorporación de información visual con apoyo de la coordinación visomotriz.

Así pues las alteraciones sensoriales o perceptuales de la información visual afectan al funcionamiento del sistema postural y a la organización espacial por lo que se alteran los mecanismos de acción-retroacción vestíbulo visual, creándose un patrón diferente por la utilización de otras aferencias sensoriales.

2.2. CONCEPTUALIZACIÓN DE ALTERACIONES

En nuestro país se suele hablar de dislexias para designar cualquier problema de aprendizaje en el lenguaje lectoescrito, por lo que algunos casos diagnosticados como tales tienen un problema diferente. Debido a las investigaciones sobre estos temas los descubrimientos y delimitaciones patológicas se incrementan. Hoy en día es frecuente que las alteraciones de aprendizaje se consideren entre los *trastornos de la maduración motora y cognitiva.*

Siguiendo a Quirós (1978) se presenta una descripción de alteraciones que pueden confundirse con dislexia, a ésta dada su importancia se le dedicará más extensión en páginas posteriores.

- Disleria: se considera como un retraso madurativo neurológico para la adquisición del lenguaje lectoescrito. Su patrón patológico no es armónico, como en el disléxico, es decir unas veces escribe unas frases bien y otras mal, presenta disgrafías pero no errores ortográficos, ni deformaciones ni omisiones. Es capaz de leer sílaba por sílaba, pero al leer frases muchas veces inventa. No presenta alteraciones en lateralidad, ni espaciales, ni temporales.
- Disfasia escolar: se trata de una perturbación específica del lenguaje que se traduce en dificultades para la adquisición del habla y del lenguaje lectoescrito. Se le reconocen elementos básicos comunes relacionados estrechamente con la dislexia específica de evolución, por lo que no es extraño se les confunda. De sus características más destacables es el retraso en la aparición del lenguaje.
- Trastorno postural: se produce si las posturas habituales de la especie para una edad determinada no se han automatizado o convertido en actividades reflejas del cuerpo respecto al espacio alcanzándose un "equilibrio" lo que da lugar a interferencias en algunos aprendizajes. Este punto se ha tratado al hacerse referencia a Hemisferios Cerebrales (Véase Desarrollo psicosensorial y motriz , cap. V, apartado 1.3.1.). Por tanto, los alumnos que no mantienen posturas correctas *habitualmente,* es decir que tienen trastornos posturales durante la lectoescritura más que obligarles a mantenerlas se les debe reeeducar, pués si se les obliga su centro de atención se desviará al control postural sin centrarse en la lectoescritura.

2.3. DISLEXIAS

No hay unanimidad en la dislexia respecto a definirla ni a la terminología ni a su etiología, pero sí hay muchos estudiosos del problema que aportan conocimientos aunque todavía no está todo dicho sobre el tema.

Hinshelwood (1917) utilizó por primera vez el término dislexia, que consideró una anomalía para interpretar el lenguaje escrito por niños intelectualmente normales y con buena vista.

Orton (1928) habla de "estrefosimbolia" (símbolos invertidos, escritura en espejo).

Para Quirós se trata de una perturbación perceptivo-cognoscitiva específica, que dificulta la adquisición de la lectoescritura.

Otros autores hablan de legastenia, alexia parcial, etc.

El vocablo dislexia ha terminado por imponerse, como ya se mencionó, llegándose incluso a aplicar a alteraciones que no son tales dislexias, hasta ese punto ha alcanzado difusión.

La dislexia considerada como patología y como síndrome alude a dos perspectivas: la que considera las causas, el origen de la dislexia y la que considera los efectos, las manifestaciones. Esta distinción es utilizada por algunos autores.

Galifret-Grandjon (1960) distingue varias dislexias en función de las causas de las dificultades halladas: dislexias por deficiencia de la organización del esquema corporal, de la organización espacial, temporal, del lenguaje. Así pues, según este autor hay tantas dislexias como causas.

Borell-Maisonny parte de los efectos al considerar la dislexia, afirma que son disléxicos los sujetos que tienen dificultad para el aprendizaje de la lectura y que no aprenden a leer en dos, tres años o más. Lobrot (1974) se sitúa en la misma línea.

Myklebust and Jonhson (1983) basándose en sus investigaciones describen la dislexia como un síndrome complejo de disfunciones psiconeurológicas asociadas: alteraciones en orientación espacial y temporal, percepción visual y auditiva, aspectos motores y sensoriales relacionados, lenguaje escrito, memoria. Indican que a nivel pedagógico es útil distinguir dos tipos de dislexia: la auditiva y la visual.

2.3.1. Alteraciones detectadas en dislexias

Lectura:

Letras: Confusiones especialmente entre las que tienen cierta similitud morfológica o fonética, b-p, u-n, d-p, etc. (Rotación espacial). Omisiones principalmente a final de palabra.

Sílabas: Inversiones en sílabas directas, inversas y compuestas. Omisiones a final de palabra o dentro de la misma.
Reiteraciones: repetición con frecuencia de alguna sílaba innecesaria
Palabras: omisiones. Reiteraciones.

Escritura:
Escritura en espejo.
Confusiones de letras de similitud morfológica o fonética.
Omisiones de letras, sílabas o palabras.
Inversiones de letras, sílabas o palabras.
Dificultad para separar los elementos que componen las frases.

Cálculo:
Escritura de números en espejo.
Espezar las operaciones por la izquierda.
Dificultad para seriar números de mayor a menor y viceversa.

Consideraciones: La edad idónea para diagnosticar dislexias es sobre los seis años de edad cronológica que es cuando se suele alcanzar madurez para la lectoescritura, en edades anteriores sólo se puede hablar de predisposición a dislexia cuando invierten algún término, pero no olvidando por ejemplo que los movimientos de base invertidos son frecuentes cuando se aprende a escribir lo mismo que las disgrafías. Recuérdese que no son síntomas de dislexias la inestabilidad en lectoescritura (leer y escribir unas veces con fallas y otras no), ni las disgrafías aunque pueden coexistir con ella, ni tampoco las alteraciones surgidas a causa de discapacidades psíquicas, déficits visuales u otros trastornos.

Se reproduce un cuadro tomado de la obra de Quirós y Schrager (1978) por su capacidad de síntesis con el fin de clarificar algunas alteraciones que se pueden producir en la lectoescritura.

2.3.2. Etiología de las Dislexias : Hipótesis

Contamos con diversas opiniones sobre la etiología, encontrándose factores causales y concominantes.

Se agrupan las hipótesis en orgánicas, psicológicas, ambientales, y multifactoriales.

SINTESIS DE ALTERACIONES Y CORRECCIONES

	ALTERACIONES	CORRECCIÓN
Disortografías		ESCRITURA
Visual	rotación espacial (b-p, u-n...)	orientación espacial (esquema corporal y lateralidad)
	inversión (le-el...)	orientación espacio temporal (ejerc. con viñetas)
	omisión (supresión de letras)	identificación de formas (asociación fonemas-grafemas)
	reiteración (repetición de letras-sílabas...)	percepción visual/auditiva (asociación fonemas-grafemas)
	confusión (cambio de letras/síları por otras)	discriminación de formas (ejerc. de discriminación visual-auditiva-táctil)
Auditiva	confusión de sonidos semejantes (homófonos)	discriminación auditiva con apoyo visual (ejerc. de percepción, discriminación y ritmo)
DISGRAFIAS	dirección : escritura tendencia diagonal	motricidad, coordinación visomanual (Escribir entre renglones. Pautas de dirección)
	tamaño irregular, discordante	coordinación visomanual (ejerc. de repasar letras, calcar, caligrafía)
	formas alteradas	coordinación visomanual (trazos sobre moldes, papel cuadriculado)
	márgenes sin respetar (a derecha e izda.)	limitar las hojas con trazos a derecha e izquierda
	amontonamiento de letras	coordinación en motricidad fina (papel cuadriculado, cada letra en un espacio)
	escasa precisión	motricidad en brazos (ejerc. desarrollo muscular, fuerza en dedos: encajar piezas, trazar surcos en plastilina...)
		LECTURA
Velocidad	lentitud (excesiva)	coordinación visomotriz (vista y aparato fonador). Ejerc. leer varias veces el mismo texto
	rapidez, casi ininteligible el texto	tapar parte del texto e ir descubriéndolo poco a poco, cuidar pautas respiratorias
Tono	monótono	ejercicios prefónicos (Dar modelo de entonación y repetición por el alumno)
Confusión	confusión de letras	ejercicios multisensoriales
Comprensión	dificultad en captar el significado	texto adecuado al nivel comprensivo del sujeto. Sesiones compensatorias para elevar nivel de lenguaje
Dirección	cambio, saltos de renglones	sistemas de apoyo (dedo, regla, cartulina)
Fabulaciones	desajuste al texto	tapar parte del texto mientras lee.../Expresar oralmente lo leído
		SINTAXIS
Discordancia	persona, n.º, género...	ajuste de niveles de lenguaje oral y aplicación a escrito
Estilo	reiteración de vocablos	aprendizaje de sinónimos y pronombres, ejerc. sustitutivos
		POSTURA
Alterada	torcidos, apoyados excesivamente en pupitre	motricidad (ejerc. para piernas, brazos, tronco...) Control de hemisferio postural (no corregir sobre pupitre)

Quirós y Schrager (1978)

2.3.2.1. Hipótesis de carácter orgánico

- *Por herencia*: Estas hipótesis hacen hincapié en un trastorno específico hereditario, como factor determinante de la dislexia. Entre los defensores de esta teoría se halla Hallgren (cf. Quirós 1975:32) que afirma: "...un factor hereditario que resulta de un gen monohíbrido dominante autosómico con manifestación prácticamente completa...". A partir de este autor se considera que la dislexia específica de evolución puede obedecer a una causa hereditaria.

  Esta etiología hereditaria parte del hecho, constatado experimentalmente, de que el 30 ó 40 por 100 de los casos proceden de familias en las que ya se había dado la dislexia, y de los estudios con gemelos univitelinos en que la pareja es disléxica.

- *Por traumas o enfermedades*: Debido a desórdenes neurológicos por traumas craneales, accidentes vasculares, enfermedades congénitas o adquiridas.

- *Por alteraciones auditivas*: Para Tomatis el origen de la dislexia se halla en una dificultad de origen auditivo.

  Según el llamado "efecto Tomatis" la dislexia se explica porque la voz sólo pronuncia lo que el oído oye. De forma que cuando un oído dañado recobra la posibilidad de oír frecuencias perdidas, éstas son instantáneamente incorporadas a la emisión vocal.

  El mismo autor califica el oído como órgano de la lectura, siendo éste el que identifica la letra con sonido, lo sonoriza, busca referencia cortical sobre el valor significativo del mensaje y lo incorpora a la palabra.

  El análisis de tal organización en el que intervienen cibernéticamente tantos órganos diversos para una misma función, le induce a señalar una notable diferenciación entre derecha e izquierda y a establecer la noción de lateralidad específica, causante de que el oído más dotado asuma la organización de los elementos cibernéticamente reunidos para la función hablada. Piensa que el disléxico se halla afectado por una dislateralidad en el equilibrio de una estructura interna, ya que para llegar a la correcta exteriorización del pensamiento es necesaria una homogénea lateralidad tanto en el plano motriz como en el sensorial.

  La dislexia implica alteraciones en la lateralidad y el lenguaje que dificultan la lectura y todo lo que debe ser integrado por el individuo con arreglo al código interpretativo utilizado por los demás, a esto se une una dificul-

tad para situarse en la postura de escucha adecuada. El cuerpo tiene carencia de coordinación motriz.
Ciertos autores sólo consideran la dislexia de tipo auditivo si la anomalía afecta a las percepciones auditivas a nivel central, mientras que para otros esos casos pertenecen a las afasias.

- *Por alteraciones visuales:* Este tipo de dislexia sensorial, ofrece como el punto anterior una cierta polémica, pues mientras para unos la visión a nivel central si presenta determinadas distorsiones en la interpretación visual de letras y palabras es una dislexia, para otros no lo es.

2.3.2.2. Hipótesis de carácter psicológico

Su punto de partida reside en la consideración de que hay siempre factores psicológicos en la génesis de esta deficiencia.

Para unos, los niños disléxicos generalmente presentan una carencia de infraestructura afectiva básica acompañada de inseguridad. No integran las adquisiciones que realizan debido a un fondo móvil y fluctuante, y según esa hipótesis se explica que la lectura en el disléxico sea irregular, es decir unos días lo haga mejor que otros. Creen que hay fallas en la asimilación de explicaciones porque la estructura del lenguaje no ha sido integrada, estando la dificultad de la emisión precedida por la perturbación de la recepción, existiendo una alteración del sentido de la organización y de construcción.

Otros consideran que algunos casos de dislexia están conectados con una alteración del yo identificable clínicamente.

Un tercer grupo cree que la dislexia es un síntoma aislado, teniendo sin embargo, graves consecuencias por el fracaso escolar a que da lugar, explicándose las perturbaciones afectivas como reacción al fracaso.

2.3.2.3. Hipótesis de carácter ambiental

Existen factores importantes en la aparición de la dislexia, constatados por buen número de investigadores, que se pueden localizar en ciertos medios socioculturales y también durante los primeros años de escolaridad si se presiona socialmente a los alumnos a que aprendan a leer antes de tener la madurez necesaria.

Lobrot (1974) encuentra la etiología de la dislexia en una deficiencia esencialmente cultural, consecuencia de una determinada estructura de la personalidad, la cual a su vez está influida por el medio. También otros autores se pronuncian por una estrecha conexión de la dislexia con el medio sociocultural al abundar más los casos en medios socioculturales desfavorecidos, puesto que los niveles de lenguaje son menores y el desarrollo de aptitudes básicas lo que dificulta el aprendizaje de la lectoescritura.

Burion, Valtín y Gylly entre otros consideran que la dislexia está ligada a un cierto tipo de lengua escrita y concretamente a los tipos de lenguas de combinación, partiendo esta tesis de que la lectura es esencialmente ideovisual (global), hecho testimoniado por las investigaciones oftalmológicas y por otras efectuadas en los últimos años que han puesto de manifiesto la alta correlación existente entre los resultados en lectura y las pruebas de ritmo o repetición de series, tanto construidas (golpes de Mira StambaK) como de series naturales (estaciones del año, días de semana, etc.).

La hipótesis expresada en el anterior párrafo (dislexia-lenguas de combinación) parece confirmarse en varios países en función de la lengua utilizada, así excepto en los que tienen un signo para cada palabra o idea, v.g. China, en los demás se registran casos disléxicos. En apoyo de esta hipótesis se hallan algunos tratamientos en casos extremos y específicos de dislexias en que los sujetos pueden tener problemas aun con palabras de dos letras y algunas tan elementales como "si", por lo que se les enseña a identificar las palabras a través del reconocimiento de toda la palabra como una forma específica.

Son muchos los investigadores que insisten en que ciertos condicionamientos ambientales y afectivos bloquean y no son suficientemente motivadores tales como algunos hábitats educativos en que se amenaza, se aplican castigos desproporcionados o en momentos inadecuados, etc.

2.3.2.4. Hipótesis de carácter multifactorial

Esta teoría considera que las etiologías unitarias son erróneas y defiende la multiplicidad de factores determinantes de la dislexia. Dentro de esta multiplicidad de factores, por su importancia, hay que destacar:

- **Esquema corporal**

La adquisición del esquema corporal es básico para orientarse en el tiempo y en el espacio, factores entre otros que facilitan el aprendizaje de la lectoescritura.

En opinión de Jadoulle (1971) parece indiscutible que hay un lazo entre la buena organización del espacio propioceptivo y la posibilidad de encarar el estudio de la lectura.

Según Quirós(1975) la lectura y la escritura exigen también patrones combinados de imágenes visuales-auditivas y de imágenes motrices. Por consiguiente, cada vez que este esquema postural no llega a formarse existirán dificultades para el aprendizaje de la lectura y la escritura.

- **Orientación espacial**

La orientación en el espacio (nociones arriba-abajo, derecha-izquierda, etc.) son imprescindibles para la lectura, ya que hay letras que sólo se distinguen por su situación en el espacio tales como b-p, u-n. La desestructuración espacial conduce a distorsionar letras, confundir símbolos impresos, etc.

Según Wallon y Piaget esta noción no es innata, sino que debe elaborarse y construirse (cf. Jadoulle, 1971).

- **Orientación temporal**

La desorientación en el tiempo hace perder el orden de sucesión de sonidos que forman una palabra dificultándose el proceso de análisis y síntesis.

Las percepciones llegan como un todo y el disléxico tiene dificultades para captarlas, de ahí la dificultad de llegar al análisis desde una síntesis imperfecta. Tampoco puede pasar rápidamente del análisis a la síntesis debido al descontrol del espacio y del tiempo, agravándose esta situación por las frecuentes fallas de atención que presenta.

Por tanto, la desestructuración temporal se considera como causa de dislexia o como asociada a ella.

- **Lenguaje**

La dislexia se asocia o es causada a veces por problemas de lenguaje oral o niveles de contenido, según algunos autores.

El retraso en la adquisición del habla puede comportar fallas en la memorización de sonidos apropiados y en los movimientos articulatorios, por otra parte, conlleva una restricción de vocabulario precisándose un cierto nivel para la lectura. Esta situación, a veces, hay que buscarla en los antecedentes familiares, o bien, en la existencia de cualquier otra sintomatología significativa de falla de organización del lenguaje. Sin embargo, no se debe pensar que cualquier retardo en el habla puede ocasionar una dislexia, hay causas orgánicas (periféricas o centrales) capaces de determinar retardo y/o alteraciones en la pronunciación sin repercutir en la lectura y la escritura, también hay causas medio-ambientales o incluso hereditarias que sólo inciden sobre el habla.

- **Lateralidad cruzada**

Algunos autores conceden gran importancia a la dominancia lateral mixta, consignando una alta incidencia de dislexias en personas con esa característica.

Según Perelló (1973), entre las causas de la dislexia (múltiples) se incluirían la zurdería contrariada, desorientación visual o auditiva, trastorno de la percepción, métodos globales aplicados a grupos amplios, etc.

A este autor se le puede considerar como uno de los principales representantes de la hipótesis multifactorial.

Actualmente, no es posible rechazar tajantemente ninguna de estas hipótesis, pero tampoco considerar una causa única y exclusiva de las dislexias.

2.4. INTERVENCIÓN

2.4.1. Prevención y rehabilitación

Se detectarían menos fallas en lectura y escritura si los alumnos hubiesen realizado ejercicios preparatorios para leer y escribir, denominados de prelectura y preescritura. La prevención es preferible a la corrección, por la cantidad de alteraciones que evita junto a los problemas que suelen conllevar.

Los ejercicios de preparación para la lectoescritura se seleccionan en función de los factores que intervienen en esa función y que se deben desarrollar.

Ejercicios para desarrollo visual y motriz: garabatear, pintar con dedos, realizar trazos en el aire, llenar y vaciar cubos de arena, enroscar y desenroscar tuercas y tornillos, palpar y seguir contornos de letras... girar las muñecas de la mano imitando circulos, golpear sobre la mesa con la mano siguiendo ritmos expresados gráficamente, hallar relaciones (v.g. colores, formas...).

Discriminación visual, discriminación auditiva, asociación multisensorial en fonemas y grafemas. Estos ejercicios además de su funcionalidad expresada ayudan al desarrollo de la coordinación visual y motriz, del factor de memoria auditiva, del factor interpretativo, del factor de razonamiento, del factor de velocidad, de la comprensión del lenguaje hablado, de la formación del esquema corporal de la orientación espaciotemporal, atención, memoria asociativa... Factores todos necesarios para leer y escribir.

Si el problema ya existe hay que intervenir para rehabilitar: si las fallas son de tipo visual (sin pérdida de agudeza visual) se incide especialmente en su recuperación por medio de programas de observación visual, identificación, discriminación por tamaño, color y forma, organización visoespacial, comparaciones, ordenaciones, clasificaciones, emparejamientos, copias, percepción de diferencias y semejanzas.

Si las fallas son de tipo auditivo (sin pérdida de agudeza auditiva) se incide especialmente en su recuperación por medio de ejercicios de interpretación de órdenes orales, observación de elementos que producen ruido y sonido, manipulación de algunos de ellos, imitación del sonido o ruido, discriminación y repetición de ruidos y algunos sonidos (voz, fonemas, sílabas, palabras y frases), localización de la dirección de sonidos... discriminación de palabras y asociación con símbolos escritos.

Si las fallas son de tipo motriz se realizan ejercicios según la función afectada: esquema corporal, equilibrio, orientación espaciotemporal, lateralización, expresión dramática, música y danza...

Si las fallas son de tipo sensomotriz o mixto, que son las más frecuentes, los ejercicios indicados anteriormente se integran formando un programa multisensorial. Los métodos multisensoriales son los que están dando mejores resultados en el tratamiento de problemas de aprendizaje incidiéndose sobremanera en la recuperación de la función más alterada.

Incidimos en la importancia de la intervención y aconsejamos consultar el cuadro de Quirós y Schrager (op. cit.) reproducido en páginas anteriores.

2.4.2. Métodos

Para tratar los problemas de lectoescritura han surgido varios métodos, especialmente para las dislexias. El núcleo de la mayoría es común y se caracterizan por ser multisensoriales. Hacemos una breve referencia a algunos de ellos.

Orton-Gillingham hizo de la *asociación simultánea* la base de su método. Utiliza estímulos visuales, auditivos y de lenguaje cinestésico. Presta atención a los métodos fonéticos alfabéticos más que a la "guestalt" de las palabras.

Con las técnicas simultáneas se aprende cómo es una letra o palabra visualmente, cuál es su sonido, se toma conciencia al pronunciarse de la intervención de algunos órganos fonatorios (se pueden tener sensaciones internas; o verse en un espejo pronunciándola; o poner los dedos sobre la garganta), y en la mano al escribir el grafema o la palabra.

Johnson en un estudio sobre varios métodos para el tratamiento de la dislexia concluye aconsejando técnicas sensoriales compensatorias. Para la dislexia visual: asignaciones de color, aumento del tamaño de letras, verbalización y sensaciones táctiles. Para la auditiva: ejercicios con rimas, asociaciones y secuencias auditivas con ojos cerrados, amplificadores aplicados a ambos oidos y utilización combinada de métodos cinestésicos.

Slingerland realizó una modificación del método anterior introduciendo juegos y ejercicios evolutivos que requerían lenguaje, memoria visual, auditiva y cinestésica además de orientación espacial. Propugna el aprendizaje multisensorial de material simbólico e introduce el escuchar historias grabadas mientras se leen simultáneamente en voz alta.

Los movimientos o/y métodos cinestésicos, en opinión de algunos autores, procuran información al centro del lenguaje mejorándose las habilidades y la cognición a través de respuestas motoras utilizándose diversas partes del cuerpo. Se sabe que se aprende mejor cuando se puede tocar, sentir y experimentar a nivel cinestésico los sonidos o palabras representadas. También se considera emocionalmente beneficioso los ritos o hábitos individuales aplicados durante la lectura tales como ajustes motores entre movimientos de labios y manos.

Factores colaterales: La falta de atención, la ansiedad y el nerviosismo forman parte de los problemas de los alumnos con trastornos de lectoescritura. Las técnicas de modificación de conducta son de gran utilidad.

BIBLIOGRAFÍA

Abeson, A. (1973) : *A continuing summary of pending and completed legislation regarding the education of handicapped children*, Arlington, Council for Exceptional Children

Abós, B, y Polaino,A. (1986): Integración de deficientes mentales educables: un estudio de actitudes docentes. *Revista Española de Pedagogía*, núm. 172, pp 193-206

Adams, J. (1942): *Twenty years at Hull House,* New York, Mac Millan

Adelman, C. et al. (1980): Rethinking cases study: notes from the second Cambridge conference. *East Anglia: University*

Aguirre, J. et al. (1992): Tránsito a la vida adulta de jóvenes con necesidades educativas especiales. Universidad del País Vasco

Ainscow, M. and Tweddle, D. (1979) : *Preventing classroom failure: an objectives approach*, Chester, John Villey and Sons

Ajuriaguerra, J. y Marcelli, D. (1982): *Manual de Psicopatología del niño*. Barcelona, Toray-Masson,

Albee, G.W. (1980): A competency model to replace the defect model, en Gibbs,M.S. et al. (comps) *Community Psichology*, New York, Gardner

Albert, M.J. (1997): La integración de saberes e interdisciplinariedad. Un reto para la formación, en López-Barajas, E. *Integración de saberes e interdisciplinariedad*, Madrid, UNED, pp 101-121.

Alfonso M. e Ibáñez, P. (1987) : *Las minusvalías : diagnóstico, tratamiento e integración*, Madrid, UNED.

Alonso, J.M. (1997): La prevención de deficiencias en España, en Alonso, J.M. (coord) *Curso sobre prevención de deficiencias*, Madrid, Real Patronato de Prevención y de Atención a Personas con Minusvalía

Allport G. W. (1942) : *The use of personal documents in psychological science*. New York, Social Science Research Council

Allport G. W. (1970): *Psicología de la personalidad,* Buenos Aires, Paidós

Alvarez, M. y Bisquerra, R. (1997): Los modelos de Orientación e Intervención Psicopedagógica, en AIDIPE (Comp.), *Actas del VIII Congreso Nacional de Modelos de Investigación Educativa,* Sevilla, Universidad de Sevilla, pp 22-25.

Alvarez Rojo, V. (1994): *Orientación educativa y acción orientadora. Relaciones entre la teoría y la práctica.* Barcelona, CEDESC.

Alvarez, J.J. y Rojo, J. (2.000): Acceso de las personas con discapacidad al empleo público desde 1987 a 1999. Madrid, *Real Patronato*, Serie Documentos 13

Alvira , F. (1986): La investigación sociológica, en Del Campo, S. *Tratado de sociología*. Madrid. Taurus.

American Psychiatric Association (1980): *Manual diagnóstico y estadístico de los trastornos mentales*. Barcelona, Toray-Mason.

Anaya, D (1994): *Introduccción al diagnóstico en orientación*. Madrid, Sanz y Torres.

Angell, R.(1945): A critical review of the development of the personal document method in sociology, 1920-1940, in L. Gottschalk, C. Kluckhohn and R. Angell, *The use of personal documents in history, anthropology and sociology*, New York, Social Science Research Council

Anguera, M.T. (1989): Innovaciones en la metodología de evaluación de programas. *Anales de Psicología*, nº 5, pp. 13-42

Apostel, L. y Benois,J.M.(1982): *Interdisciplinariedad y ciencias humanas*, Madrid, Tecnos-UNESCO.

Arnal, I. y col. (1992): *Investigación educativa. Fundamentos y metodología*. Barcelona. Labor.

Arraiz, A. (1992) : *Aprendizaje y procesos cognitivos en el niño con síndrome de Down*, Tesis Doctoral, UNED (inédita).

A.A.M.D. (American Association on Mental Deficiency) (1961 y 1983): *Manual on Terminology and classification on Mental Retardation*, Washington, DC, American Association on Mental Deficiency.

Aubrey, R.F. (1982): Program planning and evaluation: road map of the 80's. *Elementary School Guidance and Counselling*, nº 17, pp 52-57.

Ausubel, D. (1973): *La educación y la estructura del conocimiento*. Buenos Aires, Ateneo

Aznar, M., Azúa, P., Niño, R. (1982) : *Integración social de los minusválidos. Comentarios a la ley 13/ 1982, de 7 de abril,* Madrid, INSERSO.

Azúa, P. (1995): Desarrollo de servicios para personas con retraso mental, en M.A. Verdugo (dir) *Personas con discapacidad*. Madrid, Siglo XXI España Editores

Babbie, E. (1986): *The practice of social research*. Woodsworth, Belmont, C.A.

Balthazar,E.E.(1976): *Aprendizajes básicos. Manual para padres y educadores*. San Sebastián, SIIS.

Bandura, A. (1983): *Principios de modificación de conducta*. Salamanca, Sígueme.

Barnes, H.L. (1987): Intentions, problems and dilemmas: assesing teacher knowledge through a case method systema. *Annual Meeting of the American Educational Research Association*. Whashington. Michigan State University, ERIC, DE 285, 841.

Bartolomé, M. (1992): Investigación cualitativa en educación; ¿compender o transformar?, *Revista de Investigación Educativa.* AIDIPE, núm. 20, 2º semestre.

Belsky, J. (1980). Child Maltreatment: An ecological integration, *American Psychologist*, núm. 35, pp 320-335.

Benedito, V. (1982): *Sistematización del proceso didáctico*. Barcelona.

Bermudez, J. (1985): Modelos teóricos en psicología de la personalidad, en Bermudez, J. (direc) *Psicología de la Personalidad,* Madrid, UNED, Vol. I, : 73-100.

Bijou, S.W. & Grimm, J.A. (1972): Behavioral diagnosis and assessment in teaching young handicapped children. Washington, D.C., Bureau of Education for the Handicapped.

Bijou, S.W y Baer, D.M. (1982): *Psicología del desarrollo infantil. Teoría empírica y sistemática de la conducta*. México, Trillas.

Binet, A. y Simon, T. (1905): Mètodes nouvelles pour le diagnostique du niveau intellectuel des anormaux, *Année Psychologique,* Vol.11, 191-244.

Bisquerra, R. (1992) : *Orientación psicopedagógica para la prevención y el desarrollo*, Barcelona, Boixareu Universitaria.

Bisquerra, R. (1996) : *Orígenes y desarrollo de la Orientación Psicopedagógica*, Madrid, Narcea.

Blatt,B. & Kaplan, F. (1966): *Christmas in purgatory*. Boston, Allyn and Bacon.

Bogdan, R. (1989): La sociología de la educación especial, en Morris, R.J. y Blat, B. *Educación Especial*. Buenos Aires, Panamericana.

Bogdan, R & Taylor, S. (1983): *Inside out:The social meaning of mental retardation*. Toronto, University of Toronto Press.

Botella, J.(1978): Plan Nacional de Educación Especial. Boletín del *Real Patronato de Educación y Atención a Deficientes*.

Bouchard, J.M. (1988): De l´institucion à la communauté. Les parents et les professionnels: une relatin qui se construit, en Durning, P. (ed) *Education familiale. Un panorama des recherches internationales*. París, Matrices: 157-183.

Bouché, H. (1994): Etnografía, etnología y antropología, en López-Barajas, E. y Montoya, J.M. (coord) *La investigación etnográfica. Fundamentos y técnicas*, Madrid, UNED.

Bouché, H. (1997): La antropología pedagógica y su función integradora, en López-Barajas, E. *Integración de saberes e interdisciplinariedad*, Madrid, UNED.

Boutin, G (1988): L´intervention precoce contra les difficultés d´adaptation scolaire dans les milieux defavorisés, implications des parents dans les programmes d´education prescolaire, en Durning,P. (ed).

Boutin, G. y Durning, P. (1997): *Intervenciones socioeducativas en el medio familiar*. Madrid, Narcea.

Boyatzis, R.E. (1982): *The competence manager*. New York, John Wiley &Sons.

Brolin, D.E. & Kokaska, Ch.J. (1979): *Career Education for Handicapped Children and Youth*. London, Charles E. Merril.

Buss, A.H. (1976): *Psychopatology*. New York, Wiley.

Buss, A.R. y Poley, W. (1979): *Diferencias individuales:Rasgos y factores,* Mexico, El Manual Moderno S.A.

Bowe (1980): *Rehabilitation America*, New York, Harper and Row.

Bowlby, J. (1976): *El vínculo afectivo*. Buenos Aires, Paidós.

Bowman, L. M. (1989): Testing individual differences in ancient China, *American Psychologist,* Vol 44, 576-578.

Brofenbrenner, U. (1975): Is Early Intervention Effective?, Gttentag, M. and Streuning. E. (comps.), *Handbook of Evaluation Research*, Beverly Hills, Sage Publications, vol. 2.

Brown, F.G. (1980) : *Principios de la medición en psicología y educación,* México, Manual Moderno.

Brown, A.L., Ferrara, L. (1985): Diagnosing zones of proximal development, Wertsch, J.V. (Eds) *Culture, communication and cognition*, Cambridge, Cambridge University Press.

Bunge; M. (1989*): La investigación científica*, Barcelona, Ariel, colección Methodos. Traducción Sacristán, M.

Buss, A. H. (1976): *Psychopathology*, New York, J. Wiley.

Cajide, J. (1992): La investigación cualitativa: tradiciones y perspectivas contemporáneas, Rev. *Bordón,* nº 44 : 357-373.

Caparrós, A.(1976): *Historia de la Psicología*, Barcelona, Círculo Editor Universo.

Caplan, G. (1974): *Support systems and community mental health*, New York, Behavior Publications.

Carr W. y Kremmis,S. (1988): *Teoría crítica de la enseñanza. La investigación en la formación del profesorado*. Barcelona, Martínez Roca.

Carretero, M. (1993): *Constructivismo y educación*, Madrid, Luis Vives.

Carroll, J.B. (1976): Psychometric tests as cognitive task: a new structure of intellect, in Resnick, L.B. (ed.) *The nature of intelligence*, 25-56 LEA.

Casado, D. (2001): Conceptos sobre la discapacidad. Boletín del *Real Patronato sobre Discapacidad*. Ministerio de Trabajo y Asuntos Sociales, Diciembre

Casado, D. (1991): *Panorámica de la Discapacidad*. Barcelona. INTRES.

Casal, P (1988): Papel del Municipio en la Educación y Promoción de Salud de los Escolares, XV *Reunión Nacional de la Asociación Española de Medicina e Higiene Escolar y Universitaria,* Majadahonda, 17-22 noviembre.

Casas, F. (1989): Planificación y valoración de programas de intervención en servicios sociales. *II Jornadas de Psicología de la Intervención Social*. Madrid. Inserso.

Castillejo, J.L. (1978): *Nuevas perspectivas de las Ciencias de la Educación*, Madrid, Anaya.

Castillo, J. (1968): *Introducción a la sociología,* Madrid, Guadarrama.

Castillo, J. y Lezcano, F. (1999): *Formación y Orientación Laboral*. Programas de Garantía Social. Ministerio de Educación y Cultura.

Cattell, J. Mck (1990): Mental tests and measurements. *Mind*, vol 15 (373-381)

Cattell, R. B. (1950) : *Personality: A systematic, theoretical, and factorial study,* New York, Mc Graw Hill.

CEAPAT (2.000) : Concepto europeo de accesibilidad. Ministerio de Trabajo y Asuntos Sociales. *Documentos CEAPAT*

Centro Nacional de Recursos (1991): *El alumno con retraso mental en la escuela ordinaria*. Madrid, Ministerio de Educación y Ciencia.

Ciccone, L (1991): El braille: factor de autonomía en la vida profesional y cotidiana de los ciegos, en *Conferencia Internacional sobre el Braille*, Madrid, ONCE.

Cidad Maestro, E. (1986): *Modificación de conducta en el aula e integración escolar*. UNED, Madrid.

Cohen, L. y Manion, L. (1990): *Métodos de investigación educativa*. Madrid. La Muralla.

Cohen, S. and Syme, T. (1985) : *Social support and health*. Orlando, Academic Press.

Cohen, S. and Warren, R. (1985): *Respire care: principles, programs and politiques*. Austin, TX, Pro-Ed Press

Colás . M. P. (1992): El análisis de datos en la metodología cualitativa. Rev. *Ciencias de la Educación*, 152: 521-539.

Coll, C. (1990): *Aprendizaje escolar y construcción del conocimiento,* Barcelona, Paidós.

Collins, E. (1992): Qualitative research as art. Towards a holistic process. *Theory into practice*, XXXI, 2 : 181-186.

Comisión de las Comunidades Europeas (2.000*): Hacia una Europa sin barreras para las personas con discapacidad.* Bruselas COM (2000, 15.5.2000)

Conde, F. (1994): Las perspectivas metodológicas cualitativa y cuantitativa en el contexto de la historia de las ciencias sociales, en Delgado, J.M y Gutierrez, J.(coord.) *Métodos y técnicas cualitativas de investigación en ciencias sociales*. Madrid. Síntesis.

Confederación Española de Federaciones y Asociaciones Pro-Personas Deficientes Mentales (1998): *Un nuevo concepto de retraso mental*. FEAPS

Cook, T. D. y Reichard, Ch, S. (1986): *Métodos cualitativos y cuantitativos en investigación educativa*. Madrid. Morata.

Conseil de l' Europe (1989): *Utilisation de la classification internationale des déficiences, incapacités et handicaps en reeducation et readaptation*, Estrasburgo, Conseil de l'Europe.

Corey, S.M. (1953): *Action Research to improve School Practice*. New York, Columbia University

Cortes (1978) :Constitución Española .

Costa, M. (1987): Los programas de intervención social: criterios de pertinencia y estilos de intervención. *Papeles del Colegio de Psicólogos*, núm 31, pp8-16.

Costa, M. y López, E. (1986): *Salud comunitaria*. Barcelona, Martínez Roca.

Coyne, B. (1997): La residencia de cuidados sustitutivos de base comunitaria. Cómo encontrar un lugar en el sistema. En V V A A *Asistencia en discapacidad.* Real Patronato. Doc. 34/96

Cubells, F. (1981): *La ciencia de la educación*, Barcelona, CEAC.

Charlot, B.(coord), (1994): *L'ecole et le territoire, nouveaux espaces, nouveaux enjeux*. París, A. Colin.

Das, J.P. (1995): El modelo de procesamiento de la información PASS: Teoría y aplicaciones prácticas. *Congreso Internacional sobre educación cognitiva en el marco de la reforma del sistema educativo español*, Zaragoza, Asociación Aragonesa de Psicopedagogía.

Daunt, P. (1992) : Social and curricular integration : models and realities , *Special Needs Education*, vol 7, 1, pp 29-35

Dávila, A. (1994): Las perspectivas metodológicas cualitativa y cuantitativa en las ciencias sociales: debate teórico e implicaciones praxiológicas, en Delgado, J.M. y Gutierrez, J. (coord.), *Métodos y técnicas cualitativas de investigación en ciencias sociales.* Madrid. Síntesis.

Davison, G. y Neale, J. (1980): *Psicología de la conducta anormal*, México, Limusa.

Debesse, M y Mialaret, G.(1973): *Historia de la Pedagogía,* Barcelona, Oikos-Tau.

Decroly, O. (1934): *El niño anormal,* Madrid, Beltrán.

Decroly O. y Monchamp, E. (1983): *El juego educativo. Iniciación a la actividad intelectual y motriz*, Madrid, Morata.

Delgado, J.F. (1988): Programa de formación en participación comunitaria. II Jornadas de Psicología de la Intervención Social. Madrid, Colegio Oficial de Psicólogos.

Delorme, J.(1982): *De la animación pedagógica a la investigación-acción*. Madrid, Narcea.

Dendaluce, I. (1995): Avances en los métodos de investigación educativa en la intervención psicopedagógica *VII Seminario de Modelos de Investigación Educativa*, Valencia, AIDIPE.

Dengra y otros (1991) : Estudio de las variables que afectan a las actitudes de los maestros hacia la integración escolar de niños con necesidades especiales, en *Anuario Español e Iberoamericano de Investigación en Educación Especial,* Madrid, CEPE.

Días de Carvalho, A.(1988): *Epistemología das Ciências de Educaçâo*, Porto, Ediçôes Afrontemento.

Diccionario Enciclopédico (1962): Salvat Editores, 10 edición

Donaldson, J, (1980): Changing attitudes toward Handicapped Persons: A review and analysis of research *Exceptional Children*, núm. 46, pp 504-514.

Dröscher, V.B. (1971): *The friendly beast: latest discoveries in animal behaviour.* New York Harper Colophon Books

Dubois, P.H. (1970) : *The History of psychological testing*. Boston, Allyn and Bacon.

Dueñas, M.L.(1991): *La integración escolar: aproximación a su teoría y a su práctica*, Madrid, UNED.

Dueñas, M.L.(1994): *Métodos de diagnóstico e intervención educativa en la deficiencia mental*. Madrid, UNED.

De Benito, L. (1997): Las disposiciones finales primera a quinta de la Ley 13/1982, de 7 de abril, de Integración Social de los Minusválidos, en VVAA *Realizaciones sobre discapacidad en España*, Madrid, Real Patronato de Prevención y de Atención a Personas con Minusvalía.

De Casper, A. Et al.(1980): Of human bonding: newborns prefer their mother´s voices. *Science*, vol 208

De Jong, G (1979): *The movement for Independent Living. Origins, ideology and implications for disability research.* Lansing, University Center for International Rehabilitation, Michigan State University.

De Miguel, M. (1990): La investigación en la acción, un paradigma para el trabajo social, en Marín, R. y Pérez, G.: *Investigación en animación sociocultural.* Madrid. UNED.

De Miguel, M. (1988): Paradigmas de la investigación educativa española, en Dendaluce, Y. (coor.) *Aspectos metodológicos de la investigación educativa.* II Congreso Mundial Vasco. Madrid. Narcea.

De la Parte, J.M. (1995): Las personas con grave discapacidad psíquica en Verdugo, M. A. (dir.): *Personas con discapacidad.* Madrid, Siglo Veintiuno de España Editores.

De Paulo, M. B. (1983): Perspectives on help-seeking, en De Paulo et al. *New directions in helping,* New York, Mc Millan.

Del Río, D. (1996): Elaboración de una historia de vida: complementariedad de fuentes y técnicas en López-Barajas, E. (coord) *Las historias de vida y la investigación biográfica. Fundamentos y metodología.* Madrid. UNED.

Edgerton,R., & Bercovici (1976): *The cloak of competence: Years later.* American Journal of Mental Deficiency, 80 (5), 485-497.

Elliot, J. (1986): *La investigación.acción en el aula.* Valencia. Generalitat Valenciana.

Ellis, N.R. (1970): Memory Processes in Retardates and Normals, en Ellis, N.R. (comp.) *International Review of Research in Mental Retardation*, vol. 4, New York, Academic Press.

Elmer, E. (1967): *Cildren in Jeopardy : A study of abused minors and their families*, Pittsburgh, University of Pittsburgh Press.

Engelmann et al. (1979): Diagnosing instruction. *Journal Special Education*, 13, 355-365.

Erickson, F. (1977): Some approaches to inquiry in school-community ethnography, Rev. *Anthropology and Education Quarterly,* vol. III, nº 2 : 59-69.

Escolano, A (1976): Nuevas perspectivas en los estudios sobre Orientación, *Vida Escolar*,, nº 183-184.

Escolano, A. (1978): Las Ciencias de la Educación. Reflexiones sobre algunos problemas epistemológicos, en AA. VV.*Epistemología y Educación*, Salamanca, Sígueme.

Estrada, I. (1997): Concepto de servicio de ayuda a domicilio. En V V *AA Asistencia en Discapacidad*. Real Patronato, Documentos 34/96

Eysenck, H.J. (1960): *The estructure of human personality,* Londres, Routledge and Kegan Paul.

Eysenck, H.J. (1989): El lugar de las diferencias individuales en Psicología científica, *Estudios de Psicología, Vol. 39-40, 161-206.*

FEAPS (1998:7): *Un nuevo concepto de retraso mental*, Madrid, Confederación Española de Federaciones y Asociaciones Pro-Personas Deficientes Mentales.

FEAPS (1988): *Guía de Orientación para Padres de Personas con Deficiencia Mental*. Madrid, FEAPS y Fundación ONCE.

Feldman (1978): Patrones patológicos en la administración de pruebas y valoraciones de niveles operatorios en Quirós *Dificultades de aprendizaje en los escolares*, Madrid, Centro de Educación Especial Princesa Sofía.

Fernández, G. (1993): *Teoría y análisis práctico de la integración*, Madrid, Escuela Española.

Fernández Ballesteros, R. (1983): Aproximación histórica al psicodiagnóstico, en Fernández Ballesteros, R. *Psicodiagnóstico*, UNED, Vol. I. 17-23.

Fernández Ballesteros, R. (1989): Listado de cuestiones relevantes en evaluación de programas (LCREP). Inédito. Madrid.

Fernández Ballesteros, R. (1994) : *Introducción a la evaluación psicológica,* Madrid, Pirámide.

Fernández Ballesteros, R. y Carrobles (1995): *Evaluación conductual*. Madrid, Pirámide.

Fernández-Sarramona.(1977*): Aspectos diferenciales de la educación*, Barcelona, CEAC.

Fernández Trespalacios, J.L. (1986): *Psicología General Y,* Madrid, Gráficas Maravillas.

Ferraroti, F. (1981): *Vite de periferia,* Milán, Mondadori.

Feuerstein, R. (1980): *Instrumental enrichment. Baltimore*, Univ. Park Press.

Feuerstein, R. (1995): La modificabilidad estructural cognitiva: Teoría y aplicaciones prácticas. *Congreso Internacional sobre educación cognitiva en el marco de la reforma del sistema educativo español*, Zaragoza, Asociación Aragonesa de Psicopedagogía

Fierro,A. (1984): Modelos psicológicos de análisis del retraso mental. Papeles del Colegio de Psicólogos, núm14, pp 5-7.

Fines, Janis B. (1996) : Base de poder popular: Un determinante para asegurar la igualdad de oportunidades educativas para los discapacitados en Franklin, B.M . *Interpretación de la discapacidad*, Barcelona, Ediciones Pomares-Corredor.

Florez-Lozano, J. A. (1980): Incidencia de algunos factores psicofisiológicos en el desarrollo físico y psíquico de niñas internas en un orfanato", *Acta Pediátrica* 442.

Fox, D.J.(1981): *El proceso de investigación en educación*, Pamplona, Eunsa.

Franklin, B.M (1996) . *Interpretación de la discapacidad*, Barcelona, Ediciones Pomares-Corredor.

Freud, S (1936) : *El yo y los mecanismos de defensa*. Paidós, Buenos Aires, Trad. 1982.

FUNDESCO (1994): *Evaluación de soportes multimedia para educación y supresión de barreras de comunicación con personas sordas*. Informe del proyecto Horizon, núm. 273. Madrid, Fundesco

Furt y Wachs (1978): *La teoría de Piaget en la práctica,* Buenos Aires, Kapelusz.

Galifret-Granjon, N (1960): Baterie de Piaget-Head, en R.Zazzo (ed.), *Manuel pour l'exament psychologique de l'enfant*. Neuchátel Delachaux et Niestlè.

Galindo E. y otros (1981) : *Modificación de la conducta en educación especial*. México, Trillas.

Galino (1998): Humanidades, Humanismos y Humanismo Pedagógico. *Educación XXI*, Fac. de Educación, Madrid, UNED.

Garanto,J. (1993): *Diagnóstico en Educación Especial : Trastornos de Conducta*. Proyecto Docente e Investigador. Inédito. Barcelona.

García, J.N. (1998): *Manual de dificultades de aprendizaje*. Madrid, Narcea

García García, E. (1988 a): El niño Especial en Mayor, J. (Dir.) *Manual de Educación Especial,* Madrid, Anaya.

García García, E. (1988 b): Normalización e integración en Mayor, J. (Dir.) *Manual de Educación Especial*, Madrid, Anaya.

García García, E. (1990*): La integración escolar: aspectos psicosociológicos,* Madrid, UNED.

García Hoz, V. (1968): *Principios de Pedagogía Sistemática*, Madrid, Rialp S.A.

García Pastor, C. (1993): *Una escuela común para niños diferentes: la integración escolar*, Barcelona, Promociones y Publicaciones Universitarias, S.A.(PPU, S.A.).

García Viso, M. (1997): Prestaciones sociales y económicas. En V V AA *Asistencia en Discapacidad*. Real Patronato, documentos 34/96

Garfinkel, H. & Sacks, H. (1970): On formal structures of practical action, in Mckinney,J.C. *Theorical Sociology, perspectives and development,* New York, Appleton-Century.

Geremek, B. (1976): *Les marginaux parisiens aux XIV et XV siècles*, París, Flammarion.

Gesell, A. e Ilg, F.L. (1939/1973): *El niño de 5 a 10 años*, Buenos Aires, Paidós.

Gisbert, J., Mardomingo M. J. y otros (1991): *Educación Especial*, Madrid, Cincel-Kapelusz.

Glaser, D. y Bentovim, A. (1979): Abuse and Risk to Handicapped and Chronically ill Children, *Child Abuse and Neglect*, nº 3, pp 565-575.

Goleman (1999): *Inteligencia emocional*. Barcelona, Kairós S.A.

González Alvarez, A. (1947): El principio fundamental de la metodología *Revista Española de Pedagogía,* 5 (17): 7-23.

Gordillo, M.V. (1999): *Modelos de orientación e intervención psicopedagógica y Diagnóstico en Educación*. Proyecto Docente y de Investigación, Univ. Complutense. Inédito.

Gordillo, M.V. (1996): *Orientación y comunidad, la responsabilidad social de la Orientación*. Alianza Universidad

Goyette, G. y Lessard, M. (1988): *La investigación-acción*. Barcelona, Laertes.

Grossman, H. J. (comp.) (1973): *Manual on terminology and classification in mental retardation,* Washington, DC, American Association on Mental Deficiency.

Guilford, J. P. (1959): *Personality,* New York, Mac Graw Hill.

Guillamón, J.R. (1999): El Centro de Orientación, Información y Empleo (COIE) en Pérez Juste (coord) *Veinticinco años de la UNED*. Madrid, UNED.

Hallahan, D.P. y Kauffman, J. M. (1978) : *Las dificultades en el aprendizaje*, Madrid, Anaya.

Haywood,C (1995): Panorama de la educación cognitiva en la educación preescolar: una llave para el éxito escolar. *Congreso Internacional sobre educación cognitiva en el marco de la reforma del sistema educativo español*, Zaragoza, Asociación Aragonesa de Psicopedagogía.

Hegarty et al. (1981): *Educating pupils with special needs in the ordinary schools*, Windsor, NFER.

Hegarty, S. y Pocklington, K. (1989): *Programas de integración: estudio de casos de integración de alumnos con necesidades especiales*. Madrid, Ministerio de Educación-Siglo XXI.

Hempel, C. G. (1952): *Fundamentals of concep formation in empirical Science.* University of Chicago Press.

Herber (1961): Modifications in the Manual on Terminology and Classification in Mental Retardation *American Journal of Mental Deficiency,* nº 56, Monograph Supplement .

Hernández, J.M. (1995): Evaluación de Programas y Servicios en personas con discapacidad, en Verdugo. *Personas con discapacidad.* Madrid. Siglo Veintiuno.

Heuyer, G.(1962): *Introducción a la psiquiatría infantil*, Barcelona, Miracle.

Hinshelwood, J. (1977): *Congenital Word Blindness*. London, Lewis.

Hunt E.B. (1980) : Intelligence as an information processing concept, *British Journal of Psychology,* num. 71 pp 449-474.

Hunziker, U. and Barr, R (1.986): Increased carrying reduces infant crying: a randomized control trial. *Pediatrics*, vol 77

Ibáñez, E.(1989): Individuo, persona y personalidad, en Ibáñez, E y Pelechano,V. (eds) *Personalidad*, Madrid, Alhambra Universidad.

Ibáñez, P (1974): Escuela de padres o formación permanente. *Revista Servicio Informativo, Secretariado de Educación Especial*. Madrid, núm. 57, pp. 11-25.

Ibáñez, P. (1987 a): *El mundo laboral del deficiente mental.* Madrid, UNED

Ibáñez, P (1987 b): *Programación y evaluación para educación especial*, Madrid, UNED.

Ibáñez, P. (1997): *Aumente la inteligencia de su hijo,* Madrid, Dykinson.

Ibáñez, P. (2002): Orientación y atención a la diversidad en la universidad. En V. Alvarez y A. Lázaro (coords) *Calidad de las universidades y orientación universitaria*. Archidona (Málaga), Aljibe

Ibañez, P. (2003): *Potencie la inteligencia de su hijo*. Madrid, Dykinson.

Ibáñez, P. y Alfonso, M. (1987): *Integración del deficiente mental,* Valladolid, Lex Nova.

Ibáñez,P. y Senra, M (1999 a): Análisis de una experiencia de estimulación multisensorial con el método Estitsológico *Educación XXI*, Facultad de Educación, Madrid, UNED, vol nº 2.

Ibáñez, P. y Senra, M. (1999 b): La afectividad en las madres reclusas. *Revista Española de Orientación y Psicopedagogía* (AEOP), Vol. 10, núm. 17, pp227-236.

Ibáñez, P. y Senra,M (1999*): Análisis de la integración escolar en la Comunidad de Madrid.* Madrid, Dykinson.

Ibáñez, P; Senra,M; del Río, M.(1998): *Factores sociopersonales del drogodependiente*. Rev. Española de Orientación y Psicopedagogía, Vol. 9, núm. 16, 2º semestre.

Iglesias, M. (1999): Vunerabilidad y mujer con discapacidad en Revista *Minusval,* Ministerio de Trabajo y Asuntos Sociales, nº 114.

Inhelder, B.; Sinclair, H.; Bovet, M. (1974): *Aprentissage et structures de la counaissance*, Paris, Presses Universitaires de France.

Inserso (1989): *Eficacia de una intervención temprana en los casos de alto riesgo*. Madrid, INSERSO.

Inserso (1990): *Centro de atención a minusválidos psíquicos gravemente afectados*. Madrid, INSERSO.

Instituto Nacional de Servicios Sociales (1992): *Desarrollo de la LISMI (1982-1992), vol.7* Madrid, Real Patronato de Prevención y de Atención a Personas con Minusvalía.

Jadoulle, A (1971): *Aprendizaje de la lectura y dislexia*. Buenos Aires, Kapelusz.

Jaudenes, C. (1998): Ayudas técnicas para la supresión de las barreras de comunicación en S. Torres y J. García-Orza (comp.) *Discapacidad y Sistemas de comunicación*. Madrid, Real Patronato, Dcumentos 31/97.

Karpati, Z.(1981): The methodological use of the life history approach in a Hungarian survey on mobility and urbanization, en D. Bertaux (comp.): *Biography and society,* Beverly Hills (Ca.) Sage: pp133-148.

Kaufman, R. (1982): *Identifying and solving problems: A system approach*. University Associate, San Diego.California.

Kemmis, J. y Mc Taggart, R. (1988): *Cómo planificar la investigación-acción*. Barcelona, Laertes.

Kennel J. (1975): Evidence for a sensitive period in the human mother. Parent-Infant Interaction. Amsterdam: *CIBA Foundation Symposium* 33, nueva serie ASP

Klaus, M. and Kennel, J. (1967): *Maternal infant bonding*. St. Louis, Mosby

Krefting, L. (1991): *Rigor in qualitative research: the assessment of trustworthiness*. Washington DC: Academy for Educational Development.

Kreps, G.L. (1984): Using the case study method in organizational communications association. *Annual Meeting of the International Communication Association*. San Farancia-co.USA, ERIC, Digest,ED 252, 506.

Kuhn, T. S. (1975): *La estructura de las revoluciones científicas.* Méjico, Fondo de Cultura Económica.

Lacasa, P. y García Madruga, J.A. (1998): Psicología del desarrollo y educación infantil en Lebrero, M.P. (Direct) *Especialización del Profesorado en Educación Infantil*, UNED, módulo I.

Lakatos, I. (1983): *La metodología de los programas de investigación científica.* Madrid, Alianza Universidad.

Landesman, S. y Ramey,C (1989): Developmental Psychology and Mental Retardation: Integrating Scientific principles with Treatment Practices. *American Psychologist*, núm. 44 , pp. 409-405.

Lather (1992 : 89): Critical frames in educational research : feminist and post-structural perspectives, *Theory into practice*, XXXI, 2 : 87-99 , citado por Bartolomé, M.

Lazerson, M. (1975): Educational institutions and mental subnormality : Notes on writing a history in Begab, M.J. and Richardson *The mentally retarded and society: A social science perspective*, Baltimore, University Park Press, pp 33-52.

León, O. y Montero,I (1993): *Diseño de investigaciones. Introducción a la lógica de investigación en psicología y educación*. Madrid, MacGraw Hill.

Lewin,K. (1946): Action Research and Minority problems. Journal of Social Issues, vol 2, n. 4: 34-46

Lewis, E (1933): Types of mental deficiency and their social significance *Journal Mentally Science*, vol 79, pp 298-304.

Lewis et. al. (1989): A developmental study of learning within the first three years of life: response decrement to a redundant signal. Society for Research in Child Development Monographs

Libro de los jueces. Antiguo Testamento

Liley (1.972):The fetus as a personality. *Australian and New Zealand Journal of Psychiatry*, vol 6

Lobrot, M (1974): *Alteraciones de la lengua escrita y remedios*. Barcelona, Fontanela.

Lofland, J. & Lofland, L.M. (1984): *Analyzing social settings*. Wathsworth, Belmont, C.A.

López Barajas, E. (1995): La investigación y el estudio del caso único, en López Barajas, E. y Montoya, J.M. (Eds.) *El estudio de casos: fundamentos y metodología.* Madrid. UNED.

López-Barajas, E. (1996): Las historias de la vida. Fundamentos y metodología en López-Barajas, E. (coord) *Las historias de vida y la investigación biográfica. Fundamentos y metodología*. Madrid. UNED.

López-Barajas, E (coord) (1998): *La observación participante.* Madrid, UNED.

Lorber, M. (1974): *Consulting the mentally retarded: An approach to the definition of mental retardation by experts*. University of Michigan.

Lovaas,O.I. (1990): *Enseñanza de niños con trastornos del desarrollo*. Barcelona, Martínez Roca.

Luckasson et al. (1992): *Mental Retardation: Definition, classification and systems of supports,* Washington, D.C. Autor.

Luria, A.R.(1974*): El cerebro en acción*. Barcelona, Fontanella.

Mahoney,M.J.(1983): *Cognición y modificación de conducta.* México, Trillas.

Mardomingo(1991): Retraso mental: aspectos educativos y asistenciales, en Gisbert y otros *Educación Especial*, Madrid, Cincel.

Marfo, K. y Kysela, G.M. (1985): Early Intervention with Mentally Handicapped Children :A Critical Appraisal of Applied Research. *Journal of Pediatric Psychology*, núm 10, pp. 305-324.

Margalef, Y (1998): Nuevas tendencias en la evaluación: propuestas metodológicas alternativas, *Bordón*, Vol. 49, nº 2 pp 131-136.

Marín, M. A. y Buisan, C. (1994): *Tendencias actuales del diagnóstico pedagógico,* Barcelona, Laertes.

Marín Ibáñez, R. (1997): La interdisciplinariedad e integración de saberes en López-Barajas, E. *Integración de saberes e interdisciplinariedad,* Madrid, UNED.

Marrou, H. (1965): *Historia de la Educación en la antigüedad*, Buenos Aires, Eudeba.

Martin, H. P. (1982): The clinical relevance of prediction and prevention, en Starr, R.H. (comp) *Child abuse prediction: policy implications*, Massachusetts, Ballinger pp. 175-190.

Martínez, P. (1999): Entrevista a la directora general del INEM. *Revista Minusval*, núm. 118

Matheeusen , C. (1993): El humanismo de los Paises Bajos y Juan Luis Vives, en Puig, R. : *La discapacidad y la rehabilitación en Juan Luis Vives*, Madrid Real Patronato.

Matute, E. (1970): *Política de personal.* Escuela de Psicología y Psicotecnia. Imprime Realigraf.

Mayor, J(dir.) (1988): *Manual de Educación Especial*, Madrid, Anaya.

Mayor, J. y Labrador, F.J. (1984): *Manual de modificación de conducta*. Madrid, Alhambra.

MEC (1992): *Material para la reforma de Secundaria Obligatoria. Orientación y tutoría.*
Mecheleer, L. (1991): *La pauvreté dans nos régions du Moyen Age à nos jours*, Bruxelles, Archives Génerales du Royaume, citado por Puig, R (1993).
Menacker, J. (1974): *Vitalizing Guidance in Urban Schools*. New York, Dood Mead.
Merani, A.L.(1983) : *Diccionario de Pedagogía,* Barcelona, Grijalbo
Merriam, S. B. (1990): *Case study research in education*. Oxford. University Press.
Mesa, P.J. (1986): *El marco teórico de la psicopatología*, Sevilla, Publ. Universidad.
Mialaret, G. (1977): *Ciencias de la Educación*. Barcelona. Oikos-Tau.
Ministerio de Educación y Ciencia (1994): *Centros Educativos y Calidad de la Enseñanza*. Secretaría de Estado de Educación.
Ministerio de Educación y Cultura (1999): *Programas de Garantía Social*.
Minusval (2001 a): Plan integral de apoyo a la familia 2001-2004. *IMSERSO*, núm. 131
Minusval (2001 b): 2001 Año internacional del voluntariado. *IMSERSO*, núm. 130
Minusval (1999): Protección económica y políticas activas. *IMSERSO*, núm 118.
Mochales, M. A.(1998): *Papel del Municipio en la Educación y Promoción de Salud de los Escolares*, XV Reunión Nacional de la Asociación Española de Medicina e Higiene Escolar y Universitaria, Majadahonda, 17-22 noviembre.
Mollat, M. (1978): *Les pauvres au Moyen Age*. Etude Sociale, París, Hachette.
Monereo, C (1988): *Psicopatología evolutiva*. Barcelona, Labor.
Montagne, A. (1978): *Touching*. New York, Harperand Row
Montero, M. (1980): Fundamentos teoricos sobre la psicología comunitaria. *I Jornadas Nacionales de Psicología Escolar*, Caracas.
Montesinos, M.A. (1989): Las personas con minusvalía. *II Jornadas de Psicología de la Intervención Social*, Inserso. Madrid.
Montesori, M. (1970): *Pedagogie Scientifique*. Paris, Editions E.S.F:
Morales, J.F. (1981): *Metodología y teoría de la psicología*. Madrid, UNED.
Morris, R.J. y Blat, B. (1989): *Educación Especial*. Buenos Aires, Panamericana.
Mosterín, J. (1987): *Conceptos y teorías en la ciencia*. Madrid, Alianza Editorial.
Muncey, J. and Aisncow, M (1983): Launching SNAP in Coventry, *British Journal of Special Education,* vol 10, núm. 3 pp 8-12
Myklebust, H. and Johnson, L. (1983): *Progress in Learning Disabilities*. New York, Grune-Stratton.
Naciones Unidas (1996): *Programa de acción mundial para las personas con discapacidad*, Madrid, Real Patronato de Prevención y Atención a personas con Minusvalía. World Programme of Action concerning Disabled Persons. New York, fue aprobado el 3 de diciembre, 1982.
Navarro, P (1983): Las herramientas "familiares", el trabajo de campo: el censo y la genealogía. *Revista Española de Investigaciones Sociológicas*, enero-marzo.
Nicasio, J. (1998): *Manual de dificultades de aprendizaje*, Madrid, Narcea.
Niño, E. (1997) : Integración laboral en VVAA *Realizaciones sobre discapacidad en España,* Madrid, Real Patronato de Prevención y Atención a Personas con Minusvalía.
Nogueiras, L.M. (1996): *La práctica y la teoría del desarrollo comunitario*. Madrid, Narcea.
Noya, F. (1994): Metodología, contexto y reflexibilidad. Una perspectiva constructivista y contextualista sobre la relación cualitativa-cuantitativa en la investigación social, en

Delgado, J.M y Gutierrez, J.(coord.) *Métodos y técnicas cualitativas de investigación en ciencias sociales*. Madrid. Síntesis.

O.C.D.E. / Organización para la Cooperación y Desarrollo Económico) (1995): Integrating students with special needs into mainstream schools. París.

O.M.E.P. (Organización Mundial para la Educación Preescolar) (1998) *: Informe del Comité Español de la OMEP, Madrid.*

O.M.S (1983): *Clasificación Internacional de Deficiencias, Discapacidades y Minusvalías* , Madrid, INSERSO.

Ortí, A. (1994): La confrontación de modelos y niveles epistemologicos en la génesis e historia de la investigación social, en Delgado, J.M. y Gutierrez, J. (coord.), *Métodos y técnicas cualitativas de investigación en ciencias sociales.* Madrid. Síntesis.

Ortiz,C. (1988): *Pedagogía Terapéutica/Educación Especial*. Salamanca, Amarú.

Ortíz, C. (1991): *Temas actuales en educación especial*. Salamanca, Universidad.

Ortiz,C. (1995): Las personas con necesidades educativas especiales. Evolución histórica del concepto, en Verdugo, M. A : *Personas con discapacidad*, Madrid, Siglo Veintiuno de España Editores.

Orton, S. (1928): Specific Reading Disability: Strephosymbolia, *Journal of the American Medical Association.*

Palomares, A. (1990) : *Educación especial e integración escolar en los paises de la Europa latina* (Tesis doctoral) inédita, UNED, Madrid.

Pelicier y Thuillier (1980) : *Edouard Seguin : L'instituteur des idiots*, París, Económica.

Perelló, J. (1973): *Alteraciones del habla*. Barcelona. Científico-Médica.

Perelló, J. (1978): *Sordomudez*, Barcelona, Científico-médica.

Pérez Juste, R. (1990): Recogida de información en el diagnóstico pedagógico. *Bordón*, 42, 1, 17-30.

Pérez Marina (1983): *El material en educación especial*, Madrid, CEPE.

Pérez Serrano, G. (1994): *Investigación cualitativa: métodos y técnicas*. Buenos Aires. Fundación Universidad a Distancia Hernandarias.

Pflueger, S.S. (1977): *Independent living*. Whashington, Institute of Research Utilization.

Pichot,P, Guelfi, J.D. y Hakin, C. (1977): *La personalidad*. Madrid, Roche-Egraf.

Pinillos, J.L. (1976: *Temas de Psicología*. Universidad Pontificia, Salamanca.

Planes de Estudio conducentes a los Títulos de Pedagogía y Educación Social, BOE 3 de diciembre 1999 y BOE 9 de febrero 2.000.

Polaino-Lorente, A. (1973) : Padres y profesores como agentes motivadores del niño, en Bandera, J. (Direc) *La educación del niño en el año 2.000*, Madrid, Instituto de Sociología Aplicada, pp 81-97.

Polaino-Lorente, A (1985).: *Psicología Patológica*. UNED, Madrid.

Poplin, M.S. (1991): La falacia reduccionista en las discapacidades para el aprendizaje: duplicación del pasado por reducción del presente. *Siglo Cero*, núm. 137: 18-28

Porter, R. et al.(1.983): The importance of odors in mother-infant interactions. *Maternal Child Nursing, vol 12*

Pourtois, J.P. (de.) (1991): *Innovation en éducation familiare*. Bruselas, De Boeck.

Puig de la Bellacasa, R. (1993): *La discapacidad y la rehabilitación en Juan Luis Vives*, Madrid, Real Patronato de Prevención y de Atención a Personas con Minusvalía, documentos 37/ 93, San Sebastián , SIIS.

Puigdellvol y Aguade (1986): Historia de la educación especial, en *Enciclopedia temática de educación especial,* Madrid, CEPE.

Pujadas, J.J. (1992): *El método biográfico: el uso de las historias de vida en ciencias sociales*. Madrid. Centro de Investigaciones Sociológicas.

Quintana, J.M. (1983): Pedagogía, Ciencia de la Educación y Ciencias de la Educación, en Basabe, J. y otros *Estudios sobre Epistemología y Pedagogía*, Madrid, Anaya, pp 75-107.

Quintana, J.M. (1988): *Investigación participativa. Educación de adultos*. Madrid. Narcea.

Quintana, J. M. (1995): La fundamentación lógica del estudio de casos, en López-Barajas, E y Montoya, J. M(coords) *El estudio de casos: fundamentos y metodología*, Madrid, UNED.

Quintana, J.M. (1997). La interdisciplinariedad en Ciencias de la Educación ,en López-Barajas, E.(coord) *Integración de saberes e interdisciplinariedad*, Madrid, UNED.

Quintana, J.M. (1998): El sentido metodológico en la observación participante, en López-Barajas, E. (coord) *La observación participante*, Madrid, Uned.

Quirós y Schrager (1978): *Dificultades de aprendizaje en los escolares*, Madrid, Centro de Educación Especial Princesa Sofía.

Real Patronato sobre Discapacidad (2001a): Acceso al empleo público de la personas con discapacidad. Series estadísticas de los años 1985-1999. *Boletín del Real Patronato*. Diciembre, núm. 50

Real Patronato sobre Discapacidad (2001b): Experiencias de aplicación en España de la clasificación internacional de deficiencias, discapacidades y minusvalías. *Documento 58/ 2001*

Rehabilitación Internacional (1980)*: Carta para los años ochenta*, Madrid, INSERSO.

Repetto, E. (1984): *Teoría y procesos de la Orientación*. Madrid. UNED.

Repetto, E. (1990): El entrenamiento metacognitivo, la modificabilidad cognitiva y su transferencia a la comprensión lectora, a la resolución de problemas y al aprendizaje, *Revista de Investigación Educativa*, vol. 8, núm. 16, 2º semestre.

Repetto (1997) : Intervención Educativa desde el Enfoque Cognitivo, *Programas de Tercer Ciclo,* UNED.

Repetto (1997, a): Formación de orientadores en la Unión Europea: posibles implicaciones para su desarrollo profesional, en Aeop (comp) *La orientación educativa y la intervención psicopedagógica integradas en el curriculum.* Valencia, 1997.

Repetto, E., Rus y Puig (1995): *Orientación educativa e intervención psicopedagógica* , Madrid, UNED, Educación Permanente.

Reynolds, M.C. (1962): A framework for considering some issues in Special Education. *Exceptional Children*, núm. 28, pp. 367-370.

Ribes, E. (1974): *Técnicas de modificación de conducta. Su aplicación al retardo en el desarrollo*. México, Trillas

Rice, R (1977): Neurophysiological development in premature infants following stimulation. *Developmental Psychology*, vol. 13

Rimland, B (1971): The differentiation of childhood psychoses; An analysis of checklists for 2.218 psychotic children. *Journal of Austism and Childhood Schizophrenia*

Ripoll-Millet, A. Y Rubiol, G. (1997): Acogida familiar para discapacitados. Em VV AA Asistencia en Discapacidad. *Real Patronato, Documentos 34/96*

Rivas, L. (2001): Unidad de integración para alumnos con discapacidad. *A Distancia,* col. 19:253-256

Rodríguez, M.L.(1985): Problemática y tendencias actuales en la formación de orientadores, en Actas del Congreso *La Orientación Escolar ante la Reforma de las Enseñanzas Medias y el Empleo Juvenil.*Madrid, MEC-INEM, pp 326-345.

Rodríguez ,M.L.(1992): *El mundo del trabajo y las funciones del orientador.* Barcelona, Barcanova.

Rodríguez, M.L.(1995): *Orientación e intervención psicopedagógica.* Barcelona, Ediciones CEAC

Rodríguez Espinar, S. (1985): Criterios básicos en el diseño de un Programa de formación de orientadores, en Actas del Congreso *La Orientación Escolar ante la Reforma de las Enseñanzas Medias y el Empleo Juvenil.*Madrid, MEC-INEM, pp 346-361.

Rodríguez Espinar, S. (coord); Alvarez, M.; Echevarría , B. y Marín, M.A.(1993): *Teoría y práctica de la Orientación Educativa,* Barcelona, PPU.

Rodriguez Espinar, (1995): Un reto profesional: la calidad de la intervención orientadora. En R. Sanz Oro: *Tutoría y Orientación,* Barcelona CEDESC, pp 119-135.

Rodríguez Espinar, S.(coord) (1998): Orientación. Aspectos actuales y futuros. *Revista de Investigación Educativa,* Vol. 16, núm. 2.

Rodríguez Rodríguez, P. (1997): Cuidados en la vejez, la necesaria convergencia entre los recursos formales y el apoyo informal en VV.AA. *Asistencia en Discapacidad,* Real Patronato de Prevención y de Atención a Personas con Minusvalía.

Rosenblatt, J.S. (1997): Principios para una teoría general de las causas fisiológicas de la conducta maternal. Madrid, UNED. Discurso de Investidura de Doctor Honoris Causa. Abril

Ruiz, M. (1997): La integración de saberes, clave para la formación integral", en López-Barajas, E. *Integración de saberes e interdisciplinariedad,* Madrid, UNED.

Rutter, M (1983): Cognitive deficits in the pathogenesis of autism. *Journal of Child Psychology and Psychiatry,* vol. 24.

Sampascual, G. (1988): Desarrollo perceptivo y atencional en Lebrero, M.P. (Direct) *Especialización del Profesorado en Educación Infantil,* UNED, módulo I.

Sanchez Elvira, A. (1996): *Perspectivas actuales en el estudio de las diferencias individuales.* Madrid, Sanz y Torres.

Sánchez Valle (1995): Metodología de investigación. Historia y estudio de casos, en López-Barajas E. y Montoya, J.M. *El estudio de casos: fundamentos y metodología,* Madrid, UNED.

Sanz, M.C. (2000): Educación y nuevas tecnologías. En M. R. Villalba (dir) *Aspectos evolutivos y educativos de la deficiencia visual.* Madrid, ONCE, Vol. II

Sanz del Río, S (1996): *Integración de alumnos con necesidades educativas especiales: Panorama Internacional,* Real Patronato de Prevención y de Atención a Personas con Minusvalía.

Sanz Oro, R. (1990): *Evaluación de Programas en Orientación Educativa.* Pirámide. Madrid

Scharfetter, Ch (1979): *Introducción a la psicopatología general.* Madrid, Morata.

Scheerenberger, R. C. (1985) : *Historia del retraso mental,* San Sebastián, SIIS.

Schneider, V. (1991): *Masaje infantil.* Barcelona, Ediciones Médici

Servicio de Garantía Social (1998): *Programas de Garantía Social: Modalidad para alumnos y alumnas con necesidades educativas especiales*. Ministerio de Educación y Cultura.

Simpson, G. (1961) : *Principles of animal taxonomy*. New York, Columbia University Press.

Sobrado, L. M. (1995): *Diagnóstico Pedagógico y Orientación Educativa*. Inédito. Santiago de Compostela.

Solomons, G. (1979) : Child abuse and developmental disabilities, *Developmental Medicine and Child Neurology*, nº 21, pp 101-108.

Spitz, H.H. (1976): Towards a Relative Psychology of Mental Retardation, with a Special Emphasis on Evolution. *International Review of Research in Mental Retardation*, vol. 8, New York, Academic Press.

Spitz, R.A. (1979): *El primer año de vida del niño*. Madrid, Aguilar.

Spock, B. (1957): *Baby and child care*, New York, Pocket Books.

Starr, R.H. et al. (1984): The contribution of handicapping conditions to child abuse, *Especial Education*, vol. 4, 1, pp55-69.

Stenhouse (1987): *La investigación como base de la enseñanza*. Madrid, Morata.

Sternberg, R.J. (1977): *Intelligence, information processing and analogical reasoning :The componential analysis of human abilities*, Hissdale, N.J. Erlbaum.

Sternberg, R.J. (1995): El modelo de procesamiento de la información triádico-componencial. *Congreso Internacional sobre educación cognitiva en el marco de la reforma del sistema educativo español*, Zaragoza, Asociación Aragonesa de Psicopedagogía

Taylor, S.J. y Bogdam, R. (1986) :*Introducción a los métodos cualitativos de investigación*, Buenos Aires, Paidós.

Terman, L.M. y Merrill, M.A. (1960): *Stanford-Binet intelligence*, Boston, Houghton Mifflin.

Tinbergen, N. (1972): Early childhood autism. An Ethological approach, *Advances in Ethology*, Comp. *Ethology Suppl*. Berlín, Paul Parey.

Tizón, J.L. (1978): *Introducción a la epistemología de la psicopatogía y la psiquiatría*. Barcelona, Ariel.

Toledo, M. (1984): *La escuela ordinaria ante el niño con necesidades*, Madrid, Santillana.

Toledo, M. (1988) : *Juntemos el sol. Estrategias para la defensa de la persona con discapacidad*. Madrid. Polibea.

Torres, S.(1997): Ayudas informáticas para intervención con sordos. En S. Torres y J. García-Orza (comp.) *Discapacidad y sistemas de comunicación, teoría y aplicaciones*. Madrid, Real Patronato de Prevención y Atención a Personas con Minusvalía

Triandis, H.C. (1971): *Attitude and attitude change*. New York, Wiley.

Trump, J.L. (1975): Illustrative models for evaluating school programs. *Journal of Research and Development in Education*, nº 8, pp 16-31.

Tusquets, J.D. (1972): *Teoría de la Educación*, Madrid, Magisterio Español.

Tustin (1977): *Autismo y psicosis infantiles*. Buenos Aires, Paidós.

Tyler, L. (1978): *Psicología de las diferencias humanas*, Madrid, Marova.

UNED (1996) : *Educación, Guía del Curso 1997-1998*, Madrid, Universidad Nacional de Educación a Distancia.

UNESCO (1977) : *Educación Especial*, Salamanca, Sígueme.

Vatier, R. (1962): *Desenvolvimiento de la empresa y promoción de hombres*, Barcelona, Ediciones Omega

Vázquez Gómez, G. (1995): El estudio de casos como estrategia formativa en la pedagogía universitaria y en la pedagogía laboral, en López Barajas, E. y Montoya, J.M. (Eds.) *El estudio de casos: fundamentos y metodología*. Madrid. UNED.

Vega, A.(1994): *Pedagogía de Inadaptados Sociales*, Madrid, Narcea.

Vélaz de Medrano, C. (1998): *Orientación e intervención psicopedagógica, concepto, modelos programas y evaluación*, Archidona (Málaga), Ediciones Aljibe.

Verdugo, M.A. (1988): Intervenciones conductuales en la deficiencia mental, en Carrobles, J.A.: *Análisis y modificación de la conducta II*, Madrid, UNED.

Verdugo, M. A. (1995): *Personas con discapacidad.* Madrid, Siglo Veintiuno de España Editores.

Verdugo, M. A. (1995): Las personas con retraso mental, en Verdugo, M. A. (dir.)): *Personas con discapacidad.* Madrid, Siglo Veintiuno de España Editores.

Verdugo M.A.; Jenaro, C; Arias, B. (1995): Actitudes sociales y profesionales hacia las personas con discapacidad, en Verdugo, M. A. (dir.) : *Personas con discapacidad.* Madrid, Siglo Veintiuno de España Editores.

Verdugo, M. A. y Gutierrez, B.: El maltrato en personas con retraso mental, en Verdugo, M. A. (dir.): *Personas con discapacidad.* Madrid, Siglo Veintiuno de España Editores.

Verdugo, M.A. y Canal, R. (1995): Procesos cognitivos en las personas con retraso mental, en Verdugo, M. A. (dir.)): *Personas con discapacidad.* Madrid, Siglo Veintiuno de España Editores.

Vigotsky, L. S. (1981): The genesis of higher mental functions, en Wertsch, J. (Eds) *The concept of activity in soviet psychology,* NY, Arkmon Sharpe.

Villalba, R. (1999): *Aspectos evolutivos y educativos de la deficiencia visual*. Madrid. ONCE

Vislie, L. (1996): Políticas de integración, educación especial y reformas escolares en las sociedades occidentales desde 1960, en Franklin, B.M. *Interpretación de la discapacidad,* Barcelona, Ediciones Pomares-Corredor, pp 215 - 237.

Ware, C (1986): *Estudio de la comunidad.* Buenos Aires, Humanitas.

Warnock, H.M. (1987): Encuentro sobre necesidades de educación especial. *Revista de Educación*, núm. extraordinario, pp 45-73.

Warnock, H.M. (1978): Special Education Needs, Report of the Committee of Enquiry into the Education of Handicapped Children and Young People. Parlamento Británico. Londres, HMSO.

Weber, G. (1997): Deficiencia mental y envejecimiento en la deficiencia mental. En VV.AA. Asistencia en discapacidad. *Real Patronato*. Serie Documentos 34/96

Weis, S.M. (1985): Health Psychology, 15 Meeting *European Association for Advancement in Behabior Therapy*, Múnich.

Wetter, J. (1972): Parent Attitudes toward Learning Disabilities, *Exceptional Children,* núm. 38, 490 - 491.

Winter, R. (1990): *Learning from experience. Principles and practices in Action Research.* London, Falmer Press.

Wolfensberger, W. (1972): *The principle of normalization in human services*, Toronto, National Institute of Mental Retardation.

Wysong, H.E. (1983): Needs Assessment in Counseling Guidance and Personnel Services, *ERIC/Counseling and Personnel Services Clearinghouse, School of Education*. The University of Michigan. Ann Arbor.

Yela, M. (1976): La estructura diferencial de la inteligencia, *Revista de Psicología General y Aplicada*, Madrid, Vol. 31, 591 - 605.

Yela, M. (1980) La evolución del conductismo, en *Análisis y modificación de conducta*, núm. 11-12, pp: 147-179.

Ysseldyke, J.E. & Mirkin, P.K. (1982): The use of assessment information to plan instructional interventions, in Reynolds & Gutkin (eds) *The handbook of school psychology*. New York, Wiley.

Ysseldyke, J.E. & Salvia, J.A. (1974): Diagnostic-prescriptive teaching: two models. *Exceptional Children,* 41, 181-186.

Ysseldyke, J.E. (1989) : El uso de la información evaluativa para tomar decisiones sobre los alumnos de escuelas especiales en Morris / Blatt *Educación Especial*, Buenos Aires, Panamericana.

Zavalloni, R. (1970): *La psicología clínica en la educación*, Alcoy, Marfil S.A., Traduc. por Jordá, C.

Zigler, E. (1969): Development vs. Difference Theories of Mental Retardation and the Problem of Motivation. *American Journal of Mental Deficiency*, núm. 7, pp:356-556.

Zimmerman & Pollnez (1970): *Understanding Every Day Life*. London, Routledge & Kegan Paul.

Zulliger, H. (1969): *Chapardeurs et jeunes voleurs*, Paris, Bloud et Gay.

Zulueta, M. Y. (1991): Actitudes de los padres: Una aproximación psicológica, *Síndrome de Down: Avances en acción familiar*, Cantabria, Fundación Síndrome de Down de Cantabria.